倪永杰◎著

求索：

两岸和平发展路径

九州出版社
JIUZHOUPRESS | 全国百佳图书出版单位

图书在版编目（CIP）数据

求索：两岸和平发展路径 / 倪永杰著. —— 北京：
九州出版社，2020.8（2024.10重印）
ISBN 978-7-5108-9358-2

Ⅰ．①求… Ⅱ．①倪… Ⅲ．①海峡两岸－关系－研究
Ⅳ．①D618

中国版本图书馆CIP数据核字（2020）第140662号

求索：两岸和平发展路径

作　　者	倪永杰　著	
出版发行	九州出版社	
地　　址	北京市西城区阜外大街甲 35 号（100037）	
发行电话	(010)68992190/3/5/6	
网　　址	www.jiuzhoupress.com	
电子信箱	jiuzhou@jiuzhoupress.com	
印　　刷	北京九州迅驰传媒文化有限公司	
开　　本	720 毫米 ×1020 毫米 16 开	
印　　张	23.25	
字　　数	386 千字	
版　　次	2020 年 8 月第 1 版	
印　　次	2024 年 10 月第 2 次印刷	
书　　号	ISBN 978-7-5108-9358-2	
定　　价	56.00 元	

迎向海峡彼岸的呼喊

——《求索：两岸和平发展》《沉沦：民进党执政研究》《叩击：台海时政评论》自序

倪永杰

人称台湾为美丽岛，喜爱台湾的人把它当作"魔岛"，讨厌民进党者称之为"鬼岛"。台湾自古是祖国的宝岛，曾有一段被割让的悲情历史，这是中华民族的百年耻辱，也是两岸中国人心中永远的伤痛。当代台湾经济富庶，人文荟萃，社会祥和。只因分裂因子戕伤台湾健康的肌体，中断了台湾永续发展的命脉，"台独"成为中华儿女共同的敌人。作为一名从事台湾研究的学者，台湾是我研究的对象，我的学业、职业、事业，我的工作、交往、生活，都与之紧密相关，台湾是我永恒的牵挂，它的万水千山、一草一木，世事沧桑变迁伴随我一生。

一、我的"台湾经验"

因缘际会中我投身于台湾研究、从事对台工作，既属偶然，也有必然。20世纪80年代我就读于南京大学历史系，深受史学大师茅家琦先生"台湾30年""八十年代台湾"课程影响，它们不但是台湾研究的基础教材，而且是大陆涉台工作系统必备的参考书。1988年我有幸考入茅家琦、崔之清两位导师门下，从事中国近现代史专业"当代台湾研究"方向的学习。他们不但教我学问、传授方法，更赐予我待人处事的正能量。毕业时我完成了12万字硕士论文《蒋经国政治革新考论》。

1991年进入台办系统工作，前后近十年，对于中央对台政策内涵、基本逻辑有了较深学习与把握。期间与台商、台生、台湾各界人士有了广泛的接触与交往。令我难以忘怀的是 1995 年夏天第一次来到宝岛台湾，随南京电视台《跨越海峡的寻访》摄制组赴台采访，从"台湾头"跑到"台湾尾"，深入城市乡村、科技园区，感受台湾经济活力与中华文化魅力，也触碰到岛内躁动的政治神经。在台北中正梅园蒋纬国先生家里，我聆听了将军对日本军国主义歪曲历史、否认"南京大屠杀"史实的愤慨，他坚信 21 世纪必将是中国人的世纪。

结束台办工作磨炼后，我便转往上海台湾研究所工作，开启台湾研究的不寻常岁月。

上海台湾研究所成立于 1999 年 4 月，是在前海协会长汪道涵先生鼎力支持下成立的涉台研究机构，培养了一批台湾研究学者，名闻两岸。汪老学识渊博，视野宽阔，他题写的"一个中国、平等协商、共议统一"12 字墨宝一直悬挂在上海台研所会议室。他所定义的 86 字"一个中国"内涵、"两岸共同缔造一个新的中国"等主张，影响了无数两岸学者，推进了两岸关系进程，成为两岸学者逻辑遵循。

2008 年，当两岸关系和平发展的的浪潮汹涌袭来时，我有幸出任上海台研所常务副所长、上海市台湾研究会秘书长，实际负责所、会的工作。2013 年把握两岸关系螺旋上升的发展节奏，我参与创办《台海研究》杂志（季刊），受上海台办领导的委托，兼任主编，希望汇聚两岸及海外学者，集成两岸智慧，提供经得起历史检验的《台海研究》方案，推进祖国统一进程。如今，《台海研究》成为大陆三本公开出版的台湾研究学术期刊，培养了一大批学者专家，拥有大量读者。

从 20 世纪 90 年代迄今，我的"台湾经验"融汇了对台实务与台情研究，从实际工作到学术研究，经历了跌宕起伏的两岸风云，参与了无数次与台湾蓝绿之间的对话交流，承接近百个研究项目，创建了两岸关系和平发展、两岸海洋事务合作、两岸民间互信论坛、沪台青年论坛等多个两岸学术交流品牌。主编出版了 27 期《台海研究》杂志，推动《台海研究》微信公众号的传播，开展对台舆论活动，与两岸主流媒体合作，点评台海局势，打过美好的仗，发挥一定的舆论影响力。

作为上海台湾研究所的负责人与《台海研究》主编，希望在台湾研究领域内的精心耕耘，塑造学术影响力、政策影响力及社会影响力。成功没有终南捷径，唯有脚踏实地，勤于耕耘，多发表论文，多提出学术主张，为对台政策出谋策划、建言献策。我时常透过对台交流、新华社、中新社、央视、深圳卫视、香港《中国评论》等重要涉台新闻机构发文、发声、发言，一吐心中块垒，争取台湾民心，有可能影响了台湾当局的政策选择，将学者的影响力发挥到极致。本人还与台湾相关媒体开展密切合作，先后在《中国时报》《旺报》《联合报》《海峡评论》等台湾报刊杂志发表时事评论、接受采访，解读岛内情势与台海风云，引起岛内多方关注与热议，也算是大陆学者在岛内开展舆论影响活动的实践者。本人积极参与涉台教育活动，足迹遍及京、津、沪、苏、皖、粤等地，为港澳特区政府高级官员、议员助理、各地党员干部举办无数场台情报告交流会，扩大学术机构的社会影响力，争取各界的认可、支持。

投身台湾研究、推动两岸关系发展不只是一份职业，而是一项无比崇高的事业，完成国家统一、助力中华民族复兴的中国梦是无数仁人志士的毕生追求，有机会将所学所思所研贡献于国家统一大业令我备感荣耀。

二、统一观与方法论

台湾问题涉及民族情感与百年耻辱，不仅是学术问题，更是敏感的政治问题，不可不慎。我所认知的台湾研究必须服膺于两岸关系发展、祖国统一的理想与需要，必须为国家的完全统一、中华民族的伟大复兴提供智力支撑、塑造正能量。台湾研究需要宏伟理论指引，习近平新时代中国特色社会主义思想特别是对台工作重要论述、国家统一学说以及"和平统一、一国两制"理论方针都是开展台湾研究的根本指引，也是赋予台湾研究学术生命力、政策影响力、社会感染力的的重要保证。

台湾研究需要找准历史方位。台湾问题因民族弱乱而产生，是中华民族百年耻辱最后一道、也是最痛彻心扉的伤痕。当今中国比历史上任何时候更有实力、更具信心、更有智慧完成国家统一、实现民族复兴。此时此刻，我们无比需要找准台湾研究的历史方位，提升台湾研究水准，看透台湾问题的实质，把握两岸关系发展规律，提出具有针对性、可行性、有效性、可塑性的战略策略，加速统一进程。两岸分割七十载仍未统一，肇因于国共内战延续与国际霸权宰制。结束内战需要进行两岸政治对话与和平统一谈判，抵御国际霸权干涉则需要强大国力为后盾，其中涉及战略策略设计。如果国力上升的趋势不可改变，那么设计英明的战略将加快统一进程，而不当的策略则可能耽误台湾问题的最终解决。英明正确战略设计依赖全面深入精准的台湾研究，台湾研究成为国家统一的基础性工程。如果两岸统一、台湾问题彻底解决是实现中华民族复兴中国梦中最重要的一块拼图的话，那么台湾研究这一基础性工程需要更多的投入、作出更大的努力。

台湾研究需要跨领域的学科整合。台湾研究不是一门学科，只是一种地区研究。台湾研究讲究科学方法，需要运用、整合社会科学的种种理论、方法。如此方能在呈现台湾问题真实面貌的基础上，厘清台湾问题的本质、摸索两岸关系的规律、预测岛内政局与两岸关系发展趋势。如今的台湾研究涉及台湾地区政治、经济、社会、文化、法律、军事等诸多领域，需要融合政治学、历史学、社会学、经济学、国际关系等众多领域的理论架构、知识体系、专业方法作为研究基础。历史学的训练使我无比重视基本事实的梳理，重视台湾及国外一手资料的搜集、整理及比对，探寻历史真相，在此基础上作判断、下结论，尽量避免主观及误判。我曾尝试用政治学的决策原理探寻台湾当局的决策机制，模拟台湾领导人的重大政策、重大事件的决策过程，揭秘参与决策的关键核心、重要内幕。社会学的族群融合分析对于研究两岸融合发展理论、政策措施具有指引作用，可以深化两岸融合的政策路径、指标体系的研究。田野调查对于研究、掌握台湾政情变化与真实民意来说是极其重要的方法，近年来，本人频繁往来于海峡两岸，走访台湾北中南、本岛与外岛，深入台湾城市乡村、村里社区，触及台湾社会各个角落，广交"蓝、绿、橘、白"各界人士，搜集第一手资料与数据，观察、把脉台湾情势变动。掌握国际关系中的"均势理论"是研究中美大格局下台湾角色的有用方法，台湾执政者试图在国际格局中避险求生、左右逢源，扮演牵制的"棋子"或"关键跳板"。美国以自身的国家利益出发频打、强打"台湾牌"围堵中国和平发展，大陆则采取"和平统一、一国两制"、融合发展的上策、文武组合的中策、及不惜重大伤亡的武统下策应对周旋。

多数台湾研究者接触、了解台湾形形色色民调机构的运作情况，时常采用岛内各类民调数据研究、解读台湾政经现象、两岸关系曲折变幻。例如台湾民众身份认同、"统独"倾向、两岸立场、政治态度、对政治人物的信任度、满意度、政党支持度等，有些民调会定期公布，甚至保留长期数据，如台湾政治大学选举研究中心保留了30多年台湾民众的身份认同、"统独"态度等数据，对于研究台湾民众的统独观大有裨益。但台湾民调具有一定的局限，如民调题目设计存在缺陷，抽样样本不足甚至失真、座机与手机存在差异等。部分民调没有特定的政治立场，但不少民调数据都留下民调机构的主观想象。每逢选举岛内民调满天飞，甚至地下赌盘绘声绘影，严重影响选民投票行为与选举结果。

在 2018 年"九合一"选举中，没有一家民调机构能够正确预测韩国瑜赢得高雄市长选举，并且带动整个国民党选情，翻转台湾地方政治版图。在 2020 选举中，岛内不少民调失真，无法反映韩国瑜、蔡英文、宋楚瑜真实选情。韩国瑜采取"盖牌民调"的手法，试图逆转选情，打破民进党操控民调的迷思。

在互联网、人工智能时代，台湾研究面临研究方法的革命，有可能使用大数据等手段开展量化研究。在 2018、2020 两次选举中，岛内大数据、网络声量似乎可以部分反映候选人在网络世界受欢迎、肯定或遭受嘲讽、拉黑的情形，弥补电话民调的不足。但因为民进党投入巨资，操作网军带风向，也使网络声量、网络温度计等手法面临失真的困境。

拥有科学方法的指引，可以跳出既有的窠臼，拓宽研究的视野与路径，深研究的结构，深丰富研究的层次，较能得出科学的结论。台湾研究科学方法的探索创新永无止境。

三、沉沦之民进党

2000 年我调至上海台湾研究所工作，适逢民进党首次上台执政，各界无不关注民进党，它也成为我首要研究课题。成立于 1986 年民主进步党是蒋经国晚年启动政治革新的产物，早年曾是反国民党威权体制的"党外"集合体，知识精英、中产阶级、中小企业主等成为早年"党外"及民进党的重要支持群体，反威权、反独裁、要民主、要自由成为其基本政治诉求。不少人对新兴的民进党怀有的期待，认为新生政党拥有活力，较少老旧政党的包袱，可为台湾注入变革的动力。还有人认为民进党与大陆没有历史恩怨，民进党内还有不少对大陆友好的统派精英，民进党有可能在两岸关系上扮演积极、务实的角色，期待民进党为台湾发展、两岸关系演进添加动力。但 20 世纪 90 年代之后民进党的发展出人意料，拐入"台独"的历史黑洞，跌落"台独"的万丈深渊。

多年来，我关注民进党的政党特质、派系演变、两岸政策，也关注民进党当局的决策机制、大陆政策、涉外活动，发现民进党的"民主""进步"价值不断流失，一步步走向沉沦。民进党二次执政没有为台湾发展添加正能量、新动力，相反带衰台湾，掏空台湾，吞噬台湾数十年经济社会发展累积的能量，把台湾带入经济失血、机体失调、整体失能的泥淖之中，失去往日"亚洲四小龙"光环，在"民粹"主义的浪潮中日趋沉沦。

民进党之沉沦体现在四个方面。

一是背离"民主""进步"价值，迈步异化为制造"绿色恐怖"的"台独"法西斯政党。民进党人张口闭口号"民主、进步"，但实际运作却完全相反。民进党党内早已成为空谈，民主的空间日趋紧缩。从蔡英文与赖清德竞争候选人资格过程中种种非民主程序、赤裸裸的独裁鸭霸手法，哪有一丝民主政党的气息！面对赖清德挑战，蔡英文第一时间竟然声称"现任者优先"，要求赖清德礼让，随后要求党中央延后初选日程，特别是改变民调方式，纳入手机民调以便图利自己，采取软硬兼施的办法逼迫赖就范，"心机女"哪有一点民主的风范？而民进党中央亦步亦趋配合蔡英文无理要求。蔡在党内出线后，还绑架赖清德担任副手，等于又一次羞辱了对手。可怜赖清德身边没人、手中没钱，没有资源，甚至他所属的"新潮流系"多数投靠蔡英文，被"心机女"玩弄于股掌之间而徒叹奈何。民进党党内竞争不民主，杀得刀刀见骨，对于党外的政治对手更不会手软。蔡英文打着"改革""转型正义"旗号，设置"党产会"这类"东厂"机构，豢养张天钦、陈师孟这类"政治鹰犬"，专责追讨国民党党产，围猎国民党的政治献金，把国民党逼到了死角，成为待宰羔羊。对于统派团体，民进党更是杀气腾腾，一定要置统派人士于死地。民进党先是制造臭名昭著的"王炳忠案""陆生间谍案""王立强间谍案"，后又操纵"立法院"修改"国安五法"、通过"反渗透法"，炒作"中共代理人""亡国感"的"绿色恐怖"氛围。如今台湾的政治环境只有讲"台独"的自由，没有不讲"台独"的自由，否则政治上就没有出路，有可能饭碗保不住、工作找不到，甚至身家性命面临威胁。民进党视"反核""同婚"等为进步价值，但却造成空气污染、政治纷争，影响台湾民众生活质量，冲击传统家庭伦理，社会和谐。

二是民进党踏入"台独"死穴，置台湾全民利益于不顾，陷两岸于冲突对抗，葬送台湾美好前途，影响我中华民族复兴伟业。"党外"时期及民进党早期，汇集了有统有"独"各路反国民党威权统治人马，融合了"台湾意识"与"中国意识"，但最后"台湾意识""本土意识"叠加悲情意识，最终异化为"台独"主张。民进党成立后便寻求体制内对抗国民党、迈向执政、选赢对手的终南捷径，"台独"成为其最为廉价却最为有用的工具。1991年民进党通过"台独党纲"，1999年通过"台湾前途决议文"，2007年通过"正常国家决议文"，它们既是深入民进党骨髓的精神鸦片，也是选举利器，成为巩固绿营基本盘的基本招数。陈水扁疯狂推动"一边一国""法理台独""入联公投"惨遭失败，不得不承认"台独"他"做不到就是做不到"。蔡英文执政后转向另类"台独"

策略，走一条没有"台独"之名却有"台独"之实的"台独"之路，采取"文化台独""去中国化"策略，实验新型"台独"，取名为"中华民国台湾"，企图制造两岸"脱钩"、断流危机，无限靠近"两国论""一边一国"。经历"民粹主义"浪潮的席卷，"台独"具备广泛的思想基础、社会基础、经济基础。"台湾认同""台湾主体性"上升为台湾民众的主流意识。年轻人"天然独"色彩浓厚，多数成为民进党的支持者。台湾民意多元、多变、多数为少数绑架，终归趋向无限"绿化"，而"中国意识"、中道理性的声音渐趋削弱。蔡英文两次"大选"的得票率超过56％，2020得票数达到817万票。民进党"立院"单独过半，全面掌控岛内党、政、军、警、情、司法及经济、社会各路资源。台湾政局进入民进党"一党独大"、绿营达到稳定多数的阶段。在深绿、深蓝不断萎缩、凋零的情势下，蔡英文的新型实验"台独"有可能"船过水无痕"，逐渐铺垫"台独"的各项基础。在中美战略竞争之际，在"中国威胁论"发酵的国际社会中，蔡记"台独"较能博得同情，不啻挑战两岸关系和平发展、中华民族伟大复兴。

三是民进党的"派系共治"体系造就派系分赃，一切职位、利益按照派系结构进行利益输送与政治分赃，忘却"清廉、勤政、爱乡土"的创党初衷，腐败贪污成为民进党人撕不掉、摆不脱的耻辱。早年有"律师世代"与"美丽岛世代"的权力冲突，后有"正义连线""福利国连线""绿色友谊连线"之间的较量，蔡英文主政后更多的是"英派"与"正国会""海派"之间的钩心斗角、合纵连横。其中"新潮流系"始终是贯穿民进党每个发展阶段的超级派阀，无役不与。民进党不管谁当家、谁执政，都得依靠"新系"的支持、与之结盟，方可获得政权。而"新系"霸占了从"中央"到地方、从党、政、军、警、情治到社会各路资源，吃香喝辣，好不痛快。与"派系共治"相连结的"人头党员"问题则困扰民进党长期发展的毒瘤。"人头大户"掌握了大量党员资料，平时替他们交党费养人头，其中有不少已经过世的"幽灵"党员。每逢选举"人头大户"就可以拥人自重，进行政治交易，争夺民进党党代表、"中执委"、"中常委"的竞选资格，这种交易的结果不会推举优秀人才走到前台领导民进党、服务民众，只会推荐劣质产品在政治市场上翻手为云、覆手为雨，降低民进党的问政品质、执政能力，陷民进党不义。"政治酬庸"也长期为人诟病，吃相难看。吴音宁长期从事农民抗争运动，并不熟悉生意，却被"新潮流系"派去抢了韩国瑜台北农产公司总经理的位置，迫使韩国瑜争夺高雄市长宝座，差点抢了蔡英文的饭碗。因与林佳龙渊源颇深，2020年，在"立院"4年中毫无表现的洪慈庸"立委"败选后，却被林推荐给"正国会"精神帮主游锡堃担任其"立法院顾问"。可以说民进党成亦派系，败亦派系。

四是执政无能是民进党撕不掉的标签。虽然民进党历经二次执政，但改变不了人们对它"只会选举，不会治国"的印象。民进党内充斥大量政治人才、选举人物，有打着"有梦最美、希望相随"的选举"天才"陈水扁；具有"非典型"、蛊惑性政治特质的蔡英文；有造势动员"大姐大"陈菊；有在"319枪击案"中嘴角遗留一抹诡异微笑的政治谋略师邱义仁；有擅长"组织战"的洪耀福、林锡耀；有专攻选举民调的军师陈俊麟；当然还有为"反核四"而苦行的林义雄，等等。但民进党缺乏执政人才、治理人才，对于财经、产业发展、公共安全、能源、军事等事务极为生疏。从在野、执政到再在野、再执政，民进党没有培养更多的执政人才，有的只是选举型政治人物。苏贞昌、陈其迈、林佳龙等人在2018年地方选举中惨败后照样当大官，而且票输得越多、官做得越大，证明民进党缺乏人才储备，蔡英文根本无人可用，只有推出苏贞昌等一干败将。民进党的执政水平始终无法提升，只有政治正确，在追杀政治对手、追讨国民党党产、清剿统派团体极为"专业"凶狠，一点也不手软。

民进党内也有一批理性温和的优秀人才，但始是民进党的非主流、在野派。我多年来研究观察民进党，与民进党人士多所交流，民进党整体发展及表现令我大失所望，不能不为民进党悲，为台湾民众悲，也为两岸关系忧。民进党背叛"清廉、勤政、爱乡土"的初衷，堕落为贪污无能的"台独"法西斯集团，带衰台湾政治、经济、社会体质，把美好明朗的台湾陷于不断沉沦之中。民进党必须为台湾的衰败沉沦承担责任，接受历史的审判。

四、求索和平发展

2005年连战开启两岸和平发展之路，2008年马英九上台执政，开创了两岸关系和平发展的崭新时代。

两岸政治互信不断增强，双方确立了"九二共识"、反对"台独"的共同政治基础。两岸成立政治互动合作平台，大陆方面先后与马英九当局、主要政党、团体建立交流合作机制与平台，分别设立国共高层定期会面机制、APEC、博鳌论坛、海峡论坛两岸高层会面机制。建立两岸事务主管部门常态化沟通机制，2013年10月在印尼APEC期间，国台办主任张志军与台湾陆委会主委王郁琦首次直接见面，后又实现两岸事务主管部门负责人直接互访，架设"两岸热线"。2015年11月7日，两岸领导人习近平、马英九在新加坡举行两岸领导人会面，翻开两岸关系历史性篇章，两岸政治关系进入历史高点。

在两岸关系和平发展的年代，两岸双方开展政治合作，共组机构、共同演习，扩大深化两岸政治关系内涵。海协会与台湾海基会在"九二共识"共同政治基础上开始恢复协商谈判，前后签署包括《海峡两岸经济合作框架协议》（简称ECFA）、邮政、金融、知识产权、投资保护在内的23项协议，推动两岸经济一体化进程。两岸在海协会与海基会的架构下成立两岸经济合作委员会（简称"经合会"），设立共同召集人，下认货物贸易、服务贸易、投资、争端解决、产业合作、海关合作、中小企业等7个小组展开商谈，这是60多年来两岸首次共同成立的机构。两岸海事部门连续多年在金门、厦门海域展开海上救难演习，两岸公安、司法、民航等多个部门设立了业务沟通合作、危机应急机制。

两岸就台湾国际参与作出了合情合理的安排，大陆方面分别安排连战、萧万长参与APEC领袖峰会，台湾有关部门参与世界卫生大会（WHA）、国际民航组织（ICAO）年会等。2013年春，本人参与了首届两岸和平论坛的筹备工作，上海台湾研究所作为大陆方面的发起方承担了论坛部分工作。同年10月，两岸120多名学者在上海东郊宾馆围绕两岸和平、共同发展主题，就两岸政治关系、涉外事务、安全互信及和平框架四项政治议题展开研讨，跨出了推进两岸政治对话的实际步伐，做了一次有益的尝试。

2008年12月15日，两岸进入双向全面空海客货直航时代，两岸告别经第三地中转的岁月，迈入"一日生活圈"美好日子。两岸每周最多时航班890班、货运84班，大陆对台湾开放55个空运航点、72个港口，台湾对大陆开放10个航点、13个港口。两岸航线成为"黄金通道""和平通道"。2009年陆资赴台投资，开启双向投资大门。累计已有近千项投资项目、投资金额达到20多亿。两岸旅游、贸易机构分别在对方设立了办事处。2013年两岸顺利启动货币清算机制，实现人民币与新台币互换，中国银行台北分行与台湾银行上海分行分别作为人民币与新台币的结算行。

两岸进入"大交流"时代。2008年7月15日陆客赴台旅游，从团队游到自由行，2015年陆客达到430多万。2011年开放陆生赴台读书，不但有短期的交换生，还有念本科、硕、博士生。最多时每年在台湾交流、读书的陆生多达4万多。虽然陆生面临众多限制，毕竟两岸学生可以在台湾一起学习成长，留下共同青春记忆。两岸之间开展多领域、全方位、深层次的文化教育交流。两岸城市交流、基层交流、青年交流蓬勃开展，上海－台北双城论坛成为其中典范，即使民进党重返执政，上海与台北之间的城市交流继续保留，而且有所提升。两岸交流走向"向南行、向下沉、向上升"，让更多的台湾中南部、基层、弱势民众及青年群体参与到两岸交流中来。

在马英九执政的 8 年间，台湾掀起一波又一波的"西进热""大陆热"，台湾民众包括年轻人西进大陆求学、实习、工作、投资、生活的人渐趋增多。两岸民众之间的情感升温，两岸民众的好感度上升，台湾民众对大陆的友善度逐渐接近甚至超过不友善度，两岸关系发展动力不断增强。

面对两岸关系蓬勃发展的态势，我重点研究两岸关系和平发展路径探索。总结马英九时期两岸关系和平发展的经验教训，我归纳和平发展基本路径有六条。

一是增强两岸互信。包括政治互信、军事互信、民间互信等，重点是建立两岸共同的政治基础，走向两岸全面互信。有了"九二共识"、反对"台独"两岸共同政治基础，和平发展才能行稳致远。"九二共识"不仅是国共两党共识，也是两岸共识、两岸领导人共识，也为国际社会所普遍接受。两岸有之则旺，无之则荡；有之则和，无之则殇。蔡英文、民进党不接受，根本原因在于不放弃"台独"，害怕"两岸同属一中、两岸追求统一"的核心内涵破坏了其"两国论""一边一国"的图谋。有了"九二共识"的共同基础，大陆在不违背一中原则的前提上合情合理安排台湾的"国际参与"，台湾与新加坡、新西兰签署经济合作协议，扩大台湾在国际 NGO 的活动空间。两岸也有机会探讨结束两岸敌对状态、建立军事互信机制，签署和平协议，最后迈向统一。除了两岸官方的互信之外，我主张增强两岸民间互信，扩大两岸民间团体的交流合作，还与台湾民间团体举办多次民间互信研讨会，2013 年还到台湾苗栗举办了民间互信研讨会。

二是培植两岸共同利益。两岸关系和平发展就是不断培植两岸共同利益、形塑两岸共同价值的过程，将为两岸关系和平发展腾出时空纵深与战略回旋，使之螺旋上升、不可逆转。所谓两岸共同利益，广义来说，就是两岸之间凡是对两岸双方不构成零和的、独享性、排他性的利益交集；狭义来说，两岸之间暨两岸涉外事务中，相同的并且可以通过相互合作共同谋求的利益重叠。因此，两岸共同利益是与零和博弈相反、与两岸单方特殊利益迥异的利益共享，是两岸双方利益的交集，可为两岸同胞所分享。两岸共同利益涵盖两岸关系的各个领域，涉及政治、经济、社会、文化、能源、环境，以及外交、军事、安全等诸多层面。

两岸非政治性共同利益不仅指两岸经济、物质层面，还包括文化、社会等内容，涵盖两岸同胞生活多个方面，构筑了两岸关系和平发展的经济物质基础、思想文化基础以及社会互动基础。

两岸政治性共同利益可以区分为低政治性共同利益（软政治）与高政治性共同利益（硬政治）。

推动两岸关系永续发展，基础在于非政治性的经济、文化、社会、生存发展的共同利益，关键在于培植更多政治性共同利益，特别是要在高政治性共同利益方面有更多的利益共同点、增长点，以利于积累经验、营造氛围、创造条件，早日破解两岸关系政治难题。

三是形塑两岸共同价值。习近平总书记在2014年9月会见台湾统派朋友时提出了"实现两岸同胞心灵契合"的重大命题，"国家统一不仅是形式上的统一，更重要的是两岸同胞的心灵契合。"所谓"心灵契合"应具有文化同脉、情感融合与价值趋同等内涵。与培植两岸共同利益这一硬条件的同时，型塑两岸共同价值成为两岸关系和平发展的软基础。

两岸共同价值不是无源之水、无本之木，植根于五千年灿烂的中华文化、来源于两岸同胞的交流合作实践，更是对两岸共同美好未来的前瞻与追求。两岸共同价值来源于五个部分，包括：从中华传统文化中萃取两岸共同价值，从两岸四地当代文明中凝聚两岸共同价值，从海外华人文化中酝酿两岸共同价值，从世界文明中提炼两岸共同价值，融合中西、汇通古今，催化两岸共同价值。

两岸共同价值内涵，具有多重排列与组合。一是对乡土、家园、家国的乡愁、眷恋，包括对故土的思恋、感恩，对家园、家国的情感，爱乡土、爱国家、爱民族的情感。二是两岸共同的人文关怀与命运共同体意识。三是追求两岸和谐和平、和解共生、和衷共济、共同发展、共赢共享的价值。四是对民主法治价值的认同与追求。此外，还有创新拼搏、追求卓越、自强不息的精神。

四是增强和平发展民意基础。两岸关系和平发展符合台湾同胞利益，有利于台湾发展，获得绝大多数台湾民意支持。陈水扁"激进台独"举措陷台海紧张动荡，台湾民众反对陈水扁的"台独"冒险，高度期盼两岸关系和平发展，从而使马英九顺利当选并连任，开创了和平发展的新时代。面对两岸关系快速反展，台湾民众的疑虑上升，对大陆具有"既期待又怕受伤害""不能没有你，有你我害怕""有她受不了，没她活不了"的矛盾心态。在马英九执政后期因为台湾内部事务处理不当，民进党蓄意攻击两岸关系和平发展"图利财团"、"加剧台湾贫富分化""腐败到台湾""大陆人抢台湾饭碗"等，散布"今日香港，明日台湾"的政治气氛。台湾民众产生"恐中拒中"情绪，台湾年轻人受民进党的蛊惑或操纵，迅速集结于"太阳花学运"攻击马英九当局，使和平发展的民意基础逐渐流失，民进党轻松赢得政权。2020年蔡英文政权并无政绩，仅靠"反中拒统"、炒作"亡国感"，在美国助功加持下，便打败对手，拿下历史最高票。岛内两岸和平发展的民意依然存在，但缺乏领袖引领、对于和平发展民意的呵护培育。如何引领、论述、培育、壮大台湾和平发展民意，推动两岸关系和平发展则是历史性课题。

五是深化两岸融合发展。早在2014年习近平在福建视察台资企业的过程中就提出两岸"融合发展"的概念，着重于实现经济社会融合发展。在2019年1月2日讲话中，习总书记明确要求"深化两岸融合发展，夯实和平统一基础"。两岸融合发展具有广阔的时代背景与扎实的实践基础，是对两岸和平发展的创新、丰富、深化及完善。两岸融合发展理念内涵丰富宏伟，除了经济社会融合发展外，两岸文化融合、价值观融合、制度融合及两岸同胞情感融合、生活方式融合也将不可避免。实现两岸融合发展也有路径可循。当前首先应做到两岸"应通尽通"，实现两岸两个新"四通"与"三化"。即实现两岸经贸合作畅通、基础设施联通、能源资源互通、行业标准共通，尽快实现实现金门、马祖同福建沿海地区"通水、通电、通气、通桥"。支持两岸邻近或条件相当地区基本公共服务实现"均等化、普惠化、便捷化"，把福建建设成为"台胞第一家园"。其次两岸政策上要消除歧视，对台湾同胞做到同等待遇、甚至同等优先。两岸融合发展的主动权在大陆，主战场也在大陆，两岸融合发展的快慢、成效某种程度取决于台胞在大陆求学、工作、投资、生活所面临的政策限制、政策壁垒是否削除。未来大陆可以在扩大两岸婚姻、大陆台胞团体就地合法并纳入到大陆管理体系、让更多台胞参与到大陆公共事务中来等多个层面加以推动。

2018、2019年大陆先后出台《关于促进两岸经济文化交流合作的若干措施》（惠台31条）与《关于进一步促进两岸经济文化交流合作的若干措施》（惠台26条），台胞可申领18位台胞证，两岸融合发展取得重大进展。

六是化解岛内外阻力。两岸关系和平发展面临岛内外的种种阻力。蔡英文领导的民进党反对由国民党主导的两岸和平发展，蔡英文只愿意在没有"九二共识"、在两岸"既有基础上"和平发展。蔡英文上台后采取"反中亲美"、紧缩两岸交流，配合美国企图两岸断流"脱钩"，开历史倒车。民进党当局及"台独"势力的阻挠、破坏是两岸关系和平发展的最大障碍。两岸固有政治分歧较难化解，包括两岸政治定位、台湾"国际参与"、两岸军事对峙、两岸制度差异等，都是深化两岸关系和平发展不得不面对的课题。

美国等外国势力出于自身战略利益的需要，强打"台湾牌"，陷台海局势于危急之中，试图挑拨民进党政权挑衅攻击大陆引起台海战争，达到两岸两败俱伤、遏止中国崛起的目标。

如何化解岛内外的种种干扰、阻力，需要两岸中国人集成两岸智慧，商讨合理方案，做出最富智慧的选择。

五、叩击台海时政

从事研究、开展交流之余，承担对台舆论工作、服务两岸关系发展也是应尽之责，理所当然。承蒙中央台办、上海领导的信任，感谢大陆各级涉台媒体、香港中国评论社、台湾中国时报、旺报、联合报等主流媒体提供的宝贵机会、舆论平台，本人撰写了大量台海时政评论，在两岸产生了一定舆论影响，为推动两岸关系和平发展产生一定作用。我将其中106篇收录在《叩击：台海时政评论》中。时间跨度长达30年，从20世纪90年代初一直到现在。内容集中于对台政策、两岸关系、台湾政局、台湾社会、台湾文化等多个领域，着重就台海形势中重大事件、重要人物、重要主张进行评论，肯定两岸和平发展成果，阐述对台政策要义、批判"台独"危害，引领台湾民意，破解两岸发展难题，警示外国反华势力，等等。许多评论缺乏深度、表述不够精准，但力求紧扣重点、要点，传达、释放大陆方面的权威信息、真实政策内涵。有些观点一时不被理解，遭到谩骂与网络"霸凌"，有引些评论让台湾某些势力无法接受，但站在国家与民族的立场为所当为。

结语

我的"台湾经验"是我人生旅程的重要部分，丰富了我整个人生。对于民进党沉沦的观察、两岸关系和平发展的求索、有关台海时政评论是我近30年来孜孜以求的事业。有机会出版《沉沦》《求索》与《叩击：台海时政评论》三本著作，算是对从事台湾研究、对台交流及台海时政评论工作的一个阶段性总结，告慰毕生所从事的事业，也为未来研究的拓展提升找到新的标竿，奠定好的基础。希望这些迎向海峡彼岸的呼喊获得更多两岸朋友的回响，融汇成推进祖国统一的强大动能。

目　录

两岸关系和平发展路径

两岸关系和平发展进展

两岸关系和平发展挑战

两岸关系和平发展路径

两岸和平发展路径探索：
培植共同利益、形塑共同价值

　　胡锦涛总书记于 2018 年 "12·31" 发表了题为《携手推动两岸关系和平发展，同心实现中华民族伟大复兴》的重要讲话，全面系统阐述了两岸和平发展的理论，要求牢牢把握两岸和平发展的主题，尽早建立两岸和平发展框架，为两岸和平统一、中华民族伟大复兴而努力。笔者认为，实现两岸和平发展，促进祖国统一进程，根本路径就是透过两岸共同发展，培植两岸共同利益，形塑两岸共同价值，加快两岸同胞情感趋融、价值趋近、认同趋合的进程，加快两岸一体化进程，建构两岸共同体，确立两岸同胞对共同家园、共同家国的认同，最终完成两岸统合。

一、两岸和平发展的主轴、进程与路径

　　（一）主轴

　　当前，两岸 "三通" 时代已然来临，两岸结束全面对抗，逐步进入螺旋上升的新阶段，一种新型两岸关系由此发轫。两岸各方需要把握住两岸和平发展这条最为感人的主题红线，紧紧围绕 "和" 与 "同" 两大主轴，着力培植两岸共同利益，着力形塑两岸共同价值，加快两岸一体化进程，建设两岸经济、文化、社会直至政治的共同体，滴水穿石，水到渠成，化不可能为可能，最后迈向两岸统合的最高境界。

　　一是以 "和" 统领两岸。中国内外发展战略就是对外共建 "和谐世界"、对内构建 "和谐社会"，在台海两岸则谋求两岸和解合作、和解共生，和衰共济、共创双赢。德国哲学家康德说过："追求永久和平，是理性的最高目标，也是一种道德义务。" 胡锦涛总书记多次提出，海峡两岸结束敌对状态，建立两岸军事

3

互信机制，建构两岸和平发展框架，签署和平协议，实现两岸和平，永葆太平。胡锦涛总书记有关两岸和平发展理论的核心思维就是以"和"统领两岸，以"和"发展两岸。

二是以"同"整合两岸。汪道涵先生生前曾提出两岸"共同缔造论"，称两岸关系就是由两岸共同缔造的关系，大陆加上台湾就是一个中国，海峡两岸应携手促进共同发展、共同繁荣，"共同缔造一个统一的、更加美好的新中国"。①胡锦涛总书记提出了两岸关系和平发展的四个"共同论"命题，包括"命运共同体""共同家园""共同决定""共同分享"。其核心论述就是："两岸同胞是血脉相连的命运共同体。包括大陆和台湾在内的中国是两岸同胞的共同家园，两岸同胞有责任把她维护好、建设好。实现中华民族伟大复兴要靠两岸同胞共同奋斗，两岸关系和平发展新局面要靠两岸同胞共同开创，两岸关系和平发展成果由两岸同胞共同享有。"②可以说，在全球化与区域经济一体化时代，两岸联手、共同应对国际金融海啸冲击，两岸共同发展，已成为历史的必然，从而为两岸和平发展、两岸相互整合提供历史性机遇，创造时不我待的时空条件。这是一条两岸趋同趋合的必由之路。但两岸的"和"与"同"不必然会自动来临，需要两岸同胞坚持不懈的努力。

（二）进程

两岸和平发展的路程可以划分为近程起步阶段、中程发展阶段与远程成型三个阶段。近程仍然是以交流为主，合作为辅，以两岸经贸交流为主轴，创造两岸经济合作、文化融合、社会良性互动的时空条件。逐步孕育两岸和平发展的理念，培植双方官方、民间各层面之间的互信，共同朝向两岸和平发展努力。中程阶段则是合作为主，整合为辅，具体设定两岸和平发展的议题，建构两岸和平发展的各种平台，设立两岸和平发展的机制等，全方位开展两岸各项交流，培植两岸互信。内容上则由"经贸两岸"逐渐演进到"文化两岸"，寻求两岸生活方式、价值理念的交融，构建两岸经济、社会、文化、安全等共同体。远程阶段则以两岸共同利益、共同价值为基础，建立两岸和平发展的信仰、机制、保障，尤其要确立为两岸双方都可接受的两岸政治定位，结束敌对状态，建立军事互信机制，签署和平协议，实现永久和平，加快两岸政治一体化进程，最

---

① 章念驰：《缅怀敬爱的汪道涵会长》，引自《怀念汪道涵》，上海：上海交通大学出版社，2007 年版。

② 胡锦涛：《携手推动两岸关系和平发展，同心实现中华民族伟大复兴》。

后实现两岸政治上的统合，催生属于两岸同胞的新中国。届时，两岸政治文明、经济繁荣、社会和谐、文化富有创意活力，安全有保障，实现中华民族的伟大复兴。

两岸和平发展的近、中、远三个阶段的规划，必将遵循历史演进法则，由近渐远、由表及里、由内而外以至升华，循序渐进，培育两岸共同利益、催生两岸共同价值，两者相互影响、交相辉映，虽历经曲折徘徊，历经阵痛纠葛，绝不会一蹴而就，时程可能拖得很长，也许历时二、三十年，甚至更长，但这是两岸历史发展的必然，任何人难以改变。

（三）路径

两岸和平发展的路径，应该是以功能主义为导向，以两岸最终统合为目标。若以 2009 年为分界线，两岸关系将发生国际政治学上所谓的"典范转移"：1979 年迄今的两岸关系前 30 年是以"经贸两岸"为主轴，展望未来 30 年（2009—2049）的两岸关系应由"经贸两岸"逐渐演进、过渡到"文化两岸"，创造两岸文化融合、价值趋同的时空条件。"经贸两岸"的进展、成果是形而下、物质层次、基础性的，而"文化两岸"则是形而上、精神层次、决定性的，当"文化两岸"形成整合两岸的功能时，两岸和平发展将取得决定性、跨越式进展，两岸的统合最终将水到渠成，两岸问题的全部症结将可迎刃而解。

当前，两岸和平稳定、共同发展已成为两岸关系发展的主流，也是未来数十年内两岸关系发展的重要目标。其中关键就是透过两岸各式交流合作的平台，加速两岸整合，培植两岸共同利益，形塑两岸共同价值，创造具有两岸特色的家园认同、家国认同。经济上创造两岸经济共同体，社会上透过民间社会广泛互动，模拟两岸"共同生活圈"，追求共同的生活方式。文化上形塑两岸共同的价值观，追求两岸共同的身份认同、情感认同，创造两岸共同的新文化、新价值，最后促成两岸政治层面融合。台湾的张亚中教授提出了"七个梦想"，即两岸应着手开展文化统合、货币统合、经济统合、身份认同、安全认同、国际参与以及和平框架等七项统合工程，实现两岸多重、多维、多元的整合。① 事实上，两岸和平发展的实践路径就是透过经济、社会以及文化的整合，分别建构两岸经济共同体、社会共同体、文化共同体以及安全共同体。在此基础上形塑两岸共同生活方式、核心价值，加速两岸经济、社会一体化、文化、价值同步

---

① 张亚中：《论两岸统合的路径》，引自香港《中国评论》杂志 2009 年 4 月号，总第 136 期。

化进程，先低级后高级，先简单后复杂，先民间、后政府，先经济、社会，后文化、政治，由简到繁，循序渐进，最后完成政治层面的整合，实现两岸政治共同体的建构。

二、培植两岸共同利益

追求、创造两岸共同利益，是加速两岸一体化进程，实现两岸共同发展，促进两岸民众情感融合、建构两岸共同价值的基础，也是最终完成两岸整合，走向国家统一的必由之路。

（一）两岸共同利益概念

两岸共同利益涵盖两岸关系的各个领域，涉及政治、经济、社会、文化，以及能源、环境、外交、军事、安全等各个层面。政治学家习惯将共同利益区分为非政治性、低政治性以及高度政治性共同利益。[1]追求、实现两岸共同利益，使之普遍化、永久化，应该遵循由经济、社会、文化然后至能源、环境最后到安全、外交、军事以及政治的演进路径，循序渐进，逐步升华，难以超越前进，实现跨越式发展，只能一步步向前迈进。

（二）培植两岸共同利益路径

一是实现两岸经贸关系正常化，实现双向、直接、互惠往来，尽快消除两岸经贸关系正常化的障碍，实现两岸经济双向联动互补与互惠互利。签订具有两岸特色的经济合作协议，促进两岸经贸关系由表及里、由浅入深加强整合，实现双赢。

二是实现两岸经济要素与资源禀赋全面整合。创建合作平台，加强两岸经济资源与产业的整合，加快两岸经济一体化进程。从双向多元，水平垂直，深层次、多角度，将两岸的资源要素紧密结合起来。加快两岸能源合作开发与环境保护，甚至建立两岸资源联营体系。[2]在两岸直航基本实现之后，需要构建两岸共同市场、取消贸易壁垒，建立关税同盟，试行单一货币，实现两岸资源的整合，实现两岸经济要素、资源禀赋的自由流动。

三是创造两岸新品牌、新模式，新价值。大陆是台湾经济的腹地。经济学家告诉人们，一个世界品牌的诞生、成长、成熟，需要10亿美元市场的支撑，而大陆的内需市场，完全可以为两岸企业界提供创造世界著名品牌的广袤市场。

---

[1] 陈德升:《两岸开放交流二十年》，引自台湾 http://www.peaceforum.org.tw，和平论坛。
[2] 朱显龙:《从能源合作到两岸合统》，载于澳门《九鼎》杂志2009年3月号，总第17期。

通过两岸经贸关系的整合，经由产品设计、制造以及营销等价值链环节，为两岸产业界提供创造世界著名品牌的机会，成就足以让世人称羡的成绩。

四是建立两岸共同产业标准体系，使两岸标准成为全球产业的共同标准，使两岸经济成为全球经济的领航者、晴雨表。

五是两岸可逐步推动"大中华经济圈"，以海峡两岸暨香港、澳门为范畴，尝试建立单一货币机制，建立统一的证券市场，实现海峡两岸暨香港、澳门自由贸易，推动两岸共同市场建设。[①] 未来两岸经贸关系正常化的最终目标，应该是逐步建立一个没有疆界、两岸人员可自由流动、商品自由流通、劳务可自由交换、资本可自由流动、使用统一货币的大中华经济共同市场。

构建两岸共同利益的途径还有很多，但不变的原则就是要让更多的台湾同胞参与到两岸事务中来，让更多的台湾同胞共同分享两岸关系和平发展的成果，勿让少数人、少数集团垄断了两岸发展的利益。

三、形塑两岸共同价值

两岸经济、社会、文化、政治等方面确实存在着颇多差异，这是由于两岸不同的历史、社会制度、生活方式等因素造成的，缩小两岸之间的实质差异、消弭两岸观念上的分歧，需要从促进两岸生活方式的同步化、形塑两岸共同价值入手，使两岸同胞感情趋合、潮流同步，价值趋同、认同一致化。吴伯雄在南京演讲时呼吁"让文化引领两岸"，这是在两岸关系进入螺旋上升新境界时，两岸同胞对于两岸"典范时刻"由"经贸两岸"向"文化两岸"飘移、演进的共同期待与追求。[②]

（一）培育两岸共同的人文关怀

两岸之间需要烘焙成熟、理性的人文素养，营造共同的人文关怀，对历史负责、对民族认同，对同胞交代，在共同的人文关怀中共同发展。

一是在两岸之间要培植理性主义、务实主义的土壤，要创造有利于两岸关系和平发展、与时俱进的民主、文明、理性、科学的政治文化环境，有利于两岸同胞之间、两岸政党、社会团体之间互信、共识的培植，有利于两岸执政者、

---

① 萧万长：《专业治国——为下一代打造台湾的太平盛世》，台北：天下文化出版有限公司，2008年2月版。

② 台湾《中央日报》网络报2009年6月4日评论，转引自 http://www.chinareviewnews.com，2009年6月4日。

两岸同胞务实面对两岸的历史、现实与未来，有利于两岸良性互动，互释善意，理性相待，共谋双赢。

二是要吸纳一切有利于两岸关系和平发展的活力因子、创新元素，要把更多的台湾同胞、大陆同胞、海内外华夏子孙共同吸引到发展两岸关系的洪流中来，形成持续向前发展的新合力与推动力。一方面，大陆特别要吸引台湾各个阶层的民众、除了医师、会计师、律师等中产阶层外，还要吸引中低阶层、中南部民众、弱势群体等加入参与到发展两岸关系的历史长河中，更多地让他们分享两岸关系和平发展的成果，使台湾同胞成为两岸关系和平发展的积极正面力量。另一方面，大陆也要发展、保护、引导好十三亿大陆同胞发展两岸关系的积极性、主动性与创造性，使他们成为发展两岸关系和平发展的主导性力量。

三是要培植两岸成熟、理性的公民社会，作为两岸官方之间的第三方或第三席，作为发展两岸关系的润滑剂与缓冲地带。[1] 两岸关系进步的动力可以从两岸民间社会中找到源泉。两岸制度不同，但基于同宗同脉、血缘相同、地缘相近的因素，借由构建两岸之间成熟的公民社会，承担起两岸官方现阶段或未来一定时期内不能做、做不了、做不好的角色。[2] 针对岛内各种非政府组织（NGO）如农渔会、水利会、各式基金会、慈善、扶轮社、狮子会、洪门、宗教团体、学会研究机构等，大陆应扩大交流范围，加深交流层次，使两岸各种团体之间展开双向直接、多元多维的立体交流网络，扩大两岸认同，缩小认知差距，建立互信共识。扮演两岸关系发展的重要引擎。

（二）催生两岸共同价值，创造两岸人文新典范

1.两岸共同价值主体

构造两岸文化共同体，关键是营造两岸共同的生活方式，形塑两岸共同价值理念、共同思维模式，创造两岸共同的新文化、新价值。

两岸经过二三十年的交流、交融、激荡之后，目前已走到了激发两岸文化力与创造力、构建两岸新文化、新价值的历史性阶段，两岸关系将由"经贸两岸"朝向"文化两岸""人文两岸"演进。打造两岸共同的文化家园、精神殿堂。两岸同胞必须追求具有两岸特色的两岸共同的生活方式，以同属两岸的新文化、新潮流、新价值、新思维、新逻辑模式，共同张扬、激荡两岸的文化力，

---

① 张亚中：《两岸三席、两岸治理》，引自台湾《联合报》2003年4月1日。

② 俞可平：《全球治理引论》，引自俞可平主编：《全球化：全球治理》一书序言，北京：社会科学文献出版社，2003年6月版。

引导两岸共同发展的新方向。

两岸新文化、新价值的创造主体，必定是两岸同胞及其海内外华夏子孙。两岸新文化、新价值不会凭空形成，它诞生于两岸同胞频繁交流的实践活动中。透过两岸经济合作、人员交流往来，促成两岸语言、潮流、价值的趋同化、同步化，形成共同的生活圈、生活方式，形塑共同的文化价值观。预估在海峡两岸引发新一轮经济、文化、社会的整合、复兴之后，逐步催生出同属两岸的新文化、新价值、新典范。

2. 两岸共同价值内涵

两岸共同新价值的追求，着重于两岸同胞人文、精神、心灵层面的建设，具有开放、多元、前瞻、创意、包容等多项特征。

两岸共同价值首先是中国的、既传统又现代，是古典中国与现代中国文化精髓的结晶，是具有两岸文化特质的新颖文化。它植根于中国传统优秀文化，也吸纳了台湾文化中具有创意的活性元素，吸纳两岸交流交往中的新元素、新动能，把两岸最具生命力、创造力的文化元素吸纳融汇进来，创造一种具有包容力、前瞻力、创造力、感染力、说服力的两岸新文化、两岸新价值，可以感动两岸中国人心灵，延伸中华文化血脉，创造新的灿烂文化。台湾本土文化、台湾当代文化中许多具有活力、创意的内涵，理应成为两岸新文化的重要组成部分。胡锦涛总书记在"12·31"讲话中指出："中华文化在台湾根深叶茂，台湾文化丰富了中华文化内涵"。马英九一直坚持认为，"善良、正直、勤奋、诚信、包容、进取这一些传统的核心价值，不但洋溢在台湾人的生活言行，也早已深植在台湾人的本性里。这是台湾一切进步力量的泉源，也是台湾精神的真谛。"[①]马英九文胆之一的杨渡先生曾对台湾本土美学、本土文化的形成过程进行描绘：它"是一种不断加入新元素，不断再创造、再生产的过程。它反映了一个移民社会的特质：包容，它是加法，也是乘法。"[②]台湾本土文化的这些价值，应可成为两岸新文化、新价值的有机组织成分。

其次，两岸共同价值是现代文明的重要组成部分，吸纳人类文明全部成果，特别是中西方现代文明中的最具生命力的活性元素，是对人类文明的最新贡献，可以为当今国际社会所认可、接纳。

---

① 张亚中：《两岸三席，两岸治理》，引自台湾《联合报》2008年5月20日。

② 杨渡：《新台湾人，向前行》，引自马英九著：《原乡精神——台湾典范故事》，台北：天下远见出版有限公司，2007年6月第一版。

再次，两岸共同价值必然符合人类文明发展的潮流与趋势，吸纳现代文明中人文内涵，突出文明、理性、包容、相互尊重、互相欣赏、互释善意等内涵，是一种现代的、民主的、人文的、人性的、和谐的新文化，符合关怀弱势、讲究公平正义等文明潮流与普世价值，具有现代人文关怀与现代普世价值，以人为本、以两岸同胞的需要为第一位，是融合东西、吸纳古今的新文化。可以为两岸携手合作、两岸共同发展创造良性的文化氛围。

3.两岸共同价值特征

两岸新文化、新价值应该具有三重面向：首先是实用面向，对各种东西方文明、古代、现代文明兼收并蓄，具有创意、活力因子，可以为两岸注入新动力。

其次是价值面向，包括相互尊重、相互包容、善意的、人道的、人文关怀、相互温暖等人类普世价值，具有求同存异、服从多数、尊重并保护少数的民主内涵，是对人类文明的新贡献、新超越。

再次是功能面向，思维模式上不是怀古，而是前瞻的；思维心态上不是封闭，而是开放的；文化层次上不是单一，而是多元、多向度的。

4.形塑共同价值的艰巨性

两岸期盼两岸共同精神家园的建构，中华民族传统的精神财富、人文精神将是两岸精神的核心要素，现代人文价值、现代西方价值、观念等将融汇到两岸新的核心价值中来。

构建两岸新文化，营造属于两岸中国人共同的生活方式、共同的价值观与思维模式，是一项长期、艰巨的中华文化重建、重整、复兴工程，需要两岸有关部门、民间机构、公民社会共同努力，制定两岸新文化发展战略或纲要，规划、推动、引领两岸文化交流、两岸文化创造等事项。胡锦涛总书记最新提议两岸应协商签订两岸文化教育交流协议，推动两岸文化教育交流合作迈上范围更广、层次更高的新台阶。

为此，笔者呼吁设立两岸共同发展委员会与两岸新文化推动委员会，分别邀请两岸有影响力的各界人士，包括工商界、财经界、党派团体、政府部门共同参与，由深具号召力、影响力的工商巨擘、文化大师、杰出人才共同规划、设计方案，加以推动落实。建议筹组两岸新文化发展基金，为两岸关系的不断发展、两岸新文化的构建提供人力、财力保障。

结语：以文明说服两岸与世界

在推进两岸和平发展的进程中，我们应该用现代文明的价值观说服一切爱好和平、正向发展的两岸同胞，积极投身于两岸共同利益、共同价值的开创性实践中去，把两岸和平发展的典范时刻做得更细、拉得更高、推得更远。

一是说服台湾同胞，两岸关系和平稳定发展最能保障台湾同胞的眼前与长远福祉，要让更多的台湾同胞支持两岸关系的和平发展，积极参与到两岸和平发展的进程中来，充分分享两岸关系和平稳定发展的成果。

二是说服大陆十三亿人民，理性、务实看待两岸关系的历史、现实与未来，不急躁、不松懈，既不盲目乐观、也不悲观自弃，尤其在两岸关系形势大好时，更要把两岸和平发展的困难估计得更加充分一些。

三是说服国际社会，两岸和平稳定发展是对亚太地区、国际社会的最大贡献，两岸不稳定，国际社会将不得安宁，深受其害。国际社会完全可以从两岸和平发展中获益，分享成果，中国也愿意让更多的国家与人民分享两岸关系发展的利益。（本文发表于香港《中国评论》2009年7月号）

两岸共同利益视野下的和平发展

当前，和平发展成为两岸的主流民意，也应是两岸同胞最高的价值选择。两岸关系和平发展就是不断培植两岸共同利益、形塑两岸共同价值的过程，将为两岸关系和平发展腾出时空纵深与战略回旋，使之螺旋上升、不可逆转。笔者曾发表《两岸共同价值的意涵与形成机制》一文，对两岸共同价值的内涵、形成机制进行探索。[①] 如何更快、更好地培植两岸共同利益，是实现两岸关系和平发展的重大理论与实践课题，本文拟就此进行探讨，以便深化对两岸关系和平发展思想的认识与研究。

一、两岸共同利益的意涵

近代西方功利主义者边沁认为个人利益是"增大个人快乐之总和，或者减少痛苦之总和"。一般而言，任何利益的构成均有三个要素：需求、关系及手段；利益是有层次的，可分为个体利益、团体（集体）利益及国家利益；利益还有差异，可分为共同利益和特殊利益。[②] 两岸各种利益纠葛构成两岸关系总和，其中有共同利益、也有特殊利益；有些是兼容相吸的，有些则是冲突排斥的；有些是短暂的利益结盟，有些则是永久的利益牵挂。胡锦涛总书记在"12.31"讲话中指出，"今天，两岸同胞往来之频繁、经济联系之密切、文化交流之活跃、共同利益之广泛是前所未有的。"[③] 所谓两岸共同利益，广义来说，就是两岸之间凡是对两岸双方不构成零和的、独享性、排他性的利益交集；狭义来说，两岸之间暨两岸涉外事务中，相同的并且可以通过相互合作共同谋求的利益重叠。因此，两岸共同利益是与零和博弈相反、与两岸单方特殊利益迥异

---

① 香港《中国评论》2009 年 9 月号，总第 141 期。
② 陈敏昭：《利益协调机制的重构》，引自《现代经济探讨》2007 年第 4 期。
③ 胡锦涛：《携手推动两岸关系和平发展，同心实现中华民族伟大复兴》。

的利益共享，是两岸双方利益的交集，可为两岸同胞所分享。两岸共同利益涵盖两岸关系的各个领域，涉及政治、经济、社会、文化、能源、环境，以及外交、军事、安全等诸多层面。

两岸共同利益具有明显的两岸特色，反映两岸关系现状、吸纳中华文化内涵，具有经济性强于政治性、民间色彩多于官方色彩、区域分布不均衡、各阶层各团体功能强弱不一致等特点，还具有多变性、持续性、不可逆性、超意识形态等特征，使两岸共同利益呈现出多元格局、多维合力、多面流向、多方调整的态势，各种利益主体、利益要素互为关联，相互促进。

培植两岸共同利益是建构两岸共利共享结构、增加休戚与共的民族认同、形塑两岸共同价值的不二途径。两岸共同利益越多，两岸同胞之间合作双赢的机会就越多，两岸关系和平发展的基础越坚实；两岸共同利益越多，两岸民众情感融合的渠道就越多，两岸民众就越能相互尊重、相互理解，产生误解、曲解、甚至敌意、仇恨的可能性越低，发生对抗、冲突的概率就越低，包容性就越高，形塑共同价值的可能性就越高，两岸关系和平发展就越不可逆转。因此，我们相信，两岸共同利益越多、越广泛、越多元，两岸同胞的情感交流越顺畅、越深入，两岸关系和平发展的动力就越强劲，两岸就会渐行渐近、渐行渐顺，断不会渐行渐远、渐行渐难。

二、两岸共同利益的结构

按利益的所有权属性，两岸共同利益可分区为不同阶层、不同区域的共同利益；按利益的经济属性，两岸共同利益可以区分为经济利益与非经济利益、物质利益与非物质利益；按利益的重要性，可区分为两岸共同的核心利益、重大利益、一般利益等。还有人区分出两岸虚幻与真实的共同利益，等等。[①]若按利益的政治属性，两岸共同利益可以区分为政治性共同利益与非政治性共同利益，其中非政治性共同利益可划分为经济、文化、社会、科技、能源、环境、信息等诸多方面；政治性共同利益可区分为低政治性共同利益与高政治性共同利益，涉及政治、外交、军事、安全、战略等领域。本文拟以政治属性角度对两岸共同利益进行区分。

---

① 刘相平：《试论两岸共同利益构建过程中的几组关系》，引自全国台湾研究会编：《两岸关系：共同利益与和谐发展》论文集，2010 年 8 月北京。

（一）两岸非政治性共同利益

两岸非政治性共同利益，不仅指两岸经济、物质层面，还包括文化、社会等内容，涵盖两岸同胞生活多个方面。随着两岸关系持续发展，两岸非政治性共同利益不断增多，构筑了两岸关系和平发展的经济物质基础、思想文化基础以及社会互动基础。

1. 经贸交流合作

两岸经贸交流数十年，贸易、投资已十分活跃。截至 2010 年 4 月底，大陆方面累计批准台商投资项目 80883 个，实际吸引台资 502 多亿美元，加上经第三地来大陆投资的实际台资金额逾千亿，培育了上千个知名台资品牌，两岸品牌成为真正的世界品牌。目前两岸双向投资亦已启动，陆资赴台投资掀起热潮。两岸贸易额历年累计高达 9500 多亿美元。萧万长日前呼吁未来以两岸经济圈的模式，发展一套新的产业分工模式，结合双方人才、资金及技术，共同发展华人品牌，开拓世界市场。[①] 两岸产业搭桥专案则为两岸经济合作搭建更多的合作平台。陆客赴台带动台湾旅游经济，带来人潮与商机。自 2008 年 7 月至 2010 年 6 月，陆客赴台旅游达 128 万人次，带来消费 658 亿新台币。若加上商务、探亲等多达 201 万人次，消费 1100 亿新台币，预计 2010 年陆客赴台将达 150 万人次，成为台湾最大的岛外游客来源，陆客、陆资成为振兴台湾经济的重要活水。两岸携手共同应对国际金融危机，相互扶持，共克时艰，更是促动台湾经济从金融危机深渊复苏的强心剂。大陆对台大额采购，既是让利，也体现血浓于水的同胞情谊，更是为了两岸共同发展。两岸经济合作框架协议推进两岸经贸关系进入制度化、机制化、正常化的新阶段，使两岸共同利益获得机制性、法制化的保障。

2. 文化交流合作

胡锦涛曾称："中华文化源远流长、瑰丽灿烂，是两岸同胞共同的宝贵财富，是维系两岸同胞民族感情的重要纽带。中华文化在台湾根深叶茂，台湾文化丰富了中华文化内涵。"传承并弘扬中华文化是两岸同胞共同责任。文化是软实力，也是两岸关系和平发展的先导力、先驱力、领航力，中华文化培育了两岸同胞，滋养了两岸共同的文化利益。[②] 两岸拥有相同的中华文化思想体系、相似的媒体、电影、文化、创意、教育、文物、艺术、宗教体系等，两岸经由长年的文

---

① 台湾《中国时报》2010 年 8 月 13 日。

② 高占祥：《开创文化力的新时代》，引自《人民日报》海外版 2010 年 4 月 21 日。

化交流合作，产生共同的文化价值、文化需求与文化利益。特别是因为两岸双方重视文化创意产业，为两岸文化共同利益的发展提供重大契机。[①]

3.两岸同胞生存发展共同需求

随着冷战的终结与全球化的开启，与两岸同胞生存、发展的命运息息相关的共同利益，也是两岸共同利益的重要内容，而且是长期的、全局性的。当前，两岸对于公共卫生、环境保护、防灾减灾、抗灾救灾、海上搜救、护航、反恐、能源开发利用、以及太空探索、信息与互联网资源的合作、共享，两岸在诸多方面的共同利益日趋增多。[②]

4.两岸社会发展

台湾由传统社会向现代工商社会转型较为顺利，大陆当前正在建设中国特色的社会主义，处于进入社会全面转型的关键期。两岸在社会福利、养老、保险、社会运作机制、保障机制等方面存在一定的关联性、相似性，易于培植两岸社会的共同利益。

一般而言，两岸非政治性共同利益是两岸共同利益的基础与前奏，两岸政治性共同利益正是在非政治性共同利益的基础上得以演绎、涵化、发展及壮大，可以为两岸政治性利益的培植提供更多的平台、渠道，酝酿更多的机制，累积更多的动力。

（二）两岸政治性共同利益

按政治敏感程度区分，两岸政治性共同利益可以区分为低政治性共同利益（软政治）与高政治性共同利益（硬政治）。两岸两会事务性协商中签署的部分协议如两岸共同打击犯罪、司法互助等属于低政治性共同利益范畴。两岸双方高度默契地实现了连战出席 APEC 峰会、台湾以"中华台北"观察员身份出席世界卫生大会年会（WHA），拓展了两岸同胞在国际上的共同利益。这些低政治性共同利益对于两岸高政治性共同利益的培植具有重要功能，包括增进两岸政治互信，发现、挖掘、培植两岸高政治性共同利益的增长点等。人们普遍相信，两岸经由低政治性共同利益的磨合、培植后，可较为顺利地逐步进入高政治性利益的酝酿与滋养。当前两岸双方关注的政治议题如协商结束敌对状态、

---

① 杨渡：《建构两岸文化创意产业新平台》，引自《马"总统"执政后的两岸新局》一书，台北：远景基金会，2009 年 9 月版。

② 周振春：《论全人类共同利益原则及其国际作用》，引自《集美大学学报》（哲学社科版）2010 年第 1 期，总第 13 卷第 1 期。

建立军事安全互信机制、签署和平协议等，属于高度敏感的政治性议题。两岸双方如何共同维护国家主权与领土完整、在传统安全与非传统安全领域培植更多的共同利益，也是高度敏感的政治性议题。出于确保两岸关系和平发展，两岸迫切需要在上述高政治性领域内培植两岸的共同利益。但培植高政治性的共同利益，两岸没有现成的经验、法则可以借鉴、参考，需要发挥两岸同胞共同的智慧，在中华文化的基础上找到解决之道。马英九2010年以来多次强调以两岸共有的中华文化寻找解决途径，他向两岸同胞明示：他"不是消极地维持现状，而是积极争取一段足够长的时间、一个足够长的历史阶段，让台海持续和平发展，让两岸人民透过经贸、文化各方面的深度合作与交流，让双方能够深度互动交流，增进了解，淡化成见，并在中华文化的基础上，为两岸争议寻求一条务实可行的出路。"[①]

当前，两岸政治性共同利益的培植尚处于起步、摸索阶段，虽有所收获，呈现一条由低到高、由易而难、由简入繁、逐渐稳步发展的通道，但两岸政治性共同利益的培植必定是一条漫长、坎坷之路。

推动两岸关系永续发展，基础在于非政治性的经济、文化、社会、生存发展的共同利益，关键在于培植更多政治性共同利益，特别是要在高政治性共同利益方面有更多的利益共同点、增长点，以利于积累经验、营造氛围、创造条件，早日破解两岸关系政治难题。

三、两岸共同利益的障碍

虽然两岸关系已步入了和平发展的轨道，但由于两岸分隔六十年，影响两岸共同利益发展的障碍千丝万缕，既有台湾内部的障碍，又有来自台湾外部的阻隔。逐步削弱、消除阻碍两岸共同利益增长的不利因素，化阻力为助力，是现阶段培植两岸共同利益的当务之急。

（1）民进党、"台独"分离势力的阻挠、牵制。民进党仍保有40%左右的基本盘，岛内"台独"势力活动依然猖獗，民进党习惯站在大陆的对立面、站在两岸共同利益的对立面思考、处理两岸事务，陷入"逢中必反"、"逢马必打"、"抹红"对手、乱扣"帽子"的制式反应，对两岸共同利益的成长构成极大危害。

（2）台湾"主体意识"的障碍。台湾"主体意识"本质上只是素朴的乡土

---

① 台湾《中国时报》2010年9月1日。

意识，不等同于"台独"意识，但容易被误导为对抗大陆的"台湾优先意识"。纵使马英九也不断强调"以台湾为主，对人民有利""先连结台湾才有中国"，每当两岸利益发生冲突时，只讲"台湾优先"，不顾大陆方面的利益，甚至以损害大陆利益作为获取台湾单方利益的手段。可见，这种台湾"主体意识"对两岸共同利益的培植构成重大障碍。

（3）台湾歧视性规定的障碍。出于规范、限制两岸交流的需要、防范大陆"渗透"的政治考虑，台湾当局制定了一系列限制两岸交流、歧视大陆民众、大陆党政部门、团体的规定，剥夺、限制大陆同胞、大陆方面的利益，从而给两岸共同利益的培植、成长构成政策法规上的种种限制。

（4）台湾与大陆长期进行军事对抗。台湾军方向来以解放军为假想敌，长期整军备战、以武拒统。陈水扁时期制定所谓"有效吓阻、决战境外"的攻击性战略，马英九当局则改采"防卫固守、有效吓阻"的守势战略，但大肆对美军购，积极研发攻击大陆沿海城市甚至内陆的导弹，对大陆安全构成重大威胁。显而易见，台湾对大陆的军事对抗严重阻碍了两岸共同军事利益、共同战略安全利益的成长。

（5）国际反华势力的插手干扰。以美、日为首的国际势力对于两岸和平发展怀有复杂的情绪。一方面，它们乐见两岸关系缓和，意图从中可以分享到和平"红利"；另一方面，美、日等国担心两岸联手，"威胁"到美、日在亚太区域战略利益，因此美国亟须构筑"亚太版北约"，对中国模塑"C"字满月形包围，进行新一轮的战略遏止。预计美、日等国将极力阻挠两岸共同政治、军事、安全、战略利益的发展，以此维护其自身的战略利益。而在此中美关系的敏感时刻，台湾方面某些人怀有不切实际的幻想，充当西方反华势力遏制大陆崛起的"关键枢纽"，伤害中国人民的感情。

面对上述两岸共同利益的诸多障碍，需要两岸同胞本着同为中华民族的一分子精神，思考民族长远利益，从两岸共同需要出发，破解各种制约，强化共同利益，形塑共同关切，弱化、削弱乃至消弭分歧，推动两岸共同利益永续发展、螺旋上升。

四、两岸共同利益的实践路径

培植两岸共同利益，既是两岸关系和平发展的重要支柱，又是实现两岸关系和平发展的根本路径。不断巩固、扩大现有的两岸共同利益格局，并在既有的基础上培植更为多元、宽广、绵密的共同利益，拓宽领域，提升层次，经由两岸非政治性共同利益的成长，逐渐导向两岸政治性共同利益的培植，这是目前发展两岸关系的当务之急，也是破解两岸政治难题的必由之路。胡锦涛总书记高度重视两岸共同利益的培植，在上海世博会开幕前夕会见连战等台湾各界人士时，主张增强两岸关系和平发展的推动力、激发和平发展的生命力、提高两岸经济的竞争力、增强中华民族的凝聚力，获得台湾各界人士的热烈回响。[①]台湾大学张亚中先生提出了实现两岸共同体的七个梦想，倡议两岸应着手开展文化统合、货币统合、经济统合、身份认同、安全认同、国际参与以及和平框架等七项统合工程，最后实现两岸整合。[②]两岸同胞是培植两岸共同利益的行为主体，应当激发广大同胞的积极性与创造性。

（一）共同发展、共同成就、共同分享

两岸双方首先应确立两岸共同发展、共同成就、共同分享之路。面对全球化与国际金融危机冲击，两岸应携手应对外在挑战；基于同胞情谊，两岸更应走共同发展之路，有效整合两岸经济、文化、社会以及政治、军事、外交、安全、战略资源，实现双赢。海峡两岸分隔分治六十年，基本上走各自发展之路。面向未来，两岸有必要、也有条件走共同发展之路。台湾有人呼吁："通过共同发掘、创建当前'两岸和平发展'进程中所具的进步价值与理念，进一步构建具有共利性格和共同成就的'两岸共同家园'目标与前景，一同参与此涵盖大多数人民利益的伟大历史事业。"[③]两岸有关方面有必要调整战略、调整决策思维，透过两岸联手、共同发展，实现"两岸十年"愿景，成就两岸盛世。[④]大陆在规划发展纲要时，要将台湾纳入国家整体发展战略中来；台湾在制定所谓"黄金十年"规划时，也应自觉地加入大陆的大国发展战略中来。[⑤]两岸有关双方可透过国共平台、两岸两会、"两岸经济合作委员会"等机制平台，加强沟通、协商，为两岸共同发展、共同成就制定切实可行方案。两岸双方应成立共同利益协调机制，共同规划、指导、培植共同利益，并依循关怀民生、照顾弱势的原则合理调节、分配共同利益流向，让更多的基层而非只是上层、更多的

---

① 新华社上海 2010 年 4 月 29 日电。

② 张亚中：《论两岸统合的路径》，引自香港《中国评论》杂志 2009 年 4 月号，总第 136 期。

③ 台湾《统讯》杂志 2010 年 4 月号社论：《深化两岸互信基础，建设两岸共同家园》。

④ 香港中国评论社网站，http://www.chinareviewnews.com.2010 年 8 月 22 日。

⑤ 林建甫：《台湾应加入到大陆的大战略》，引自香港中国评论社网站，http://www.chinare-viewnews.com.2010 年 9 月 2 日。

普通民众而非只是工商巨贾分享两岸共同利益。

（二）循序渐进、上下结合、官民协作

培植两岸共同利益须遵循二个原则。推动程序上，采取"先经后政、先易后难、先边缘后核心""由低到高、由简后繁、由外而内"的推动路径，循序渐进，把握节奏、稳步发展。操作策略上，应遵循两岸官方规划、引导，两岸基层、民间跟进落实的原则，上、下结合，官、民协作，全民参与，共同分享，共同推进共同利益的发展。

（三）解放思想、创新机制，大胆突破

眼界决定境界，思路决定出路。在培植两岸共同利益的迫切情景下，需要具有超越时空、超越蓝绿、超越两岸的气魄与胆略，善于逆向思维，勇于机制创新。一切有利于拓展两岸关系和平发展战略纵深、有利于培植两岸共同利益的思想、主张都应获得实践的机会。包括"两岸共同论"的思想、两岸"主权共享"思想、两岸共同价值、两岸共同记忆、两岸共同治理的理论等，都应借两岸关系和平发展大好机遇获得实践、总结、提高的机会。因应两岸大交流、大合作、大发展的需要，两岸需要重建交流秩序，创新体制、机制，两岸共同成就世博、分享世博，透过海西建设、平潭试点，摸索一条两岸共同治理之路，为两岸共同利益开渠引水、开辟道路。

（四）盘活资源、激活平台、培植增长点

两岸双方应巩固既有两岸共同利益，盘活资源，激活平台、管道，创新体制、机制，培植亮点与增长点，使两岸共同利益螺旋上升，持续攀升。在此基础上，两岸双方应未雨绸缪，累积互信、累积动力，依循中华文化脉络，破解政治难题，尽早实现两岸政治议题的对话、沟通、交流与谈判。

（五）全方位交流，可持续发展

促成两岸多轨交流、多点对接、多轮磨合、多区域联动、多磁场感应，实现两岸共同利益的良性循环、可持续发展。如今两岸关系已进入双向、全方位、多轨道交流的快车道，大交流、大合作、大发展的态势渐趋成形。建构绵密繁杂、覆盖两岸各区域、各阶层的交流网络，填补交流空白、消除死角，是促进两岸共同利益持续上升的最佳途径。

（六）两岸相互战略保障、互守政治承诺

两岸政治性共同利益的培植需要两岸双方进一步累积政治互信，在复杂的国际格局下，两岸需要相互战略保证，需要双方作出确保两岸关系和平发展的政治承诺。具体包括五个方面：

（1）巩固并深化"九二共识"，共同反对"台独"，避免内耗，使"九二共识"法律化，获得台湾政治上、法律上的保障。

（2）台湾方面自觉遵守"一中宪法"，承诺不分裂中国。台湾要在政治、经济、文化、教育等诸领域内真正落实"一中宪法"内涵，将统"独"、两岸协议、两岸事务排除在"公投法"外。凡涉及两岸议题、中国领土与主权范围的内容不得成为"公投"议题。

（3）双方确立"一中"框架，核心是"两岸同属一中"。马英九多次表示两岸"民族一中""文化一中""一中宪法"，趋向"两岸同属一中"。我们认为"一中"框架比"一中"原则更为弹性、更具包容性、可塑性。理论上"一中"框架不否认"一中宪法""中华民国宪法"。

（4）以"两岸共同论"来深化两岸和平发展、共同发展内涵。未来两岸双方需要致力于共同缔造一个全新、未来的中国，包含了两岸及香港、澳门在内的新的中华宪政联合体（联盟），①制定"中华宪章"，确立为人民民主共和国，具有民主、法治等现代文明的内涵。

（5）照顾彼此关切、尊重彼此核心利益。前"国安会秘书长"苏起日前撰文称"两岸需要同情的相互理解"，道尽了增进两岸政治互信、培植两岸共同政治利益的关键所在。②的确，大陆充分了解台湾选举的重要性，尽其所能给予配合。大陆也尊重台湾的政治制度、台湾民众的生活方式，但台湾方面亦应充分理解大陆民众的生活方式、政治选择，充分尊重政治大陆的政治安全、社会安全、文化安全、经济安全、信息安全，不要在"藏独""东突""海外民运""法轮功"等议题上制造问题、踩大陆敏感红线，伤害全体大陆同胞的情感。

结语

西方谚语称"罗马不是一天造成"，培植两岸共同利益永无止境，决不会一蹴而就、一帆风顺，尤其在当前复杂的国际背景、复杂的岛内政治环境下，更需两岸同胞共同努力、持续坚持。培植、谋求两岸共同利益既是实现两岸关系和平发展的客观要求，也是两岸同胞、海内外侨胞的共同心愿。我们深信，当

---

① 张亚中先生提出用"宪政秩序主体"描述两岸法理关系，参考张亚中：《统合方略》，台北：两岸统合学会，2010 年 6 月版。

② 台湾《联合报》2010 年 8 月 14 日。

两岸共同利益超过两岸单方面特殊利益时，当两岸共同利益超越两岸分歧时，当有朝一日两岸共同利益超越美台共同利益时，两岸任何难题终将破解，两岸盛世迟早到来，两岸关系和平发展态势就不可逆转，和平统一就将成为历史的必然。（本文发表于香港《中国评论》2010年10月号，总第154期）

形塑两岸共同价值：主体、内涵及路径

习近平总书记2014年9月在会见台湾朋友时提出了"拉近同胞心灵距离、实现心灵契合"的重大命题："国家统一不仅是形式上的统一，更重要的是两岸同胞的心灵契合。我们愿意用真诚、善意、亲情拉近两岸同胞的心理距离。"[①] 2016年3月5日，在参加上海人大代表团审议座谈时，习总书记提出要深化两岸经济社会融合发展，"增进同胞亲情和福祉，拉近同胞心灵距离，增强对命运共同体的认知。"[②] 所谓"心灵契合"应具有文化同脉、情感融合与价值趋同等内涵。笔者曾提出两岸关系和平发展的重要路径在于培植两岸共同利益，形塑两岸共同价值。[③] 当前，两岸关系处于重要节点，两岸能否持续和平发展，除了持续创造两岸共同利益外，还需要形塑两岸共同价值，这是拉近两岸同胞心灵距离、实现心灵契合的必由之路。

一、两岸共同价值概念与主体

（一）概念

价值是文化体系的核心要素。文化是一个社会所遵循的生活方式、代代相传的传统，信仰、风俗或行动程序的总和。[④] 英文中的价值 value 一词来自拉丁语 valere，原是经济学意义上的交换价值，但在尼采等人的诠释下，价值具有更为广泛的哲学内涵、思辨色彩。广义地讲，价值泛指本身有价值、令人渴求

---

① 赵博、许雪毅：《习近平总书记会见台湾和平统一团体联合参访团》，引自新华网，http://news.xinhuanet.com/politics/2014-09/26/c_1112641354.htm，最后检索日期：2015年10月25日。

② 新华社2016年3月5日电：《习近平参加上海人大代表团审议》，引自新华网 http://news.xinhuanet.com/politics/2016lh/2016-03/05/c_1118244365.htm，最后检索日期：2016年3月23日。

③ 倪永杰：《两岸和平发展路径探索：培植共同利益、形塑共同价值》，香港《中国评论》杂志2009年7月号。

④ 参见殷海光著：《中国文化的展望》，上海：三联书店，2002年12月第一版。

的原则、品质、实体，包括道德的、政治的、美学的、宗教的、科学的价值等。本文认为，两岸共同价值属于形而上、抽象层次的概念，是两岸同胞世界观、方法论及价值观的总和。换言之，两岸共同价值是海峡两岸同胞普遍乃至共同认可、遵循的生活方式、思维模式、行为准则等，是两岸同胞思想、认知、情感、意愿的集合体，是两岸同胞普遍的行为规范与共同的理性憧憬。

两岸共同价值应该是当代人类文明、价值的重要组成部分，也是中华文化价值链演绎到两岸和平发展阶段的重要成果。两岸共同价值必然有别于其他价值体系，具有两岸自身的特色，是两岸各自价值元素的共同交集。两岸共同价值的形塑是一个漫长、动态、可变、可塑的过程，是在两岸价值存量基础上的增量扩张，必定朝着更文明、更开放、更多元、更包容、更亲和、更具感染力的方向演进。

（二）创新主体

两岸同胞是创造两岸共同价值的主体，特别是经常穿梭、来往于两岸之间的两岸同胞、海外华人等，包括那些具有两岸生活、工作、求学、旅游经验的同胞，更是创造两岸共同价值的主要群体，他们有别于两岸其他同胞，是两岸特殊的人群，可以称之为"两岸人"，是两岸共同价值的融合者、引领者、催生者、创造者。包括三类人。

1.来往两岸之间的台湾同胞，包括台商、台生、台干、台属、台湾游客等

有资料显示，自 1987 年台湾开放民众赴大陆探亲以来，截至 2015 年底，台胞来大陆人次累计达 8750 多万，来过大陆至少一次的台胞 900 多万、近1000 万。[①]其中长期定居、生活、工作在大陆的台胞约 200 多万人，以居住、工作、求学在上海及其周边长三角地区的台胞最多，约有 80 万之多。来大陆求学、就业、创业的台湾民众屡创新高，出现所谓"白骨精现象"，即来大陆就业的意愿以白领、骨干、精英的意愿为最高。

2.赴台定居、结婚、探亲、交流、工作、就学、投资、旅游的大陆同胞

2015 年全年赴台陆客达到 435 万人次，历年累计大陆赴台民众也已多达1500 多万人次，有近 1000 万大陆民众到过台湾。[②]2008 年 7 月开放大陆旅客

---

① 数据来自中共中央台湾工作办公室、国务院台湾事务办公室官方网站，引自 http://www.gwytb.gov.cn/lajlwl/rywltj/201101/t20110120_1715616.htm，检索日期：2015 年 10 月 25 日。

② 数据来自中共中央台湾工作办公室、国务院台湾事务办公室官方网站，引自 http://www.gwytb.gov.cn/lajlwl/rywltj/201101/t20110120_1715616.htm，检索日期：2015 年 10 月 25 日。

赴台团组旅游，后又开放 36 个城市的赴台个人游，掀起大陆民众赴台旅游热潮。值得关注的是，历年来，两岸婚姻历年累计达 33 万例（台湾另有涉外婚姻 18 万例），其中有 11.7 万陆配已入籍台湾，取得了身份证，拥有工作权与选举投票权。①他们已逐渐融入台湾当地的生活、工作中，对于台湾公共事务、政治活动的参与兴趣、参与程度有所提高。2008 年 12 月 15 日，两岸海空客货双向直航的"三通"宣告实现，两岸直航城市 64 个，每周航班多达 890 班，两岸进入"一日生活圈"时代，不但台湾民众掀起一轮又一轮"大陆热""西进潮"，大陆民众也刮起"台湾热""宝岛风"，赴台观光、投资、工作、就学的大陆民众越来越多。而且大批高学历、高收入、具有国际视野、引领潮流的"新大陆人"成为两岸交流热、"台湾热"中的重要人群，对两岸共同价值的形塑将产生重大的推动作用，必将逐步催生同属两岸的新文化、新价值、新典范。②

3. 从海外第三地进入台湾居住、交流、就业的海外华人，也积极参与两岸交流交往，在沟通、融合两岸同胞的情感、形塑两岸共同价值方面具有不可或缺乏、不可替代的功能

这群频繁穿梭、往来于两岸之间的特殊的"两岸人"群体，比两岸其他同胞拥有更多鲜活、生动的两岸经验，既有在本地记忆、刻有本地的文化烙印，又有在对方居住生活、工作求学旅游的轨迹，他们更为熟悉两岸政治、经济、文化、社会的制度与环境，对于两岸的观察、感受必然有别于其他两岸同胞。随着时间的推移，他们中有越来越多的人逐渐融入新居住地人群的生活中，是两岸共同价值的关键性原创力量。他们分别把各自的两岸经验延伸、传播到对方区域内，与当地同胞相互交流、切磋交融，相互激荡、吸纳整合，产生情感的共鸣与共同价值的感应。他们将各自的生活方式、思想观念、行为模式、情感认知等不同于对方的异质价值体系导入到对岸，上升为理论层次、文化结晶，熔铸成两岸共同认知、情感与意志，交融成新的价值认知与情感，经由两岸同胞的共同锤炼，催生出新的智慧火花，熔铸新的价值坐标体系。

二、两岸共同价值来源与内涵

（一）来源

两岸共同价值绝不是无源之水、无本之木，植根于五千年灿烂的中华文化、

---

① 数据来自台湾"移民署"。
② 《新大陆人在台湾》，引自台湾《远见》杂志，2009 年 5 月号。

来源于两岸同胞的交流合作实践，更是对两岸共同美好未来的前瞻与追求。两岸共同价值来源于五个部分。

1. 从中华传统文化中萃取两岸共同价值

两岸虽然分隔、分离了六十多年，但中华文化是两岸共同的文化母体，是两岸共同价值的基本元素。"中华文化源远流长、瑰丽灿烂，是两岸同胞共同的宝贵财富，是维系两岸同胞民族感情的重要纽带。"[1]哲学家成中英先生认为，传统中国的价值体系包含了和谐、真理以及正义三项要素。[2]两岸共同价值体系，当然也蕴含上述这些基本元素。中华文化中的"天人合一""外王内圣""王道""中庸""和谐""宽容""权变""公平正义""忠孝仁爱""仁义礼智""四维八德""礼义廉耻"，"真、善、美"等价值要素，是贯穿于中华五千年古国文明的重要价值内涵，当然是两岸共同价值的重要来源。[3]

2. 从海峡两岸暨香港、澳门当代文明中凝聚两岸共同价值

包括从当代大陆的文化精华、当代台湾文明以及港、澳文明元素中加以吸纳、融汇与提炼。论者均认为，两岸之间各自的价值元素既有文化共性，都是中国文化的一部分，都是对中国传统文化的继续与创新；又有文化间性，两者间存有一定差异性，各有特色、各擅胜场、各具养分。理应促成海峡两岸暨香港、澳门各具特色的价值体系相互吸纳创新、融会贯通，形塑新价值、催生新主流。2006年10月，中共十六届六中全会明确提出要建设社会主义核心价值体系，引起广泛关注。它包括四个方面的基本内容，即马克思主义指导思想、中国特色社会主义共同理想、以爱国主义为核心的民族精神和以改革创新为核心的时代精神、社会主义荣辱观。2006年大陆提倡"八荣八耻"的社会主义荣辱观，"坚持以热爱祖国为荣、以危害祖国为耻；以服务人民为荣、以背离人民为耻；以崇尚科学为荣、以愚昧无知为耻；以辛勤劳动为荣、以好逸恶劳为耻；以团结互助为荣、以损人利己为耻；以诚实守信为荣、以见利忘义为耻；以遵纪守法为荣、以违法乱纪为耻；以艰苦奋斗为荣、以骄奢淫逸为耻。"2009年大陆提出建设社会主义和谐社会，其核心要求在于"民主法治、公平正义、诚信友爱，充满活力，安定有序，人与自然和谐相处"。2013年底中共中央印发

---

① 胡锦涛：《携手推动两岸关系和平发展，同心实现中华民族伟大复兴》。
② 成中英：《中国文化的现代化与世界化》，北京：中国和平出版社，1988年10月第一版。
③ 葛荃：《中国化的宽容与和谐——从传统到当代的政治文化整合》，载《华侨大学学报》（哲学社会科学版）2006年第四期。

了《关于培育和践行社会主义核心价值观的意见》，概括为国家层面、社会层面及个人层面的24字的核心价值观：富强、民主、文明、和谐；自由、平等、公正、法治；爱国、敬业、诚信、友善。胡锦涛总书记指出："中华文化在台湾根深叶茂，台湾文化丰富了中华文化内涵。"① 习近平总书记表示："两岸同胞同属中华民族，都传承中华文化。在台湾被侵占的50年间，台湾同胞保持着强烈的中华民族意识和牢固的中华文化情感，打心眼里认同自己属中华民族。"② 台湾当代文明的价值主体，也应该是两岸共同价值的重要组成部分。马英九一直认为，"善良、正直、勤奋、诚信、包容、进取这一些传统的核心价值，不但洋溢在台湾人的生活言行，也早已深植在台湾人的本性里。这是台湾一切进步力量的泉源，也是'台湾精神'的真谛。"③ 台湾作家龙应台针对"华文世界版图"，提出台湾在"教育""文化温和主义""公民素养""社会凝聚力""理想性""生活美学"等六个"独特核心要素"方面占有很大的优势。她认为"温良恭俭让"滋润了台湾土地，成为台湾文化的重要养分，台湾文化根基比较沉淀、宁静、厚实。④ 这些内涵成为当代台湾主流价值之一，应对两岸共同价值的形塑构成正面影响，成为两岸共同价值的有机组成部分。

3. 从海外华人文化中酝酿两岸共同价值

炎黄子孙散居五湖四海，世界的每个角落都有华人的身影，他们不但将中华文化传播到世界各地，与当地交融繁衍，产生了新的价值准则。特别是他们富有勤劳、智慧、冒险、拼搏的精神，极大地丰富了中华民族的价值内涵，理应成为两岸共同价值的合理成分。

4. 从各国及世界文明中提炼两岸共同价值

在两岸迎向和平发展、形塑两岸共同价值的历程中，两岸同胞必定充分吸纳当代各国文明中优秀元素与合理内核，以科学、民主、自由、平等、公平、正义等丰富两岸共同价值的内涵，走出一条集成、创新之路，使之具备引领现代人类价值的优势，而不仅仅是拾人牙慧、简单复制外国的价值观。

---

① 胡锦涛：《携手推动两岸关系和平发展 同心实现中华民族伟大复兴》，引自新华网，http://news.xinhuanet.com/newscenter/2008-12/31/content_10586495_1.htm，最后检索日期：2015年10月25日。

② 习近平：《共圆中华民族伟大复兴的中国梦》（全文），引自新华网：http://news.xinhuanet.com/tw/2014-02/19/c_126157576.htm，最后检索日期2015年10月25日。

③ 马英九：《台湾要成为和平缔造者》，引自台湾《中国时报》2008年5月21日。

④ 杨纬中：《在文化边缘位置，撑起台湾核心价值》，引自台湾《新新闻》杂志2009年4月23日至29日，总第1155期。

5.融合中西、汇通古今，催化两岸共同价值

采取"洋为中用""古为今用"的策略，凝聚、合成两岸共同价值。对于人类各个时期的价值元素，两岸同胞应该以一种包容、借镜、去粗取精、去芜存菁、去伪存真、剔除糟粕、吸收精华，为我所用，丰富、完善两岸共同价值。

（二）内涵

两岸共同价值内涵，具有多重排列与组合。

1.源自对乡土、家园、家国的乡愁、眷恋，包括对故土的思恋、感恩，对家园、家国的情感，爱乡土、爱国家、爱民族的情感。这是两岸共同价值第一链

台湾同胞"原乡"意识，事实上就是一种对故国母土的思恋，"原乡人的血只有回到原乡才会停止沸腾"（台湾作家钟理和语）。华夏子孙都会慎终追远、追思先辈，萦绕胸中的乡愁、乡恋，可升华为民族主义、爱国主义情感，江泽民总书记在中共十六大报告中指出："在五千多年的发展中，中华民族形成了以爱国主义为核心的团结统一、爱好和平、勤劳勇敢、自强不息的伟大民族精神。"忧国忧民、"位卑未敢忘忧国"，就是追求国家统一、民族复兴的意志与心愿。

2.两岸共同的人文关怀与命运共同体意识，这是两岸共同价值的第二链

"观乎人文，以化成天下"，除了乡愁、原乡、家园、家国的价值外，两岸更应建构共同的人文关怀与两岸共同命运的价值追求。台湾学者蔡玮呼吁，马英九如今也应建构一个包含两岸共同未来的新论述，建构一套两岸命运共同体的概念，可以包括——但不限于——文化的认同、血源的认同、民族的认同、价值的认同和生活方式的认同。[①]胡锦涛总书记曾多次指出，两岸同胞是命运共同体，中国是两岸同胞的共同家园，这些应该是两岸共同价值的基本内涵。两岸同胞之间理应崇仰互信互爱、尊重强者、关怀弱势、尊重人权、张扬人性、推广博爱的思想，弘扬理性温和、谦让敦厚、悲天悯人、以人为本的人文主义思想，展现亲民爱民、民胞物与的政治真谛。

3.追求两岸和谐和平、和解共生、和衷共济、共同发展、共赢共享的价值。这是两岸共同价值的第三链

德国哲学家康德说过："追求永久和平，是理性的最高目标，也是一种道德义务。"实现两岸和平、和解，是两岸面对历史纠葛、解构现实困境、追寻共同未来的基本法则，没有和平和谐、和解共生的意志与愿景，两岸难以超越历史

---

① 蔡玮：《思想解放是台湾唯一出路》，引自蔡玮的博客 cw.caogen.com，2009 年 6 月 4 日。

的恩怨，摆脱矛盾纠缠、创造两岸广阔的前景。贵和尚中、和而不同、和实生物、同则不继等都是中华文化的重要价值之一，以和引领、统领两岸。

4. 对民主法治价值的认同与追求

对两岸同胞来说，民主具有一定风险，也有许多缺失，但胡锦涛说过："没有民主，就没有现代化"，大陆学者俞可平认为，"民主是个好东西""是共和国的生命"，也是最终解决两岸问题的最具说服力、最富包容性、最低成本、最高效率的方式之一。民主是人类的共同价值和历史的潮流，在实现形式、内在要素、现实机制等方面有其普遍性。① 在实现两岸和平统一的进程中，民主是绕不开、躲不过、必须走通的两岸政治文明之路，以民主和平的方式实现国家统一是最快速、最有效的途径。在两岸关系由和平发展迈向融合统一的进程中，两岸同胞不但要信奉民主的制度、体验民主的过程，更要追求民主的内涵。两岸民主不但贯彻少数服从多数意志，更应该使少数获得尊重，少数正当、合理权益得到保护，使其感受尊严与安全。习近平在会见台湾统派团体时表示，"一国两制"在台湾的具体实现形式体现"三个充分"：即充分考虑台湾现实情况、充分吸收两岸各界意见和建议，以及是能充分照顾到台湾同胞利益的安排，从根本上体现了大陆方面在追求国家统一目标时所呈现的民主精神与本质内涵。② 迄今为止，在有关国家统一模式的设计中，习近平提出的"一国两制"台湾具体实现形式是最富民主内涵、最为合情合理、也是最科学、最可行的国家统一方案。因此，民主是两岸共同价值必然要面对的一个重要内容。与此同时，大陆强调依法治国，需要运用法治思维、法治方式和法律手段巩固深化两岸关系发展。③ 如今以中华人民共和国宪法为母法，以《反分裂国家法》《台湾同胞投资保护法》《中国公民往来台湾地区管理办法》等为主干的涉台法律规范体系初步形成，成为中国特色社会主义法律体系的重要组成部分。因此，没有民主与法治，两岸关系和平发展缺乏稳定、可靠的机制；没有民主与法治，两岸和平发展就缺乏强劲的动力。

---

① 俞可平：《民主是共和国的生命》，引自俞可平：《思想解放与政治进步》，北京：社会科学文献出版社，2008 年 2 月第一版。

② 赵博、许雪毅：《习近平总书记会见台湾和平统一团体联合参访团》，引自新华网，http://news.xinhuanet.com/politics/2014-09/26/c_1112641354.htm，最后检索日期：2015 年 10 月 25 日。

③ 张志军：《运用法治方式扎实推进两岸关系和平发展》，引自人民网 http://theory.people.com.cn/n/2015/0313/c40531-26687007.html，最后检索日期：2016 年 3 月 23 日。

5. 创新拼搏、追求卓越、自强不息的精神

在全球化时代，两岸除了携手合作、共克时艰外，更要发挥智慧，培植创造性思维，超越前辈，超越历史与现实，以更恢宏的气魄，向上飞跃。台湾著名经济学家高希均对台湾同胞的生命力、创造力作了如此的描述："台湾第一波的生命力，以克难、勤奋、节俭，创造了'经济奇迹'，那是成功的'第一条'成长曲线。"他提出构建"学习型台湾"的"第二条"成长曲线，"以学习、愿景、团队、系统思考为核心，以高科技为主力，来展现台湾第二波生命力。"[①]台湾生命力、创造力应该是形塑两岸共同价值过程中重要的价值标杆与重要内涵之一，唯有追求卓越、创新开拓的民族，才能在世界的舞台上立稳脚跟，创造两岸共同美好未来。

由上可知，两岸共同价值是当代人类文明、价值的重要组成部分，也是中华文化价值链演绎到两岸和平发展阶段的重要成果，具有承上启下、继往开来、融合古今、汇通中外、涵化传统与现代的价值综合功能。两岸共同价值既是对中华传统文化、两岸历史积淀的传承与萃取，也是对两岸现实交流互动的概括与催生，更是对未来两岸共同命运的前瞻与追求。

三、两岸共同价值特征与机制路径

（一）特征

两岸共同价值应该具有自身的特点，也应朝向更开放、更文明、更多元、更包容、更前瞻的方向演进。

1. 具有两岸特色的价值体系

两岸共同价值主要由两岸同胞共同创造，蕴含了两岸同胞基本的逻辑思辨、认知情感、价值判断、行为规范等，具有历史生命力、时空穿透力与心智感染力，是两岸同胞共同创造的人文精神建构，必然有别于其他价值体系，具有两岸自身的特色，是两岸各自价值元素的共同交集。两岸共同价值来源于两岸交流交往、合作双赢的实践活动，主要取材于中华传统文化、海峡两岸暨香港、澳门各自的文化价值体系，经历交流、接触、融合，最后合成再生的新的共同价值体系。无可避免地印上两岸特色的烙印。

---

① 高希均：《展现第二波生命力：从第五项修炼中找解答》，引自 Peter M. Senge：《第五项修炼》中文版序言，台北：天下远见出版股份有限公司，2007 年 12 月版。

2. 多元、开放而单一、非封闭的价值体系

两岸共同价值融合古今与中外，融合古典与现代、传统与时尚，无分主流与非主流、支配与被支配，各种成分有机合成，融解共生，相互融合。两岸共同价值体系是一个开放而非封闭的体系，决不排斥两岸之外的其他价值体系的优秀养分，确保日新又新、不断升华。

3. 动态而非静止、流变而非凝固的价值体系

两岸共同价值必然会处于不断变动、丰富、融合之中，两岸同胞必然会全力追求至真至善至美的新价值，其他价值元素也会不断地渗入到两岸共同价值体系中。求新求变、求真求善是两岸共同价值不变的追求。

4. 前瞻而非后视的价值体系

两岸共同价值既是对中华传统价值的取舍与继承，又是对两岸共同未来的追求与前瞻。中华传统价值、两岸各自价值的积淀是两岸共同价值形塑的起点、基础，但要创造崭新的两岸共同价值，除了继承之外，更需要面向两岸共同未来的前瞻性、预设性的创造。凡是符合两岸共同利益、符合两岸和平发展、符合两岸统合的价值规范、价值导向、价值标尽，都应是两岸共同价值形塑进程中遵循的方向。

5. 富有生命力、创造力的价值体系

在两岸和平发展新时代，两岸同胞富有创意、激情，充满想象力、创造力，具有引领世界潮流、占领创新制高点的聪明才智，两岸共同价值是两岸同胞共同智慧的结晶，较其他价值体系更具有创造力、生命力，将为两岸关系的和平发展、为人类文明作出更大的贡献。

（二）机制与路径

两岸共同价值的形塑，有赖于两岸同胞的心灵磁场共振与心灵感应共生。形塑两岸共同价值需要铺设体制机制，求索路径平台。

1. 机制

两岸共同价值的形塑将是一个漫长、艰巨的过程，经历价值混乱、冲突紧张、排斥否定、价值解析、相互吸纳、否定之否定以及价值同化、价值合成等多个阶段。[①] 其中不同价值之间的冲突紧张、磨合交融、沉淀提炼、发酵融合，将会螺旋循环、永不停止。形塑两岸共同价值可以分为价值主体机制、价值解

---

① 胡启勇：《文化整合论》，引自《贵州民族学院学报》（哲学社会科学版）2002年第1期，总第71期。

析机制、价值调和机制以及价值扩张机制四个方面。首先，价值主体机制即是建立确保中华文化主体地位的保障机制。需要将"王道"、和谐、中庸、权变等中华传统价值导入至两岸共同价值体系中，引导两岸共同价值的方向，规范"古为今用""洋为中用"，有机融合传统与现代、东方与西方文明，形塑两岸特色的共同价值。其次，价值解析机制是鉴别、选择、生成两岸共同价值的主要途径，需要选择有利于两岸关系和平发展、符合两岸统合方向、符合两岸文明、开放、多元的价值核心展开整合。再次，价值调和机制则是消除两岸不同价值之间的冲突、紧张及对立，使之和谐整合、多元并存，相互消融，感应共生。最后，在循环重复、螺旋上升的两岸共同价值形塑过程中，透过价值扩张机制促成两岸共同价值经历一个层次上由表及里，范围上由小到大，广度上由点到线、由线到面、由面到多维立体，内涵上由浅及深、由简单到复杂、由单一到多元的扩张过程，使之在现有"存量"基础上不断"增量"。

2. 路径

两岸共同价值的形塑需要获得多种多样的路径通道、平台保障的支撑。借助于两岸金流、物流、信息流、人流、智流等的双向多轨的循环流动，促成两岸同胞生活方式、思维模式、行为准则的对接、整合，由此形塑共同价值。采取多轨并进、多元建构、多维触发的模式，推动两岸共同价值的融合与生成。两岸共同价值的形塑应有一些制度性的安排、设立保障性机构，具体建议如下：

一是设立两岸共同文化推动委员会，募集两岸共同文化发展基金，规划两岸共同文化发展纲要，制定并推动落实相关政策、措施。

二是成立两岸汉语创新推广委员会，规范两岸汉语，创新两岸词语，贡献人类文明。两岸现已共同编辑出版了《两岸常用语词典》，未来应创造条件，共同编撰出版《两岸中华大辞典》《两岸汉英大词典》，形塑两岸共同语境。

三是两岸共同编撰史书。包括两岸共同编撰中华文化史、教育史、农业史、科技史、宗教史、军事史、音乐史等。两岸共同整理两岸族谱、地方志、民俗民风等。习近平总书记在 2016 年纪念中国人民抗日战争胜利暨世界反法西斯战争胜利 70 周年之际，多次提倡"海峡两岸史学界共享史料、共写史书，共同捍卫民族尊严和荣誉。"[①] 开展抗战历史研究，建构正确的抗战史观，弘扬抗战精神，增强两岸历史链接，增强两岸共同历史记忆，形成两岸共同史观。

---

① 《习近平：让历史说话用史实发言 深入开展中国人民抗日战争研究》，新华网，http://news.xinhuanet.com/ttgg/2015-07/31/c_1116107416.htm，2016 年 9 月 23 日最后检索。

四是创造条件，两岸共同编撰大、中、小学语文、英文教材，逐渐在两岸各级学校中推广使用。

五是构造两岸共同的文化创意产业，促成出版、媒体、网络、通信等产业合作。

结语

两岸关系和平发展创造了 60 多年来两岸最好的发展时期，两岸各界精英、两岸同胞切莫辜负了当前两岸关系的美好时光，充分体察两岸共同价值的精神意索（ethos，也即精髓），[①] 积极扮演领航者、整合者、践行者的角色，创建两岸共同价值，促成两岸朝向相互信任尊重、包容理性、多元共享、民主公正以及可持续发展的方向演进，加强两岸心灵契合建构，完成两岸终极统一的使命。（本文最初发表于香港《中国评论》2009 年 9 月号，原标题为《两岸共同价值的意涵与形成机制》）

---

① 黄光国:《儒家关系主义：文化反思与典范重建》，北京：北京大学出版社，2006 年 4 月版，第 302 页。

两岸关系和平发展的风险防范与机遇管理

经过一年来两岸各界的共同努力，两岸关系进入和平发展的新阶段，一个螺旋上升的新型两岸关系由此发轫。两岸关系已由"台独"高危期、战争边缘区，转变了和平发展、互利双赢的新两岸。为此，两岸各方的思维也应从风险预警、危机管理转变为机遇管理、创意竞争。

一、两岸和平发展的风险

当前两岸关系步入和平发展的轨道，态势良好。两岸由对抗、冲突转向合作、互动，由误解、曲解转为理解、谅解，由本位思考转变为共同需要思考，由趋分转向趋合，由求同存异、求同化异走向聚同化异。但也潜藏着一些暗礁与逆流，面临多种风险，无处不在，无时没有。存在着一些或明、或暗的风险，可能是显性的，也可能是隐性的，可能是表象的、形式的，也可能是潜在的、结构的，深藏于两岸不同的政治、经济、文化、社会、军事等各种内在结构中。

风险之一，"台独"声浪有可能重新抬头、台湾"主体性"恶质演化为"台独"土壤。自 2005 年以来，民进党虽然连续遭遇县市长、"立委"以及地区领导人选举的三场重大挫折，但仍保留着 40% 以上的基本盘、7 席县市长、27 席能量特殊的"立委"以及众多县市议员、乡镇长等，对于岛内政局的主导力不容小觑，给马英九执政造成重大掣肘，对于两岸关系破坏力难以低估。据《远见》2009 年 5 月中旬发布的民调显示，台湾民众的"台湾主体性"意识不断高涨，滑向"台独"意识，支持"台独"比例不降反涨，呈现"统消独涨"的趋势，与一年来两岸关系快速发展呈悖离现象，赞成统一者仅为 8.3%，而支持"台独"者则达 25.4%，[①] 从而制约了马英九推动两岸开放政策的动力与幅度。面对

---

① 台湾《远见》杂志 2009 年 6 月号。

绿营的质疑与被扣"红帽子"压力，马英九无心或无力在"化独渐统"方面有所作为，显得疲软乏力，岛内政局重趋混沌。

风险之二，两岸固有政治分歧难以消除，新的问题伴随着两岸关系快速发展急剧增多，干扰两岸关系和平发展。包括"中华民国"政治地位、台湾"国际"活动空间、所谓大陆"武力威胁"问题，以及台湾地区与他国签订自由贸易协定（FTA）等，这些问题均可能极大地损伤台湾执政当局发展两岸关系的意愿，对两岸关系造成结构性的伤害。此外，因为两岸关系的快速发展衍生新的问题，无法在短期内有效解决，台湾部分民众对此适应不良。两岸政治摩擦加剧、冲突升级的风险因此增加。在两岸和平发展的初期，两岸双方集中发展非政治性、低政治性的两岸经贸、文化关系，但当两岸和平发展进入较高阶段，两岸必将触及政治议题，两岸纷争有可能加剧。比如台"国防部长"抛出两岸军事互信的机制的"三条件"，包括大陆放弃对台动武、撤除对台导弹、去除"一中"框架；马英九出访时自称"台湾的总统"、拒不开放"海峡中线"、坚持"不撤飞弹不谈和平协议"、不断鼓吹和平协议条件尚不成熟等等言论，这些负面、甚至不负责任言论均可能伤害到两岸关系的后续发展。

风险之三，两岸关系和平发展速度放缓、停滞甚至倒退，导致两岸关系发展后劲乏力，陷入"牛步化"。2008年"520"以来，两岸关系快速发展，主要原因在于对李、扁20年"戒急用忍""两国论""一边一国""法理台独"等倒行逆施的反弹。如今，两岸关系面临后劲乏力、动力不足的困扰，发展速度放缓，动力逐渐流失，下阶段两岸关系新的增长极、亮点难觅，面临"滴漏"困境，新的困扰、难点、盲点、障碍一时难以全部排除，缺乏发展的动力与向上提升的空间。

风险之四，两岸关系的"红利"短期内难以普照到台湾各个阶层，伤害到台湾同胞发展两岸关系的意愿与动力。由于各种主客观条件的限制，大陆发展两岸关系的诚意、善意与决心还难以让各位台湾同胞有效认识与了解，两岸"和平红利"不能普照到台湾全体民众，有可能只使少数人、集团获得了或垄断了利益，使部分民众心生不满，或者使部分民众产生失望、焦虑情绪，对于两岸关系发展失去信心与期待，导致支持两岸关系发展的民调下滑，其结果可能使马英九的开放政策失去多数民意支持，从而削弱两岸关系发展的动力。

风险之五，两岸突发事件的冲击与伤害。1979年以来事实证明，两岸关系是极其脆弱的特殊关系，源自两岸不同的政治、经济、文化、教育、新闻、军事等体制，源自两岸各个领域的意识形态、政治制度、法律法规等方面的对立与敌对意识，两岸关系经不起丝毫的风吹草动，稍不注意，任何细小的问题都会酿成轩然大波，如两岸之间非传统安全因素、刑事治安案件、自然灾害、社会冲突、食品安全、公共卫生、公共安全、恐怖事件等，极可能引发两岸民众之间的对抗与仇恨。包括当年"千岛湖事件""司马辽太郎事件"等逆转了两岸关系发展轨迹，近几年的"SARS"事件、"毒奶粉"事件、"张铭清"事件、"围陈"事件等也是典型的案例。在当今两岸关系全面开放，两岸民众交流、接触日趋频繁的情况下，意外状况将层出不穷。如何有效应对突发事件、正确引导两岸媒体，并及时纠正、消弭负面报道及不实新闻，避免负面效应的扩散、降低伤害，需要两岸当局妥善因应，共同研商对策。

风险之六，美、日等国际势力的阻挠。国际社会对于两岸关系的缓和与发展普遍持乐见其成的态度，但基于自身战略的考虑，美、日、欧盟等对两岸关系发展太快太猛、特别是台湾经济上向大陆倾斜、两岸靠得太近，表现出强烈的担忧，害怕两岸绕开自己，置美、日利益于不顾。当前，美、日正采取措施，介入两岸事务，阻挠两岸关系由和平发展向和平统一方向演进。具体策略就是以提升美台关系、日台关系为筹码，拉拢台湾当局延缓、停滞甚至逆转两岸关系和平发展的进程。日前，美国高官频繁出访东南亚、东北亚诸国，高调宣布重返亚洲，显示美国已把政策重点转移到东北亚及东南亚来，旨在重构对中国包围圈。重心就在于与东南亚紧密合作，收买及控制印度、怂恿日本与朝鲜对抗、讨好澳洲，并透过掌控台湾这枚棋子，谋求美国在亚太地区的战略利益。[①]台湾执政当局素来亲美，无论蓝、绿，均视美国为靠山，千方百计寻求美方的保护与卵翼。如今，马英九及其国安团队、决策核心，多数系美国培养的博士，崇尚美式思维，一方面知道如何在中美台格局中自处自保，一方面要向美日等国际势力示好，投其所好，显露其发自内心的美式思维与作风，以博得美方青睐。

此外，大陆自身是否稳定与发展，大陆内部矛盾能否妥善解决，也是两岸关系和平发展的关键性因素。如果大陆政治发展、经济进步、社会和谐、文化文明，国家实力持续增强，两岸关系和平发展就具有强大的基础与保障，否则，两岸关系将面临重大风险。

---

① 《美国拉拢东南亚再度构建对中国包围圈》，引自香港《大公报》2009 年 7 月 28 日。

当前，面对两岸关系和平发展进程中的机遇与风险，我们应当深自惕励，居安思危，加强风险管理，压缩风险、排除风险；抓住机遇，用足机遇、扩大机遇，创造机遇，将两岸和平发展的境界拉得更高、推得更远，做得更实。

二、两岸和平发展的机遇

胡锦涛总书记2008年底提出了建构两岸关系和平发展的理论，指出两岸关系和平发展的四项意义，即有利于两岸同胞加强交流合作、融洽感情，有利于两岸积累互信、解决争议，有利于两岸经济共同发展、共同繁荣，有利于维护国家主权和领土完整、实现中华民族伟大复兴。[①] 两岸和平发展为海峡两岸赢得黄金发展机遇，不但有利于海峡两岸各自的发展，也有利于亚太地区的和平与稳定。

（一）两岸和平发展的机遇

机遇之一，"台独"高危期结束，海峡两岸摆脱战争的阴影，获得和平发展的机遇。李登辉、陈水扁推行的"台独"分裂路线，造成台海地区局势的高度紧张与对峙，被列为战争的高风险区。但国民党重新执政之后，两岸重回"九二共识"基础，恢复协商，回到正确的轨道，台海局势迅速得到稳定，显露出和平发展的曙光。两岸获得了难得的黄金发展时期，至少可以赢得二十年以上的和平发展时期。

机遇之二，两岸合作双赢、共享成果，两岸同胞利益趋同、情感趋合。两岸各方都按照双赢、共享的思维，加强合作，扩大利基，壮大和平发展的民意基础、利益基础以及文化基础，创造两岸共同利益，形塑两岸共同价值，两岸关系和平发展由浅入深、由点到面、由低到高、由简到繁，螺旋上升，循环演进。

机遇之三，两岸和平发展揭开了两岸良性政治互动的序幕。两岸政治分歧是影响两岸关系向深度、广度发展的关键障碍，但这些分歧与障碍决不会永远存在下去。经过一年来的和平发展，两岸在累积政治互信、摸索政治互动模式上有所进展，包括妥善处理了台北参与奥运会、WHA问题、上海世博会、高雄世运等，双方本着理性务实原则，妥善处理，让各方都能接受、甚至满意。通过政治互动，使双方更能了解对方的想法与坚持，从中寻找一条可为双方接

---

① 胡锦涛：《携手推动两岸关系和平发展，同心实现中华民族伟大复兴》。

受方案。在迈入和平发展的较高阶段时，两岸政治谈判已无可避免，本着亦经亦政、政经交替的策略，可以在两岸和平发展的氛围中，带动两岸政治关系进入新的良性互动境界，早日结束敌对状态、建立军事安全互信机制，签订和平协议，实现两岸领导人会晤，建构和平发展的框架。

机遇之四，经过两岸和平发展的实践，两岸各方增强了发展两岸关系的信心，更加坚定和平发展的信念。通过和平发展，两岸和平统一的环境在改善，气氛在酝酿，条件在成熟。应该看到，经过和平发展阶段的演绎与催化，海峡两岸和平统一的机会也在增多。但我们应该清醒地认识到，即使在和平发展的今天，和平统一是一个漫长的过程，和平发展不必然促成和平统一，甚至和平独立的可能性也不能全面排除。

（二）两岸和平发展机遇的特征

现阶段，两岸关系和平发展的机遇是全方位、组合式、多轨推进的，但也是脆弱、稍纵即逝、不平衡的。具体而言有四大特征：

其一，机遇是波浪式涌现、跨越式推进，具有加乘、叠加效应。一年来，两岸关系出现井喷行情，从经济、文化、社会、人员交往、甚至政治、军事等各个领域，各个层面又联动感应、交叉演进，带来两岸关系全方位的变革，两岸关系处于由渐变到激变、由量变到质变、由点到线、由点到面、由单一面向朝向到多维多向度演进，两岸关系进入新境界，形成新秩序。

其二，机遇是螺旋式上升、难以逆转。从螺旋上升扭转至螺旋对抗的可能性较小。其上升时期至少演绎至二十一世纪的二三十年代，甚至更长至四五十年代，为中国的发展提供黄金机遇期。

其三，机遇是转瞬即逝，不够稳定，相对脆弱。趋势大师大前研一认为，机遇的黄金期很短。两岸关系和平发展某些机遇是细微的、"船过水无痕"，稍不留意，有可能迅即流逝。西方有谚语云"罗马不是一天造就的"，机遇是逐渐累积的，不是一夜造就的。当前两岸关系和平发展的机遇，一定程度上是对于李扁执政期间打压两岸关系所压抑能量的反弹，依此推估，现在如果不累积更多的动量、厚植两岸和平发展的基础，未来两岸关系的发展有可能后劲乏力。当前，就是要利用机遇，累积新动力，开创新局面。机遇只会眷顾有准备的人们，需要两岸同胞共同珍惜。机遇只留给那些有准备、敏感的人们。机遇来之不易，不会从天而降，绝不是天上掉下来的馅饼，机遇是需要人们百倍努力才能创造出来。为此必须用足机遇，扩大机遇。

其四，机遇是不平衡的，分布不均。从内容来看，两岸经济、文化层面的机遇相对较多，政治、军事方面的机遇较少；从区域来看，城市多于农村，发达地区多于偏远、落后地区，台湾北部的机遇多于中南部，大陆东部、南部的机遇多于中、西部；从行业来看，工商、财经、公务、研究系统的机遇多于其他系统。

三、两岸和平发展实践路径

当前，两岸各界都应抓住机遇、用足机遇、扩大机遇、创造机遇、发展机遇，从现有的机遇中创造、酝酿新的更大的机遇，扩大、延长两岸关系和平发展的战略纵深与宏观格局，丰富和平发展的内涵，扩大和平发展的机遇，提升和平发展的质量，完善和平发展的结构。

（一）两岸和平发展需要创新

首先，需要观念创新。解放思想，摆脱旧思维束缚，闯出一条具有两岸特色、时代特点的两岸关系和平发展新路。例如，借鉴现代主权观有关主权可区分、可让渡的理论，对两岸政治关系定位按照主权的结构层次、内涵属性进行探索，丰富中国主权内涵，充实"两岸同属一中"框架，在现实的夹缝中寻找一条适合两岸政治定位的两岸政治关系模式，作为国家统一之前，也即两岸关系和平发展阶段的活路模式。我们还可借鉴全球治理的理论，推动两岸的执政当局、两岸民间之间成立"两岸公民社会"，作为两岸第三方，作为两岸关系和平发展的润滑剂，共同推动两岸关系的发展。

其次，需要机制创新。两岸关系和平发展时空环境已有所改变，面对两岸关系的新环境、新秩序，需要对于两岸之间的谈判协商机制、交流沟通机制、各界对话平台等进行通盘检讨与调整，创造一套适合形势发展需要的体制、机制、平台，而不要让陈旧的体制、机制阻碍、束缚了两岸关系的发展。

再次，需要制度创新。长期以来，对台工作无小事，大陆对台工作的决策体系与执行体系较为完备，党政配合、中央与地方配合、各界协力推进，成绩有目共睹。但也存在资讯不足、决策迟缓、政令不畅、协调困难等体制上的弊端、软肋。应当针对当前对台工作的体制、机制进行调整，提高决策的科学性、政策的权威性、执行的自觉性以及协调的顺畅性，进一步发挥大陆对台工作的整体优势与各地区域优势，形成整体合力。

第四，需要政策创新。出台一系列惠及普通民众尤其是中南部民众利益的政策措施，尽最大努力争取绿营民众的理解、支持，化解他们的误解、曲解。特别要避免让优惠政策为少数人、少数利益集团所垄断，应该惠及更多的普通百姓，特别是中南部、基层、弱势劳苦大众。

（二）实践两岸和平发展新路径

当前，需要发挥两岸同胞的智慧，共同抓住机遇、延长机遇、深化机遇、扩大机遇及发展机遇，改善机遇结构、深化机遇内涵、强化机遇强度，使两岸关系和平发展的机遇如波浪式涌现、跨越式推进，使两岸和平发展具有更多的选择与机会。

策略一，搁置争议，压缩双方的分歧，消除误解疑虑，累积互信，扩大共识，快速推进两岸关系进入和平发展的更高阶段。妥善处理两岸分歧，避免争议、分歧的扩大化、凝固化，维持两岸良性交流、和谐互动的气氛。

策略二，加强互动，深化互信，增进共识，经由求同存异、求同化异达成聚同化异。可先由非政治性、低政治性议题的交流、沟通，逐渐过渡到敏感性、政治性议题的对话、沟通，最后就结束敌对状态、建立军事安全互信机制、签订和平协议进行谈判，达成目标。可广泛征求、采纳两岸同胞、海外华人及国际友人的意见，依靠多数，尊重少数，保护弱势，吸纳最广大台湾同胞的意志，形成两岸和平发展的整体合力，确保两岸关系和平发展的态势不因台湾政治调整而改变，不因国际风云变幻而倒退。

策略三，实现两岸政治、经济、文化、社会、人员交流的全方位交流、多向度互动，亦经亦政、政经交替，多轨并进。在采取先经后政、先易后难、先急后缓、循序渐进、把握节奏的基础上，加快两岸政治谈判进程，酝酿气氛、创造条件、培养互信，摸索路径。采取亦经亦政、政经交替、易中破难、以难带易、亦缓亦急、缓急并济的策略，循序渐进、行稳致远，破解难题，突破瓶颈，找到适合两岸政治对话、交流、沟通、谈判模式，建立机制与平台，确保两岸关系和平发展不断向前推进、向上提升。

策略四，厚植两岸共同利益。两岸共同利益是决定两岸最后统一的必要的物质基础，涉及两岸同胞政治、经济、社会、文化生活的各个领域、各个层面。两岸之间有了更多的共同利益，就会增进情感，加强互动，拥有更多的共同语言、共同话题。为此，应透过两岸和平发展，该让更多的台湾同胞、特别是中南部、中下阶层、偏远地区的民众更多地参与两岸事务中来，抓住两岸和平发展的机会，分享两岸和平发展的利益。

策略五，形塑两岸共同价值。两岸共同价值首先是中国的、既传统又现代，植根于中国传统优秀文化，也吸纳了台湾文化中具有创意的活性元素，是古典中国与现代中国文化精髓的结晶，是现代两岸文明、人文关怀的最新结合。其次，两岸共同价值是现代文明的重要组成部分，吸纳人类文明全部成果，特别是中西方现代文明中的最具生命力的活性元素。再次，两岸共同价值必然符合人类文明发展的潮流与趋势，吸纳现代文明中人文内涵，突出文明、理性、包容、相互尊重、互相欣赏、互释善意等内涵，是一种现代的、民主的、人文的、人性的、和谐的新价值。两岸共同价值的形塑将促成两岸同胞感情趋合、潮流同步，价值趋同、认同一致化。营造共同的人文关怀，对历史负责、对民族认同，对同胞交代，在共同的人文关怀价值中共同发展。

策略六，以文明价值说服各方。包括两岸同胞、国际社会，减少阻力、形成合力。我们应以现代文明价值说服两岸同胞理性看待两岸关系的历史、现实与未来，两岸关系和平发展符合两岸同胞的共同利益，符合两岸共同发展的历史趋势，也符合亚太地区、国际社会的和平、稳定与繁荣。

（三）建构"三方螺旋"新典范

"三方螺旋"是科技创新理论，是螺旋上升动力最强、阻力最小、空间带动作用最强、最持久的力学理论。在两岸关系和平发展阶段，也应形成多重"三方螺旋"的动力空间，确保两岸关系和平发展动力强劲、机遇递进、螺旋上升。

其一，形成两岸官方、非政府组织与民间三方联动的新格局。运用全球治理的理论，建立两岸治理的理论与实践，催生两岸公民社会，形成官方、非政府组织、民间耦合、互动。

其二，经济、文化、社会三方螺旋。形成两岸经济、文化、社会交流互动的新格局，促成两岸经济力、文化力、社会力的释放，推动两岸关系和平发展。

其三，实现红、蓝、绿三方螺旋。目前，国共已形成合作态势，经贸论坛、文化论坛、海峡论坛推动两岸关系不断向前发展。如果形成红、绿互动，建立大陆与民进党方面对话、沟通平台，增进了解，化解误解、曲解，消除隔阂，实现结束敌对、全面和解、共同繁荣的目标。

其四，实现中、美、台三方良性联动。台湾问题中的美国因素是最为敏感、核心的问题，如果在两岸联动的同时，充分利用美国因素中的积极成分，遏止消极成分，形成中美台三方良性互动，促进两岸关系和平发展。

"三方螺旋"可以产生动力巨大的空间带动作用，形成正面叠加、加乘涟漪的牵引效果，形成动态"三方螺旋"，有助于两岸关系和平发展进入新一轮的螺旋上升的新境界。

结语

国际著名的"和平学"大师约翰·加尔通曾说过："和平没有通道，她的通道就是和平"(There is no way to peace,Peace is the way.)[1] 同样，两岸关系和平发展没有捷径，捷径就是累积互信与尊重，培植共同利益，形塑共同价值。在两岸关系螺旋上升的通道中，两岸高层执政决策思维需要从风险预警、危机管理转变为机遇管理、创意竞争。只有充分抓住机遇、用足机遇，扩大机遇、创造机遇、发展机遇，两岸关系才能更好地规避风险、化危机为转机；才能累积强劲动力，化不可能为可能，不断推进两岸关系和平发展，早日完成国家统一，实现中华民族的伟大复兴。（本文完成于 2019 年）

---

① 约翰·加尔通：《和平论》，陈祖洲等译，南京：南京出版社，2006 年版。

两岸关系和平发展不可逆转路径选择

巩固深化两岸关系和平发展既是一项理论性、历史性的命题，又是一项实践性、战略性的系统工程，涉及两岸关系的各个方面、众多领域。2008年以来的六年内，两岸关系面貌发生历史性变化，处于两岸关系史上最好的阶段。当前，两岸关系面临由经入政、由量变到质变的关键转折。如何巩固深化两岸关系和平发展、使之持续发展、全面发展、稳定发展，使之不可中断、不可逆转，具有无比突出的重要性、紧迫性，值得集成智慧，积极探索，寻找可行路径。

一、障碍

两岸关系历经风雨，如今台湾海峡已经成为国际称羡的和平通道。然而，历史发展的规律显示，两岸关系决不会一帆风顺，一定会跌宕起伏、曲折徘徊。两岸关系越是和平发展、越是接近民族复兴的那一刻，越会激发各种势力的焦虑、阻挠及反扑，越可能遭遇逆流，横生波折。"树欲静而风不止"，岛内外一切"反马""反中""反统"势力集结在"反服贸"风波中，兴风作浪，试图阻挡两岸关系前进的步伐。两岸关系和平发展面临岛内外、国内外种种障碍，既有固有的矛盾，也有新生的挑战变量，使两岸关系的巩固深化遭遇重重阻力。概括五个方面。

一是非理性反对势力。民进党、"台联党"等政治势力"逢中必反""逢中必闹"，使两岸关系时刻遭遇岛内"台独"势力的非理性撕扯。

二是两岸固有分歧。两岸固有政治分歧并未随着两岸关系和平发展而有效化解，相反有的分歧更加固化、强化，还滋生新的分歧。包括"中华民国"的政治定位、大陆军事部署、台湾"国际参与"问题、两岸政治社会差异等。

三是台湾"主体意识"。不等同于"台独"主张，台湾"主体意识"强调"台湾优先"，部分民众对于大陆存有误解、偏见，对于大陆崛起、两岸关系发展怀有疑虑，"恐中""怨中""反中"情绪有所漫延扩散。两岸"和平红利"出现分配不当、分配不均的现象，部分民众因为"看得到却吃不到"而产生"相对剥夺感"。

四是为政治异化的"公民运动"。近年来台湾"公民运动"勃兴，逐渐走上了反政府、反两岸开放的"不归路"，背离了"公民运动"守法、公共议题、非政治的本质特征，染上了"暴力化"、"台独化"、极端化色彩，催化了岛内强烈的"反中"气氛。尤其是部分岛内"公民运动"与香港"占中"势力相勾结、与"东伊运"头目热比娅沆瀣一气，制造所谓"华人民主骚动现象"，不但挑战、威胁两岸关系和平发展，而且威胁我国家主权与安全。

五是国际反华势力阻挠。美日等国际反华势力出于各自利益考虑，对两岸关系和平发展表面乐观其成，但实际上暗中作梗。美国实施亚太再平衡战略，搅动东海、南海与台海局势，特别是拉拢台湾参与围堵中国崛起，逼迫台湾两岸不能联手保钓、说清楚南海"九段线"，分裂两岸企图明显。两岸关系面临严峻的外部压力，两岸有可能在东海、南海议题上出现分歧、摩擦。

面对上述障碍与困境，巩固深化两岸关系和平发展考验两岸中国人的智慧、意志与勇气。

二、创新

六年来，在两岸关系和平发展思想指引下，两岸双方遵循"增进互信，搁置争议，求同存异，共创双赢"16字箴言，以及"先经后政、先易后难、循序渐进、把握节奏"原则，推进两岸关系不断取得新进展。如何在既有的基础上巩固深化，稳步推进，引向深入，实现两岸关系的全面发展、稳定发展、优质发展，勇渡深水区，开创和平发展的新局面，出路在于创新。2014年2月11日，国台办主任张志军对来访的陆委会主委王郁琦表示，"两岸关系要突破，总是要有更多想象力。就像今天坐在这里会谈，是过去想象不到的事情。我们要以此为基础，用想象力去突破两岸事务更多的不可能。"唯有创新，唯有发挥想象力，才能突破既有框框局限，破解各式障碍制约，找到切实可行路径，巩固基础，增强动力，成就和平发展伟业。创新提供新思路，创新提供新动力，创新提供新前景。但创新不是改弦更张，也不是另起炉灶，而是在继承基础上有所突破。

当前，巩固深化两岸关系和平发展，需要理论创新、制度创新以及政策创新。

（一）理论创新

近年来，大陆方面持续进行理论创新，丰富两岸关系和平发展思想，为对台工作实践提供强大的理论指导与思想武器。习近平出任中共总书记以后，提出了一系列对台工作的新思想、新论述，制定实施了一整套新政策、新举措，极大地丰富、深化、完善了两岸关系和平发展思想。习近平对台工作的创新思维有二大内容。

一是"两岸一家亲"。针对台湾民众特殊的历史际遇，习近平积极倡导"两岸一家亲""两岸命运与共"的理念，提出了台湾同胞都是我们的"骨肉天亲"，亲情割不断，心结解不难。大陆愿以同理心、同情心理解台湾历史遭遇，心同此理，充分尊重台湾民众选择的社会制度与生活方式。与此同时，大陆愿意首先与台湾同胞分享大陆发展机遇。

二是"共圆中国梦"。针对改革开放与台湾前途命运的关系，习近平强调中国梦与台湾前途命运息息相关，是两岸共同的梦，需要两岸同胞共同奋斗、共同成就、共享荣耀。台湾同胞应该且完全可以在实现国家富强、民族复兴、人民幸福的"中国梦"里扮演重要角色，发挥重要作用，共同振兴中华。[①]从"两岸一家亲"到"共圆中国梦"，将两岸的历史与现实、感情与认同、制度与道路紧密结合，融合了亲情与命运，凝聚了价值与利益，成为和平发展思想的核心精髓，为两岸关系和平发展的巩固深化注入强大的动力。

（二）制度创新

巩固深化两岸关系和平发展需要进一步提高两岸关系制度化程度，不但需要制度保障，更需要制度创新。六年来，两岸关系和平发展已经建立一套行之有效的制度，包括两岸高层会面的制度化安排、两岸两会协商制度化协商、两岸各行各业、各领域各区域的制度化交流平台、合作机制等，以及正在搭建中的国台办与陆委会负责人之间制度化沟通机制——"张王会"，为两岸关系持续发展建立了一定的制度化保障。但是，两岸关系错综复杂、变幻莫测，面对横亘于前的各种挑战，目前两岸关系制度化程度不高，制度保障远远不够，无法适应两岸关系巩固深化的需要。迫切需要进行新一轮的制度创新，进一步提高两岸关系制度化程度，建立更为全面、更为广泛、更为有效的制度，确保两岸关系和平发展不因台湾的政党轮替而逆转，不因台湾形势、国际局势的变化而

---

① 倪永杰：《大陆对台更细更实更柔》，引自台湾《中国时报》2014年5月31日A17版。

动荡。制度经济学与熊彼特创新理论认为制度就是人为设计的各种约束，确保秩序与可预期。制度创新可分为诱致性制度创新与强制性制度创新。[①] 我们认为，两岸关系诱致性制度创新来自两岸民众对于两岸关系"和平红利"的强烈预期，从而吸引更多的个人、团体、组织投身于和平发展的制度创新中来。后者来源于两岸执政当局顺应和平发展的主流民意，制定一系列推进和平发展的相关法律、法规及制度。两岸关系和平发展的制度创新空间广阔，潜力巨大，可以为两岸关系不断发展提供源源不绝的新动力，值得两岸双方共同努力创新。

（三）政策创新

两岸关系无论身处顺境还是逆境，巩固深化离不开政策创新，由此作为引导力量，突破困境，破解制约。以色列"政策科学之父"叶海卡·德罗尔（Yehezkl Dror）分析逆境决策时，建议采取"有选择的激进主义"，作为"渐进主义"的补充，较能突破政策困境。"有选择"是指认真分析逆境特征，挑选那些足以改变逆境的社会变量。而"激进主义"是指针对挑选出来的社会变量，集中政策资源，采取强化干预手段，促使其朝着良性转化，从而改变逆境。回顾近年来两岸关系发展历程，"渐进主义"成为两岸执政当局的决策选择，突出体现在"先经后政、先易后难、循序渐进、把握节奏"的发展路径。但当两岸关系遭遇挑战、面临逆转的逆境时，两岸决策当局应该考虑采取"有选择的激进主义"决策思维，选择重点、难点，进行政策创新，寻求突破之道。[②] 当前，在寻求两岸经济合作、文化交流、社会互动等方面的政策创新之外，两岸尤其应该在推进两岸政治关系发展上选择突破点，进行政策创新，攻坚克难，集中政策资源、政治动能对足以影响和平发展巩固深化的变量进行政策干预。因此，选择两岸政治关系的突破点进行政策创新，可以酝酿、释放更强的政策能量，带动两岸关系的全面发展、深入发展。

三、路径

（一）培植共同利益，形塑共同价值

巩固深化两岸关系和平发展的两大主轴就是培植共同利益、形塑共同价

---

① 百度百科：《制度创新理论》栏目，引自 http://baike.baidu.com/view/2549178.htm?fr=aladdin。
② 林红：《"渐进"及"有选择的激进"：两岸关系和平发展的路径选择》，引自《台湾研究集刊》2013 年第 4 期，总第 128 期。

值。^①前者是基础、是保障、是动力，后者是灵魂、是指针、是竞争力，可以团结两岸、凝聚人心。如果两岸只有共同利益没有共同价值，两岸和平发展可长可久、不可逆转很难；如果两岸只有共同价值而缺乏共同利益，两岸和平发展就失去基础，失去动力，失去保障。因此，培植共同利益、形塑共同价值两者相辅相成，互为动力。

政治学家将共同利益区分为非政治性、低政治性以及高度政治性的共同利益。^②两岸共同利益涵盖两岸关系的各个领域，除了经济、文化、社会、能源、环境、信息的共同利益外，还有安全、战略、军事、外交、政治的共同利益。两岸共同利益越高，和平发展的机会就越高；反之亦然。^③培植两岸共同利益的可行路径应该是经由非政治性、低政治性共同利益的培植、成长逐步导向两岸政治性共同利益的培植。当前，两岸环境、战略安全、军事外交的共同利益需要不断上升，正是大力培植两岸共同政治利益的合适时机。两岸可尝试东海联合保钓、联合救难、反恐、两岸南海共同捍卫"祖权"、保护环境、开发能源等。

两岸共同价值是两岸同胞普遍乃至共同认可、遵循的生活方式、思维模式、行为准则等，是两岸同胞思想、认知、情感、意愿的集合体，是两岸同胞普遍的行为规范与共同的理性憧憬。^④两岸共同价值应该包括爱乡爱国精神、共同的人文关怀、命运与共意识、追求和解、和谐、和平的意志、追求民主、法治的精神，以及追求卓越、永续创新、自强不息的精神等等。两岸共同价值应该体现中华传统文化的主体地位，吸纳外国一切优秀文明成果，展示两岸中国人的文化创新与人文关怀，成为中华民族迈向现代文明的最新价值。

（二）两岸关系制度化

美国学者塞缪尔·亨廷顿提出制度化需要凝聚共同价值、制定规范以及建立机制确保规范有效执行。^⑤当前，和平发展成为两岸的共同价值、主流民意，不论蓝绿、不论南北、不论行业均希望成就并分享和平发展。关键还是在于确立规范及其保障机制。我们认为提高两岸关系制度化程度需要建立三个机制。

---

① 倪永杰：《两岸和平发展路径探索：培植共同利益、形塑共同价值》，引自香港《中国评论》杂志 2009 年 7 月号。

② 陈德升：《两岸开放交流二十年》，引自台北亚太和平论坛 http://www.peaceforum.org.tw。

③ 倪永杰：《两岸共同利益视野下的和平发展》，引自周志怀主编：《两岸关系：共同利益与和谐发展》，北京：九州出版社，2010 年 11 月版。

④ 倪永杰：《两岸共同价值的若干思考》，引自周志怀主编：《海峡两岸持续合作的动力与机制》，北京：九州出版社，2012 年 3 月版。

⑤ 赵春山：《两岸共同参与区域经济合作：理论与实践》，引自《台海研究》2013 年第 1 期。

一是建立动力生成机制。和平发展的动力既可以是内生的，也可以外生的。我们需要大力挖掘两岸各自内部、两岸之间的内在动力需求，培养符合两岸实际与民众需求的动力生成机制。当前特别要抓住台湾自由经济示范区建设对于两岸自贸区交流合作、对接双赢的需求，用足用好台湾因加入"泛太平洋战略经济伙伴关系协定"（TPP）、"区域全面经济伙伴协议"（RCEP）所酝酿的对于两岸和平发展的内在需求。我们应重视并抓住大陆扩大改革、实现"中国梦"对两岸关系所生成的重大推动力。我们也需要善于捕捉来自国际的外部动力，不放弃美国战略再平衡对于台海稳定、和平发展的需求，主动寻求亚太各国、特别是东盟、周边各国对于台海稳定的需求，转化为两岸和平发展的重要动力。

二是建立风险防范机制。两岸关系和平发展面临的风险时刻存在，而且随着民进党卷土重来的可能性而有所上升。风险来自多个方面，包括"台独"势力铤而走险、民进党的"逢中必反"、两岸国际场合冲突、两岸东海、南海军事冲突、两岸政治摩擦、台湾"公民运动"、两岸民众之间的突发冲突事件，等等。风险是可预警、可控的，关键如何预警防范，化危机为转机，化风险为机遇。我们需要对两岸风险进行分级处理，按照紧急程度、危害程度设立红、黄、蓝不同的风险等级，进行分类因应处理。设计为应急方案，调动一切可以调动的资源因应，将危害降到最低。

三是建立利益调节机制。两岸关系和平发展成为主流民意，台湾民众对此高度期待，希望共同参与、共同分享和平发展。但由于历史与现实政治的种种原因，两岸和平红利的利益分配机制既不健全，也不成熟，存在一些失衡现象，引起岛内"图利财团"、国共"高层、权贵垄断"的批评声浪，甚至将台湾南北差距、贫富分化归因于两岸关系和平发展。为了争取民心，必须以我为主，建立利益分配调节机制，体现公平正义、关怀弱势的原则，将更多"和平红利"导向普通台湾民众分享。利益调节主要靠政策，也需要两岸之间密切沟通协调。政策向"三中一青"（中南部、中低阶层、中小企业及青年）倾斜，更好地照顾弱势群体、基层民众与青少年。可透过农渔产品采购、释放陆客、区域或村里的对口援助、提供教育奖励基金、创业奖励基金、就业辅导基金、失业救助基金、送温暖工程等进行利益调节，让更多台湾同胞分享和平红利，找到机会，看到希望。

四是建立两岸社会互信机制。加快两岸一体化进程，主要是两岸经济一体化与两岸社会一体化，随着两岸关系迈向深水区，后者越发显得重要。反服贸风波的原因之一在于两岸社会的差异性。台湾已进入后现代社会，除了经济发展之外，人们更为重视人性关怀、生活方式，追求安逸、宁静、品位的"小清新""小确幸"生活。这与大陆追求经济发展、大干快上的风格存在较大差异。因此，当陆客、陆生、陆资、陆配、陆媒大举入岛之际，当大陆"硬道理"碰上台湾"小清新"，台湾民众产生一种空间与心理的压迫感，担心大陆人抢了他们的饭碗、改变了他们的生活方式、他们无法选择未来，失去尊严，台湾丧失"主体性"。[①] 因此，两岸愈交流，台湾民众愈疏离；两岸依存度愈高，台湾民众愈没有安全感。台湾社会弥漫着浓厚的"怨中""恐中""反中"的气氛，对大陆既期待又怕受伤害，希望赚钱但要求保持台湾的"主体性"。同时，台湾民间社会向来具有旺盛的生命力，各种民间反抗运动如"环保""反核"运动风起云涌。近年来台湾陆续爆发一系列所谓"公民运动"，如"公民1985行动联盟"、反"国光石化""大埔拆迁案""文林苑拆迁案"等。台湾社会持续动荡、紧张造成两岸关系推进困难，一度受挫。在此情况下，如何加快两岸社会一体化进程，加强两岸社会对接互动，建立两岸社会全面融合机制，更值得深思。建立两岸各类社会团体、民间机构之间的交流平台，增强两岸社会民间互信。关键是提高两岸交流质量，展示大陆文明、优势的那一面，而非粗暴无礼、不文明，增强大陆社会、大陆体制、大陆人民对于台湾民众的吸引力、感染力。

（三）两岸关系优质化

经历李扁二十年统治之后，两岸和平发展力量瞬间迸发，形成气势磅礴的大交流、大合作、大发展的局面。经历一段时期的造势之后，两岸关系和平发展应该进入量、质并重的巩固深化阶段，实现优质发展，赢得更多民众支持。蔡英文在5月党主席选举期间提出要把两岸交往从注重量，改变为优质的两岸关系，并让两岸交流回归民主化与透明化，不要再被特定的政党人士垄断。[②] 与蔡有所不同，我们所说的两岸关系优质发展，关键是优化两岸关系结构、优化两岸关系环境，提高两岸关系发展质量，有利于缩小台湾南北差距、改善贫富问题。具体而言三个方面。

一是实现两岸政经平衡发展。两岸关系经过"先经后政"之后，应该进入政、经同步发展的阶段。两岸政治关系长期没有发展，终究会影响到两岸经济、文化的交流合作。当前，应该实现国台办与陆委会之间的常态化、机制化沟通，

---

① 郭正亮：《大陆硬道理碰上台湾小清新》，引自香港《南华早报》2014年4月23日。

② 台湾"中央社"2014年5月18日电。

为两岸领导人会面创造条件。

二是实现台湾区域平衡发展。因为历史的原因，台湾南北、东西部在参与两岸关系的时间有先后，参与程度有落差，造成如今台湾北部、西部参与多，而南部、东部及外岛参与少，也存在区域不平衡。结果是两岸关系对北部、西部影响较大，而对南部、东部及外岛影响较小，不同区域的民众对于发展两岸关系的评价、需求也有差异。因此，需要努力改进区域不平衡的状态，积极推动台湾南部、东部及外岛参与到两岸交流合作中来，提高各地民众的参与度，从而分享到和平红利。

三是实现各行各业的平衡发展。台湾的工商界、大企业、知识阶层参与两岸交流较多较早，而农渔民、中小企业、小商小贩、普通民众参与两岸交流较少较晚，分享的机会、利益较少。台湾开放两岸交流 30 多年，台湾来过大陆的民众只有 800 多万，多数人没有分享到两岸和平红利，有一部分人不但没有吃到，还可能受损，还有一部分人"看得到却吃不到"，产生相对剥夺感，自然对两岸关系没有好感，甚至仇视。当务之急，还是要扩大交流，加强合作，让更多的人参与到两岸交流合作中来，让更多的人真正分享到实惠。（本文完成于2014 年）

增进政治互信　深化和平发展

两岸政治互信，泛指两岸双方在政治领域内的信赖感，双方不但需要具备自信，而且互赐信心，从而实现双方政治言行的可预期、可信任及可塑性。两岸政治互信既是两岸政治上的相处之道，也是双方复杂微妙的互动境界，更应是双方着力追求的价值准则。增进政治互信已成为两岸关系和平发展关键议题，五年来的实践经验充分表明，两岸政治互信增强，两岸关系就较为顺利，发展动力就较为强劲，两岸同胞的利益就得到保障；两岸政治互信削弱，两岸关系就出现波折，发展动力就会萎缩，两岸同胞的利益就遭到损害。本文认为，增进两岸政治互信应是两岸关系和平发展持续开展的重要基石，也是巩固深化、早日穿越两岸关系"深水区"、实现和平发展螺旋上升的不二法门，两岸政治互信的高低决定了两岸关系的成败。因此，两岸双方应着力思考并寻觅增进两岸政治互信的新理念、新路径。

本文将就两岸政治互信的现状、增进两岸政治互信的若干观念，以及增进两岸政治互信路径进行探讨，以就教于两岸先进。

一、两岸政治互信现状

五年来两岸政治互信有所增加，表现在六个方面。1. 国共高层建立多个交流沟通平台。2. 两岸双方达成多项政治共识。3. 恢复制度化协商，签署协议得到有效落实。4. 两岸共组机构、互设办事处。5. 涉外事务达成默契。6. 建立多个危机应急机制。

马英九为两岸政治互信作出了不懈努力，有其历史性贡献。2011年元旦，马发表了"壮大台湾、振兴中华"讲话，紧扣中国百年来振兴中华的历史命题，提出在"中华文化智慧的指引下，为中华民族找到一条康庄大道"。[①]在 2012 年"520"讲话中，马表示要"拓宽合作领域，巩固和平、扩大繁荣、深化互信"。马也曾表示"两岸同是中华民族，都是炎黄子孙，拥有共同的血缘、历史与文化"。[②]中共十八大闭幕日，马英九当即致电胡锦涛、习近平，高度肯定和平发展成果，期待在"九二共识"基础上，深化交流、强化互信，真诚合作，创造和平红利，造福两岸人民，追求民族复兴。这是国共高层之间的密切互动，有利增强两岸政治互信。

五年来尽管两岸政治互信有所增强，但较为脆弱、容易波动，具有"不稳定""不平衡""不全面""不厚实"的特点，表现在六个方面。

1. 强调"主权"，衍生争议。2. 强调"台湾优先"，习惯片面行动。3. 歧视甚至敌视大陆，给两岸交流设置人为障碍。4. 鼓吹"民主"价值，设置交流障碍。5. 勾连敏感势力，踩踏"红线"。6. 扮演遏制大陆的"关键枢纽"，伤害两岸同胞情感。两岸政治互信不足、互信不稳、互信不深，难以适应当前两岸关系全面交流、快速发展、深入进行的形势，难以满足两岸关系巩固深化、再创新局的需要，削弱两岸关系发展动力，压缩两岸关系发展空间，制约两岸关系后续发展。

二、增进政治互信的若干观念辨析

我们认为增进两岸政治互信，需要进行理论的探讨与观念的辨析，需要寻找正确的路径。

一是两岸双方应培植自信，并赐予对方信心。台湾学者杨开煌认为，互信本质上是中性名词，是对双方的了解和对自己具有信心的表现。[③]互信需要双方的自信并给予对方信心。首先，两岸双方唯有自信，才能敢于面对并打破一切内、外不利因素的干扰，化阻力为助力；才能在破解两岸政治难题方面向前迈出关键步伐，巩固深化两岸关系和平发展局面。国台办主任王毅日前表示，解决台湾问题、实现两岸统一，大陆已具备了坚定的决心、充分的信心和应有的

---

① 台湾《联合报》2011 年 1 月 2 日。

② 台湾《联合报》2012 年 5 月 21 日。

③ 杨开煌：《有关两岸政治共识、政治互信之沉思》，引自全国台湾研究会编：《两岸关系：共识累积与政策创新》论文集，2012 年 8 月 31 日。

耐心，在同心实现中华民族伟大复兴进程中完成祖国统一大业。[①] 台湾方面也应具备自信，唯有自信，台湾才可以坦然面对大陆崛起，扮演合适的角色；唯有自信，台湾才可以尽情发挥优势，积极参与、成就并分享两岸关系和平发展。其次两岸双方应相互扶持，彼此激励，给予对方以信心。面对复杂的国际局势，两岸需要相互取暖、相互分享发展的经验教训。两岸双方可就应对各自面临的内外挑战交流经验，以提高自信与互信。

二是两岸双方相互承诺并加以兑现，确保两岸和平发展。信任涉及可预测性、可信性以及良好的意图三种概念，博弈双方应经历一个"承诺期"才会建立信任。[②] 增进两岸政治互信，两岸双方需要相互承诺，以增加彼此信任。大陆学者刘国深认为，两岸政治互信就是两岸双方"展现出共同维护两岸同属一个中国的法理和政治现实之意志，建立起包容和信任的关系。"[③] 李家泉认为，两岸政治互信核心就是台湾承诺不搞"台独"或"法理台独"，也不搞"独台"或"法理独台"；大陆承诺不用武、不搞武力统一。[④] 另一位学者张文生认为两岸之间应相互承诺，台湾要给予大陆"台湾不会走向分裂、海峡两岸最终将走向统一"的信心；大陆要给予台湾"保持台海和平稳定，两岸统一对台湾人民有利"的信心。[⑤] 台湾学者杨念祖认为，政治互信实质内涵就是双方"不具备生存与发展的威胁，不具备以武力侵犯领土主权的威胁，并以充分的政治作为保障互相尊重、平等互惠、和平共处，充分表现相对认知与实际作为的政治决定与行动。"[⑥] 本人认为，在两岸关系和平发展的现阶段，两岸双方最重要的政治承诺，就是相互确保两岸关系和平发展。两岸双方特别是台湾各方应充分认知到，唯有两岸和平发展，台湾前途与命运才有保障；唯有两岸和平发展，台湾同胞的福祉才能最大化、最优化。这是争取、塑造台湾主流民意不二法门。在此过程中，两岸双方应采取实际措施，充分、全面兑现承诺，持续增进互信，确保

① 《王毅：在台湾问题上我们具备决心信心和耐心》，引自香港中国评论网，http://www.chinareviewnews.com,2012 年 10 月 24 日。

② 朱卫东：《对进一步增进两岸政治互信的若干思考》，引自全国台湾研究会编：《两岸关系：共识累积与政策创新》论文集，2012 年 8 月 31 日。

③ 刘国深：《加强两岸政治互信 ABC》，引自香港《中国评论》杂志 2009 年 12 月号。

④ 李家泉：《两岸政治互信是建立军事互信基础》，引自 v.ifeng.com/news/Taiwan/20809/281a56c-1。

⑤ 张文生：《两岸政治互信与台湾民众的政治认同》，引自张文生主编：《两岸政治互信研究》，北京：九洲出版社，2011 年 11 月版。

⑥ 杨念祖：《当前推动两岸军事互信研究》，引自蔡朝明主编：《马"总统"执政后的两岸新局：论两岸关系新路向》，台北：远景基金会，2007 年版，第 176 页。

两岸关系和平发展螺旋上升、不可逆转。

　　三是形塑两岸互信的情感、价值及利益的共生体系。在心理学中，信任涉及诚实、能力和价值的相似性。而在社会学中，信任涉及相互依赖性、心理概念、风险、善意、理性决策及情感成分。① 而情感、价值与利益可以构成三位一体的两岸互信的共生体系。从情感而言，两岸同胞都是炎黄子孙、同为中华民族，双方相处之道在于同理心、包容性，彼此欣赏，彼此倾听。古人云：以大事小以仁，以小事大以智，两岸双方需要同情的相互理解。从价值而言，两岸双方都肩负着捍卫国家主权领土完整、维护"一中"框架、传承中华文化、实现民族复兴的责任。从利益而言，两岸双方可透过交流合作实现各自发展与完善，走向共同发展，以此确保两岸同胞利益与福祉的最大化、最优化。台湾海基会副秘书长马绍章提出了构建两岸互信的四项条件，包括共同性、一致性、确定性以及突破性。② 其中最重要的内涵就是"两岸共同论"，包括共同发展、共同成就、共同分享。本人认为，实现两岸关系和平发展的根本路径在于培植两岸共同利益，减少利益冲突；形塑两岸共同价值，消弭价值分歧。③

　　四是建构政治互信的制度化。增进两岸政治互信，需要两岸双方进行互信的制度化建设。制度化涉及共同的价值理念、制定规范准则以及建立体制机制三方面内涵。④ 为此，两岸双方特别是两岸高层应将增进政治互信、确保两岸和平发展作为双方共同的价值追求，不容回避。两岸双方立即着手制定增进互信的规范、准则，可就政治互信进行正面、负面表列，多做积极、正面、善意的事，不做消极、负面、恶意的事。两岸双方应建构一套增强政治互信的可长可久的体制机制，包括两岸互信的对话沟通机制、运行保障机制、修复纠错机制、激励机制等，以确保和平发展的价值理念得到弘扬，互信规范得到遵守，政治互信得以持续增强。两岸双方应在现有国共平台、海协、海基两会管道之外，设立制度化的政治对话机制，可采取智库对口、官员参与的形式，进行深度交流与共同研究，为最终解决政治分歧创造条件。

　　增进两岸政治互信是两岸关系和平发展的必由之途，两岸双方亟须采取实

---

　　① 互动百科，引自 http://www.hudong.com/wiki/ 信任 #。

　　② 台湾《中央日报》网络版社评：《空洞的宪法共识无法取代九二共识》，引自 http://www.chinareviewnews.com,2012 年 11 月 2 日。

　　③ 倪永杰：《两岸和平发展路径探索》，香港《中国评论》杂志 2009 年 7 月号，总第 139 期。

　　④ 赵春山：《从利益共享到价值共构：推动两岸和平发展关系的"制度化"途径》，引自第八届两岸文化经贸论坛论文集，2012 年 7 月哈尔滨。

际步骤增进政治互信，寻觅并拓宽实践路径。

三、增进政治互信的实践路径

（一）消除互疑，累积共识，扩大政治基础

与互信相反，就是互疑。当前，两岸彼此猜忌、相互质疑、甚至恶言相向的情形时有发生，对两岸互信构成重大伤害。因此，消除互疑、累积共识可视为增进互信的基础。两岸应思考在巩固基础、求同化异、共同承担方面作出新的努力。

1.巩固政治基础，维护"一中"框架

两岸必须巩固既有的政治基础，强化"九二共识"、反对"台独"的共同政治基础。台湾学者包宗和认为"九二共识"已成为台湾共识，未来需要在此基础上促进两岸互信。[①] "九二共识"曾遭遇台湾当多次弱化、虚化及异化，[②] 2008年以来，台北方面回避"一中"只讲各表，或者弃"一国两区"转而强调具有排他性色彩的"一个中华民国、两个地区"概念，此种迹象令人忧虑。

增进政治互信的核心在于确立"两岸同属一中"，两岸双方在事关维护一个中国框架这一原则问题上形成更为清晰的共同认知与一致立场。2012年以来，两岸围绕一个中国原则进行了连续互动。3月22日，国民党荣誉主席吴伯雄在北京会见胡锦涛时明确表示："根据双方现行的体制及法律相关规定，彼此都坚持一个中国，两岸同的是'两岸同属一中'，对于异的部分正视现实，搁置争议。"[③] 这是国民党方面对于"两岸同属一中"所作出的明确承诺。

对此，国台办主任王毅在2012年4月13日表示，"'九二共识'的核心是两岸双方均坚持一个中国原则，只要认同并坚持大陆和台湾同属一中，国土就没有分裂，主权就没有分割，两岸双方就有了最基本的互信，台海和平就有了最基本的保障，两岸关系的改善就有了最基本的动力。两岸双方对一个中国含义的认知尚未形成一致，但这是在一中框架下存在的分歧，与'一边一国'的'台独'分裂主张截然不同，可以本着求同存异的精神，通过平等对话，逐步寻

---

① 包宗和：《从2012"总统大选"看两岸关系未来发展》，引自台湾海基会《交流》杂志2012第2期，总第121期。

② 张亚中：《异化的九二共识》，引自香港《中国评论》2012年3月号，总第171期。

③ 新华社2012年3月22日。

求双方都能接受的解决之道，从而达到聚同化异的目标。"①7月28日，政协贾庆林主席在第八届两岸经贸文化论坛上表示："增进政治互信就是要维护和巩固一个中国的框架。两岸虽然尚未统一，但中国的领土和主权没有分裂。一个中国框架的核心是大陆和台湾同属一个国家，两岸关系不是国与国关系。两岸从各自现行的规定出发，确认这一客观事实，形成共同认知，就确立、维护了一个中国框架。在此基础上，双方可以求同存异，增加彼此的包容性。两岸双方应当本着对历史、对人民负责的态度，充分发挥政治智慧，采取更多实际行动，巩固和深化双方的'同'，搁置并包容双方的'异'，积极探讨国家尚未统一特殊情况下的两岸政治关系，为逐步解决两岸关系中深层次的问题开辟道路。"②在十八大报告中，中共方面再次呼吁两岸"双方共同努力，探讨国家尚未统一特殊情况下的两岸政治关系，作出合情合理安排。"两岸应"增进维护一个中国框架的共同认知，在此基础上求同存异。"③这是大陆方面对于台北方面"一国两区"的呼应，释出重大善意，旨在求同化异，为下阶段两岸政治互动创造了空间。表明两岸双方试图从各自的现行规定出发，寻找一中框架的交集，"两岸一国"为两岸政治关系定位提供了创造性的空间。

2.搁置争议、求同化异

针对两岸政治定位、台湾"国际"活动空间、两岸军事部署、两岸政治、社会体制差异等固有分歧，双方首先应搁置争议而非突出争议，其次是缩小而非扩大分歧，再次是寻求共识，求同存异、聚同化异、强同弱异，以利双方逐步化解分歧、达成共识。

当前，两岸双方应着力巩固并深化双方的同，搁置并包容彼此的异。两岸政治上求同方向应包括：两岸共同坚持"九二共识"、反对"台独"；两岸都坚持一个中国、两岸同属一中、两岸同属一国；两岸不是"两个国家"、两岸关系非"国与国关系"；两岸共同守卫"固有疆域"；两岸都是炎黄子孙、同是中华民族；两岸都是中华文化的传承者，等等。两岸双方应着力把这些政治共同点塑造成为两岸政治公约数，使之成为两岸关系和平发展巩固深化、再创新局的重叠共识。

---

① 香港中国评论网：《王毅提两岸关系6继续，大陆和台湾同属一中》，引自 http://www.chinareviewnews.com,2012 年 4 月 15 日。

② 新华社 2012 年 7 月 28 日。

③ 新华社 2012 年 11 月 9 日。

3. 共同承担责任，维护民族利益

两岸必须共同承担捍卫国家主权与领土完整的责任与义务，共同应对外来威胁。台湾方面尤其要守卫好其"宪法"所规定的"固有疆域"，绝不做分割主权、领土之举，绝不造成"一中一台""两个中国"之后果。在东海钓鱼岛、南海议题上台湾方面应无惧外国势力的威逼利诱，与祖国大陆联手，共同维护中华民族的长远利益与整体利益。台湾安全与前途系于两岸关系和平发展，台湾的安全凭借绝不是美国军火，而是祖国强大。台湾应耻于充当美国棋子，应做国家领土主权完整的守护者。

两岸双方应思考如何削弱、摆脱台湾内外各种不利因素的制约，特别是要妥善因应复杂的国际因素，使之成为积极因素而非消极因素，化阻力为助力，化不可能为可能。

（二）消除歧视及敌视，转向开放及人道

两岸双方需要与时俱进，决策观念、政策措施应符合两岸大交流、大合作、大发展的需要，为两岸交流合作创造宽松、公平、友好的政策环境与社会氛围。

台湾方面需要放弃冷战、零和、对抗的陈旧思维，确定新型安全观，台湾前途与命运在于两岸和平发展，台湾安全系于两岸共同发展而非美国军火。只要不主张"台独"，台湾安全就有绝对的保障。

台湾方面有责任消弭台湾社会数十年来形成的"反共""恐中""仇中"心理，消弭台湾民众对于大陆和平崛起的无谓担忧，以文明、理性的心态面对大陆崛起，迎接、分享大陆和平发展带来的机遇与红利，不必唱衰。

台湾方面需要认真清理政治、经济、社会、法律、教育、宗教、文化、意识形态领域对于大陆官方和人民的不信任、不友善，消除歧视及敌视。马英九在 2012 年 5 月以来多次大声疾呼台湾当局修改不合时宜的大陆政策法规，"赶上时代、走在时代前面、因应未来发展"，希望台湾行政、"立法"机构积极响应、认真推动。

当务之急，一是将两岸事务排除在所谓"公投法"之外。二是废除一批"恶法"，例如"投敌罪""叛乱罪"等，从政治的高度解决林毅夫案。三是修改不合时宜、不合情理的陈规旧律，保障从事两岸交流机构、人员的正当权益。"两岸关系条例"中处罚任职大陆的规定亟须废除，"条例"中有关陆客、陆生、陆资、陆媒、陆配的不公平、不公正、甚至侵犯人权、不符人性的规定、限制要废除。四是台湾方面需要制定一部积极、正面、适应两岸大交流、大合作、大发展新形势的崭新的"两岸关系条例",为两岸交流合作提供更为开放自由、双向便利、全面直接的政策体系支撑,便利两岸人流、物流、资金、信息的自由流动,便利两岸人才双向流动,善待两岸同胞。

〔三〕建构两岸各阶层之间互信

两岸需要强化各阶层之间互信,相互促进,互为补充。

1. 两岸高层互信

2005 年以来,国共高层领导借助国、共平台建立了较为稳固的政治互信,包括在博鳌论坛、APEC 峰会、北京奥运、上海世博会等场合,国共高层已会面 30 多次,增进了两岸高层的友谊与了解,为两岸关系发展发挥了重要作用。未来两岸高层应进一步增加接触,适时实现两岸领导人会晤,就推进两岸关系和平发展交换意见,作出安排。两岸领导人可借除夕等中国人民传统节日互致问候,尽快实现两岸领导人会面。台湾方面应积极为大陆各级、各地领导赴台参访创造条件,提供保障。

2. 两岸行政互信

两岸各级行政机构、业务对口部门之间应加强互动、交流。特别是两岸事务、经济事务、文化事务主管部门之间应建立互动热线,加强对口人员、业务交流,增进了解,消除隔阂。台湾方面应对行政机构体系进行两岸事务培训,增加台公务人员来大陆交流、参访的机会,时机成熟、条件具备的两岸相关行政机构应开展公务员互换实习。

3. 两岸民间互信

两岸民间交流是两岸关系发展中最具活力、最富想象力的因素,是增进同胞感情、扩大共同利益的最好途径。两岸民间团体、行业协会、非政府组织之间应加强交流合作,增进两岸民间机构、人员之间的互信互谅、互让互助,扮演两岸关系推动者功能,充当两岸政治互信的润滑剂,而非两岸政治互疑的催化剂。两岸民间非营利机构包括各式基金会、慈善机构、志工团体应创造条件、积极行走两岸,激活两岸民间资源,开辟两岸交流的新领域。如今,台湾拥有 4 万个非营利组织、15059 个志工团体、超过 70 多万名志工,岛内从事社会服务、慈善团体 2263 个,占所有社会团体的五分之一多,台湾社会具有蓬勃旺盛的民间活力,[①] 而大陆的社会团体、基金会日前增长,两岸民间交流可成为两岸

---

① 陈小红:《浅释"社会公义"与两岸"公民社会"之发展》,引自台湾海峡交流基金会《交流》杂志总第 123 期,2012 年 6 月。

关系和平发展的新动力。

4. 两岸基层互信

增进两岸基层互信是对两岸高层、民间互信的有益补充，也是增进两岸政治互信的重要渠道。两岸基层型态不同，各具特色。两岸各色新型社区成为两岸交流的新领域，各级区县、乡镇、街道、村里、小区等，应开展对口交流、互动，并深入持久、常态化、有效地开展下去。

5. 两岸媒体互信

深化两岸政治互信，两岸媒体须承担重大责任。在两岸关系史上，台湾媒体曾作出了重要贡献。两岸有关部门应积极引导、管理好两岸媒体，使其正面、客观报道两岸关系，避免台湾媒体、网络特别是亲绿媒体成为"反共"、"反华"、"丑化"、分化大陆的舆论集散地，影响两岸关系的发展。台湾方面除了鼓励言论自由外，应对恶意造谣、损害两岸关系的媒体及其从业人员进行教育、谴责、处罚甚至追究刑责。

（四）建构两岸综合互信

增进两岸政治互信是一项系统工程，涉及两岸关系各个领域，不能仅就政治互信谈政治互信。在政治互信之外，两岸双方还应建立包括经济、文化、社会、军事、涉外、司法以及非传统安全互信在内的多种互信，形成综合互信体系。[1]

根据两岸关系发展的历史与实践经验，本文就建构两岸综合互信包括政治、涉外、经济、军事、文化互信等具体内涵进行初步整理，从正、反二个面向进行综合，希望两岸双方应多说、多做、多用有利于增进两岸政治互信的话、事及人，不说、不做、不用有损两岸互信的话、事及人，以此增进两岸政治互信，共同推进两岸关系和平发展。（本文最初发表于香港《中国评论》2013 年 2 月号，总第 182 期）

---

[1]　邱坤玄：《建构两岸安全与和平的架构》，引自台湾海基会《交流》杂志 2012 年 4 月号总第 122 期。

两岸综合互信表列

项目	正面表列	负面表列
政治互信	恪守反对"台独"，坚持"九二共识" 增进维护一个中国框架的共同认知 坚持两岸一中、两岸一国 两岸不是"两个国家"、两岸关系"非国与国关系" 两岸同属中华民族、都是炎黄子孙，拥有共同血缘、历史及文化；两岸都是中华文化的传承者 振兴中华，化"独"渐统	"中华民国是主权独立国家" "台湾是中华民国""中华民国是台湾""台湾是国家" "反中"：鼓吹"台湾路线""台湾核心利益"；"不统""台独"也是选项、"2300万台湾人民决定台湾前途命运" "反共"："六四"不平反，国家不统一；与"法轮功""民运"分子勾联 反华：与"藏独"、达赖相勾结；与"疆独"、热比娅等勾结
涉外互信	捍卫中国主权领土完整、守卫台、澎、金、马及其附属岛屿 两岸协商涉外议题 涉外场合两岸联手，避免内耗 共同应对外来威胁，在南海、东海钓鱼岛两岸联手，保护海洋环境，合作开发能源、旅游资源等	挑战"一中"原则 以"主权国家"身份参与国际组织、非政府组织等，制造"一中一台""两个中国"事实 炒作台湾民众的国际参与情绪
军事互信	尽早结束敌对状态、签署和平协议 尽早建立两岸军事安全互信机制 联合反恐、海上救难、海上安全 开展现、退役将领交流 开展军事科研交流	视大陆为威胁、视解放军为假想敌 战略上遏制大陆崛起 对美军购 执行"投敌罪"等"恶法"
经济互信	落实ECFA，开展后续协商 扩大开放陆资赴台，提供投资保障 妥善处理台湾地区与新加坡等签署FTA议题	"台湾优先"、对大陆只要不给 两岸投资保护协议中寻求国际保护 限制陆资投资
文化互信	签署两岸文化教育协议 放宽陆生限制，提供配套便利 清除"文化台独"影响，进行中华文化再教育	鼓吹"台湾价值""台湾主体意识" 鼓吹"台湾文化优越论"，并与中华文化相对立

开启政治对话　促进两岸关系

当前，两岸关系已迈入和平发展的新阶段，增进两岸政治互信，促进两岸政治关系发展，是实现两岸关系和平发展的不二途径，也是当前两岸学术界最为关注的重要课题。本文着重围绕两岸政治关系发展的内涵、现状展开分析，提出推动两岸政治关系发展的原则与路径，主张两岸共同创造条件，尽早开启两岸政治对话与谈判，推进两岸政治关系发展。

一、两岸政治关系发展内涵

两岸关系若从交往主体分，可分为官方的、半官方或准官方的、非官方即民间的关系。若从交往议题分，可简分为政治关系与非政治关系二大层面，非政治关系包括两岸之间经济的、文化的、社会的、科技的、能源的、环境的等诸领域的关系，而政治关系涉及两岸政治定位、"法统"及代表权争执、国际活动空间、军事、安全、和平协议等范畴。其中，政治与非政治的关系并非截然对立，非政治关系中如经济、文化议题中仍含有一定的政治性内涵，如在两岸经济合作协议议题中，就含有部分政治性内涵。

1949 年以来的六十年，两岸政治关系经历了蒋氏父子时期、李登辉时期、民进党执政时期以及当前的马英九执政阶段等多个时期。总体而言 2008 年 5 月之前，两岸政治关系演变脉络就是由蒋氏父子时期的政治对立、军事冲突走向李登辉、陈水扁时期政治对抗、军事对峙，以及马英九时期两岸和平发展、和解共生，但仍存在政治交锋的余绪。在不同时期的政治关系则经常是对抗、交锋与缓和、合作交替进行，重复着"对抗—缓和—再对抗—再缓和"的戏码，不同的是有时对抗多于缓和，有时缓和多于对抗。

蒋氏父子时期，由政治军事全面对抗走向政治缓和、军事对峙，两岸争执焦点就是中国的"法统"之争、代表权之争，但非关主权之争。李登辉初期将两岸关系定位为"一国两区"，追求"一国两府"，中期抛出"阶段性两个中国"，后期走向"戒急用忍""特殊两国论"。虽然两岸经贸文化关系有了全面发展，但两岸政治关系则由缓和走向新的冲突。民进党时期转向"法理台独"政治冒险，抛出"一边一国"论、提出了"中华民国在大陆、到台湾、在台湾、是台湾"的四阶段论，大搞"法理台独""文化台独"及各个领域内的"去中国化"，陷两岸关系于危险边缘。

马英九对于两岸政治关系的定位：有三个方面：一是坚持"一中宪法"架构、"一国两区"及"特别关系"，认为两岸是"特别的关系"，但"不是国与国的关系"。二是主张"中华民国就是台湾"、坚持"不统、不独、不武"，维持台海现状。三是强调"九二共识"中的"一中各表"，并以"互不否认"作为两岸政治关系的另类模式。马的两岸政治定位非关主权之争，亦非中国代表权之争，而是一种名实之争、面子与里子之争，即给予"中华民国"一个明确的身份与地位。

六十年来，两岸政治关系始终是在曲折中发展、在发展中受挫，有时是进一步退两步，或稍有进展便遭遇顿挫，但发展是主流、大势、倒退只是支流、逆流。两岸政治关系发展的形式多数是民间推动官方、经济文化社会交往推动两岸政治关系发展、国际大环境的变化也影响到两岸政治关系演变，显示两岸政治关系发展的内外动力不足，滞后于甚至阻碍了两岸关系其他领域的发展。

当前，两岸关系进入和平发展的新阶段，两岸关系从量变到质变都发生了重大积极变化，领域扩大、内涵深化。两岸在体现"一中"原则的"九二共识"的基础上恢复两岸两会协商，签署九个协议、一项共识，特别是全面、直接、双向的"三通"已告实现，陆客赴台旅游、陆资入岛投资加快两岸双向交流的步伐。两岸"一日生活圈"渐趋形成，不但缩短了两岸理地上的时空距离，而且拉近了两岸同胞人文上的心灵距离。两岸生活方式、价值观念趋同，两岸共同利益的创造、两岸共同价值的塑造已成为两岸关系的重要内涵，从而为两岸政治关系的发展、深化奠定了物质的基础，提供了思想的、舆论的准备，提供了两岸政治关系进一步发展、特别是开启两岸政治对话、政治谈判的历史性契机。

在此背景下，推进两岸关系由经济、文化、社会全面发展走向政治关系的发展、深化，是两岸关系和平发展的必然要求，也是两岸同胞的共同心愿，符合两岸关系历史发展的趋势。两岸政治关系发展既是对两岸经贸、文化关系的延续与深化，是前者发展到一定阶段必然结果，也是两岸关系和平发展继续深入的关键指标。

两岸政治关系的发展既是量的积累、也是质的提升；既是点的突破，也是面的扩展；既是抽象的、内在的，也是表象的、具体的，完全可以让两岸同胞在两岸交往中观察得到、感受得到、分享得到。下阶段两岸政治关系能否发展、怎样发展、发展速度、发展质量如何，将决定两岸关系和平发展的前景。我们认为，两岸政治关系发展的标志，包括六个层面。

一是两岸有关党政机构各个层级之间的交流、对话，以及相关智库之间围绕两岸政治议题进行对话、沟通甚至共同研究、提出协议草案等；二是两岸高层之间深化政治互信，两岸领导人尽快会晤、签署协议则是一项重要指标；三是两岸授权机构之间展开政治对话与谈判，为两岸领导人会晤及签署协议作准备；四是两岸两会之间协商谈判持续展开，迭有收获；五是逐步消除两岸意识形态、法律法规、舆论媒体等领域内的对立，创造两岸政治和谐；六是两岸各界之间广泛、友好交往，两岸同胞之间的相互好感度、信任度不断上升。

在六项指标中，核心指标无疑就是两岸政治对话与政治谈判，以及两岸领导人会面、签署协议。两岸领导人尽早会面，直接对话，增进互信，签署和平协议，这是两岸政治关系发展中的大事，也是两岸关系螺旋上升的里程碑，将为两岸和平发展产生重大推动作用。顺应民心所向、顺应时代潮流，是两岸政治家必须承担的历史重任。

二、两岸政治关系现状

随着一年来两岸关系的快速发展，两岸政治关系也已显示出渐进、良性、多面、动态发展的迹象，虽然复杂敏感，但在"搁置争议、建立互信、求同存异、共创双赢"的规则下，两岸政治关系有所进展，两岸有关方面围绕政治议题的交流、对话事实上已经开展，特别是类似二轨的两岸智库、研究机构之间的对话、交流、研讨活动非常活跃，收获不少，两岸政治关系沿着既定的方向向前发展。但两岸政治关系发展面临重大的结构性障碍，尚未取得根本性突破，发展两岸政治关系任重而道远。

可从进展、挑战与特征三个方面梳理当前两岸政治关系发展现状。

（一）进展

两岸政治关系已取得一定进展，量与质的变化非常明显，为下阶段两岸政治关系的发展创造了较好条件。

一是两岸之间政治互信已有一定基础，两岸高层的沟通、对话日趋频繁。2008 年"322"以来，两岸双方高层摒除固有意识形态争议，隔空对话、隔海唱和，本着互信、务实的态度，持续追求、深化政治互信，不断累积政治共识，共同探索两岸和平发展之路，共同推进两岸关系进程。自 2008 年 4 月到 2009 年 7 月，马英九先后提出了"正视现实、开创未来、搁置争议、追求双赢""正视现实，互不否认，为民兴利，两岸和平""同舟共济，相互扶持，深化合作，开创未来""正视现实，搁置争议、求同存异、共创双赢"，以及"正视现实、建立互信、搁置争议、共创双赢"五个十六字箴言。在接任国民党主席时马英九重申"九二共识"，表示，台湾未来不可能不跟大陆保持一个适当的关系，不可能不发展关系。[①] 胡锦涛总书记先于 2008 年会见连战时提出了"建立互信、搁置争议、求同存异、共创双赢"的十六字箴言，后又在接见江丙坤时提出"平等协商、善意沟通、积累共识、务实进取"的"十六字方针"，2008 年底提出建构两岸关系和平发展的六点意见。在 2009 年 7 月及 10 月，继续强调"继续推动两岸关系和平发展，进一步深化政治互信"。这种两岸高层隔空对话、隔海呼应的形式，就是具有两岸特色的政治对话、沟通方式，两岸中国人都听得到、听得懂，深明其中内涵。台湾就有舆论称："两岸领导人语言越来越接近，摆脱意识形态的纠葛，开始了由务虚走向务实的过程。"[②]

二是和平发展成为两岸主流民意，成为两岸执政当局处理两岸政治关系的最高准则。德国哲学家康德说过："追求永久和平，是理性的最高目标，也是一种道德义务。"早在 2005 年国共之间就达成了"两岸和平发展五项共同愿景"，胡锦涛总书记提出了建构两岸关系和平发展理论，推动两岸关系步入和平发展的新阶段。马英九也表明台湾要做"和平缔造者、而非麻烦制造者"的强烈意愿，并多次强调两岸政策的最后目标就是与大陆"缔结和平协定"，"终结两岸敌对状态"，走向真正和平。由此，和平发展成为两岸主流民意，成为两岸最高的共同价值追求。

---

① 《马英九回应胡锦涛，九二共识有助于两岸》，引自台湾《经济日报》2009 年 10 月 19 日。

② 丁和平：《胡马的软态度，终于找到硬道理》，引自台湾《新新闻》杂志 2009 年 4 月 30 日至 5 月 6 日，总第 1156 期。

三是两岸双方确立了发展两岸关系的基本策略，就是"先经后政、先易后难、把握节奏、循序渐进"。马英九最初提出了"三先三后"的策略，即"先经后政、先易后难、先急后缓"。对此，大陆方面提出"先经后政、先易后难、把握节奏、循序渐进"的基本策略。当然，"先经后政、先易后难"并不意味"只经不政、只易不难、只急不缓"，两岸应抓住当前历史性机遇，为政治议题的协商预作准备，未雨绸缪。2009年5月胡锦涛在会见吴伯雄时着重强调增进互信，提议双方要为解决政治问题进行准备、创造条件，双方可以先由初级形式开始接触，积累经验，以逐步破解难题。马英九则于10月回应称："将来两岸关系的和平发展仍需双方抱持耐心，正视现实，循序渐进，以扩大互信，求同化异。"可见，有关政治对话与谈判，两岸有所差异，大陆主张抓住机遇，创造条件，迎难而上，尽早展开。台湾方面则是强调条件尚未成熟，未来须视时机、条件而定。

四是两岸妥善处理了一些高度敏感性的政治议题，包括台湾出席APEC人选、台湾参与世界卫生大会（WHA）等涉外问题。双方在不造成"两个中国"、"一中一台"、两岸协商、合情合理的情况下，台湾顺利以"中华台北"名义出席世界卫生大会年会，获得台湾民众的认可。

五是两岸之间围绕政治关系的对话、沟通持续进行。国共论坛已连续举办五届，虽然以经贸、文化议题为主，但也逐渐讨论到了一些政治议题。国共两党地方基层党务之间的交流陆续开展。福建举办的海峡论坛、北京、上海等大陆各地、海外举办的学术研讨会，也为两岸政治议题的讨论提供了广泛研讨的机会。两岸相关智库、学者之间围绕两岸政治定位、结束敌对状态、两岸军事互信机制、签署和平协议等重大政治议题的对话、沟通频繁举行，取得了一些进展。甚至两岸有关研究机构围绕军事互信机制、和平协议进行联合研究与交流活动，形式多样，富有成果。

此外，民进党对于两岸交往态度有所松动，党内高层开始与大陆交往。2009年5月，陈菊到大陆交流，形成了民进党与大陆交往的"陈菊模式"，表明民进党不能也不会自外于两岸事务之外，但要突出有别于国民党。

（二）挑战

当前，两岸政治关系发展仍面临重大挑战，其困难度、复杂性、挑战性前所未有、超乎想象。

一是两岸政治关系中固有的结构性矛盾难以消除。在两岸关系和平发展的初期，两岸双方集中精力发展非政治性、低敏感性的两岸经贸、文化等关系。但随着两岸关系的深入开展，必然会碰到高度敏感的政治议题，包括"中华民国"的政治地位、两岸政治关系定位、台湾"国际活动空间"、所谓的大陆"武力威胁"等。马英九不断强调"正视现实"，认为"中华民国是一主权独立的国家"，要求"互不否认"、两岸"外交休兵"、给予台湾更大的"国际空间"、"撤除导弹"等等。大陆方面坚持"一中"原则，主张"两岸同属一中"，认为两岸问题是国共内战的遗留问题，只有结束敌对状态，建立军事互信机制，签署和平协议，才能最终解决两岸问题。但这些高度敏感的政治议题，只有通过政治谈判才能逐步得到解决，两岸首先要谈起来。而台湾方面迄今为止，仍婉拒两岸政治谈判。

二是两岸关系发展中新问题、新矛盾难以解决，也影响到两岸政治关系的发展。台湾方面包括"两岸关系条例"在内的有关两岸关系的许多法规已远远落后于两岸关系发展的现状，跟不上形势的发展，甚至构成重大障碍，许多规定对于两岸交流事务采取限制措施，对于大陆同胞采取歧视性规定，台湾方面难以在短期内清理、修改这些不合时宜的法规条例。陆客赴台旅游、陆资入岛投资等新形势，也衍生了一系列亟待解决的难题，紧迫性高于两岸政治议题，但两岸也难以在短期内找到解决问题的良策。

三是台湾方面以"民主牌""民运牌""宗教牌"等干扰两岸关系发展，伤害两岸政治互信与两岸同胞情感。2009年8、9月，台湾有关方面以"宗教""人道"救灾的名义允许达赖访台，给两岸关系造成极大危害。这绝不是单一事件，而是长期来台有关方面以"民主牌""宗教牌""民运牌"等暗中运作，以牺牲两岸关系挽救岛内施政危机，转移舆论焦点，开了一个恶劣的先例，严重影响到两岸互信，伤害两岸关系的发展。

四是绿营不愿看到两岸政治关系的发展，反对两岸政治谈判，反对两岸签订和平协议。民进党采取"逢中必反""逢马必打"策略，反对两岸两会商谈，在2008年台北"陈江会"期间发动"围陈呛马"街头运动，拒绝参与两岸民间论坛，严禁党公职人员赴大陆交流。指责马英九"亲中卖台"，指责两岸经贸开放政策造成台湾经济严重依赖大陆，贫富差距、南北差距拉大，要求"经济民主"。岛内"台独"势力还与"藏独""疆独"及"法轮功""海外民运"等势力相勾结，蓄意破坏两岸关系。陈菊操作达赖访台、热比娅事件，采取"冲突、妥协"的炒短线模式，前倨后恭、进退失据，仓忙中找下台阶，不啻折损了陈菊的政治声誉。陈菊在两岸关系上的空间将因此缩小。"台联党"主席黄昆辉日前称两岸和平协议就是"投降协议"，坚决反对。绿营的阻挠与破坏，给两岸政治关系的发展造成严重的影响。

五是美日等国际势力仍对两岸政治关系的过快发展心存疑虑，或明或暗的采取各种方式加以制约。美国方面一方面鼓励两岸和平对话，另一方面对两岸关系发展速度、紧密程度深感忧虑，担心美国无法掌控两岸关系，损害美国在亚太、特别是在两岸的战略利益，失去"以台制华"的战略要地。因此自2008年下半年以来，加紧对中国大陆的"岛链围堵"态势，要求台湾先有信心后才走上谈判桌。对两岸政治谈判，美国试图在两岸间扮演"咨询""后盾""调人""监督"的角色，下指导棋。美国不主动介入谈判，但若任何一方寻求美国的意见，美国会毫不保留地提供，如果两岸都表示需要，美国也不排斥参与。早在2008年3月，在马英九胜选之后、上任之前，美国在台协会（AIT）理事主席薄瑞光对于两岸关系的发展进程曾赤裸裸地下过指导棋，建议两岸对话可分三阶段发展，第一阶段先处理"三通"、大陆观光客来台等议题；第二阶段讨论一些深度的经贸议题，让经济、贸易和投资等经贸合作事项更开放，目前已经差不多告一段落；第三阶段再触及两岸和平协议、减少军事威胁与参与国际组织等政治议题。在进入政治议题谈判之际，美国决定开始介入，透过学者或退休官员的"二轨"方式，分别了解两岸的发展状况，并且扮演关键的多重角色。对于两岸军事互信机制，美国国务院副国务卿史坦柏格表示，寄望两岸推动信心建立措施（CBM），现在两岸已经进行个别研究，未来再一段时间，可能马上要进入共同研究，可以先由台美中三方的二轨进行。那就是分三步走，先是两岸双方各自研究，然后是两岸联合研究，最后是两岸谈判。可以预见，在今后两岸政治关系的每一步中，都有美国在台湾后面作影武者。日本则对两岸政治谈判更为忧虑，试图用经济、技术等换得台湾政治、经济不能过度靠向大陆，转而面向并依赖日本。

（三）特征

两岸政治关系发展具有五个特征。

第一，两岸政治互信虽有所增长，但严重不足，极其脆弱，经不起任何台湾内部政治风浪与外部因素的干扰，起伏不定，曲折徘徊，影响到两岸政治关系的进一步发展与深化，导致两岸政治关系无论是量与质均处于初级、低阶阶段，很难形成新的局面，取得突破性进展。

第二，两岸政治关系发展不够全面，各个层面的发展是不平衡的。低政治性的、边缘性、非核心议题的政治关系有所发展，但政治关系核心的议题则进展缓慢，甚至无所进展。两岸有关智库之间对于两岸政治议题有讨论、对话，都把各自关心的议题、各自立场、各自底线、各自目标有所交流，在某些低政治性的议题方面有所共识，但敏感性稍高一点的议题就缺乏共识，停留于各说各话，甚至出现新的障碍。台湾有关学者、智库对于"中华民国"政治定位提出了一些设想，大陆同意在国际场合避免不必要的"内耗"，维持台湾现有的"邦交国"数目，同意台湾以"中华台北"名义出席 2009 年的世界卫生大会（WHA）。但在一些高度敏感的政治议题方面，如两岸领导人会晤、政治谈判等方面则无所进展，影响了两岸政治关系进一步发展。

第三，两岸、台湾内部各党派甚至泛蓝内部分歧严重，各方对于两岸政治关系发展的贡献度呈现不均衡状况。两岸政治关系任何进展，都是两岸共同努力的结果，但各方的贡献度是有差异的。大陆方面对于发展两岸政治关系一直秉持积极、稳妥的立场，不断呼吁两岸尽快开展两岸政治议题的对话、政治谈判。对于两岸政治对话、谈判表达了高、中、低三个阶段的意思：高，即达到目标；中，则开始务实探讨。低，就是着手准备。大陆认为，在一个中国原则的前提下，什么问题都可以谈，包括三个方面："可以谈正式结束两岸敌对状态问题，可以谈台湾地区在国际上与其身份相适应的经济文化社会活动空间问题，也可以谈台湾当局的政治地位等问题"。《反分裂国家法》第七条中更把"可以谈"的内容细化为六个方面，并予以法律化约束。连战、吴伯雄及一大批有识之士，也都对尽早开启两岸政治对话与谈判表达了急切推动的意愿。与此相反，台湾决策方面的态度则从积极转向消极、从明确具体转向模棱两可，甚至更多地强调时机不成熟、条件不具备，突出当前开展两岸政治对话、谈判的不利因素、负面效果，从而影响台湾方面推动两岸政治关系发展的意愿与动力。台湾决策部门习惯从国际格局中盘算两岸关系，试图平衡各方，没有积极地创造条件，改变目前这种不利局面，跨出两岸政治关系的关键步伐。

第四，两岸政治关系发展艰巨性、复杂性、困难度远超过两岸经济、文化、社会等领域内涵，不但没有减弱，反而有增强的趋势。一年来，两岸关系快速发展，但政治议题难以取得突破性进展。因为两岸的结构性、制度性矛盾并没有因此化解，涉及"中华民国"的政治定位、台湾"国际活动空间"、涉外关系、两岸军事部署等重大敏感问题，旧问题依然存在，新问题层出不穷，一时难以解决，增加了发展两岸政治关系的复杂性、困难度。两岸各自内部都有民意的压力、台湾内部政治生态、两岸外部的国际环境极其复杂，两岸双方60年没有解决这些问题，未来必须共同发挥智慧、秉持耐心与恒心加以处理。

第五，两岸政治关系始终是两岸关系发展中的难点与重点，以前是、今后仍将是。两岸经贸、文化关系能否持续深化，与两岸政治关系发展密切相关；两岸和平发展有无进展，也与两岸政治关系发展具有重大关联。两岸政治关系发展决不会一帆风顺，必然是曲折中发展，发展中突破，甚至欲进还退，徘徊不前，百折千回。但两岸政治关系不断发展符合两岸关系的规律，符合两岸民心，不可逆转。两岸和平发展有所突破，必须要在两岸政治关系发展方面取得突破性进展。两岸各方理应及早准备，累积动力，精心谋划，经由两岸政治关系的不断发展，促成两岸关系和平发展向纵深推进。

因此，当前两岸政治关系虽有所进展，但挑战前所未有，某个阶段、某种程度、某些领域的挑战还多于进展。目前，两岸关系和平发展还处于消极阶段，尚未进入积极阶段。

三、两岸政治关系发展原则、模式及路径

尽早开启两岸政治对话、政治谈判，是当前两岸关系和平发展的必然要求，也是解决两岸政治难题，打开两岸政治僵局、深化两岸经贸、文化关系的不二法门。两岸双方需要共同努力，把握时机，创造条件，发挥智慧，化解阻力，累积动力，共同催生政治谈判的时机早日成熟，深化两岸关系，推进两岸和平发展进程。

（一）原则

第一，恪守"一中"原则，尊重历史，共同承担。坚持在体现"一中"原则的"九二共识"基础展开两岸政治协商与谈判，共同承担维护国家主权与领土完整的政治责任和政治义务，共同实现中华民族的伟大复兴。"一中"原则需要在两岸关系快速发展中得到新的发展、丰富与完善。具体包括在一个中国的框架内，两岸共同坚持"大陆和台湾同属一中"。2009年5月下旬在与国民党主席吴伯雄的会晤上，胡锦涛即坚持大陆和台湾同属一个中国是关键所在。坚持两岸关系是两岸内部的特殊事务，合作双赢，避免内耗。台湾方面应在坚持历史"一中"、地理"一中"、文化"一中"、民族"一中"的基础上，尽快回到政治"一中"，即明确"大陆和台湾同属一中"的内涵。两岸应充分尊重历史，

台湾问题只是国共内战遗留的问题，当前两岸需要面对现实，尽早解决两岸历史遗留问题，结束敌对状态，建立新型两岸关系。①

第二，两岸共同决定，尽其在我。两岸共同发展、共同分享，两岸前途与命运由两岸共同决定。中国是两岸同胞的共同家园，两岸建构紧密的命运共同体，实现共同发展。两岸命运与前途由两岸同胞共同决定。两岸中国人必须牢牢掌握自己的前途与命运，两岸关系和平发展的红利可以让国际社会共同分享，但两岸关系发展的方向、两岸关系发展的速度应该由两岸中国人自己说了算，中国人自己有智慧解决两岸事务，两岸可参考、借鉴古人、前人及外人的经验，使两岸政治关系能够顺利发展、不断深化，两岸欢迎一切有利于两岸关系和平发展的建议。

第三，对历史负责，迎难而上。两岸双方以对历史负责、对民族交代、对同胞交心的态度，顺应两岸历史发展规律，倾听两岸民意需要，积极坦诚、灵活务实推动两岸政治关系发展，不回避历史使命，不受限于政治形势。两岸双方都应以两岸人民的切身利益为念、以中华民族的根本利益为重，彻底放弃敌对思维、敌对心态和意识形态对立。②两岸有关各方亟须建立信心，引领时势，创造条件，营造气氛，排除干扰，迎难而上，需要举两岸中国人之力，集两岸中国人之智，吸纳古今中外谈判精义，不因分歧而中止对话、协商，不因协商困难而丧失信心。尽早实现、尽力完成两岸政治谈判，共同开创两岸和平发展的新时代。

第四，打破禁忌，尽早谈判。本着循序渐进和全面发展的原则发展两岸关系、推进两岸政治协商与谈判。打破当前两岸政治关系议题不能谈、不敢谈、不想谈、谈不深、谈不透、谈不成的不利局面，两岸之间围绕政治议题要常谈、多谈、深谈，不但要广泛的谈，而且要深入的谈，还要有所收获、有所进展，最好不断取得一些共识，形成两岸政治谈判一定要进行、尽早进行、一定能够谈成的共识。两岸政治议题的对话、谈判"只许成功、不许失败"。成，则两岸的和平将可期待；败，则军事冲突的发生固然微乎其微，但台海僵局必将会严重影响两岸的政治互信，而台海和平更将遥不可及。这对中华民族的复兴来说，将会是一个无法弥补的遗憾。③政治对话、谈判需要充分酝酿，没有把握不轻

① 饶胜文：《两岸政治中的历史与地理思维》，引自新加坡《联合早报》2009 年 6 月 4 日。
② 余克礼：《关于促进两岸政治关系发展的思考》，引自香港《中国评论》2009 年 8 月号。
③ 引自 http://www.chinareviewnews.com，2009 年 6 月 20 日。

易出牌，一经启动，就要戮力以赴，毕其功于一役，决不可半途而废，更不可无功而返。

（二）模式

当前两岸政治关系总体上已进入和平发展、和解共生的新阶段，政治议题的对话陆续展开，两岸有关机构围绕政治谈判、和平协议的研究也已相继展开，并取得初步成果。为了有效推进两岸政治议题对话与政治谈判，两岸需要精心的制度设计与高超的政治技巧。两岸政治关系发展模式可以从内涵属性、推动主体、交流结构、推进程序等层面进行推演模拟。

第一，从内涵属性上，以经促政、以文促政，由低到高，循序渐进，全面发展。可以低政治性、边缘性政治关系带动高政治性、核心政治关系的发展。可由纯粹经济文化性议题的协商、谈判、合作逐步延伸到含有一定政治性议题的对话、协商，甚至谈判、签署协议，由两岸经贸文化社会的全面正常化促成两岸政治关系的正常化。包括两岸能源开发、环境保护、核能利用与核废料处理、互联网、媒体合作、共同打击黑社会犯罪、共同打击走私、联合反恐、海上联合演习、搜救、救难等。

第二，从推动主体上，官方主导、民间为辅，官民并举。以官方的党、政机构推动为主，非官方的民间、智库合作为辅，形成党政并举、官民结合的格局。两岸双方党政组织机构、政治团体应当积极推动两岸政治关系的发展，两岸各种非政治组织（NGO）、各行各业的协会、基金会、团体等也应为两岸政治关系发展的出力，共同营造有利于两岸政治关系发展的氛围。海外华侨、社团也应发挥各自优势，积极充当两岸政治关系发展的桥梁与纽带。

第三，从交流结构上，以党促政，上下合力。应该形成以两岸执政党为主、其他党派协同推进的格局。一是继续延续当前两岸各政党各个层级包括中央与地方的交流与合作，以国共之间经贸文化论坛、共亲之间菁英论坛为主平台，带动两岸其他政党之间的多元、多轨交流、对话，尽早促成与民进党的二轨、多轨交流，凝聚两岸政治关系发展共识。二是推动两岸各级政府之间的相关业务交流，特别是大力推动两岸地方县市之间的政务、治理经验的交流及合作。三是继续深化两岸两会协商、谈判，签署相关协议，进一步扩大两岸交流的大门，解决两岸关系中亟须解决的问题。

第四，从推进程序上，先易后难、先简后繁，先低后高、先边缘后核心，把握节奏，循序渐进。对于两岸政治对话与谈判，可以采取先对话后谈判，先学者后官方、先二轨后一轨的策略，稳步推进。注重前期研究，多方论证，两岸在各自研究的基础上，可选定相同议题如结束敌对状态、建立军事互信机制、和平协议进行共同研究。两岸双方应首先就政治对话、政治谈判的程序性商谈做出安排。通过程序性商谈，就政治对话、谈判的制度性、程序性、机制性安排等达成共识。双方还可认定两岸政治谈判的低、中、高目标，以启动两岸政治谈判为最低目标，以达成部分共识包括结束敌对状态、建立政治互信、军事互信机制为中级目标，以签署和平协议为今后一段时期内的较高目标。[①] 无论是政治对话还是政治谈判均需要走向正常化、机制化、制度化的轨道，确保政治谈判的有效性、权威性。

（三）路径

推进两岸政治关系不断发展、螺旋上升，关键在于发展路径。"三方螺旋"是最新的科技创新理论法则，是螺旋上升动力最强、阻力最小、空间带动作用最强、最持久的力学理论。在两岸政治关系发展过程中，特别是在政治对话、政治谈判的酝酿、启动及其进行阶段中，形成两岸之间多重"三方螺旋"的动力空间，产生正面叠加、加乘涟漪的空间带动作用，累积动力，化解阻力，汇聚合力，确保两岸政治关系发展动力强劲、螺旋递进。

发展两岸政治关系的路径，总体上应该是多方互动、多轨推进、多点发动、多轮磨合。

1. 路径之一，多方互动，累积动力

其一，形成两岸官方、非政府组织与民间三方联动的新格局。运用全球治理的理论，建立两岸治理的理论与实践，催生两岸公民社会的成熟，在两岸政治关系发展是形成官方、非政府组织、民间三方耦合、互动的新格局。

其二，实现大陆各地与台湾北、中、南多方互动。大陆各地应与台湾北、中、南及其外岛应形成紧密互动格局，特别是要与台湾中、南部农村、渔村、偏远地区加强交流。

其三，实现大陆与台湾上、中、下各个阶层之间的多方互动，特别要注重与台湾中产阶级、中下阶层、弱势群体、中南部民众、中小学生的交流、互动，增进了解、消除误解，相互帮扶，共克时艰，共同分享两岸关系发展的利益。

---

① 徐博东：《关于两岸政治对话六点建议》，引自 http://www.chinareviewnews.com ，2009 年 10 月 3 日。

2.路径之二，多轨并举，有效推进

两岸政治关系发展，应该形成多轨实施、多元并举的格局，调动各方。两岸政治关系发展应该形成党、政、学界、智库多轨推动的格局，在不同阶段、不同议题，可以党、或政、或学界、智库为主，其余为辅的政治关系发展轨道，有效推进两岸政治关系发展。其中在两岸政治对话、政治谈判中，更应该注重体制内、决策部门授权的谈判机构的权威性，使两岸政治关系发展取得实质进展。当然两岸政治谈判管道可以一轨为主，多轨并进，端看两岸间是否存在多轨谈判的条件与两岸政治谈判形势需要与否。

3.路径之三，多点发动，多轮磨合

形成多种政治议题的广泛讨论、交流，以点的积累实现面的突破。同样的议题，必须经过多轮对话、多轨沟通，才能达成一些共识，由此促进政治关系有序、全面发展。

其一，促进两岸经济、文化、社会三方螺旋，以经促政、以文促政。形成两岸经济、文化、社会交流互动的新格局，促成两岸经济力、文化力、社会力的凝聚与融合，推动两岸政治关系稳步向前发展。

其二，实现两岸红、蓝、绿三方螺旋，以国共交流带动民、共交流，以大陆为纽带，促成台湾蓝绿正常互动。目前，国、共已形成交流合作态势，经贸论坛、文化论坛、海峡论坛推动两岸关系不断向前发展。如果形成红、蓝、绿三方互动，建立大陆与民进党方面对话、沟通平台，增进了解，化解误解、曲解，消除隔阂，结束敌对、全面和解、共同走向繁荣。

其三，实现良性联动，转化美国因素为积极、正面因素。台湾问题中的美国因素是最为敏感的问题，如果在两岸联动的同时，充分利用美国因素中的积极成分，遏止消极成分，形成良性互动，促进两岸政治关系积极良性发展。美国国务院副国务卿史坦伯格、国务院发言人先后表态，乐见两岸建立军事互信机制，在11月17日发布的《中美联合声明》中，美方明确表态。"欢迎台湾海峡两岸关系和平发展，期待两岸加强经济、政治及其他领域的对话与互动，建立更加积极、稳定的关系。"这些均有利于两岸政治关系的进一步发展。

4.路径之四，多方沟通，形成合力

其一，两岸执政者应该各自整合内部，说服民众，争取支持。有责任让两岸人民共同参与到发展两岸关系中来，也要让两岸全体人民、特别是广大台湾同胞包括中下阶层、中南部民众都能分享到两岸和平发展的红利，以此取得更广大人民的支持与参与。前"行政院长"刘兆玄也于 10 月表示，两岸政治对话与谈判需要全方位的沟通，包括台湾内部沟通、中国大陆内部沟通及两岸间的沟通。

其二，两岸有必要争取国际社会的理解与支持。两岸关系发展离不开国际社会的友好环境。两岸政治谈判当然由两岸中国人自己谈，但两岸应当共同争取国际社会的支持，以文明方式说服国际社会，可以让国际社会分享两岸关系和平发展的红利，两岸关系和平发展，对于亚太地区及世界各国的和平与稳定是积极贡献，消除国际社会疑虑，最大限度地获得国际社会的理解与支持，赢得有利于两岸关系发展的国际环境。

结语

在两岸迈入和平发展的当前，两岸各方必须将当前消极和平发展阶段推进转入积极和平发展阶段，核心指标就是两岸开启政治对话与谈判。我们认为，在两岸经济、文化关系取得重大进展，两岸已进入台湾方面制定的"国统纲领"所指称的全面"三通"以后的合作互惠的中程阶段，[①] 两岸开启政治议题对话、政治谈判，此其时矣，时机、条件渐趋成熟，两岸各方要本着对历史负责、向人民交心、对民族交代的精神，营造气氛，创造条件，引领时势而不为政治现实的所困，尽早启动两岸政治对话与政治谈判，形成共识，达成协议，把两岸关系和平发展的境界升得更高、拉得更近、推得更远。（本文系作者参与 2009年 11 月台北"两岸一甲子"研讨会论文）

---

① 高辉:《"国统纲领"已进入中程阶段》,引自 http://www.chinareviewnews.com,2008 年 11月 10 日。

签订两岸和平协议的制约因素、现实条件及实施步骤

尽早开启两岸政治对话，结束敌对状态，签订两岸和平协议是大陆一贯的主张，也是两岸关系和平发展巩固深化的关键举措。中共十八大报告提议两岸双方共同努力，"探讨国家尚未统一特殊情况下的两岸政治关系，作出合情合理安排"，这是大陆方面的最新呼吁与发展两岸政治关系的路径安排。本文围绕签订两岸和平协议这一主题展开研究，剖析制约因素，梳理现实条件，概括两岸双方的政治主张，寻觅开启两岸政治对话、签署两岸和平协议的可行路径与实施步骤，提出具有针对性、可行性的政策建议。

一、两岸政治关系的制约因素

开展两岸政治对话、政治谈判，结束敌对状态、签订和平协议，属于高度敏感的高阶政治议题。由于两岸关系的复杂性、长期性、艰巨性，在两岸关系和平发展的初级阶段，两岸政治关系的发展面临许多历史的、现实的、两岸之间与国际政治的结构性制约，从而使两岸政治关系难题处于徘徊不进的困难阶段。这是两岸双方不得不面对的政治现实。

签订两岸和平协议的制约因素可以分为岛内外、国内外多个结构性制约，主要有五大因素。

（一）民进党的反对

民进党基于"台独"立场与在野党制衡需要，延续其"反对有理""反对一切""为反对而反对"的非理性政治立场，将所有两岸议题泛政治化、极端化，顽固坚持"台独党纲""台湾前途决议文""正常国家决议文"，以"民粹"手法，扮演"逢马必打""逢中必反""逢陆必闹"的恶质角色，对马英九开放松绑的大陆政策展开谩骂攻讦，"亲中卖台"的叫骂不绝于耳，蛊惑民众骗取

选票。即使是有利于台湾经济民生的协议如"两岸经济合作框架协议"（ECFA）也采取反对到底、"焦土抗争"的强硬立场，尽管在选举时刻匆忙转弯、概括"承受前朝政策"、"不会横柴入灶"（蔡英文语），但如今面对于台湾有利无害的"两岸服务贸易协议"仍一味反对到底。对于两岸政治议题，民进党的一贯伎俩就是反对到底，"污名化"政治对话、政治谈判，攻击马英九谈两岸政治议题包藏"卖台""祸台"阴谋，讥讽其为"马统""马区长"，误导民众政治谈判等同于统一谈判，制造"寒蝉效应"，旨在恐吓马英九当局，恐吓台湾民意，极大地制约了两岸政治议题的开展。2011 年 10 月，针对马英九选举期间提出审酌商签两岸和平协议的主张，蔡英文提出应该以"坚持主权、坚持民主、坚持和平"为前提，攻击马英九将使台湾人民陷入"牺牲台湾主权、改变台海现状、危及民主价值、破坏战略纵深"的四个危险之中。① 如此严重的指控，迫使马知难而退，抛出各种前提、保证来解套。但陈水扁执政时期处理两岸政治议题，民进党就没有任何"卖台"的政治包袱。民进党在两岸政治议题的立场前后不一、缺乏政治逻辑，显得幼稚可笑，却对台湾民众的欺骗性非常高。

（二）两岸固有的政治分歧

两岸政治议题具有极其复杂的历史背景，它是国共内战延续至今所造成的两岸政治对立。60 年来，两岸政治议题始终没有得到妥善解决，两岸关系和平发展只有五年时间，短期内难以化解复杂的两岸政治纠葛。分歧主要有四个方面。一是两岸政治定位即"中华民国"的政治地位，台湾方面要求大陆"正视中华民国依然存在的事实"，以此作为发展两岸关系的前提。二是台湾国际参与，特别是台湾在国际组织、非政府组织（NGO）中的参与，其身份、地位、权利等要得到充分保证。三是大陆的军事部署问题。台湾多数民众不理解大陆迄今仍不承诺放弃使用非和平方式解决台湾问题，台湾民众从感情上难以接受。四是两岸发展制度、意识形态及"民主""人权"之争。台湾有少部分人仍然试图以"民主""人权"价值"西化"、分化大陆。还有一部分人认为大陆应实施西方式的"民主"政治制度，为两岸统一创造条件。对此，大陆的选择就是坚持中国特色的社会主义道路，发展协商民主，大陆拥有道路自信、理论自信及制度自信。

---

① 《蔡英文：和平协议把台湾推入险境，提 4 危险 3 坚持》，台湾东森新闻网 2011 年 10 月 19 日，http://www.ettoday.net/news/20111019/2304.htm。

（三）马英九当局的重重顾虑

马英九对于开启两岸政治对话、进行政治谈判、签订和平协议陷入多种思维误区。一是"外省原罪"、怕被"污名化"。马英九自以为背负所谓的外省人"原罪"，在处理两岸政治议题担忧"正当性"不足，唯恐民进党攻击其"亲中卖台"。2011年10月遭遇民进党的强力攻击后，马英九就其未来十年审酌推动两岸商签和平协议的主张，连续增加"三大前提""四个确保""十项保证"，旨在证明马内心的"原罪"是何等深重。①二是"恐共情结"。历史上国共谈判经验使国民党长期陷于恐惧情绪之中，害怕一旦开启两岸政治对话、政治谈判将以台湾的失败收场、"输到脱裤子"，因此无比畏惧两岸政治议题，谈"政"色变。三是"只经不政"、经济挂帅。在两岸政治、经济议题之间人为划分界线，只搞经济、不碰政治。事实上两岸事务性协商多数"经中有政""政中有经"，长期不处理两岸政治议题，将给两岸经济、事务性商谈设置障碍。四是"筹码陷阱"。台湾当局始终视政治谈判为台湾最后也是最大的筹码，不愿轻启谈判。也有人认为现阶段台湾政治谈判的筹码不足，只有等拥有足够的筹码后才愿意上谈判桌，否则无法在政治谈判中占上风。因此，五年来马英九处置政治议题时瞻前顾后、小心翼翼、畏首畏尾，回避躲闪，避之唯恐不及，丧失众多有利时机，甚至铸成大错。

（四）台湾蓝绿二元对立与民意疑虑

经过李扁20多年的统治，台湾陷入严重的蓝绿二元冲突之中，李扁透过"本土化""民主化"打击外省人，制造族群冲突，使台湾政治陷于"M"型两极对立，在"统独"认同上高度分裂，难有共识。不要说蓝、绿之间难以形成共识，就是泛蓝或绿营内部也是矛盾重重。即使是经济性、事务性议题蓝绿之间也难以形成一致意见，遑论就高敏感度的两岸政治议题达成共识。在李扁"去中国化"教育下，台湾社会弥漫了严重的台湾"主体意识"，凡事"台湾优先"，染上严重的"恐共""恐中"症，心理极其敏感、脆弱。当前台湾民意对于两岸政治议题仍存有疑虑。一是普遍害怕政治对话，担忧政治谈判成为统一谈判的代名词，一旦开启政治对话、政治谈判就走上了统一的不归路。二是质疑马英九当局"卖台"，葬送台湾利益与台湾前途，剥夺台湾民众的"自由选择权"，失去台湾现有的社会制度与生活方式，为之付出沉重的代价。三是缺乏自

---

① 台"行政院新闻局"辑印：《马英九"总统"100年言论选集》，2012年5月版，第198—201页。

信，担心台湾输掉谈判。这种民意对马英九当局造成十分巨大的心理压力。民意疑虑反对成为马英九抗拒两岸政治对话、政治谈判最为廉价的理由。

（五）国际反华势力的阻挠

台湾问题迟迟得不到解决，与美日等国际反华势力的干扰、破坏密不可分。美日视台湾为"不沉的航空母舰"以此遏制中国大陆的崛起。2008年以来台海和平发展的局面的出现，引发美国内部关于是否需要重新检讨并改变美国对台政策的新一波政策辩论，形成以布热津斯基、傅立民为代表的主张重新检讨并修正美国对台政策的"修正派"；以卜睿哲、包道格、容安澜等为代表的维持现状的"现状派"；以谭慎格、薛瑞福、葛莱仪等负面评价台海和平发展的"保守派"。奥巴马政府的台海政策主轴就是维持现状派，并在"修正派"的"弃台论"与保守派"不沉的航空母舰论"中间寻求平衡，两面下注。在美国"战略再平衡"的设计中，试图将台湾打造成为更为灵活、有用的制衡角色，一方面鼓励两岸对话，降低台海紧张，稳定台海局势，美国甚至乐见两岸发展经贸关系，从中分享台海经贸红利。另方面美日担心两岸关系发展太快，两岸双方走得太近，超过美国的控制。美国担心台湾对大陆依赖超过对美国的依赖，担心大陆对台湾的影响超过了美国的影响，担心台湾丧失政治上的自主性，担心两岸一旦开启政治对话、建立军事互信会削弱台美安全合作的基础，担心台湾降低对美军购的意愿。因此，当两岸关系和平发展进入巩固深化的分水岭时，美国试图踩下刹车，划下两岸关系的"红线"，警告台湾不得放松"自我防卫"能力的加强；警告台湾在东海、南海领土争端问题上不得与中国大陆联手。美国十分关切两岸退役将领的交流，不准台湾退役将领赴大陆进行制度化、大规模组团的交流，限制交流层级、交流议题、交流领域，赤裸裸或暗中敲打、警告马英九当局不准越轨。美方要求马英九当局"只经不政"，反对两岸互设办事机构，反对两岸开展政治对话，反对两岸领导人会面，只能在国际场合如 APEC 会面，遑论签订和平协议、建立军事互信机制。①

早在 20 世纪 90 年代中期，美国国安会前资深主任李侃如提出了两岸签署 50 年内稳定现状的"台湾不独、大陆不武"的"中程协议"（Interim Agreement）的主张。然而现在的美国政府、学界以种种理由反对两岸开展政治谈判，说三道四。

---

① 徐昕：《台海和平发展新局与美国对台政策辩论》，引自北京大学台湾研究院主办：《研究要报》，2013 年第 3 期、总第 13 期。

"美国在台协会"（AIT）理事主席薄瑞光 2013 年 4 月 23 日在华盛顿直言，美国从未劝阻台湾与大陆政治谈判，只有台湾地区领导人能决定两岸谈判的议题、时程和范围，包括美国在内，任何外国政府云臆测民选领袖该做什么并不恰当。但薄瑞光又称要帮助台湾民众决定未来前途，必须让台湾有足够的吓阻能力，让台湾遭遇武力攻击时能抵抗一段时间等待外援，让台湾有信心。① 美国前驻华大使芮孝俭称习近平所言"政治分歧不能一代一代传下去"非常敏感，认为这是没有"时间表"之名的对台时间表，对台湾不利，对中国大陆不利，对美国不利。对于两岸是否、何时以及如何展开政治对话，美国国务院副发言人哈夫（Marie Harf）表示，这应由两岸当局自行决定，美国支持两岸人民都能接受的和平解决方案。② 话说得漂亮，但人们都听得懂得美方的言外之意。"美国在台协会"前主席卜睿哲就两岸政治议题的观点具有代表性。他称，探讨和平协议将触及政治议题，不符合"九二共识"、搁置争议原则，而两岸对"中华民国"定位也存在极大争议，难以妥协；加上美国等国际成员对和平协议可能涵盖内容有疑虑，因此和平协议难题上加难。他评估，台湾民众还未准备好面对两岸政治协商，签署和平协议势必触及政治定位，更是难上加难，大陆方面不可过度急躁。他预测由于两岸将面对更多非共同利益、未获民众高度支持的议题，在马英九第二任期中，两岸关系进展将趋缓。③

美国反对两岸政治对话采取四项策略。一是利用民进党牵制马英九的大陆政策走向政治议题。二是炒作民意疑虑劝阻警告马英九不可轻启政治对话与政治谈判。三是利用岛内"反马"势力实施拖延策略，延缓两岸政治对话的进程。美方发动岛内各路"反马""非马"政治势力反对两岸服务贸易协议的通过，使两岸货物贸易协议、"两岸互设办事机构条例"、"两岸关系条例"修改难以取得进展，从技术上延缓两岸政治进程。四是逼迫台湾选择美日安保同盟，坚持售台武器、扶植台湾扩大"国际空间"，赤裸裸地破坏两岸关系。美方释放的信息是两岸政治谈判需要条件，只有在台湾拥有谈判筹码、在没有任何压力、台湾民众可以"自由选择"的情况下才可进行政治对话与政治谈判。如果台湾擅自与大陆进行政治谈判，美国将不给予任何安全保障。

---

① 赖昭颖：《薄瑞光：美未阻两岸政治谈判》，引自台湾《联合报》2013 年 4 月 25 日，第 A2 版。

② 台湾"中央社"2013 年 10 月 31 日。

③ 仇佩芬：《两岸和平协议，卜睿哲：很难》，引自台湾《中国时报》2013 年 4 月 10 日，第 A13 版。

美方对不久前在上海召开的民间政治对话"首届两岸和平论坛"极为关注，透过各种管道了解台湾参与者的背景，有无马英九授权的人参与、绿营参与者在民进党内有无代表性、民间对话达成的共识对两岸当局有无决策压力、台湾民意是否对马英九当局形成政治压力，等等。如果有朝一日美国挡不住两岸政治对话与政治谈判，美国的底线是只能谈，但不能谈出结果，更不能签订和平协议。

上述种种内外因素的制约，使得两岸政治对话、政治谈判始终处于空论、提议阶段，两岸双方各说各话，高来高去，没有交集，没有共识，也没有实际进展。

二、破解两岸政治难题的现实条件

经过五年两岸关系和平发展，两岸关系进入崭新阶段，面貌发生了历史性变化，和平发展基础较为牢固，动力较为强劲，和平发展成为两岸主流民意，获得台湾同胞的广泛支持与热烈拥护。两岸进行政治对话，签署和平协议具备了一定的有利条件，时机渐趋成熟。具体有三个方面。

（一）两岸高层良性互动，政治互信全面发展，为两岸政治对话、签订和平协议奠定了必要的政治基础

（1）国共高层建立多个交流沟通平台，互动较为密切频繁。包括国共领导人会面机制如在北京"胡连会""习吴会"、APEC期间的"胡连会""习萧会"、博鳌论坛的"习萧会"、两岸经贸文化论坛上国共高层会晤等。自2008年4月以来，5年内国共高层见面多达30次之多，在两岸历史上前所未有。

（2）两岸双方达成多项政治共识，政治互信持续增进。两岸双方确立了共同反对"台独"、坚持"九二共识"的共同的政治基础，成为两岸关系终结对抗、开启双赢的关键密码。两岸双方围绕"一中"原则、"一中"框架的交流、认知增多，取得重大进展。

早在2012年3月22日国民党荣誉主席吴伯雄在北京会见胡锦涛时，明确表示："根据双方现行的体制及法律相关规定，彼此都坚持一个中国，两岸同的是'两岸同属一中'，对于异的部分正视现实，搁置争议。"[①]这是国民党方面对于"两岸同属一中"所作出的明确承诺。中共十八大闭幕时，马英九当即致电

---

① 新华社2012年3月22日。

胡锦涛、习近平，高度肯定两岸和平发展成果，期待在"九二共识"基础上，深化交流、强化互信，真诚合作，创造和平红利，造福两岸人民，追求民族复兴。

2013年以来，两岸双方就"一中"框架继续展开深度交流，形成更为清晰的共同认知，为两岸关系继续发展创造了条件。特别是马英九方面对此有了连续的正面表述。2013年2月，连战在与习近平会面时提出"一个中国，两岸和平，互利融合，振兴中华"新的十六字。4月马英九在纪念"汪辜会谈"20周年时明确表示："无论在国内国外，都不会推动'两个中国''一中一台'或'台湾独立'"。6月13日北京"习吴会"上，吴伯雄受马英九之托，提出坚持"九二共识"与"反对台独"是国共两党一致的立场。两岸各自的法律、体制都主张一个中国原则，都用一个中国架构来定位两岸关系，而非国与国的关系。^①马对于两岸互设办事机构，明确不是设立驻外使领馆，"不挂旗"、"不办理签证"业务。7月20日，马英九在回复习近平的贺电中强调：直接引用大陆方面对于"九二共识"的表述，称："1992年海峡两岸达成'各自以口头声明方式表达坚持一个中国原则'的共识"。这是马英九执政以来有关一个中国最为明确的表述。2013年以来，马英九多次强调，两岸关系"非国与国关系"，不是国际关系，"系特殊关系"。表明两岸双方高层就"九二共识"形成更为坚固的政治基础，并且就一个中国框架内涵达成了更为清晰、明确的共同认知，进一步增进两岸政治互信，表明两岸政治关系取得重大进展，^②为两岸关系巩固深化、稳步推进、全面发展作了充分的政治准备。

与此同时，两岸双方在两岸事务主管机构负责人互称官衔、建立沟通机制议题上取得进展。2013年10月6日在印尼巴厘岛APEC期间，国台办主任张志军与台"陆委会主委"王郁琦在"习萧会"后自然寒暄，张称对方为"主委"。双方约定开展互访、建立两岸事务部门之间的沟通机制。对此，张志军相信这将有助于及时有效处理两岸关系事务、增进相互了解和互信、推动两岸关系全面发展。^③

---

① 《习近平会见吴雄》，新华社2013年6月13日北京电。

② 朱松岭：《当前两岸政治关系中的共同点、主要政治分歧及对策思考》，引自中华全国台湾同胞联谊会研究会主编：《台湾民情》2013年第3期，总第271期。

③ 刘舒凌、陈小愿：《张志军谈"张王会"：有助推动两岸有关系全面发展》，引自中国新闻社上海2013年10月11日电。

（二）两岸关系和平发展制度化建构为两岸政治对话、签订和平协议摸索了必要的经验与可行路径

（1）奠定和平发展路径。两岸双方确立了多个十六字箴言，成为两岸关系和平发展的定海神针。双方同意"建立互信、搁置争议、求同存异、共创双赢"，奠定两岸双方应有的政治互信。确立了"先经后政、先易后难、循序渐进、把握节奏"的发展路径。确立了"平等协商、善意沟通、积累共识、务实进取"的两岸平等协商谈判的指导思想。[①] 正是在上述互信中，两岸双方抓住机遇，管控风险，面对差异，压缩分歧，排除干扰，克服困难，透过共同发展，实现和平发展的不断深化。

（2）开展两岸制度化协商。海协、海基两会开展制度化协商，先后签署十九项协议，得到有效落实，为两岸关系的发展开辟了"一条条高速公路"。这些协议涉及两岸直航、旅游、共同打击犯罪、食品安全、核能安全、海关合作、经济合作、服务贸易等多个涉及两岸民众切身利益的事项，既快又稳地推进两岸关系循序发展，改变了两岸关系的历史面貌。两岸事务性协商谈判、签署协议，形成了两岸特色的商谈、谈判模式，为两岸政治对话、政治谈判累积了丰富的经验。

（3）组成共同机构，互设办事处。2011 年初，因应"两岸经济合作框架协议（ECFA）"后续协商谈判的需要，两岸双方在海协、海基两会架构下设立"两岸经济合作委员会"，两会负责人担任召集人，采双首席代表制，两岸相关部门人员担任委员，下设立 6 个工作小组，就两岸经济合作等展开共同研究，寻找两岸经济合作的可行路径。值得关注的是，"经合会"的成立，为未来双方探讨两岸政治关系、推进和平发展带来新的启迪，多方建议两岸应成立"和平发展委员会"，着重探讨两岸对话、政治谈判事宜。[②] 但从"经合会"到"和发会"可能需要经历一段较长的路程。

两岸经贸团体互设办事机构也取得重大进展，为未来海协、海基两会互设办事机构奠定了一定的基础。2010 年 5 月，因应两岸旅游事务快速发展的需要，大陆"海峡两岸旅游交流协会"（简称"海旅会"）设立台北办事处，台湾"海

---

① 《胡锦涛希望两会今后平等协商善意沟通积累共识务实进取》，引自新华网北京 2008 年 6 月 13 日电。

② 李仲维：《包宗和倡议：两岸设热线、和平发展委员会》，引自香港中评社 2010 年 9 月 3 日。

峡两岸观光旅游协会"（简称"台旅会"）设立北京办事处。这是 60 年来，两岸双方首次在对方设立半官方性质的机构。2012 年 12 月台北"世界贸易中心"先后在上海、北京设立办事处，未来将扩及至广州、青岛、大连等 6 座城市。大陆中国机电产品进出口商会也顺利在北京设立了办事处。目前，台湾行政部门正向"立法院"提案申请通过"两岸互设办事机构条例"，为两岸两会互设办事机构建立法律规范。

（4）两岸开启双向化、机制化交流新局面。2008 年之前两岸关系多数呈现单向度、随机性发展，只有台商、台生、台客在大陆交流、发展、旅游，但陆资、陆客、陆生无法赴台。2008 年以后，两岸双向开放的闸门逐渐打开，如今，陆客赴台旅游、交流累计达到 800 万人次，陆生在台 2 万多人，陆资项目 179 项、10.18 亿美元。①陆配则有 40 万，取得台湾身份证达 27 万。大陆人员、资金、信息已在台湾岛内广泛存在，影响日渐扩大且日趋正面化。未来即使民进党卷土重来、重返执政，也很难改变两岸交流双向化、机制化的局面，难以逆势操作，否则将付出惨重代价。

（5）两岸民间政治研讨历史悠久，丰富多样，成果显著。两岸民间智库、机构围绕政治议题的交流、研讨早已开展，探讨两岸政治议题的多个方面，取得丰硕成果，为两岸政治对话、谈判探索了路径，积累了经验，营造了气氛，塑造了民意期待。两岸围绕政治议题的学术研讨活动日趋增多，具有机制化、双向化、成果化的趋势。2009 年台北召开"两岸一甲子"会议，两岸重量级专家汇聚台北探讨两岸政治议题，引起各方关注。2012 年 12 月与 2013 年 6 月由"两岸统合学会"召开"台北会谈"与"北京会谈"掀起两岸政治议题研讨的热潮。特别是由两岸各 7 家单位牵头召开的首届"两岸和平论坛"，设定"两岸和平，共同发展"的主题，围绕两岸政治关系、两岸涉外事务、两岸安全互信以及两岸和平架构等四个议题，邀请两岸红蓝绿三方、台湾北中南三路、老中青三代学术精英，进行坦诚、深度、有效的政治对话，发表了《纪要》，凝聚共识，梳理分歧，塑造两岸共同期待，具有避险、预热及实验的功能，成为催生两岸政治对话、政治谈判的重要平台，揭开了两岸民间政治对话的重大序幕。②

---

① 涂雄:《两岸经济合作现状及未来发展趋势》,《两岸关系》杂志 2013 年 11 月，总第 197 期。

② 倪永杰:《和平论坛设定两岸关系新时程》,台湾《旺报》2013 年 10 月 23 日。倪永杰:《两岸政治对话的实验场》,《两岸关系》杂志 2013 年 11 月，总第 197 期。

未来，两岸民间政治对话的平台将不断涌现，对话成果将渐次展现，有利于破解两岸政治难题，推进和平发展。

（三）和平发展的主流民意为两岸政治对话、签订和平协议营造了必要的社会基础

台湾民众对于两岸关系态度发生积极、有意义的变化。

（1）支持两岸关系和平发展的民意不断攀升。历次民调显示，支持两岸关系和平发展的民意高达 60%、70%，2012 年 1 月马英九击败蔡英文主要原因在于选民支持和平发展。

（2）台湾民众对于两岸关系与大陆的态度出现变化。台湾上班族到大陆工作的意愿屡创新高，由 2008 年的 45.1%、2009 年的 52.4%、2010 年的 63.3% 上升为 2011 年的 76.8%。而且青年、白领、高学历者西进意愿更高。[①] 根据台政大选举研究中心的调查，台湾民众对于大陆官方与人民的态度发生有意义的变化，有好感的比例上升，不好的比例下降，多次出现好感的比例超过不好的记录。台"陆委会"民调反映台湾民众认为大陆对台不友善的比例从陈水扁时期的 61% 降到马时期 54%。认为两岸是伙伴关系、朋友或亲戚关系的为 74%，认为两岸是敌对关系的只有 5.1%。还有民调称台湾未来最应亲近的对象依次为 33% 选中国大陆，31% 选日本，16% 选美国。[②]

（3）绿营民众也乐见并支持两岸关系和平发展。鼓励并肯定民进党党两岸政策转型，与大陆展开接触交流。绿营民众支持民进党与大陆的交流的比例由 2009 年 12 月的 37% 上升为 2012 年 3 月的 51%，认为民进党与大陆交流有利于台湾利益的则由 41% 上升为 48%，认为不利的则由 46% 下降为 31%。[③]

（4）台湾民众对于两岸政治对话、政治接触的态度发生积极变化。2013 年下半年以来，肯定、期待的民意增多，疑虑、反对的下降，正朝向正面、积极的方向发展。早在 2011 年 10 月 18 日，在马英九提出洽签两岸和平协议的第二天，《中国时报》民调显示高达 59% 的民众认为两岸签署和平协议有助于两岸和平稳定。最近台"陆委会"的一系列民调显示，有 67.6% 民众赞成两岸官方的直接接触；72.7% 认为"陆委会"与国台办建立常态性的沟通与互动机制有助两岸事务推展。同时，支持王郁琦访问大陆有 60.7%；支持张志军访台有

---

① 台湾《联合报》2012 年 9 月 23 日。

② 台湾"亚东关系协会"民调，引自台湾《自由时报》2013 年 3 月 24 日。

③ 笔者根据台湾《远见》杂志 2012 年 5 月相关民调数据。

68.3%。^① 此外，"陆委会"民调称：支持开放陆资赴台的为67.1%，支持"修改两岸关系条例"的为72.4%，赞成两岸互设办事处的达64.2%。说明台湾民众不再视两岸政治对话为洪水猛兽，对两岸政治接触互动持正面、期待的立场，甚至认为政治对话有助于解决政治分歧，有助于两岸经济文化社会等全方位互动，促进两岸关系全面稳步发展。台湾"未来事件交易所"2013年7月所作一份有关"两岸政治谈判"的调查结果显示，对于两岸政治谈判可能涉及的内容，相关支持度超过半数。^②《远见》杂志10月的民调显示，64%支持两岸进行"和平谈判"，65.3%认同两岸应该签订和平协议，认为对台湾发展有益，认为没有帮助的只有24.3%。44.2%支持未来二年内"习马会"。^③ 11月5日，台"中央社"报道称，51%台湾民众期待马英九会晤习近平；44%认为应谈和平协议。^④ 台湾"竞争力论坛"民调显示，过半民众支持"习马会"，只是现阶段并不适合，表明多数台湾民众认为两岸领导人会面是迟早的事。至于双方会面讨论的议题，则以"强化两岸各项交流"与"签署两岸和平协议"最受民众青睐。^⑤ 上述众多民调数据表明台湾内部对于两岸政治对话具有一定的社会基础。台湾民意有关两岸进行政治互动、探讨政治议题的变化，为两岸政治对话的开展创造了良好的民意气氛。

总之，随着两岸关系和平发展不断巩固深化，探讨两岸政治关系、解决两岸政治分歧、推进两岸关系发展面临前所未有的机遇，似乎初露曙光。关键在于两岸中国人是否具有勇气与智慧，克服干扰，破解政治难题，找到合情合理安排的路径，引领两岸关系不断前进。

三、台湾当局的政治主张

（一）李扁时期：表面愿谈、实质拒绝

台湾当局对于两岸政治谈判、签订和平协议的态度经历了不同阶段。对于大陆方面提出的进行国共第三次合作，展开协商谈判、实现祖国和平统一的倡

---

① 翟思嘉：《"陆委会"：6成支持两岸官方接触》，引自台湾"中央社"2013年10月21日电。

② 中国台湾网：《台民调：台湾民众大多赞同两岸进行政治谈判》，http://www.taiwan.cn/xwzx/bwkx/201307/t20130717_4465436.htm。

③ 邱莉燕：《2013两岸关系发展调查》，引自台湾《远见》杂志2013年11月，总第329期

④ 台北"中央社"2013年11月5日16：26：29电。

⑤ 《台湾竞争力论坛民调：逾半民众挺马习会》，台湾《中国时报》2013年11月15日。

议，蒋经国采取了"不接触、不谈判、不妥协"的"三不"政策。李登辉主政期间，于 1991 年通过了"国统纲领"，设定"交流互惠""互信合作"以及"协商统一"的三阶段。两岸海协会、海基会成立后，展开事务性协商谈判，1993 年在新加坡举行"汪辜会谈"。1994 年 4 月李登辉在"国统会"讲话中提到将"在最适当的时机，就双方举行结束敌对状态的谈判，进行预备性协商"。1996 年 3 月李接受美国媒体专访，表示"现在起我们将努力建立国内共识，以签订结束海峡两岸冲突的和平协定为优先政策"。[①]1998 年 2 月，台"行政院长"萧万长表示："以第二次辜汪会谈为起点，只要有助于海峡两岸和平发展及国家民主统一的议题，均可一步步提出来沟通和对话"，意即可以进行政治对话。[②]4 月萧万长首次提出建立两岸军事互信机制将有助于互信之建立的看法。同年 6 月李登辉在接受美国《时代》杂志专访时首度公开建议在两岸军事方面建立某种机制。2000 年 6 月民进党当局"行政院长"唐飞在"施政报告"中提议建立两岸军事互信机制。2002 年 7 月台"国防报告书"呼吁两岸建立军事互信机制。[③]2003 年 1 月陈水扁首度提出建立两岸"和平稳定的互动架构"，2004 年 5 月又提出建立"两岸和平发展委员会"，拟定两岸和平发展纲领。[④]

（二）马英九时期：前迎后拒，"四不一没有"

马英九方面对于两岸政治对话与谈判经历前后两个阶段，由最初的提倡、欢迎到后来的拒绝，再到有条件开展，内心始终充满了疑虑，戒慎恐惧。

2005 年时任国民党主席连战开启"和平之旅"，国共双方达成"两岸和平发展共同愿景"，主张两岸进行政治谈判，签署和平协议。马英九接任党主席后，将"共同愿景"列入国民党政策纲领。马英九执政前后，对于两岸政治议题的态度有所差异。在 2005 年至 2009 年上半年，国民党方面对于两岸政治对话、政治谈判态度积极、主动。在 2008 年"520"讲话中，马英九提出两岸要就台湾"国际空间"与两岸和平协议进行协商。后又多次表示其大陆政策的最后目标就是与大陆"缔结和平协定""终结敌对状态"。2009 年 8 月，时任台"国防部长"陈肇敏曾在"立法院"公开表态支持建立两岸军事互信机制。

① 邵宗海：《两岸和平协议的缘来与症结》，中国评论新闻网，2012 年 4 月 15 日，http://www.chinareviewnews.com/doc/1020/6/2/6/102062670.html?coluid=93&kindkid=2910&docid=102062670。

② 台湾《"立法院"公报》第 87 卷第 5 期，1998 年 2 月 20 日。

③ 《两岸止戈立信，建立和平机制》，台湾《旺报》社论，2013 年 6 月 28 日。

④ 《陈水扁：推动两岸和平发展委员会建立永续新关系》，台湾今日新闻网，2004 年 5 月 20 日，http://www.nownews.com/2004/05/20/91-1632725.htm。

但在 2009 年下半年以来，马英九当局对于两岸政治谈判的态度、立场发生逆转，由积极转向消极、由某种程度的接受转向绝对排斥，回避、否定两岸政治议题，高挂政治"免谈牌"。主要原因在于 2009 年"八八水灾"重挫马英九民调支持度，美国警告台湾不得与大陆谈政治议题，也与马当局缺乏自信有关。

对此，马英九采取"四不一没有"，强调时机"不成熟"、条件"不具备"、民意"不支持"或称"有疑虑"、美国"不背书"，马本人也没有丝毫意愿。马在 2013 年 4 月下旬接受媒体专访时表示："过去五年的经验证明两岸可以和平稳定地发展下去，若要在政治上做什么，台湾的时机没有成熟，虽然外界有许多人一再表示两岸应进行政治对话，但没有人真正说清楚具体该谈什么，既然大家没有一致的意见，何必搞一些做不到、弄不好反而会造成问题的事？"① 马谈话的要点就是强调时机不成熟，条件尚不具备，两岸政治对话的内涵不明确，没有必要，没有急迫性，不宜操之过急。

（三）马英九政治前提："台湾需要、民意支持、对等尊严"

为了合理化拒绝两岸政治议题，也为了累积筹码，争取两岸关系主导权，化被动为主动，马英九方面提出多种两岸政治谈判的前提条件。2009 年 10 月马英九两岸智库亚太和平研究基金会董事长赵春山于提出了两岸政治对话的"三个前提"：包括签署两岸金融监理备忘录（MOU）和两岸经济合作框架协议、台湾内部形成共识以及美日国际社会支持。此后，马英九又提出大陆撤除所谓对台导弹部署作为两岸政治谈判的前提，但当其发现这是个假命题后随即闭口不谈。2011 年 10 月马英九出于选举的需要，提出未来两岸签订和平协议的设想，但提出"三大前提""四个确保"及"十大保证"。② 包括："国家需要、民意支持、国会监督"；"确保中华民国主权的独立与完整""确保台湾的安全与繁荣""确保族群和谐与两岸和平""确保永续环境与公义社会"；以及前述七项基础上再加上"中华民国宪法架构""国内民意达到高度共识""两岸积累足够互信"等构成"十项保证"。特别是要以"公民投票"方式决定"和平协议"的命运，把所有的可能变成了不可能。③

2012 年 4 月 2 日吴敦义出席海南博鳌论坛期间提出了两岸政治对话新的三

---

① 台湾《中国时报》2013 年 4 月 21 日。

② 台湾"行政院新闻局"辑印：《马英九"总统"100 年言论选集》2012 年 5 月版，第 198—201 页。

③ 《"总统"针对"两岸和平协议"议题提出"十大保证"》，台"总统府网站"，2011 年 10 月 24 日，http://www.president.gov.tw/Default.aspx?tabid=131&itemid=25675。

前提：一是两岸彼此累积相当诚意与善意，二是内部有一致与高度共识，三是得到民意，尤其是"立法院"的支持，才可能进行政治对话。① 在 2013 年 6 月 13 日"习吴会"上，吴伯雄提出"三个有利于"说法，称只要"有利于两岸沟通了解、两岸繁荣福祉、两岸和平稳定"，马英九方面从未限制两岸民间政治对话。

马英九第二任期开始后，前"国安会秘书长"苏起建议马英九第二任不能切割政经，"台湾心态上不能只管经济、不管政治，好像两者可以切割，也不能只管岛内、不管岛外；马的（两岸）人事布局和政策思维要有这个思考才对。"② 苏起认为未来的两岸关系"不会更悲观，但会更复杂"，需要研究的层面更多更广，马当局须正视这样的变化。2013 年 5 月以来，马英九方面围绕两岸政治议题作了适度调整。否认"只经不政"，不会刻意回避政治敏感性问题，台湾有其自己的优先顺序，只要"以台湾为主，对人民有利"，就可以做。马举例"两岸核能安全协议"、"两岸共同打击犯罪及司法互助协议"、两岸互设办事机构协商等不完全是经济性的，有一定的政治敏感性，涉及"统治权""管辖权"，两岸还可以签协议。③

针对两岸领导人会面，2012 年 11 月，马英九出席《远见》举办的论坛时抛出具体条件，只有以"中华民国总统"身份，不可能是马教授或马主席。2013 年 6 月以来，马英九对于"习马会"显示积极姿态，提出了三项条件，即"国家需要，人民支持，对等尊严"。马特别希望 2014 年能够出席在大陆举办的 APEC 峰会，实现两岸领导人会面。

此外，围绕两岸政治对话，马英九始终坚持纳入所谓"民主""人权"议题。2007 年时马表示："自由民主是两岸的共同语言，因为能够真正促使两岸有效对话并建立互信的共同基础，只有自由民主"。④ 在 2012 年 5 月 20 日讲话中，马英九就"民主""人权"有了进一步的发挥："台湾实施民主的经验，证明中华民族的土壤，毫不排斥外来的民主制度。英九衷心期盼中国大陆的政治参与逐步开放，人权与法治日渐完善，公民社会自主成长，以进一步缩短两岸人民

---

① "中央社"：《2013 世界年鉴》，引自台湾"中央社"2012 年 12 月初版，第 566 页。

② 罗印冲、林海、刘永祥：《苏起：马第二任不能切割政经》，引自台湾《联合报》2012 年 2 月 6 日，第 A3 版。

③ 台湾"中央社"2013 年 10 月 24 日电。

④ 《马英九：自由民主必须是两岸共同语言》，台湾"中央社"2007 年 6 月 4 日，http://und. com/NEWS/WORLD/WOR1/3872948.Shtm1。

的心理距离。""期盼两岸民间团体在民主、人权、法治、公民社会等领域，有更多交流与对话，为两岸和平发展创造更有利的环境"①这些"民主"、"人权"、法治观，与民进党及其亲绿学者所谈"中国人权决议文""自由人宣言——以'人权宪章'重构台湾与中国的关系"等如出一辙。

四、大陆方面的政治主张

（一）1990—2008 年：呼吁政治谈判，"一中"原则下什么都可以谈

1979 年全国人大常委会发表《告台湾同胞书》呼吁举国共谈判，实现祖国统一。20 世纪 90 年代，大陆方面积极主张两岸政治对话与政治谈判。1995 年江泽民在其发展两岸关系八项主张中提议"进行海峡两岸和平统一谈判"，"在一个中国的前提下，什么问题都可以谈，包括台湾当局关心的各种问题。"1997 年钱其琛副总理提议海协、海基两会可先进行对话就共同关心的或各自关心的有关两岸关系的各种问题包括政治问题交换意见。1998 年 8 月 24 日国台办负责人发表谈话，阐述大陆对于两岸政治对话的立场："我们主张两岸政治谈判，第一步先谈'在一个中国原则下正式结束两岸敌对状态'。目前应就政治谈判的程序性安排进行商谈。建议海协、海基两会进行'一切有利于和平统一、有利于发展两岸关系的政治对话'。"这是大陆方面首次提议两岸政治对话，于是有了 1998 年 10 月在上海的"汪辜会晤"、在北京的"江辜会晤"，成为两岸首度最具代表性的政治对话，涉及"主权""民主"等高阶政治议题。2002 年在中共十六大政治报告提出："在一个中国原则的基础上，暂时搁置某些政治争议，尽早恢复两岸对话和谈判。"②中共十七大政治报告中提出："只要承认两岸同属一个中国"，"什么问题都可以谈"，并呼吁"在一个中国原则的基础上，协商正式结束两岸敌对状态，达成和平协议，构建两岸关系和平发展框架，开创两岸关系和平发展新局面"。③

（二）2008—2012 年：先经后政、增进互信

2008 年 12 月 31 日胡锦涛发表"携手推动两岸关系和平发展，同心实现中

---

① 《马英九：坚持理想，携手改革，打造幸福台湾》，引自台湾"总统府网站"，http://www. president.gov.tw/portals/0/images/PresidentOffice/AboutPresident/pdf/101sectionone.pdf。

② 江泽民：《全面建设小康社会，开创中国特色社会主义事业新局面》，北京：人民出版社，2002 年 11 月第 1 版。

③ 《胡锦涛在中国共产党十七大上的报告（节选）》，中国台湾网，http://www.taiwan.cn/wxzl/zhyyl/hjt/200711/t20071105_479011.htm，2013 年 11 月 27 日检索。

华民族伟大复兴"的重要讲话，呼吁两岸结束敌对状态，签订和平协议，"为有利于两岸协商谈判、对彼此往来作出安排，两岸可以就在国家尚未统一的特殊情况下的政治关系展开务实探讨。为有利于稳定台海局势，减轻军事安全顾虑，两岸可以适时就军事问题进行接触交流，探讨建立军事安全互信机制问题。"①2009 年 5 月胡锦涛会见国民党主席吴伯雄时提出，"考虑到今后两岸关系的发展前景，包括需要逐步破解一些政治难题，巩固和增进双方的政治互信尤为重要。"但在和平发展的开创阶段，两岸双方确定了"先经后政、先易后难、循序渐进、把握节奏"的和平发展路径，有关两岸政治议题重在"增进互信，搁置争议"，并没有太多着墨。

（三）2012 年迄今：破解政治难题，民间先行先试

2012 年 1 月马英九连任后，稳中求进、巩固深化成为两岸关系的主题，增强政治互信、破解政治难题，成为两岸关系突破重点。2012 年 3 月，时任国台办主任王毅提出："两岸关系发展到今天，不应再有人为设置的禁区和空白。"2012 年 11 月中共十八政治报告提出破解两岸政治难题的三个方向。2013年 2 月全国对台工作会议提出"鼓励两岸学术界从民间角度就解决两岸政治问题展开对话"。3 月 22 日，新任国台办主任张志军表示，"两岸关系中还存在着一些政治难题，两岸学术机构和有识之士可共同举办研讨会或者和平论坛，为将来政治商谈创造条件。"张志军提出了破解的思路：一是要正视问题，不应人为设置禁区；二是要积极思考，探寻解决之道；三是要先易后难、循序渐进，逐步累积共识。在 10 月 6 日印尼 APEC 期间，习近平就发展两岸政治关系提出新的看法以："着眼长远，两岸长期存在的政治分歧问题终归要逐步解决，总不能将这些问题一代一代传下去。我们已经多次表示，愿意在一个中国框架内就两岸政治问题同台湾方面进行平等协商，作出合情合理安排。对两岸关系中需要处理的事务，双方主管部门负责人也可以见面交换意见。"②APEC 期间，国台办主任张志军与台"陆委会"主委王郁琦自然寒暄，确定双方负责人互访、建立沟通机制的共识，成为两岸政治关系持续发展的重要指标，甚至被认为是两岸当局前所未有的接触大戏，为一步步逐渐推进的"习马会"热身。③

---

① 胡锦涛：《携手推动两岸关系和平发展，同心实现中华民族伟大复兴》，新华网 2008 年 12 月 31 日。

② 《习近平总书记会见萧万长一行》，新华网 2013 年 10 月 6 日。

③ 江上云：《"马习会"剧本还会不断被改写》，台湾《财讯》双周刊 2013 年 10 月 10 日，总第 435 期。

由上可见，大陆一贯主张发展两岸政治关系，为此作出积极努力，不断探索可行路径，提议两岸双方共同努力，营造气氛，创造条件，寻找合适路径，尽早破解政治难题，作出合情合理安排，巩固深化两岸关系和平发展。

五、开启政治对话、签订和平协议的实施步骤

有学者认为，政治对话可以是双向积极富有建设性的，也可能是单向敌对消极性的；可能会产生正面共识，也可能加深隔阂与分歧。[①] 政治对话通常有三种形式，即彼此间的政策互动（policy interaction）、二轨外交(track two diplomacy)及正式的政治谈判(political negotiation)。[②] 政治对话既可以是广义的，包括一轨的政治谈判，政治谈判是政治对话的最高形式；也可以是狭义的，只有二轨的功能，没有官方的背景或参与。

开启两岸政治对话、签订和平协议，是牵动两岸关系发展大局的重大举动与系统工程，其敏感性、复杂性、艰巨性、长期性超乎想象。如何克服困难、营造气氛、创造条件，需要两岸各方共同努力。关键需要做好顶层设计，减少阻力，不断前行。

（一）明确目标

开展政治对话、推进政治谈判，签订和平协议，旨在巩固深化和平发展，厚植发展基础，增加发展动力，拓宽发展领域，实现全面发展，强塑和平发展民意，确保我国家战略机遇期，捍卫国家主权领土完整，为国家富强、人民幸福、民族复兴创造更加有利的条件，跨出朝向中国最终、完全统一最为重要的步伐。

（二）定位正确

1. 政治对话不是统一谈判，和平协议也不是统一协议

开展两岸政治对话当然具有促进祖国统一的意涵，但并不能等同于统一对话，更不是统一谈判，而是巩固深化两岸关系和平发展，寻找两岸政治关系"合情合理安排"的过程。签订两岸和平协议，也不是签订统一协议，而是就两岸关系的和平发展作出规划，属于国家尚未统一前结束敌对状态、巩固和平、

---

① 王鹤亭：《两岸政治对话，民间先行先试》，引自《天津台研通讯》2013年第3期，总第105期，2013年6月。

② 董立文：《两岸政治对话的形式与内容：检讨与展望》，引自苏起、童振源：《两岸关系的机遇与挑战》，台北：五南图书出版公司，2013年9月版。

维护国家主权领土完整的国内协议。①

2.政治对话是政治谈判的过渡阶段

在两岸正式的政治谈判之前还应该有个政治对话的阶段，政治对话是政治谈判的前奏、暖身，是政治谈判的预热机制、必要准备，可以营造气氛、创造条件，摸索政治谈判的路径、模式、可行性，积累经验，减少曲折，避免误区，排除"政治地雷"，确保政治谈判顺利进行、最终成功。政治谈判是政治对话的必然归宿，没有最后的政治谈判，政治对话徒有虚名，必定沦为"为对话而对话"，然缺乏动力，难有作为。

3.政治对话应呈现多样性、提高有效性

相对于正式的政治谈判，政治对话较为灵活，相对宽松。政治对话的参与对象应相对固定，最好具有一定官方背景或体制内学者专家参与。讨论议题相对多元，可以围绕两岸双方共同关心或各自关心的政治议题进行探讨。政治对话应该呈现一定的对话成果，形成共识纪要，汇聚共识，梳理分歧，列入后续重点研讨、对话的议题，就有关事宜作出安排等等。对话成果应提供给两岸决策部门参考，避免对话流于空谈，确保政治对话的有效性、可行性。

4.政治对话需固定议题、深度研讨

两岸政治对话涉及两岸关系中高阶政治分歧，包括一中原则、一中框架、两岸政治定位、结束敌对状态、和平协议、两岸军事安全互信机制、台湾国际参与、两岸内政外交的有序安排及统一目标路径，等等。②有台湾学者将两岸政治对话的议题分为两类，一类是两岸有关"统独"之政治安排，另一类是在现况下维持两岸和平及增进政治合作的问题。③两岸政治对话议题可分三类，一是两岸具有共同利益的政治议题，如东海、南海问题、台湾海峡安全议题。二是属于事务性的两岸低阶政治议题，如互设办事机构。三是两岸重大敏感政治议题，包括两岸政治定位、涉外空间、军事互信机构等。④两岸政治对话的议题应该是开放的，但应该谈两岸双方共同关心的议题。1995年在江泽民八项主

---

① 朱卫东：《两岸和平协议基本内涵与落实路径之探讨》，《首届两岸和平论坛参会论文集》，2013年10月11日—12日上海。

② 王鹤亭：《两岸政治对话，民间先行先试》，引自《天津台研通讯》2013年第3期，总第105期，2013年6月。

③ 林文程：《台海两岸政治对话之议题与路径探讨》，《台海研究》2013年第2期，2013年12月。

④ 李贺：《对推动两岸民间政治对话的观察与思考》，北京中国社科院台湾研究所：《台湾周刊》2013年9月28日，2013年35期、总第1042期。

张中提出"在一个中国的前提下，什么问题都可以谈，包括台湾当局关心的各种问题"。2002 年中共十六大政治报告中提出了两岸对话的"三个可以谈"的议题："可以谈正式结束两岸敌对状态问题，可以谈台湾地区在国际上与其身份相适应的经济文化社会活动空间问题，也可以谈台湾当局的政治地位等问题。"①在 2012 年中共十八大政治报告中，提出三个政治对话的重点内容，即："探讨国家尚未统一特殊情况下的两岸政治关系，作出合情合理安排；商谈建立两岸军事安全互信机制，稳定台海局势；协商达成两岸和平协议，开创两岸关系和平发展新前景。"②其中核心提示就是就两岸政治关系、台湾涉外空间、两岸军事安全互信作出令两岸双方均感"合情合理"的可行安排，难度很高。当然，除了上述三个"可以谈""三大重点"外，两岸政治对话可以谈台湾方面感兴趣如国际参与、台湾参与区域经济整合如 TPP、RCEP 等议题，力求作出"合情合理安排"。大陆方面对于加强两岸社会互动、加强"民主法治"建设、加强两岸人文交流等亦持客观、正面、开放态度。2012 年 5 月针对马英九"520"讲话，国台办发言人明确表示："大陆方面愿在两岸政治对话的进程中，就双方关心的问题，包括人权、法治等问题平等地交换意见，以增进彼此的相互了解。"③透过政治对话、人文互动，由此缩短两岸同胞的时空与心灵距离，巩固深化两岸关系和平发展。

（三）策略高明

1. 荟萃两岸精英，集成两岸智慧，凝聚两岸特色

有人称"两岸关系是人类历史上仅见的奇特、复杂、精细而又重大无比的政经工程，它值得争取到一个充满智慧与感情的答案"。④两岸双方在开展政治对话的过程中，应该充分运用中华文化底蕴，集成两岸智慧，最大限度地吸纳两岸双方特别是台湾各界的主张、建议等。一切有利两岸关系和平发展的愿望、建议都应该被尊重、采纳，丰富并完善两岸政治定位的内涵，充分体现两岸关系的特殊内涵，形成具有两岸特色、中华特点的两岸政治定位。两岸政治对话、

---

① 江泽民：《全面建设小康社会，开创中国特色社会主义事业新局面》，北京：人民出版社，2002 年 11 月第 1 版。

② 胡锦涛：《坚定不移沿着中国特色社会主义道路前进，为全面建设小康社会而奋斗》，北京：人民出版社，2012 年 11 月第 1 版。

③ 《国台办：愿就人权法治问题与台对话》，新华网 2012 年 5 月 16 日，http://news.xinhuanet.com/politics/2012-05/16/c_111963711.htm。

④ 黄年：《两岸大架构：大屋顶下的中国》，台北：天下远见出版股份有限公司，2013 年 2 月版，第 9 页。

签订和平协议应以两岸的方式方法处理，国际法可以作为参考借鉴，但不必奉为圭臬。套用马英九2011年元旦讲话，两岸双方应"在中华文化智慧的指引下，为两岸政治对话、和平协议找到一条康庄大道。"两岸双方应培养默契，排除外力干扰，化阻力为助力。

2.增进政治互信，树立必胜信心

两岸政治对话、签订和平协议是项史无前例、空前绝后的政治工程，考验两岸中国人的智慧。两岸政治对话不可能一蹴而就、一帆风顺，将是一场持久战、耐力赛，必然面临各种艰难险阻，有可能出现极为复杂、难以预料的局面。两岸双方应树立决心、信心，培养耐心，排除万难，相互鼓励，谋定后动，不必急于求成，应持续进行政治对话。两岸双方应相互释放善意，消除猜忌、疑虑。大陆方面应尽量消除台湾方面的"被统战""被吞并"的疑虑，特别是要给予台湾信心，让台湾上下、特别是决策高层认识到可透过政治对话解决台湾发展困境，为台湾人民谋取可长可久的更多利益福祉。

3.民间政治对话，先行先试

一部两岸关系史，就是民间推动官方、下层促进上层的历史。破解两岸政治难题同样可以"以民促官"、"以经促政"、民间先行、民间可行。可以采取"迂回式""诱导式"路径，回避政治对话、政治谈判这样敏感的字眼，从民间先行先试。台湾前"国安会秘书长"苏起认为"政治对话由民间开始最天然，水到渠成再由官方接办。"[1]大陆也鼓励两岸学术界从民间角度就解决两岸政治问题开展对话，召开首届"两岸和平论坛"，这是现阶段推进两岸政治关系的务实可行举措，可以为两岸二轨的政治对话与正式政治谈判探索路径、积累经验，创造可能性。

4.先易后难，由低到高，求同存异，循序渐进

两岸政治对话可以仿照两岸关系和平发展"先经后政、先易后难、循序渐进、把握节奏"的已有的路径，实施"先易后难、从低（指敏感性）到高、由下而上、经外（围）至内（核）"的策略，针对两岸政治分歧的难度，力争先解决比较容易解决的问题，由此加强互动，累积互信，增加两岸双方破解政治难题的信心与决心。考虑台湾方面的迫切需要，建议两岸双方率先围绕台湾参与国际NGO组织、参与区域经济整合、开展海事安全及非传统安全合作等议题

---

[1] 李贺：《对推动两岸民间政治对话的观察与思考》，北京中国社科院台湾研究所：《台湾周刊》2013年9月28日，2013年35期、总第1042期。

展开对话。与此同时，两岸可探讨两岸政治定位、结束敌对状态等重大敏感议题。期间实现两岸事务部门负责人互访、两岸领导人会面增进政治互信，增加高层互动，发表"两岸和平声明"。然后逐步过度到协商签订两岸和平协议、建立军事安全互信机制。

5. 两岸政治对话的制度化、多元化、透明化及永续化

两岸政治对话可沿着机制化、多元化、透明化及永续化的方向推进。

所谓机制化，在于两岸双方应建立一套对话机制，设立对话机构、固定对话人员、对话议题，确定对话形式、对话期限，摸索一套有用的政治对话模式，使之可长可久。可参照"两岸经济合作委员会"的模式，成立半官方的"两岸和平发展委员会"，由海协、海基及两岸代表性智库派员担任委员，由两岸各派一名委员担任召集人，针对相关政治议题设立若干工作小组，进行共同研究，定期对话交流。①

所谓多元化在于参与人员应涵盖台湾蓝绿各派代表性人士、吸纳台湾北中南各路、智库、学界的老中青三代的参与，只要认同、支持两岸关系和平发展都应有参与政治对话的机会。可由两岸多个机构举办多个政治对话管道、对话平台。

所谓透明化在于两岸双方应使政治对话透明化，就政治对话的形式、议题、进展等及时、定期对外说明，邀请两岸媒体及时进行公开、深度报道，增加透明度，争取两岸民意、国际社会的支持，消除疑虑，减少阻力，两岸双方应最大限度地争取各方对于两岸政治对话的理解与支持，化阻力为助力。

所谓永续化就是实现两岸政治对话的持续开展。两岸问题复杂艰巨，千丝万缕，无法短期内、透过几次政治对话就能解决。政治对话永无止境，需要持续对话方可逐步解决问题，不可能一劳永逸。（张笑天同志参与本文写作，完成于 2013 年 12 月）

---

① 包宗和：《两岸和平发展框架的建议》，引自邵宗海：《探索两岸和平协议的多元角度观察》，香港：中国评论学术出版有限公司，2013 年 2 月初版。

加强两岸社团交流，增进两岸民间互信

一、两岸关系和平发展面临挑战

两岸关系和平发展六年，取得重大进展。如今进入深水区，两岸关系面临的挑战、风险增多。固有矛盾尚未有效化解，新的矛盾不断出现，外部因素因为美国战略再平衡与东海、南海争议而更趋复杂。台湾信心流失，台湾出现战略犹豫，亲美拥美、战略靠美、紧抱美国大腿抬头。其中值得关注的是，台湾社会始终弥漫、蕴藏着一股对于大陆、两岸关系发展的疑虑、担忧、恐惧的气氛，长期累积的结果就是瞬间酝酿爆发了反服贸的"占院"风波，催化了岛内"反中""恐中"气氛，"台独"势力、民进党、"台联党"借力使力，阻挡服贸生效及 ECFA 的后续谈判，推出"两岸协议监督条例"，抢夺岛内大陆政策的主导权，打乱了两岸关系原有节奏、步骤，阻碍两岸交流，使两岸关系陷入空转、等待状态。

两岸关系目前面临波折，遭遇一些困难，出现局部停滞，源自两岸缺乏互信，包括政治互信、经济互信、文化互信；包括高层互信与民间互信。两岸社会缺乏民间互信，主要缘于两岸社会的差异。两岸社会既有共性，都是中国人的社会，中国文化传统根深蒂固；但两岸社会又有个性，各自发展二甲子，差异非常大。

台湾早已进入现代工商社会，政治上分歧，文化上兼容并蓄，社会上多元。台湾社会秩序良好，民众讲究秩序，交通秩序、生活秩序有条不紊，发生灾难时也较有秩序。

当前台湾社会正进行又一次转型。台湾社会已经历了当年经济发展带来的暴富、高调、夸张、显摆、富而无礼的阶段，现在流行所谓"小确幸"，不追求大红大紫、大富大贵，只求稳定、平和、宁静的生活与发展。

与此相反，大陆上下都相信发展是硬道理，聚精会神搞建设、一心一意谋发展，正处于大赶快上、追求大国崛起的阶段，社会建设相对滞后，政府的力量很强，但社会、民间的力量相对弱小。

与台湾社会又一次转型相呼应，台湾所谓"公民社会"蓬勃开展。早在20世纪八九十年代台湾社会运动风起云涌，近年爆发了一系列"白色色民运动"，在张扬个性、人权保障的同时，突显少数人的权益，却枉顾全体民众的利益、损害了法律的尊严。尤其是因为政治的操弄，台湾社会运动面临扭曲、异化的困境，有些完全成为政治势力的附庸。"反服贸"风波中"帆廷昌"就是新世代"台独"的代表，所谓"出关播种"就是播撒"台独"的种子。如今公然与"东伊运"恐怖组织头目热比娅勾结，与香港的"占中"势力勾结，煽动台港澳及海外"华人民主骚动"。

二、两岸社团功能促进两岸关系发展

缩小两岸社会差距，培养两岸民间互信，比较有效的路径就是加强两岸社团交流合作，相互借鉴，相互启发提高，建构成熟、活跃的两岸民间社会，成为稳定推进两岸关系和平发展的重要基础与基本动力。

台湾呈现出"小政府、大社会"的形态，台湾拥有较为发达的民间社会，台湾社会相对成熟，台湾民间拥有无比巨大的能量。民间组织、社会团体、机构、NGO组织十分庞大、活跃，能量不小。台湾岛内庙宇林立、香火鼎盛，全台湾有数万间各种庙宇。成立了各种基金会、慈善团体、志工组织。拥有4万个非营利组织、15059个志工团体、超过70万志工，从事社会服务、慈善团体多达2263个，占所有社会团体的五分之一多。台湾民间社团十分活跃，观念领先，倡议型、服务型、社区型的社团，能量巨大，影响无远弗届，在两岸关系中发挥重要作用。

两岸关系发展以来，形成不少新现象。台湾同胞在大陆的社团处于快速发展的阶段，自发、自愿、有序发展。一种是合法注册登记成立，像各地的台资企业协会，中国光彩事业台商委员会、全国台湾同胞企业联合会等。慈济基金会在苏州注册、上海发展，从事慈善、救济、志工活动。

还有一种未注册登记，但开展的联谊、交往活动。包括同学会（台大法律系上海同学会、台湾政大上海校友会、中央大学 EMBA 同学会、上海复旦台生校友会）、同乡会（上海云林同乡会）、同业会（如电子行业联谊会，上海台商

绅士俱乐部）、同好会（按照兴趣结成的联谊会，文体活动如高尔夫协会、文娱合唱团体），上海还有台湾职业女性联谊会如1881联谊会、台湾姐妹俱乐部等。还有一类属于政治性团体如两岸台商谏言会、宗教类团体某酒店周日基督教会等。

这些台湾人的社会团体，主要功能在于友情联谊、资讯交换、事业发展、兴趣培养、公益活动等。会员绝大多数为台湾人，较少吸收大陆民众参与，相对封闭。会员人数不多、活动规模不大、经费依靠会员赞助、相对松散，凝聚力不足。有一定影响，但已经呈现快速成长之势，需要有关部门加以管理引导。大陆有关部门应引导他们进行合法注册登记，先上车再买票，就地合法化。要求他们遵守大陆的法律规定。辅导他们发挥熟悉两岸社会的优势，架起两岸社会沟通的桥梁，促进两岸关系正向、良性发展。

近年来，大陆社会团体快速发展，各种民间组织、基金会、非政府组织如雨后春笋般迅速发展，数量庞大，但职能不同，力量比较分散。

两岸社团的发展为两岸社团合作创造了条件。但是特别是在汶川地震中，两岸志工团体开始密切合作，为救灾作出突出贡献。

三、发挥两岸社团作用，推进和平发展

打破目前两岸关系局部停滞状态，有效解决当前两岸互信不足、动力不强、基础不实、民意不适的困局，可以发挥两岸社团作用，从民间、基层入手，沟通两岸，团结同胞，培植共同利益，形塑共同价值，推进和平发展。

社团是具有某些共同特征的人相聚而成的互益组织。它的明显优势在于非官方性和团队性，非常适合两岸之间的交往。两岸关系历史就是一部先民后官、民间先行、各种社会团体络绎于途的历史。两岸关系的基础在民间，发展的动力来自民间，两岸社团则是增进两岸民间互信、推动两岸关系发展的重要依靠。在两岸关系解冻、和解的历史中，两岸民间社团扮演先锋、桥梁的角色，成为沟通两岸、增加民众情感、增进共同利益、塑造共同利益的重要载体，具有不可替代的功能，极大地推动两岸经济、社会、文化的交流合作，促进两岸各地、各阶层、各领域的相互往来。

两岸社团联系着两岸同胞，在沟通两岸，融合情感、促进两岸关系和平发展等方面，发挥着重要作用。无论是经济、科技文化类社团，还是公益慈善、社会服务类社团，都是加强两岸社会交流、增进两岸民间互信的重要载体。

未来需要发挥两岸民间社团的功能，加强两岸民间社团的交流、合作，拓宽交流领域，充实交流内涵，提高交流效果，促进两岸民间互信，进一步促进两岸关系和平发展。

首先年轻化，需要加强两岸青少年社团的交流。两岸关系的要由年青一代承担责任。需要加强双方对于中国历史的了解，增强对于中华民族的认同。

其次先锋化，要加强两岸领先社团、潮流社团交流合作。加强两岸公益慈善机构、社会服务志工团体的合作，引进、借鉴台湾慈善团体、志工团体、社区服务的先进理念、传播方式、管理模式。弘扬中华民族美德，守望相助，构建两岸美好社会。

再次专业化，促进两岸民间社团进行专业对口与跨界交流、跨区域联动交流合作。促进两岸具有影响力、知名度、最为活跃的各类社团对口交流，建立机制化合作管道。

最后有序化。需要加强对于两岸社团合作的管理与指导。协助指导在大陆台湾人团体的合法化进程。加强对于两岸社团的培训。（本文是作者 2014 年 8 月参加全国台联举办的第三届台胞社团论坛时的主题发言）

"九二共识"之形成、内涵及其意义

"九二共识"是 20 世纪 90 年代初两岸两会在事务性协商时，双方就一个中国原则所达成的共识，即两岸两会各自以口头方式表述海峡两岸均坚持一个中国原则的共识。这是"九二共识"的真正内涵。但因为民进党的否认、攻击，国民党不断弱化、异化，滑向"一中各表"，从而使"九二共识"笼罩在云雾之中。在"九二共识"达成二十周年之际，我们有必要就其形成历史、真实内涵作一澄清。

一、"九二共识"的形成历史

20 世纪 90 年代初，两岸民间交流渐趋频繁热络，为打破隔绝状态，促进两岸人员交流，两岸海协会、海基会就两岸事务性议题进行协商，主要两岸公证书查证、挂号邮件查证及共同打击犯罪等议题展开协商。1992 年 3 月，海基会派人到北京与海协会商定 10 月 28 日在香港就公证书查证进行协商。

考虑到两岸协商应有个一个明确的政治基础和正确方向，海协会提出应在事务性商谈中表明坚持一个中国原则的态度，但不讨论一个中国的政治含义，表述方式充分协商的建议。

海协会于 1992 年 3 月提出五种方案。内中均写明"两岸文书查证是中国内部的事务"或"两岸均坚持一个中国之原则"的文字。(一)海峡两岸文书使用问题是中国的内部事务。(二)海峡两岸文书使用问题是中国的事务。(三)海峡两岸文书使用问题是中国的事务。考虑到海峡两岸存在不同的制度(或称国家尚未完全统一)的现实，这类事务具有特殊性。(四)在海峡两岸共同谋求国家统一的过程中，双方均坚持一个中国之原则，对两岸公证文书使用(或其他商谈事务)加以妥善解决。(五)海峡两岸关系协会，中国公证员协会与海峡交流基金会，依海峡两岸均坚持一个中国之原则的共识。

对此，台湾当局一概拒绝接受，但也意识到如果不就一个中国原则加以处理，恐怕无法解决两岸间许多亟待解决的问题。因此由"国统会"对一个中国的涵义作出解释。于 1992 年 8 月 1 日通过"关于'一个中国'的涵义"的所谓"八一决议"：主要为第一点：

"海峡两岸均坚持'一个中国'之原则，但双方赋予之涵义有所不同，中共认为'一个中国'即中华人民共和国，将来统一后台湾将成为其辖下的一个'特别行政区'。我方则认为'一个中国'应指 1912 年成立迄今之中华民国，其主权及于整个中国，目前之治权，则仅及于台澎金马，台湾固为中国之一部份，但大陆亦为中国之一部份。"

1992 年 4 月台湾"陆委会"在此基础上提出有关"一个中国"的五种文字表述方案。（一）双方本着"一个中国，两个对等政治实体"的原则。（二）双方本着"谋求一个民主、自由、均富、统一的中国，两岸事务本是中国人的事务"的原则。（三）鉴于海峡两岸长期处于分裂状态，在两岸共同努力谋求国家统一的过程中，双方咸认为必须就文书查证（或其他商谈事项）加以妥善解决。（四）双方本着"为谋求一个和平民主统一的中国的原则。"（五）双方本着"谋求两岸和平民主统一"的原则。

海基会根据"陆委会"上述五种方案提出了海基会版本的三种表述方案：（一）鉴于中国仍处于暂时分裂之状态，在海峡两岸共同努力谋求国家统一的过程中，由于两岸民间交流日益频繁，为保障两岸人民权益，对于文书查证应加以妥善解决。（二）海峡两岸文书查证问题是两岸中国人间的事务。（三）在海峡两岸共同努力谋求国家统一的过程中，双方虽均坚持一个中国的原则，但对于一个中国的涵义，认知各有不同。惟鉴于两岸民间交流日益频繁，为保障两岸人民权益，对于文书查证，应加以妥善解决。①

在 20 世纪 90 年代，不论是"陆委会"的五种表述方案，还是海基会的三套文字方案，均可看到台湾方面的三个坚持：

一是坚持一个中国原则，二是台湾方面坚持国家统一，三是台湾方面坚持台方对于一个中国内涵与大陆方面或国际上认同的"一个中国是指中华人民共和国"内涵有不同认知，即坚持一个中国是指"中华民国"。

1992 年 8 月 27 日，我海协会负责人透过新华社表示，在两岸事务性商谈

---

① 郑安国：《"一个中国，各自表述"的历史真相》。

中，只要表明坚持一个中国原则的基本态度，可以不讨论"一个中国"的涵义。在"海峡两岸都坚持'一个中国'之原则"这一共识的基础上，应迅速恢复并推进事务性商谈。

在1992年10月28日至31日，两岸两会举行香港商谈，双方就两岸公证书查证、两岸间挂号信函查证等事项进行协商，其间双方就一个中国原则交换意见。双方提出各自的表达方案，反复讨论，但未达成共识。我海协会代表于11月1日离开香港返回北京，中止商谈，而海基会代表等到11月5日才离开。

转折出现在海基会11月3日发布的新闻稿，称："海协会在本次香港商谈中，对'一个中国'原则一再坚持应当有所表述，本会经征得主管机关同意，以口头声明方式各自表达，可以接受。至于口头声明的具体内容，则根据'国家统一网领'及'国统会'本年8月1日对于'一个中国'涵义所作决议，加以表达。"

同一天，海基会并致函海协会。海协会副秘书长孙亚夫同日回电海基会秘书长陈荣杰，表示尊重并接受海基会之建议。

海协会于11月16日致函海基会表示："在香港商谈中，海基会代表建议，采用两会各自口头声明的方式表述一个中国的原则，并提出具体表述内容（参见海基会第三案）。其中明确表达了两岸均坚持一个中国的原则。……11月3日贵会来函正式通知我会表示已征得台湾方面的同意，以口头声明的方式，各自表达。我会充分尊重并接受贵会的建议，并已于11月3日电话告知陈荣杰先生。……现将我会拟作口头表述的要点函告贵会。'海峡两岸都坚持一个中国的原则，努力谋求国家的统一，但在海峡两岸事务性商谈中，不涉及'一个中国'的政治涵义。本此精神，对公证书使用（或其他商谈事物）加以妥善解决。'"

12月3日海基会回函海协，同意海协会的口头表述一个中国原则的方式。内称："两岸事务性之商谈，应与政治性之议题无关，且两岸对'一个中国'之涵义，认知显有不足。我方为谋求问题之解决，爰建议以口头各自说明。至于口头说明之具体内容，我方已明白表示，将根据'国家统一纲领'及国家统一委员会本年八月一日对于'一个中国'涵义所作决议加以表达。"

至此，两岸两会就一个中国原则达成共识。这是"九二共识"形成的历史经过。

1992年10月香港会谈及其11月3日至12月3日两会多次函电往返，达成了以口头方式表述两岸均坚持一个中国原则的共识。

表明：虽然双方没有就一个中国原则问题签署文件、协定，但透过双方的函电往返、新闻稿，两岸两会各自以口头方式就一个中国原则达成共识：一是两岸双方都同意在事务性协商前，双方应就一个中国原则达成共识。事务性协商是在处理一个中国的内部事务。二是两岸双方都同意海峡两岸均坚持一个中国原则。三是两岸各自以口头方式表述海峡两岸均坚持一个中国原则。四是努力谋求国家的统一。五是在事务性协商中对于一个中国的政治内涵不作讨论。

二、"九二共识"的历史内涵

在 1992 年两岸两会协商达成共识时，并没有"九二共识"这四个字，这个词最初是在 2000 年 4 月 28 日，由当时"陆委会主委"苏起所提出。呼吁以"九二共识"名词容纳国、民、共三党的"一个中国"立场。主要是因应民进党当局上台，稳定两岸局势的需要。

2000 年 5 月民进党陈水扁上台后，对于"九二共识"的态度有个从接受到否定、攻击的变化过程。那年 6 月，陈水扁一度表示接受"一个中国、各自表述"，却被时任"陆委会主委"的蔡英文硬生生地拒绝。此后，陈水扁以所谓"九二香港会谈"、"九二精神"来搪塞、否认，不承认两岸之间达成的"九二共识"。2006 年 4 月陈水扁对时任国民党主席、台北市长的马英九称如果中共接受"一中各表"，他也可以接受"九二共识"。蔡英文则始终不接受"九二共识"，她的说法一是不存在，二是即便存在，也只是国共之间的共识，没有经过台湾人民同意。她试图以"台湾共识"取代"九二共识"。

如何认识"九二共识"的历史内涵以及后来的各种歧异？

首先两岸 1992 年之间达成"一个中国"原则的共识，这是铁板钉钉的事，任何势力任何人都不能否定。

"九二共识"内涵构成有三部分：

一是两岸两会在不同时空里各自表述一个中国原则，系各自表述，两岸非同时、同地表述，可能前后陆续表述这一原则。

二是两岸两会以口头方式表达一个中国原则，两岸两会非以协议、协定或文件的形式呈现。

上述二点属于程序性共识。而"九二共识"的核心在于第三，也是最重要的就是有关一个中国原则的共识，即海峡两岸均坚持"一个中国"的原则。有关"九二共识"完整的表述内涵就是：两岸两会各自以口头方式表述海峡两岸均坚持一个中国原则的共识。

回顾"九二共识"的形成过程，可以发现其内涵有三：一是两岸都坚持一个中国，二是两岸都谋求国家统一，三是两岸对于"一个中国"的含义，海协会表示在事务性商谈中不涉及一个中国的政治含义，做了求同存异的处理。海基会表示"认知各有不同"台湾认为一中是指 1912 年成立的"中华民国"，从而赋予"九二共识"为"一中各表"的内涵。大陆认为在两岸事务性商谈中不涉及一个中国的含义，就是"各表一中原则"，但"一中（内涵）不表"①

其次，共识之外的内容，亦即一个中国原则之外的内容，当然不是共识的一部分，有关一个中国的政治含义并不是"九二共识"的内涵。如果强把"一中各表"内涵当作"九二共识"的内涵，可能扭曲、异化了"九二共识"的真正内涵。

再次，国民党方面对于"九二共识"曾经多次异化，逐渐偏离"九二共识"的原意，即只保留"九二共识"的外壳，赋予一中各表的内涵。台湾当局在国家统一、一个中国原则动摇了、退却了，丧失了核心价值，采取排他性的论述，只强调"一中各表"，甚至"台独"也成为选项，为虎作伥。

国民党自苏起提出"九二共识"名词后就接受，并作为两岸政策的政见。但对九二共识的内涵，国民党方面有个变化的过程。

20 世纪 90 年代时，国民党的标准说法是"一个中国，各自表述"。2005 年 4 月 29 日，连战与胡锦涛总书记会晤，发表"两岸和平发展共同愿景"，坚持"九二共识"，反对"台独"，谋求台海和平稳定，促进两岸关系发展，维持两岸同胞共同利益。主张在两岸"九二共识"基础尽速恢复平等协商。

马英九曾在 2006 年 3 月 29 日国民党中常会上将"九二共识"表述为"一个中国，双方各自用口头自由表述"。2006 年 4 月 3 日马英九见陈水扁，一九九二年香港会谈双方都接受一个中国原则，但同意各自表述。

马英九当选后，对于"九二共识"采取新的说法。他的"陆委会主委"赖幸媛提出"九二共识"容易引起误解，应表述为"九二理解"或"九二谅解"。在 2008 年"520"就职讲话中，马英九提出"一中各表"。后来马英九讲"九二共识"时都是将"九二共识"与"一中各表"直接连起来用，或者多讲"一中各表"，少讲"九二共识"，或者多讲"各表"，少讲"一中"。"一中各表"的内

---

① 台湾《旺报》社论：《合情合理安排，堆积木推进统一》，2012 年 11 月 15 日。

涵与"一个中国，各自表述"完全不同，后者的内涵就是一个中国，但可各表，而"一中各表"中间省掉逗号，就是一个中国的内涵可以各自表述，马就讲一中是指"中华民国"。当初大陆同意就一个中国原则各自表述，只是共识形式的各表，而不是将一个中国的内涵进行各表，如果这样，结果一定是台湾方面各表成"中华民国"。大陆主张大陆和台湾同属一个中国、同属一个国家，在两岸关系层面可以不讲一个中国是指中华人民共和国，但大陆怎么能接受"一中"是指"中华民国"？

这中间有个插曲，就是 2008 年 3 月 26 日，马英九当选后，胡锦涛与美国总统布什通电话，新华社网站上将双方通话的内容翻译出了错误，把"九二共识"误译为"双方都承认只有一个中国，但彼此定义不同"。实际上大陆从未接受"一中各表"。台湾方面就拿这一错误的翻译当作大陆接受"一中各表"的依据。

两岸对于"九二共识"的分歧在于，大陆坚持"各表（方式）一中"，各自以口头方式表述海峡两岸均坚持一个中国原则，"一中"内涵不能各表。但马英九坚持"一中各表"，意图在于将"一中"的内涵各表。分歧的核心在于是否坚持一个中国原则，关键是否搁置争议、求同存异。

现在应回归"九二共识"原义，而不能异化、扭曲，否则必将削弱两岸关系和平发展的政治基础。

三、"九二共识"的历史意义

（一）"九二共识"是两岸事务性协商的基础

1992 年两岸两会达成了"九二共识"，为两岸事务性协商奠定了基础。两岸事务性协商就是处理一个中国的内部事务。有了"九二共识"，1993 年 4 月在新加坡举办了"汪辜会谈"，实现了两岸授权代表以民间名义进行的首次会谈，签署了《汪辜会谈共同协议》等四项协议，极大推进了两岸关系发展，20 世纪 90 年代两会举行了七次事务性协商。后因李登辉抛出"两国论"，破坏了两岸协商的基础。民进党上台后不承认"九二共识"，两岸协商中断了十年之久，两岸关系处于高度紧张动荡之中，台湾同胞深受其害。

（二）"九二共识"是两岸关系和平发展的重要基石

2005 年连战来大陆进行"和平之旅"，国共之间达成"两岸和平发展五项愿景"，把"九二共识"、反对"台独"作为两党重要的共同政治基础。2008 年马英九上台后，接受在"九二共识"、共同反对"台独"的基础上重新开启两岸协商。可以说坚持"九二共识"、共同反对"台独"成为两岸关系发展的重要基础。没有"九二共识"，就没有两岸关系和平发展。

（三）"九二共识"已成为台湾主流民意，也是马英九赢得连任的重要选举王牌

选举期间马英九主打"九二共识"、和平发展的两岸牌，对抗蔡英文的所谓"台湾共识"，最后以80万票的优势赢得选举，从而使两岸和平发展的趋势得以延续及巩固深化，符合两岸同胞、亚太各方的利益。

（四）"九二共识"是增进两岸政治互信、破解政治难题的重要法宝

九二共识核心是一个中国原则，精髓就是搁置争议、求同存异。面对两岸关系和平发展的各项挑战，两岸双方需在"九二共识"、共同反对"台独"的基础上，增强政治互信，巩固深化和平发展的政治、经济、文化、社会基础。双方共同努力，探讨国家尚未统一特殊情况下的两岸政治关系，建立军事安全互信机制、达成和平协议，实现和平发展制度化及不可逆转。

"九二共识"是弱共识，不是强共识，双方对于"九二共识"的内涵认知不同，未来需要就九二共识形成清晰化、明确化，而不能弱化、异化。

未来两岸应强化"九二共识"、共同反对"台独"的政治基础。"九二共识"可以是"各表（形成）一中"，但不宜"一中各表"（即不能将一中内涵各表）。创造条件，两岸应"共表一中"、"同表一中"，甚至明确两岸均坚持一个中国，两岸双方应在一个中国的内涵寻找交集，就增进维护一个中国框架的共同认知，在此基础上求同存异，可以朝向"两岸同属一个中国""同属一个国家"进行探索。（本文完成于2012年）

两岸政治定位与"一中"框架刍议

两岸政治定位议题是牵动两岸关系全局的重大、核心命题，也是两岸关系中的一项系统工程。中共十八大报告中正式提议两岸双方共同努力，探讨"国家尚未统一特殊情况下的两岸政治关系，作出合情合理的安排"。在两岸关系和平发展亟须巩固深化的当前，两岸双方应积极创造条件，营造气氛，发挥智慧，务实探讨，尽早寻找到"合情合理"、为两岸双方普遍接受的两岸政治定位方案，应是两岸各方的共同期待。本文将对两岸政治定位的基本内涵、基本路径进行分析，并对一中框架及"合情合理安排"展开论述，在此基础上提出两岸政治定位的具体表述。

一、两岸政治定位基本内涵

孔子强调"必也，正名乎"，意思是名分至关重要。两岸双方有了正确的名义才可能理顺相互关系，确立彼此的权利、责任与义务，为双方交往与关系提升设定基本的规范与准则，预留良性互动、持续发展空间。台湾学者朱云汉认为，"未来两岸签署和平协议，也一定会涉及两岸政治定位，不可能不处理你是谁、我是谁，我们之间是什么关系的这个根本问题，对这个问题要有根本的交代。"[①] 未来两岸关系的巩固深化，必然面临两岸政治定位问题，两岸双方必须妥善处理，尽早作出合适安排，两岸关系方有可能进一步巩固深化。杨开煌提出："所谓'政治定位'，应该是指在政治上我们如何看待对方，或是把对方看成什么，同时由此延伸出双方在政治上的关系。"[②]

[①] 朱云汉：《和平协议：有待破解的两岸政治难题》，邵宗海：《探索两岸和平协议的多元角度观察》，香港：中国评论学术出版社，2013年2月版，第163页。

[②] 杨开煌：《两岸政治定位的分析》，张亚中：《两岸政治定位探索》，台北：两岸统合学会，2010年6月版，第392页。

　　两岸政治定位表面看是"名分"问题，实质是两岸之间关系问题。两岸政治定位需要就两岸关系的本质与两岸关系具体内涵作出回答，在梳理两岸政治关系历史脉络的基础上，就"国家尚未统一特殊情况下的两岸政治关系"作出精准定位与"合情合理安排"，为未来两岸政治关系的发展预留空间。

　　两岸政治定位涉及三方面的内涵。首先需要就两岸关系的本质作出回答，是国内关系、特殊的国内关系？还是"特殊的国际关系"、甚至就是"国际关系"？探讨两岸政治定位无法回避这一两岸关系的本质问题。其次，需要就两岸双方的身份、地位作出回答。从根本上回答"你是谁、我是谁，你我是什么关系"？从根本上确定"你是什么、我是什么，我们作为整体又是什么"等等问题。再次需要确定两岸双方彼此承担何种责任、权利与义务。为此，两岸双方需要特别关注两岸在国际场合"面对面""背靠背"（即面对第三方）情况下的两岸政治互动的方式与途径，需要特别关注两岸共同的军事安全需要，应对共同威胁，确保台海两岸和平与安全。

　　两岸双方对于两岸政治定位问题关心的重点各有不同。台湾方面关心的核心问题有三个方面，包括：首先台湾不能落入所谓被"矮化"、被"吞并"、被"统一"的陷阱，也不能失去所谓的台湾"主体性"。其次大陆方面应"正视中华民国依然存在的事实"，否则就无法探讨下去。再次如何定性台湾当局，视之为"国家"、"政治实体"、政权机构？还是政治法人、政治团体或政治组织？是"中央政府"、地方政府？或者独特的地方政府、类似港澳的"特别行政区"？台湾方面特别需要大陆方面给予台湾当局一个"合情合理"政治空间。而大陆方面关切的核心问题就是希望台湾方面坚持一中原则，就一中框架表达更为清晰、明确的立场，承诺"共同承担义务，维护中国的主权和领土完整"。

二、两岸政治定位基本路径

　　五年来，两岸关系迈入和平发展阶段，两岸关系面貌发生历史性变化。两岸政治互信有所增加，双方围绕"一中"原则、"一中"框架的交流互动日渐增多，取得了一定的共识。在此情况下，破解两岸政治难题的迫切性上升，两岸双方有意愿逐步营造一个探讨两岸政治定位的合适气氛。目前看来，条件初步具备，气氛渐趋成熟，考验两岸执政当局、民间智库、专家学者的勇气与智慧。

　　吸取历史上两岸双方在两岸政治定位问题上发生争执、冲突的经验、教训，现阶段探讨两岸政治定位可遵循四条路径展开。

（一）集成两岸智慧，形成两岸特色

有人称"两岸关系是人类历史上仅见的奇特、复杂、精细而又重大无比的政经工程，它值得争取到一个充满智慧与感情的答案"。[①] 两岸双方在探讨两岸政治定位的过程中，应该充分运用中华文化底蕴，集成两岸智慧，最大限度地吸纳两岸双方特别是台湾各界的主张、建议等。一切有利两岸关系和平发展的愿望、建议都应该被尊重、采纳，丰富并完善两岸政治定位的内涵，充分体现两岸关系的特殊内涵，形成具有两岸特色、中华特点的两岸政治定位。两岸政治定位应以两岸的方式方法处理，国际法可以作为参考借鉴，但不必奉为圭臬。套用马英九2011年元旦讲话，两岸双方应"在中华文化智慧的指引下，为两岸政治定位找到一条康庄大道。"

（二）既要有纵向的历史感，又要有横向的现实感，还要有前瞻的未来感

首先符合历史逻辑。纾解两岸政治矛盾、定位两岸政治关系需要面对历史，又要超越历史，化解两岸历史恩怨，就两岸政治关系的历史面向进行思考，寻觅历史发展的逻辑。其次把握现实方位。既要把握两岸关系的现实，又要了解国际政治的现实，在两岸关系和平发展的现实坐标中寻找政治定位。两岸双方应在现有两岸关系的基础上探讨两岸政治定位，实事求是，符合两岸关系的实际，切勿滞后或者超越两岸关系的现实条件。再次预留发展空间。探讨两岸政治定位应该是两岸双方良性互动、共构未来中国的过程。应该顺应两岸关系发展潮流，有利于巩固深化两岸关系和平发展，为两岸关系未来未雨绸缪，预留空间，出富有前瞻性、战略性的顶层设计。当然，探讨"国家尚未统一特殊情况下的两岸政治关系"只是就现阶段作出安排，它只是针对两岸政治关系现状的定位，不是对两岸政治关系的未来出定位，也不是两岸政治关系的终极安排。关键是要作出以两岸统一、国家富强、人民幸福、民族复兴为指向的政治定位选择，而不是与此渐行渐远，更不可与此背道而驰。

（三）两岸共同定位而非片面定位，探讨对象系两岸政治关系而非仅仅定位台湾当局的政治地位

探讨两岸政治定位，应该由两岸双方共同探讨，平等对话，寻求双方均可接受的方案，而不是两岸任何一方的各自定位或片面定位。此前大陆曾主张"在一个中国框架内，什么问题都可以谈，包括台湾当局的政治地位问题。"2000

---

① 黄年：《两岸大架构：大屋顶下的中国》，台北：天下远见出版股份有限公司，2013年2月版，第9页。

年 2 月《一个中国原则与台湾问题》提出:"只要在一个中国的框架内,什么问题都可以谈,包括台湾方面关心的各种问题……台湾当局的政治地位等等,都可以在这个框架内,通过政治谈判,最终在和平统一的过程中得到解决。"这表明此前所谓"台湾当局的政治地位"是两岸政治定位的标的物。但在 2008 年 12 月 31 日胡锦涛题为《携手推动两岸关系和平发展,同心实现中华民族伟大复兴》的讲话中,首次提出"为有利于两岸协商谈判、对彼此往来作出安排,两岸可以就在国家尚未统一的特殊情况下的政治关系展开务实探讨"。[①] 在中共十八大报告中,正式提出"就国家尚未统一特殊情况下的两岸政治关系,作出合情合理的安排"。上述表明,大陆方面不再只讨论台湾当局的政治地位,而是有心经营"国家尚未统一特殊情况下的两岸政治关系",并展开务实探讨,其中当然包括台湾当局的政治地位,但更多的是探讨两岸政治关系的本质、内涵及相互对应关系。换言之,两岸政治关系、未来两岸政治安排等才是两岸政治定位的标的物、讨论对象。因此,探讨两岸政治定位,应该把两岸政治关系当作是标的物与探讨的对象,而非仅仅针对台湾当局的政治地位进行讨论,如此方能让台湾各方较理性务实地面对两岸政治定位议题,使两岸双方有意愿与动力寻求于双方最为"合情合理"的定位方案。

(四)与时俱进,思辨创新,遵循政治学理、宪政法理的路径寻觅两岸"合情合理"政治定位

两岸政治定位需要面对历史矛盾与现实困难,用老眼光、老思路、老方法难以破解两岸政治难题。唯有与时俱进,处理好继承与创新的关系,吸取历史经验教训,综合、提炼两岸关系研究领域中众多理论、模式,进行思维突破、方法创新,激发想象力,才有可能寻找一个"足可以在人类历史辉煌不朽的解答"。有人归纳了大陆学者提出的"主权与治权完全统一""主权与治权完全分离"和"主权统一与治权分开"三大类、132 种模式。包括黄嘉树的"1 + X < 2"模式、刘国深的"国家球体理论"等。[②] 台湾方面对于两岸政治定位的方案更是汗牛充栋、不计其数,包括欧盟模式、德国模式、两岸统合论、"一中屋顶论"、"不完全继承论"、"互为主体论"、"分裂分治"理论、"分裂国家"模

---

① 胡锦涛:《携手推动两岸关系和平发展,同心实现中华民族伟大复兴》,《人民日报》2009 年 1 月 1 日。

② 李家泉:《关于台湾的政治定位问题》,blog.china.com.cn/sp1/lijiaquan/150106131148. shtm1,2007 年 9 月 26 日。

式、"多体系国家"理论等等。近年以张亚中的"一中三宪"、"两岸三席"，①杨开煌的"互为特区"②的主张引起两岸学界的热烈讨论。笔者认为，两岸双方应遵循政治学理、宪政法理的路径，展开脑力激荡，持续进行思维创新，抽丝剥茧，提出符合两岸各方要求、并为两岸普遍接受的"合情合理"安排方案。

三、台湾当局的两岸政治定位

（一）定位历史及其方法

六十多年来，台湾方面对于两岸政治定位经历了四个时期，具体如下。③

一是两蒋时期的"一个中国"定位。两岸双方都主张一个中国，反对"两个中国"。两岸双方都自称"正统"，代表整个中国，两岸均反对"双重代表权"。二是李登辉早期"分裂分治"定位。20世纪80年代末至90年代中期的台湾当局主张"一个分裂分治的中国"，谋求"双重承认""平行代表权"。将两岸定位为"一国两地区""一国两府""一国两对等的政治实体"等，期间还出现"以一个中国为指向的阶段性两个中国"声音。三是李、扁合流时期的"台独"定位。1996年12月，台湾当局为"修宪"召集"国家发展会议"，提出五种两岸政治定位观点，包括"国内关系""国际关系""国内关系中的特别关系""国际关系中的特别关系"及"准国际关系"五大类。④李登辉于1999年7月9日抛出了"两国论"，声称自1991年"修宪"以来，两岸关系定位在"国家与国家，至少是特殊的国与国关系"。李登辉甚至抛出了分裂大陆的"七块论"。2002年，陈水扁抛出了"一边一国"，大搞"台湾正名""法理台独""文化台独"，认定"中华民国在台湾、中华民国是台湾"，严重恶化两岸关系。四是马英九时期的"宪法定位"。马英九基于"中华民国宪法""宪法增修条文"及"两岸关系条例"，提出了两岸"互不承认主权，互不否认治权""两岸是特殊关系，但不是国与国关系"等论述，重新梳理两岸关系法理上的连结点、共同点，使两岸在

---

① 包宗和、吴玉山：《重新检视争辩中的两岸关系理论》，台北：五南图书出版股份有限公司，2010年8月版，第三章：《分裂国家模式之探讨》及第四章：《两岸关系的规范性研究——定位与走向》。

② 杨开煌：《两岸和平发展时期启动政治接触之设想》（上、下），香港《中国评论》2011年9、10月号，总第165、166期。

③ 台湾学者杨开煌认为两岸政治定位经历了"清晰定位、争论定位、冲突定位及寻找定位"四个时期。参见杨开煌：《两岸政治定位的分析》，张亚中：《两岸政治定位探索》，台北：两岸统合学会，2010年6月版，第397—401页。

④ 台湾《中国时报》1996年12月1日。

政治定位上相向而行，也为两岸双方准备了探讨两岸政治定位的良好气氛与必要条件。

回顾台湾方面对于两岸政治定位的历史，不难发现，台湾方面采取四种方式进行两岸定位。一是"同一性定位"，两蒋时期，两岸执政当局采取贬损式方法进行各自定位，两岸双方只从各自的意志出发，以肯定自己、否定对方的方法定位双方的关系。但两岸高层均视两岸为同一个国家，只有一个中国。两岸只有相互取代的问题，没有"两个中国""一中一台"的问题。二是"一二式定位"，即援引现代主权观的理论，区分主权与治权，把治权从主权中离析出来。主张两岸"主权重叠"，但"治权分立""互不隶属"，包括"一国两府""一国两区""一国两对等政治实体"等都是源自这样的理论。三是"一二三式定位"，即在"一二式定位"的基础上，将主权离析出主权、治权及管辖权，进一步淡化主权、治权内涵，强调作为一个政府的管辖权，包括属地管辖、属人管辖、普遍性管辖及保护性管辖。① 四是"二二式"定位，就是李、扁鼓吹的"两国论""一边一国论"。民进党传统主张"台湾主权独立"，两岸"互不隶属"。目前看来，引起两岸冲突紧张的"二二式定位"，不符合两岸和平发展的趋势与两岸共同利益与需要，必将遭到历史唾弃。唯有"一二式定位"提供了模糊空间，或许能成为可以破解两岸政治难题的密钥与创意"魔方"。

（二）马英九的两岸定位

马英九执政以来，先后就两岸政治关系形成一系列论述，概括为六个基本支柱。一是依据"中华民国宪法"与"宪法增修条文"，两岸为"一个中华民国，两个地区"，即"台湾地区"与"大陆地区"，马也曾称两岸关系就是"中华民国"之下的"自由地区与大陆地区"。2012年3月"胡吴会"上，吴伯雄提出"一国两区"两岸定位，遭到民进党的猛烈攻击，马英九便改为"一个中华民国，两个地区"。二是"中华民国领土主权涵盖台湾与大陆，目前当局的统治权仅及于台、澎、金、马"。三是两岸"互不承认主权，互不否认治权"。马曾表示"中国大陆还是我们'宪法'上的国土，我们不可能承认在我们国土上还有另一个国家"。四是"三不"，即"在中华民国宪法架构下，主张不统、不独、不武"；"无论在国内与国外，都不会推动'两个中国''一中一台'或'台湾独立'"。五是两岸非"国与国"的关系，两岸不是国际关系，而是特殊关系。

---

① 百度百科，http://baike.baidu.com/view/279401.htm。

六是两岸互设办事机构非驻外机构，不同于"驻外使领馆"，不挂旗、不办签证业务。

概括马英九对于两岸政治定位论述，具有两大特征。一是"一中"原则与"一国"内涵。马坚持两岸同属"中华民国"，两岸"非国与国关系""不是国际关系"。二是两岸既非"特殊的国与国关系"，也非纯粹的国内关系，也非中央政府与地方政府关系，而是特殊关系。两岸政治定位要充分体现两岸关系的特殊性。马所言"特殊关系"为未来两岸双方探讨两岸政治定位提供了包容的空间与丰富的想象，这种特殊性成为两岸政治定位的创意"魔方"。如果台湾方面感受到了可能拥有足够的诠释空间，两岸双方较有可能在政治定位上达成共识，形成清晰的共同认知。

2013年下半年以来，两岸执政当局在"一中"原则、"一中"架构方面形成紧密交流与互动，达成高度共识，实属来之不易。6月13日在"习吴会"上，国民党荣誉主席吴伯雄向习近平总书记明确表明：坚持"九二共识"与"反对台独"是国共两党一致的立场。两岸各自的法律、体制都主张一个中国原则，都用一个中国架构来定位两岸关系，而非国与国的关系。7月20日马英九回函习近平总书记的信中，公开明确引用当年海协、海基两会共识："1992年，海峡两岸达成'各自以口头声明方式表达坚持一个中国原则'的共识。"[①] 这是最近几年来，马英九执政当局有关"一中"原则、"一中"框架最为明确的表达，进一步提升了两岸高层政治互信，为两岸政治对话、寻找政治定位营造了良好的气氛，创造了有利条件。

四、"一中"框架与"合情合理安排"

与时俱进、不断创新是大陆对台方针政策根本要求，也是两岸关系持续发展的动力源泉。随着两岸关系和平发展的巩固深化，大陆有关两岸政治定位的论述更具创意与弹性，形成新的内涵，"一中"框架就是两岸和平发展时期大陆有关"一中"论述的深化与细化，是两岸关系和平发展思想的重要组成部分，拓宽了两岸双方对于两岸政治定位的思路，成为探讨两岸"合情合理"政治定位的可行架构，值得两岸双方认真研究，由此出发，相向而行，直至找到可行方案。

---

① 香港中国评论网，http://www.chinareviewnews.com，2013年7月20日。

（一）"一中"框架

"一中"框架最早出现于 2008 年 12 月 31 日胡锦涛的重要讲话中："1949 年以来，大陆和台湾尽管尚未统一，但不是中国领土和主权的分裂，而是上个世纪 40 年代中后期中国内战遗留并延续的政治对立，这没有改变大陆和台湾同属一个中国的事实。两岸复归统一，不是主权和领土再造，而是结束政治对立。两岸在事关维护一个中国框架这一原则问题上形成共同认知和一致立场，就有了构筑政治互信的基石，什么事情都好商量。"① 2012 年 4 月，时任国台办主任王毅发表文章，呼吁两岸"要在认同两岸同属一中、维护一个中国框架这一原则问题上形成更为清晰的共同认知和一致立场，从而为再创两岸关系新局面提供更加坚实的基础"。② 同年 7 月，全国政协主席贾庆林在第八届两岸经贸文化论坛上，对"一中"框架作了具体阐述："一个中国框架的核心是大陆和台湾同属一个国家，两岸关系不是国与国的关系。两岸从各自现行规定出发，确认这一客观事实，形成共同认知，就确立、维护和巩固了一个中国框架。在此基础上，双方可以求同存异，增强彼此的包容性。"③ 贾庆林的讲话有三个重点。一是明确"一中"框架核心，正面表列为"两岸同属一个国家"，负面表列为两岸"不是国与国的关系"。二是提出方法，即两岸双方"从各自的现行规定出发"，以"现行规定"回避了敏感的"中华民国宪法"。三是塑造目标，"确认客观事实，形成共同认知"。同年 11 月，中共十八大报告中，明确写入"一中"框架内容："两岸双方应恪守反对'台独'、坚持'九二共识'的共同立场，增进维护一个中国框架的共同认知。"11 月 26 日，在纪念"九二共识"二十周年座谈会上，王毅进一步呼吁"两岸双方应增进维护一个中国框架的共同认知，在认同并坚持一个中国上寻求双方的连接点，扩大彼此的共同点，增强相互包容性，从而深化政治互信、加强良性互动，增添两岸关系和平发展的前进动力。"④

"一中"框架是大陆方面有关两岸政治定位的最新探索，是对"一中"原则的继承与创新。它既是两岸政治定位的根本要求，也是政治定位的基本方法，

---

① 胡锦涛：《携手推动两岸关系和平发展，同心实现中华民族伟大复兴》，《人民日报》2009 年 1 月 1 日。

② 王毅：《巩固深化两岸关系，开创和平发展新局面》，中共中央党校《求是》杂志 2012 年 4 月号。

③ 贾庆林在第八届两岸经贸文化论坛开幕式的致词，《新华网》，http://news.xinhuanet.com/c_112559535.htm，2012 年 7 月 28 日。

④ 王毅：《在"九二共识"20 周年座谈会上的讲话》，许世铨、杨开煌：《"九二共识"文集》，北京：九州出版社，2013 年 6 月第 1 版。

是目标与方法的辩证统一。即既可确保两岸同属一个中国，又可透过框架塑造两岸双方对于两岸同属"一中"的连接点、共同点，增强包容性。"一中"框架具有五大特点。

（1）原则性。"一中"框架与"一中"原则的核心主张完全一致，都强调"大陆和台湾同属一个中国"，同样具有原则的坚定性。但比"一中"原则柔性，而比"九二共识"更具体明确。

（2）包容性。"一中"框架不拒绝一切富有创意、符合"大陆和台湾同属一个中国"内涵的主张、观点，完全可以充分、有效的吸纳两岸双方特别是台湾各方提出的有关台湾现行规定、现行体制中符合"两岸同属一中"的内涵，以此完善、丰富"一中"框架，甚至2000年谢长廷所言"宪法一中""一国两市"的内容也可成为"一中"框架的有机元素。只要排除了两岸"国与国关系"的选项，确定"两岸同属一个中国"的客观事实，"一中"框架拥有无限空间，其空间超乎想象，足够容纳台湾各方对于"两岸同属一中"的追求与想象，可以"包容两岸之间更多、更大的异"。① 两岸双方完全可以充分发挥想象，经由"一中"框架"各表一中"，最后"共表一中"。②

（3）可行性。"一中"框架比"一中"原则更能与台湾的现行规定、体制、现有论述求同并连接。"一中"框架内涵之一就是两岸"不是国与国的关系"，这与马英九有关两岸关系的定位极其一致。吴伯雄2013年6月13日在与习近平总书记的会谈中，对大陆积极呼应，表明两岸执政高层已就"一中"框架找到了交集，形成了较为清晰的共同认知与明确的连结点。台湾有研究表明，如果台湾方面能够积极探索两岸政治关系的合情合理的中程安排，更多的"正视中华民国存在"、拥有合理的"国际空间"，"一中"框架的可行性非常高。③

（4）未来性。除了基本的原则外，"一中"框架的具体内涵、详细表述有待两岸双方共同探讨、共同建构。如果说"一中"原则的内涵相对稳定的话，那么"一中"框架的内涵还处在不断发展、演变及深化的过程中，富有未来性，充满了想象与无限可能。探讨"国家尚未统一特殊情况下的两岸政治关系"就

---

① 杨开煌：《一中原则、"九二共识"到一中框架》，许世铨、杨开煌：《"九二共识"文集》，北京：九州出版社，2013年6月第1版。
② 李秘：《以"互为主体"的默契落实一中框架》，上海市公共关系研究院：《务实推进两岸关系和平发展学术研讨会论文集》，2013年7月19日。
③ 杨开煌：《一中原则、"九二共识"到一中框架》，许世铨、杨开煌：《"九二共识"文集》，北京：九州出版社，2013年6月第1版。

是要为两岸的未来寻找可行通道，值得两岸有识之士高度期待。

（5）两岸特色。由于体现了"大陆和台湾同属一个中国"的内涵，由于面向两岸双方的包容性、开放性架构，也由于两岸双方特别是台湾各方的意见被充分的吸纳、尊重，是两岸双方共同建构的一套定位论述，因此"一中"框架比两岸任何一方的各自定位或片面定位，都更能充分体现两岸双方的智慧，更富有两岸特色。

（二）"合情合理安排"

今年 3 月 22 日在平潭召开的两岸关系研讨会上，新任国台办主任张志军提出解决两岸关系政治难题的三点思路：一是要正视问题，不应有人为设置的禁区；二是要积极思考，努力探寻解决之道；三是要先易后难、循序渐进，逐步累积共识。[1] 6 月 20 日，国台办副主任孙亚夫在"北京会谈"上就探讨两岸政治关系提出三点建议。首先要务实，就是要实事求是，任何脱离现实的主张都是主观想象，是探讨不出结果的；其次要共同努力，找到打开破解两岸政治分歧问题瓶颈的办法；第三要落到实处，即作出合情合理安排，全面改善发展两岸关系。[2]

如何作出"合情合理安排"？两岸各有说法。台湾学者赵春山提出，"情"字带有感性的色彩，主观意识很浓。"合情"指的是合乎人之常情。例如，台湾制定对大陆政策时，是否曾考虑大陆和平崛起后，随之而来的民族主义情绪。大陆在制定对台政策时，是否思考台湾民众强烈要求融入国际社会的需求。如果两岸互动心存同是一家人的观念，把两岸的未来视为一个命运共同体，就不会斤斤计较所谓的称谓问题。"理"字带有理性的色彩，有其客观判断的标准。"理"包含普世的价值即文明之理。理也包含特定的法律规范，也就是所谓的法理。"合理"讲求的是正不正当，以及合不合乎道理和法理。[3] 而台大教授陈明通解读则是："'合情'要合乎实情，也就是两岸'分立分治'；也要合乎民情，包括台湾主流民意与民主程序。'合理'就要符合文明的标准，就是对话沟通与和平，以国际规则处理两岸关系，使之正常化。"[4]

---

① 《张志军就解决两岸政治问题提出三点看法》，《新华网》，http://news.xinhuanet.com/tw/2013-03/22/c_115120340.htm?prolongation=1，2013 年 3 月 22 日。

② 《孙亚夫"北京会谈"致辞全文》，香港中国评论网，http://www.chinareviewnews.com，2013 年 6 月 20 日。

③ 赵春山：《两岸共同参与区域经济合作：理论与实践》，《台海研究》，2013 年第 1 期。

④ 邹丽泳：《华山内场传杂音：不认九二共识，干啥找替代方案？》，引自香港中国评论网，http://www.chinareviewnews.com，2013 年 7 月 26 日。

王毅在 2012 年底提出了"合情合理"新版本："合情就是照顾彼此关切，不搞强加于人；合理就是恪守法理基础，不搞'两个中国''一中一台'。"①

笔者认为，化解两岸政治分歧，厘清两岸政治关系，不外乎从情、理、法的三个层面探讨"合情合理安排"。

从情的层面看，两岸是同胞兄弟，大陆作为主导、优势的一方，"以大事小以仁"，理应回应、关照台湾方面的利益诉求，尽可能作出必要的让步，出令台湾各方接受的安排。台湾方面作为被动、弱势的一方，可以提出合乎情理的要求，但不应强人所难。

从理的层面看，就是合乎两岸关系的现实与两岸双方的实际情况，不要违背台湾与大陆在量（数量）、体（规模）、质（性质）方面的实际差距，不要超越或滞后于两岸关系的现实。

从法的层面看，就是符合两岸同属一个中国的法理基础及联结。两岸从各自的现行规定出发，确认"大陆和台湾同属一个中国"的客观事实，避免造成"两个中国""一中一台"。

据此，笔者认为，在"一中"框架下，"国家尚未统一特殊情况下的两岸政治关系"可以用如下三句话、42 个字来概括：

"两岸同属一个中国，非国与国关系。两岸同为执政当局，有特殊关系。两岸需共同维护国家主权领土完整。"

其中第一句话"两岸同属一个中国，非国与国关系"是对两岸关系本质的规定，是探讨两岸政治定位的基本前提，是底线，不能突破。第二句话"两岸同为执政当局，有特殊关系"是对两岸关系具体内涵量的安排，是创意，拥有无限诠释空间。其中"同为执政当局"可以体现大陆善意，也符合双方各自统治两岸的历史与现实，体现了两岸双方相互尊重、平等相待的愿望。第三句话"两岸需共同维护国家主权领土完整"则是对两岸执政当局的共同要求。这三句话体现了两岸政治定位中，对于两岸关系本质、两岸关系内涵及两岸双方责任、权利、义务的基本规范。（本文最初发表于《台海研究》2013 年第 2 期，总第2 期）

---

① 王毅：《在"九二共识"20 周年座谈会上的讲话》，许世铨、杨开煌：《"九二共识"文集》，北京：九州出版社，2013 年 6 月第 1 版。

推进和平统一进程：理论指引、路径优化及统一后治理

1979 年全国人大常委会发表了《告台湾同胞书》，发出了"和平统一"、两岸"三通"的庄严号召，加快了两岸关系发展步伐。2008 年以后两岸关系进入和平发展阶段，取得前所未有的成就，改变了两岸关系的历史面貌。2016 年民进党重返执政，致使两岸关系陷于僵持。中共十九大确立习近平新时代中国特色社会主义思想的历史地位，提出了对台工作的路线方针、目标任务、策略路径等，增添了两岸关系发展动力，强力推进祖国统一进程。值此两岸关系重要节点，有识之士应登高望远，前瞻未来，就未来三十年两岸关系发展与祖国和平统一作出战略安排，引领两岸关系发展，塑造和平统一进程强势突破、不可逆转的崭新格局。

一、理论指引：习近平对台工作重要论述引领未来两岸关系发展

党的十八大以来，习近平总书记先后就对台工作发表了 30 多次公开讲话，形成了一系列对台工作的新理念、新思想、新战略。2018 年 7 月 13 日，习近平总书记在会见连战一行时强调大道之行、人心所向，势不可挡。要求牢牢把握正确方向，坚定不移推动两岸关系和平发展，推进祖国和平统一进程。[①] 中共十九大确立了习近平新时代中国特色社会主义思想的历史地位，习近平对台工作重要论述成为其中重要部分，首次把"坚持'一国两制'和推进祖国统一"作为我党建设新时代中国特色社会主义必须长期坚持的十四项基本方略之一，极大发展、丰富了我党国家统一的理论，开创了两岸关系新气象、新作为，推动两岸关系和平发展、祖国统一进程不断取得新进展。十八大以来，习近平总

---

① 《习近平会见连战一行》，新华网：http://www.xinhuanet.com/politics/leaders/2018-07/13/
c_1123123044.htm，2018 年 8 月 21 日检索。

书记提出了两岸关系的十二大著名论断，构成五大思想体系、体现了六大对台工作思维，构成为习近平对台工作重要论述、习近平国家统一学说的经典要义，引领未来两岸关系的发展。[①] 习近平对台工作重要论述为我们规划未来三十年两岸关系，设计统一进程、模式、路径、策略提供了最为强大的理论武器、方法指引。

（一）著名论断

习近平总书记提出了两岸关系的十二大著名论断。一是秉持"两岸一家亲"理念。二是构建"两岸命运共同体"。三是号召两岸同胞"共圆中国梦"。四是坚持体现一中原则的"九二共识"，坚决反对"台独"分裂活动。五是认为两岸政治分歧"不能一代一代传下去"。六是号召实现两岸经济社会融合发展。七是提出"一国两制"在台湾具体实现形式要体现"三个充分"。八是号召实现两岸同胞"心灵契合"，主张"国家统一不仅是形式上的统一，更重要的是两岸同胞的心灵契合"。[②] 九是主张决定两岸关系走向的关键是祖国大陆发展进步。十是主张两岸道路与制度效果应当"由历史去检验、让人民来评判"。十一是两岸中国人有能力有智慧解决好自己的问题。最后是主张推进祖国和平统一进程、完成祖国统一大业，是实现中华民族伟大复兴的必然要求。

（二）思想体系

习近平总书记对台工作重要论述体系可以概括归纳为"一二三四五"，即"一条道路、两项基础、三项理念、四条路径、五项安排"。"一条道路"是指两岸关系和平发展道路，使两岸和平发展制度化。"两项基础"一是坚持体现一个中国原则的"九二共识"，它明确了两岸关系的根本性质，是确保两岸关系和平发展的关键。二是坚决反对"台独"，提出了"两个绝不""六个任何""两个绝对"：即"绝不容忍国家分裂的历史悲剧重演"、"绝不允许任何人、任何组织、任何政党、在任何时候、以任何形式、把任何一块中国领土从中国分裂出去。"[③] 中国的"每一寸领土都绝对不能也绝对不可能从中国分割出去"。[④] "三项理念"

---

① 《倪永杰论习近平对台思想之融合发展》，香港中国评论网：http://hk.crntt.com/doc/1045/4/8/1/104548110.html?coluid=0&kindid=0&docid=104548110，2017 年 6 月 28 日检索。

② 《习近平总书记会见台湾和平统一团体联合参访团》，新华社北京 2014 年 9 月 26 日电，新华网：http://news.xinhuanet.com/politics/2014-09/26/c_1112641354.htm，2017 年 6 月 28 日检索。

③ 习近平：《决胜全面建成小康社会，夺取新时代中国特色社会主义伟大胜利》，北京：人民出版社，2017 年 10 月第一版。

④ 《习近平：在第十三届全国人民代表大会第一次会议上的讲话》，新华网：http://www.xinhuanet.com/politics/2018lh/2018-03/20/c_1122566452.htm，2018 年 3 月 20 日检索。

分别是"两岸一家亲"、"共圆中国梦"与构建"两岸命运共同体"。"四条路径"
依次是"全面增进互信"、"厚植共同利益"、"实现两岸经济社会融合发展"与
两岸同胞"心灵契合"。"五大安排"包括：一是关于"一国两制"台湾具体实
现形式的安排，体现"三个充分"；二是关于解决两岸政治分歧的安排，强调
两岸政治分歧"不能一代一代传下去"，应创造条件加以解决，并在 2013 年 10
月以后促成国台办与陆委会建立常态化沟通机制，实现两岸领导人会面，设立
"两岸热线"；三是关于台湾国际参与的安排，即在不违背一中原则、不造成
"两个中国"和"一中一台"的前提下，透过两岸协商，作出合情合理的安排，
先后形成台湾参与 WHA、ICAO 的模式与路径；四是关于台湾同胞分享大陆崛
起的安排，即分享"同等待遇"，扩大参与面、增强获得感，更多聚焦"青年一
代"与"基层一线"；五是关于塑造共同历史记忆的安排，在纪念抗战的时候
提出两岸应"共享史料、共写史书"等。

（三）新思维

习近平总书记对台工作重要论述体现了六大新思维。一是总体思维，对台
工作服从、服务于"两个一百年"与实现中华民族伟大复兴的"中国梦"的总
目标，是国家总体发展战略的重要组成部分。二是底线思维，坚决维护国家主
权和领土完整，强化风险意识，积极防范化解台海重大风险。三是主导思维，
主张牢牢把握两岸关系的主导权、主动权，引领两岸关系发展，避免被台湾方
面、国际局势所误导。四是创新思维，涉及对台工作思想、制度建构、政策举
措、两岸治理的创新，提出了一系列新理念、新思想、新战略，指明道路与方
向，增强发展动能。五是民本思维，即以人民为中心，以两岸民众福祉为念，
特别是照顾、满足台湾普通民众、弱势群体的利益诉求。六是法治思维，以
法治思维、法律手段规范、发展两岸关系，这和大陆"四个全面"战略部署的
"全面依法治国"辩证统一、相辅相成。

二、路径优化：分阶段、分层次及分步骤

对台工作、发展两岸关系必须服务、服从于"两个一百年"的奋斗目标，
为全面建成小康社会、实现第一个百年奋斗目标，并向第二个百年奋斗目标进
军，创造更好的条件，作出更大的贡献。与此同时，对台工作也应抓住"两个
一百年"的历史性机遇，发挥大陆全面发展的整体优势，进一步推动两岸关系
和平发展，分阶段、分层次、分步骤推进祖国和平统一进程，为最终解决台湾

问题、实现中华民族伟大复兴创造条件。

（一）分阶段

未来三十年国家统一进程可分为近程、中程及远程三阶段进行规划。

近程阶段（2018—2022年）为维稳阶段，重在维护两岸关系和平稳定。坚持"反独"与"促统"并举，加快两岸经济社会融合发展进程，提升大陆对台湾影响力，推动两岸关系持续、全面、深入、高质量发展，为最终解决台湾问题创造更好条件，打下坚实基础。

中程阶段（2023—2035年）为决战阶段，重在营造两岸事实统一格局。届时中国大陆经济总量超越美国、位居世界第一，科技、军事的某些领域也将超越美国，美国阻挡两岸统一遭遇前所未有的阻力，大陆将提升两岸全方位融合发展境界，引导台湾民意由"被统一"转向"向统一"、"求统一"发展，作好统一前的安排与统一前后的衔接工作，培养统一后台湾治理人才。

远程阶段（2036—2050年）为统一完成阶段，重在两岸共同设立机构，商谈统一事宜，最后完成统一。可筹组"两岸和平统一委员会"，就两岸同胞、特别是台湾同胞关心的统一模式、台湾前途命运，台湾政治地位，台湾同胞的身份、权利、义务等进行协商谈判，相关方案在获得两岸同胞广泛支持后最后完成统一。

以上是在两岸关系正常发展情势下的规划，但国家统一进程有可能出现提前或延后实现的局面。一是提前实现统一。即如果台海形势出现《反分裂国家法》第八条规定的"非和平方式及其他必须措施"的三种情况，必将加快国家统一的进程，有可能采取局部、有限的战争方式，或者采用战争边缘的"北平模式"，国家统一将提前于近、中程阶段实现。二是国家统一延后。如果大陆犯下颠覆性的错误，国家统一进程有可能延后甚至无限期推迟。

（二）分层次

一是把握两岸关系发展的宏观与微观层面。宏观层面做好两岸关系战略规划，酝酿统一新理念，塑造统一新模式。微观层面把具体对台政策落到实处，让更多的两岸同胞认同、支持两岸关系和平发展、国家统一。二是实现两岸政治、经济、社会、军事、涉外领域的同步、协调及良性发展。在促进两岸经济、社会融合发展的同时，也要加快两岸同胞生活方式、价值观的融合，加快两岸政治、涉外、教育、军事领域的交流合作，相向而行，朝向统一方向发展。三是促进两岸高层、中层及基层的互信与合作。

（三）分步骤

一是分步骤做好身边台胞与岛内台胞的工作。第一步广大做好身边台胞的工作，包括在大陆投资、工作、学习、生活、居住的 300 多万台商、台干、台师、台生、台属是我们优先争取、服务的对象，团结他们为两岸关系发展、认同大陆道路制度、支持祖国统一贡献力量。第二步让台湾同胞分享大陆崛起机遇、为其提供"同等待遇"，吸引更多岛内青年世代、杰出人才来大陆就读、就业、创业，使之成为两岸关系发展的新生力量，大陆出台《关于促进两岸经济文化交流合作的若干措施》、颁发台湾同胞居住证等措施，将成为两岸关系历史上具有里程碑意义的大事。第三步把争取台湾民心的工作做到岛内去，争取更多的台湾民众投身于两岸关系的事业中来。二是把做好政治人物、学者专家、科技人才、意见领袖、媒体名嘴等的工作与争取台湾各界人士的工作有机结合起来，尽最大努力、最大诚意做好广大台湾同胞的工作。三是分步骤促进两岸经济、社会、人才交流合作，实现两岸经济社会融合发展，吸引更多台湾人才来大陆发展，为统一后台湾的治理进行人才培养与人才储备。

三、着眼统一后治理：统一前安排、文明统一

立足当下，着眼未来，未雨绸缪做好统一前安排，合理化相关安排，尝试文明统一路径，力争使统一前安排与统一后台湾治理两者全面接轨、无缝耦合。

（一）完善统一模式

古今中外形成了多种国家统一模式，包括德国模式、也门模式、坦桑尼亚模式、越南模式、哥伦比亚模式等，以及欧盟模式。按照政权形态，可以分为高度集权的联邦制与相对松散的邦联制等。中国特色社会主义的国家统一模式应该参考古今中外国家统一的经验、教训及规律，基于"和平统一、一国两制"的理论内涵，进行新一轮的理论创新，实现理论突破，赋予"一国两制"科学内涵、时代特征、理论生命，不断丰富、完善，使之具有强大的理论价值、创新动能，推进两岸关系发展，最后完成国家统一大业，圆满解决台湾问题。

一是领会"三个充分"精神。习近平总书记提出"一国两制"在台湾的具体实现形式应充分考虑台湾现实情况，充分吸收两岸各界的意见和建议，是能充分照顾到台湾同胞利益的一种安排。① 国家统一模式设计理应按照"三个充

---

① 《习近平总书记会见台湾和平统一团体联合参访团》，新华网：http://news.xinhuanet.com/politics/2014-09/26/c_1112641354.htm，2017 年 6 月 28 日检索。

分"的要求，大胆开展理论创新，实现理论突破。"三个充分"要求应贯穿于两岸关系发展与国家统一的全过程，国家统一模式应符合"三个充分"的根本要求。在当前两岸关系新形势下，应充分掌握台湾的现实情况是什么？广泛搜寻两岸各界的意见和建议是什么？如何才是充分照顾台湾同胞利益的安排？台湾的现实情况应包括台湾的政治、经济、社会及军事、涉外等现实情况。两岸各界的意见和建议主要集中于对于台湾未来出路、自身前途以及关于两岸关系发展、国家统一的主张、观点。透过各种渠道、平台，利用大数据手段汇聚两岸各方的主流民意，尊重少数意见、建议。想方设法照顾台湾各界民众当前与长远、整体与局部、全体与个人的利益诉求，尽最大诚意、最大努力满足他们的合理愿望。

二是突出"一个国家"边界。习近平总书记在庆祝香港回归祖国 20 周年大会的讲话中提出，"一国两制"的提出首先是为了实现和维护国家统一，必须牢固树立"一国"意识，坚守"一国"原则。[①] 国家的主权至高无上，在中国和平发展的过程中需要强化国家主权、安全及发展的利益需要。不断强化"一个国家"的制度设计与政策规划，周密精细，不留模糊空间与灰色地带。明确规范与区分中央政府与台湾当局之间职责权利。充分吸取"一国两制"在港澳实践的经验教训，不给任何分裂势力可乘之机、利用的空间。统一前、后的台湾当局都有责任维护国家统一与领土主权完整，反对"台独"，相关政治制度、法律规定、军事力量不得破坏国家统一与完整，不得损害中华民族整体利益。中央政府可透过宪法、法律解释对涉及国家主权、安全及发展利益的事务作出符合国家利益的解释，具有同等法律效力。

三是塑造"两种制度"合理空间。在一个中国原则之下，"两种制度"的安排应该拥有更大的弹性空间，增加包容性、可塑性与吸引力，"两制"完全可以做到和谐相处、相互促进。前提是不得挑战国家主权与领土完整，不得挑战中央政府。在中国日益强大的时刻，依然实施"两制"，允许台湾保留、实行现有的制度与生活方式。台湾民众可以选举自己的领导人、台湾的选举制度、政治制度、相关规定、经济活动、社会结构、生活方式、对外关系以及军事力量等不作变动。如果台湾的经济、金融、财政、环境、社会等面临重大危机，中央

---

① 《习近平在庆祝香港回归祖国 20 周年大会暨香港特别行政区第五届政府就职典礼上的讲话》(2017 年 7 月 1 日)，新华网: http://www.xinhuanet.com/politics/2017-07/01/c_1121247124.htm，2018 年 4 月 21 日检索。

政府给予强大支持，发挥稳定的作用。台湾同胞应该参与到国家的政治生活、公共事务中来，与大陆人民共同享有管理国家、建设国家的同等权利，共享中国和平发展、中华民族伟大复兴"中国梦"的荣耀。

四是合成"一国良制"。"一国两制"的安排是特殊的政治安排、制度设计，大陆的中国特色社会主义制度与台湾现有的制度各具优势、互有所长，中国特色的民主协商制度拥有强大的生命力，是中华民族对于现代民主政治的重大贡献。大陆与台湾的两种制度应该加强磨合，相互借鉴，取长补短，透过融合交流生成更符合两岸实际、更具有优越性的制度。因此，两岸统一以后，"两种制度"经过一段时期的融合，完全有可能酝酿、合成更符合两岸实际的新制度，这是两岸中国人对人类政治文明、发展道路所提供的中国智慧、中国方案。追求、创造一种更好的制度，这对当前两岸人民、特别是台湾同胞来说，将产生强大的推动国家统一的吸引力。在此过程中，广泛动员两岸同胞积极参与两岸关系发展，参与到国家统一的洪流中来，并贡献智慧，提供新政治制度方案。

（二）优化统一路径

根据两岸关系发展规律、经验教训，加快两岸关系发展步伐、推进国家统一进程、完成国家完全统一，需要正确、可行、代价最小的统一路径。总体而言，需要调动一切可以调动的力量，运用一切可以运用的资源，优化统一路径，做好万全准备。

未来国家统一存在三条路径选择："和统""武统"及"文统"。

一是和平统一。和平统一是最好的、代价最小的国家统一方式，符合两岸同胞的利益、中华民族的利益，也符合国际社会的利益，最有利于统一后台湾的治理、发展。中共十九大确立了继续坚持"和平统一、一国两制"的大政方针，具体政策就是既要坚持体现"一中"原则的"九二共识"，坚决反对"台独"，并有"坚定的意志、充分的信心、足够的能力挫败任何形式的'台独'分裂图谋"。同时实施秉持"两岸一家亲"理念，让台湾同胞分享大陆机遇，为其提供同等待遇，推动两岸同胞共同弘扬中华文化，促进"心灵契合"。

二是武力统一。大陆决不承诺放弃武力手段解决台湾问题，一旦发生《反分裂国家法》所界定的"'台独'势力以任何名义、任何方式造成台湾从中国分裂出去的事实，或者发生将会导致台湾从中国分裂出去的重大事变，或者和平统一的可能性完全丧失"的三种情形，大陆必将采取断然措施解决台湾问题，完成国家统一。①纵然代价很大，甚至造成中止中国现代化进程，大陆也会不惜一切代价，以武力方式完成统一。民进党上台后，推动"去中国化""渐进台独"，实施亲美媚日与"新南向"，造成大陆"武统"声浪上升。2018年4月以来，针对岛内"台独"势力嚣张气焰，大陆加快军事斗争准备，继南海海上阅兵之后，又举行台海跨区域多兵种昼夜实弹实力军演，航母战机绕岛巡航，剑指"台独"、警告美国"台湾牌"。武力统一成为解决台湾问题第二种选择。

三是文明统一。在和平统一、武力统一之外，可否走出第三种统一路径即文明统一的路径？蒋经国曾提出"三民主义统一中国论"，陈立夫于20世纪80年代末提出"中国文化统一中国论"，认为中国文化是国魂所在，"大一统"的保证，可以反制"台独"诉求，也符合世界潮流。②本文主张未来两岸统一要走文明统一之路，既要有中国文化中"王道""天人合一"的内涵，又要纳入现代文明的要素。这是一种文明说服、打动人心的过程，更是一种心悦诚服、万邦归顺的统一。十九大制定的我国发展战略为两岸文明统一提供了可能，到2035年我国基本建成现代化，到21世纪中叶，建成富强民主文明和谐美丽的社会主义现代化强国。届时中国将是世界一流强国，物质文明、政治文明、精神文明、社会文明、生态文明将全面提升，实现国家治理体系和治理能力现代化，文明统一路径是完全走得通的。

当然，文明统一路径与和平统一路径并不是对立冲突，而是辩证统一、相辅相成，文明统一当然包含了和平统一的内涵，加强军事斗争准备也有利于文明说服台湾同胞反对"台独"、支持国家统一。

（三）合理化统一前安排

为尽早实现国家完全统一，排除干扰，减少阻力，增加动力，两岸双方应根据现实情况、台湾各方的需求作出特殊安排，就统一前台湾当局的政治定位、国际参与、军力部署、台湾同胞待遇、两岸共同记忆等作出安排。这种特殊安排是旨在加快统一进程，是一种暂时性、过渡性的安排，不一定是终极安排。统一前的台湾当局的定位、权力、责任与统一后的权力、责任有所不同，甚至可能更宽松、空间更大。统一前的台湾当局的特殊安排需要体现"合情合理"

---

① 中共中央台湾工作办公室编：《中国台湾问题（干部读本）》，北京：九州出版社，2015年版，第7页。

② 张敏：《从"三民主义"到"中国文化"——陈立夫统一观的演变》，引自：http://www.doc88.com/p-5307169530925.html，最后检索日期2018年4月22日。

的精神，不可超越台湾应有的权利与应尽的义务。这一安排是衔接统一前与统一后的制度性安排，是从分裂状态最终走向统一未来的安排。统一前的特殊安排是有利于朝向统一的安排，发挥遏止"台独"分裂势力的作用。统一前的特殊安排应有利于统一后台湾的治理，有利于引导台湾民众对中华民族、中华文化及国家统一的认同，弱化"台湾主体意识"。

一是关于台湾当局的政治定位。两岸问题是内战的延续，主权没有分裂，统一也不是主权再造。当年由南京迁移台北的"中华民国政府"只是前朝的遗绪，可以称之为"台湾当局"，拥有台澎金马及其附属岛屿的治理权，事实上的管辖权，依然保持着与中国的法理联结，但彻底丧失了对整个中国的代表权。统一之后，台湾当局的政治、法律地位应维持不变。如有变动，须经两岸人民同意。

二是关于台湾国际参与的安排。虽然早已丧失了中国代表权，但台湾在国际上仍拥有较为广阔的活动空间，仍保留 17 个"邦交国"，与美国等国维持实质关系，参加了 40 多个国际组织、1600 多个非政府国际组织，免签证国家多达 168 个。未来台湾的国际参与须在不违背一中原则、不造成"两个中国"和"一中一台"的前提下，透过两岸协商，最后作出"合情合理合法"的安排。

三是关于台湾军事力量安排。台湾军事力量的存在应以捍卫中国固有领土、固有疆域不受外来势力侵犯、不受分裂恐怖势力威胁为目的，决不能以解放军为假想敌。台湾地区与外国的军事安全交流合作绝不能损害中国主权、领土完整及安全、发展利益，绝不能阻碍国家统一，绝不能充当外国遏制中国崛起的棋子。两岸应及早建立军事安全互信机制，培养军事互信，避免两岸军事冲突。

四是关于台湾同胞同等待遇安排。大陆方面应实施各种政策措施，让台湾同胞在就业、创业、就学、生活方面享有与大陆同胞同等的待遇，便利他们参与大陆经济社会文化建设，实现两岸同胞生活方式的融合。俟时机成熟，台湾同胞理应享有与大陆同胞同样的政治权利，逐步扩大台湾同胞的政治参与。

五是关于塑造共同记忆的安排。增强两岸同胞共同历史记忆，两岸应"共享史料、共写史书"，共同编写抗日战争等历史。增强两岸同胞的共同美好记忆、交流合作记忆、生活情感记忆，淡化台湾民众的"台湾主体意识"，增强"两岸一家亲""两岸命运共同体"意识。

（四）着眼统一后台湾治理

两岸统一后仍会面临许多挑战与机遇，台湾的前途与命运、稳定与发展仍面临种种风险挑战。我们需要思考统一后台湾的长治久安、繁荣稳定，需要设计一套良好可行的治理模式，确保国家的统一、台湾的发展。一是继续巩固国家主权与领土完整，坚决打击遏止"台独"分裂势力。二是按照"一国两制"方针处理好统一后的台湾问题。三是实现两岸经济社会与生活方式的融合发展。把台湾的政治、经济、社会、军事建设纳入国家的发展战略中，让台湾同胞参与到国家的政治、经济、文化、社会建设活动中来。四是台湾同胞必须遵守国家宪法、法律，承担应尽的义务维护国家主权、领土完整。

结语

国家统一后，中国迎来百年盛世，中国成为世界一流强国，台湾同胞共享伟大祖国荣耀。当前，台海形势复杂严峻，风险挑战持续上升。但我们比历史上任何时候更有实力、更有信心、更多路径接近中国统一、中华民族复兴的宏伟目标。此时此刻，两岸中国人应保持战略自信、战略定力及战略清醒，坚决避免颠覆性错误，以最大的勇气、最高的智慧，推动两岸关系和平发展，推进祖国和平统一进程，早日实现祖国的完全统一，成就中华民族伟大复兴的"中国梦"。[本文发表于《台海研究》2018年第三期、总第20期，系2017年度国家社科基金重点项目"当代学界与媒体有关'一个中国'原则文献整理与研究（1987—2017）"（项目批准号：17AZD024）前期研究成果]

两岸关系和平发展进展

两岸关系和平发展的进展、挑战及前瞻

2008 年 3 月,台湾政局发生积极变化,两岸关系获得历史性机遇,取得重大突破。两岸实现全面双向直航,两岸融入"一日生活圈"。陆客赴台旅游、陆企赴台投资、陆生赴台求学。两岸的时空距离缩短了,两岸同胞的心理距离正在拉近。三年内两岸关系取得的成绩超过前六十年的总和,处于历史上最好时期,进入和平发展、螺旋上升的盛世年代。但 2012 年初台湾两选结果,将对两岸关系产生重大影响,一旦民进党再次上台执政,两岸重趋紧张动荡,和平发展的成果毁于一旦,如此,两岸关系和平发展面临重大拐点。

一切理性且有良知的两岸同胞无不期待 2012 年台湾选举结果符合和平发展大势,绝不希望民进党的重新上台引发两岸局势的紧张与动荡。

一、两岸关系进展

马英九执政以来两岸关系进展表现在六大方面。

进展一:两岸恢复制度化协商,建立沟通协商、谈判合作的新模式。马英九执政以后,两岸双方在坚持"九二共识"、共同反对"台独"的基础上迅速恢复协商,迄今已举行了七次"陈江会",每半年举行一次、轮流在两岸举办。两会各个层级的沟通、协商非常频繁、顺畅。双方签署了十六项协议,达成一项共识,内容涵盖海空运、旅游、金融、食品安全、医药、司法互助及共同打击犯罪、核电安全合作等众多领域,惠及两岸同胞。这些协议,为两岸交流作出了制度化的安排,为两岸关系发展开辟了一条条高速公路。

成立于 2011 年初的"两岸经济合作委员会"成为两岸沟通协商的新平台,这是六十年来两岸双方首次共同设立的机构,设立了共同召集人、首席代表,成立货品贸易、服务贸易、争端解决、投资、产业及海关合作等 6 个工作小组,定期开会,共同研究、商议两岸经济合作的有关事宜。"经合会"为未来两岸各领域的合作、谈判、协商作出了示范。"海旅会""台旅会"分别在对方设立办事机构，两岸搭建了多条紧急协调管道、设立了多种有效的紧急救助机制，妥善处理一系列突发事件。

进展二：两岸经贸关系迈入正常化、制度化、机制化的新阶段。"两岸经济合作框架协议"（ECFA）的签署成为两岸经济合作新的里程碑，不但有利于两岸经济合作、提高两岸经济竞争力、造福两岸同胞，而且有利于两岸政治互信的培养。ECFA 对台湾经济推升作用毋庸置议，逐渐显现，两岸直接双向、互惠互利的经贸关系格局正在形成。台商回台投资意愿提升，投资金额大幅上升，2010 年达到 406 亿台币，而 2006 年只有 22 亿台币，短短 4 年成长 18.5 倍。2011 年前 4 个月，投资案达 26 件，预估投资金额为 203 亿，较去年同期大幅成长 49%，其中制造业 19 件、181 亿。三年来共有 106 家台湾及海外公司回台上市，是前三年（2005—2007 年）的 2 倍。原先多数台资企业选择在香港或新加坡挂牌上市，前三年达 32 家，而这三年只有 5 家企业在那里上市，多数回到台湾上市。[①] 陆资赴台投资有了良好开端，已核准 102 件投资案，金额 1.32 亿美元，台湾员工 3000 多人。未来，两岸经济合作将走向更多领域、更高层次、更具前景的方向，两岸经济竞争力将大幅上升。

进展三：两岸高层良性互动，政治互信有所增强。自 2008 年 4 月以来，胡锦涛总书记先后 15 次会见台湾各界人士，规格之高、频率之快、谈话之深，在中共对台工作历史上绝无仅有。在国民党十八全会期间，国共领导人一日三次函电往返。双方还不断透过两岸经贸文化论坛、海南博鳌论坛等互致问候，传递信息。胡锦涛总书记先后发表了"携手推动两岸关系和平发展，同心实现中华民族伟大复兴"的重要讲话，并在纪念辛亥革命 100 周年大会上强调和平统一符合最符合全体中国人根本利益，主张终结两岸对立，抚平历史创伤，引起强烈反响。

三年来，两岸政治互信虽嫌不足，但仍有所增强，双方维持并巩固了坚持"九二共识"、共同反对"台独"的政治基础。马英九多次强调"九二共识"是两岸关系发展的基石，2011 年 9 月以来，马强调如果推翻"九二共识"，两岸必陷不确定状态，对两岸都有很大的冲击，对台湾的影响尤其重大。[②]"建立互信、搁置争议、求同存异，共创双赢"成为发展两岸关系根本法则，"先经后

① 顾莹华：《ECFA 早收效益及其他效益》，台湾《两岸经贸》杂志 2011 年 7 月号，总第 235 期。

② 台湾《联合报》2011 年 8 月 24 日。

政、先易后难、循序渐进,把握节奏"成为两岸关系发展的基本路径。

大陆高层官员赴台交流增多,近 30 位省、部级领导先后赴台交流参访。交流的区域向南行,交流的对象向下沉,交流的主题以直接接触基层、倾听心声、感受台湾民众的日常生活为主轴。2010 年 4 月上海韩正市长赴台访问获得成功,其亲民、近民的平民作风获得台湾民众、媒体的广泛赞誉。

进展四:两岸开启大交流、大合作、大发展的新时代。两岸交流空前活跃,高潮迭起,好戏连台。国共论坛、海峡论坛、民间各种形式交流活动广泛开展。尤其是上海世博会成为两岸交流融合的重要舞台。台湾各界全方位、深层次、多面向的参与世博,台湾馆、台北城市案例馆以及震旦"玉文化馆",共接待中外游客 358 万人次。近百家台资企业分享到世博商机,台湾的文化界、艺术界、创意产业共襄盛举。来上海参观世博的台湾同胞约 140 万左右。两岸酝酿了共同成就、共同参与、共同见证、共同分享的"世博典范",成为两岸关系的新亮点、新动力。

陆客赴台旅游呈现井喷式增长。陆客赴台旅游自 2008 年 7 月 18 日开始实施,2010 年赴台旅游、交流的大陆居民达到 163 万人次,超过日本,成为第一大境外客源。迄 2011 年 5 月底,陆客总人数超过 350 万人次,其中以观光的陆客为 235 万人次,占 67%。陆客来台创造 2000 亿商机,其中观光团体陆客占 6 成,约 1200 万台币。2010 年陆客赴台贡献台湾 GDP618 亿产值(约 20.6 亿美元),约占台湾整体观光产值 5100 亿台币的八分之一,对整体经济的贡献率达 0.28%。现在每日陆客人数达到 5000 人。2011 年 6 月 28 日陆客自由行亦已开放,成为陆客赴台游的新动力。① 陆生赴台读学位亦已成为现实,目前在台湾就有 5600 名大陆交换生,自 2011 年 9 月以后,每年将有 2141 名陆生进入台湾 131 所大学攻读学位。

历年累计有 500 多万大陆同胞踏上了台湾宝岛,而来大陆的台胞达到 6100 多万人次,实际到过大陆的台胞超过 800 万人,换言之,每 3 个台湾民众中就有 1 人到过大陆。在大陆就读的台生超过 7000 名。台湾每 1000 个高中毕业生中,有 22 个赴大陆读书。长期定居、工作、生活在大陆的台湾民众约 150 多万人,在上海及其周边城市的台胞多达三、五十万。

即使民进党也难以抗拒两岸大交流的磁吸,不能不正视两岸关系快速发展

---

① 吴文道:《台湾新商机——陆客自由行》,台湾《两岸经贸》2011 年 7 月号,总第 235 期。

的现实、顺应和平发展的民意。一批民进党内的温和派、务实派、地方县市长纷纷跨出了赴大陆交流的步伐，软化甚至改变原先的"台独"立场。

进展五：两岸同胞相互扶持，情感加深。两岸携手应对国际金融海啸冲击，共渡难关。台湾"八八"水灾、大陆汶川、玉树地震，两岸同胞心手相连、守望相助，体现了两岸同胞血浓于水的骨肉亲情。

进展六：两岸涉外领域的协商、合作增多，台湾同胞扩大国际参与的愿望得以实现。两岸关系和平发展的同时，两岸"外交"争逐、角力减少，协商、合作增加，初步摸索了两岸"外交"场合摒弃"零和"、走向双赢的途径与办法。过去3年，台湾主办了台北"花博会"、"听障奥运会"、高雄"世运会"，参加了世卫大会年会（WHA），加入"政府采购协定（GAP）"，在日本札幌、德国法兰克福设立办事处，东京羽田机场与松山机场恢复通航，争取到117个国家的免签证。与日本签署了青年度假打工协议、免试互换驾照协定以及台、日投资保障协定，新加坡与台湾地区之间正在商签经济伙伴协议（ASTEP）。[①]三年内，台湾方面获得美国183亿美元的对台军售，数、质量远远超过当年李、扁时期。[②]两岸在涉外场合的冲突、对峙减少，协商、合作增多，营造了良好的外部氛围，对两岸关系和平发展产生正向的促进作用。

总之，经过两岸同胞共同努力，两岸关系历史面貌产生巨大而深刻的变化，形成六十年来从未有过的全新格局，和平发展成为两岸关系永恒的主轴，成为两岸的主流民意、主流价值，也融入两岸同胞日常生活之中。两岸关系和平发展的战略纵深有所延伸，战略回旋空间有所拓展，为两岸关系的后续发展积累了经验、奠立的基础、储备了动力，赢得了时间，两岸关系和平发展已成为不以人的意志为转移的历史必然。

二、两岸关系挑战

毋庸讳言，在取得重大进展的同时，两岸关系也面临一些挑战，时常出现一些波折、遭到一些干扰。有的是老问题，有的是新矛盾，有的是发展中暂时性的、局部性的困难，有的则是结构性、全局性的障碍。主要有四个方面。

挑战一：民进党的非理性阻挠。下台后的民进党延续"逢中必反""为反对而反对"的策略，否认"九二共识"，死守"台独"立场，与"藏独""疆

---

① 黄奎博：《马展现自信务实负责》，引自台湾《联合报》2011年10月18日。

② 《马英九：美对台军售没影响两岸关系》，引自台湾《联合晚报》2011年9月25日。

独""民运""法轮功"势力相互勾结串联，踩踏两岸敏感红线，干扰协商，阻挠交流，把台湾贫富问题、分配问题、南北问题都归罪于马英九的两岸政策，以"阶级论"动员台湾中下阶层、中小企业、中产阶层、中南部"四中"群体。如今，出于选举的需要与选票的考量，蔡英文、民进党极力回避 ECFA 与两岸议题，声称"延续前朝政策、不会横柴入灶"，进行柔性、策略性的"台独"包装，发表"十年政纲"提出了"和而不同、和而求同""台湾共识"，甚至称"台湾就是'中华民国'""'中华民国'就是台湾"，"中华民国政府不是外来政权"，以"包容"的态度面对国民党与"中华民国政府"。[1]蔡还试图在"一边一国"的框架内，与大陆寻找互动基础，建立"战略互利"与"互动架构"，以此弥补民进党两岸罩门，吸引中间选票。可惜时机不对、政策不明、路径不通、动机不纯，不但不可信，而且不可行，分明就是一场骗局。不难预料，选举期间，民进党将进一步操作两岸议题，塑造"转型"假象，误导民众，蒙骗国际，给两岸关系制造障碍。10 月 24 日，针对两岸和平协议，蔡抛出修改"公投法"，以"事前授权、事后同意"的方式，由人民"公投"决定，充分暴露出蔡英文的"台独"本质。[2]

挑战二：两岸固有分歧与结构性矛盾。长期困扰两岸的一些政治分歧尚未找到有效的解决方案，包括两岸的政治定位、台湾"国际参与空间"、军事安全、两岸政治发展模式差异等。虽然双方为此作出了一些努力，摸索了一些方法，积累了一些经验，取得了一些进展，也解决了部分问题，但离最终解决根本分歧显然还有较长的一段路要走，有待两岸双方进一步共同努力。同时，台湾岛内有人不断鼓吹"关键枢纽论""核心利益论"，有时还陷入"只经不政、只易不难、只要不给"的误区。出于选举需要，马英九于 10 月下旬提出"公投和平协议"，并附上"一个架构、二个前提、三个原则、四个确保"为内涵的"十大保证"，不啻为两岸签洽和平协议设置重重门槛，有人断言两岸签署和平协议已破局，变可能为不可能，[3]给两岸关系后续发展带来消极、恶劣影响。

挑战三：台湾"主体意识"的攀升。台湾认同、"台湾优先"、"2300 万人决定台湾前途与命运"等等说法，成为台湾主体意识的核心内涵。民调显示，台湾民众的"统、独"观呈现出"统降独升""维持现状"大幅增多的现象，台

---

① 《蔡：台湾有自己的历史》，引自台湾《自由时报》2011 年 10 月 10 日第一版。

② 台湾《自由时报》2011 年 10 月 24 日。

③ 陈毓钧：《两岸和平协议已破局》，引自台湾《中国时报》2011 年 10 月 25 日。

湾民众的身份认同也出现"台湾人认同"增多、"中国人认同减少"的现象。台湾民众面对大陆崛起产生复杂心态，"既期待，又怕受伤害"，对大陆有种"不能没有你，有你我害怕"矛盾心理，既想抓住大陆崛起机会发展自己，又怕台湾全面依赖大陆、台湾人的"尊严"、面子不保，担心饭碗、工作丢失、"台湾主权"流失、沦丧，内生焦虑感。这种矛盾纠结短期内还难以纾解。

这些民意现象，与历史上台湾当局的反共宣传有关，与李、扁时期"去中国化"、仇视、丑化大陆有关，与台湾特殊的政治、媒体环境有关，也与两岸关系发展质量不高、发展成果分享不均、尚未惠及全部民众等因素有关。改变这种不利两岸关系发展的民意倾向，需要时间，更需要智慧与耐心。

挑战四：复杂的国际背景。国际社会对于两岸关系和平发展均持欢迎肯定的立场，均希望分享到两岸和平红利。但随着两岸关系的进一步发展，美、日疑虑增多，担心两岸关系发展得太快、太密，超出他们的心理预期、超出他们的控制范围，担心两岸联手，削弱他们在亚太及台海地区的影响力。于是我们看到，配合重返亚洲政策，美国出现了不利于两岸关系发展的杂音，关切、反制、画红线的动作不断，包括退役将领到大陆打高尔夫球都会引起美方的强烈关切，防止台湾从政治、经济、军事安全、社会各个层面靠近大陆，确保美国自身的战略利益。在当前选举期间，美国希望马英九连任，但不希望民进党、蔡英文选得太差，以利选后发挥民进党牵制马英九的功能，所以美方暗中扶植蔡英文，以免破坏蓝绿相互制衡、美国从中操纵获利的态势。

上述这些因素，确实为两岸关系后续发展设置了难题与障碍，使 2008 年以来的两岸关系留下许多遗憾，无法尽如人意，失去了许多历史机遇，还有许多未尽如人意的事，如台湾民众的认同问题出现令人忧虑的倾向，两岸政治对话、谈判议题无所进展，两岸政治互信基础仍然薄弱，经不起外界的风吹草动。如何破解两岸政治难题，将是下阶段两岸双方迫切需要解决的议题，考验两岸中国人的智慧与耐心。

三、两岸关系前瞻

当前，两岸关系和平发展面临关键抉择。毋庸置疑，选举结果对两岸关系造成重大影响，发展速度、内涵、质量面临变数。和平发展是两岸关系的必然选择，这是一条不归路，但不排除出现暂时性的困难与波折。如果一个不接受"九二共识"、坚持"台独"立场的民进党上台执政，两岸关系和平发展必然会面临重大挫折，两岸关系发展的基础没有了，协商受到冲击，ECFA 后续谈判陷入停顿，交流受到干扰，趋向萎缩，甚至通航、通邮、通商打折扣，发展动力遭到损害，台海和平面临复杂变数。相信台湾民众一定会站在和平发展的历史正确一方。

目前选情胶着、诡谲，鹿死谁手，尚难预料。综合来看，马英九的赢面略高于蔡英文，最后马应有惊无险、低空掠过，以微弱多数击败蔡英文，约赢对手 1—3 个百分点、30 万票上下 10 万票。但需考虑宋楚瑜因素，若马、宋取得默契，马就多赢一点；若全面对抗、彻底决裂，马就赢得少一点。蔡英文赢的难度高于马英九，但蔡会打一场漂亮的选战，其得票率将超过 2008 年的"谢苏配"。

马英九顺利连任，将会增加选后推动两岸关系的信心，在民进党选后陷于内乱、美国奥巴马总统因寻求连任而支持两岸关系继续有序可控发展的情况下，两岸关系面临历史性的机会之窗。就看两岸中国人有无信心及智慧抓住这一稍纵即逝的机会之窗。

在 2011 年 10 月 9 日纪念辛亥革命 100 周年大会上，胡锦涛总书记表示，两岸同胞是血脉相连的命运共同体，大陆和台湾是两岸同胞的共同家园。当今时代，两岸中国人面临着共同繁荣发展、共谋中华民族伟大复兴的历史机遇，两岸关系和平发展已成为中华民族伟大复兴的重要组成部分。下阶段两岸关系和平发展的重点，包括：牢牢把握两岸关系和平发展的主题，增强反对"台独"、坚持"九二共识"的共同政治基础，促进两岸同胞密切交流合作，共享两岸关系和平发展成果，提升两岸经济竞争力，弘扬中华文化优秀传统，增强休戚与共的民族认同，不断解决前进道路上的各种问题，终结两岸对立，抚平历史创伤。[①] 这些都是未来两岸关系和平发展的焦点、重点、难点。当代两岸中国人，应该创造条件，增进互信，巩固基础，寻找路径，建立制度，打下和平发展不可逆转的坚实基础。在大陆领导人作出这些政治表述的时刻，台湾执政者有无意愿谱写两岸历史新页，使两岸关系实现其所谓由"拨乱反正"向"脱胎换骨"的跨越，端看连任后的马英九有无宏图大略。

我们可以预期，如果 2012 年马英九顺利连任，"两岸猿声啼不住，轻舟越过万重山"，两岸关系将进入新一轮的发展阶段，和平发展面临全新的机遇。

---

① 《胡锦涛：在纪念辛亥革命 100 周年大会上的讲话》，引自《人民日报海外版》2011 年 10 月 10 日。

一是两岸制度化协商持续开展。协商的范围越来越广、内容越来越专业，与两岸同胞的实际生活关联度越来越密切。ECFA 后续协商将得到深化，"经合会"的示范功能越来越突出。10 月 17 日，马英九在《黄金十年》规划中，已将两岸互设办事机构列为重要政见。

二是两岸关系将进入经济、文化双轮驱动的新阶段。两岸关系的发展动力将由经贸导向逐渐翻转为文化轴线，由经贸两岸走向文化两岸。台湾"黄金十年"将与大陆"十二五"规划有机对接，ECFA 的后续协商及其落实将为两岸关系增添新动力。文化交流合作势头强劲，两岸文化教育交流协议应被提上两岸协商的议事日程，其紧迫性、可行性上升。

三是两岸双向有序整合，一体化进程加快。由单向、局部、垂直整合转入双向、全面、水平整合，两岸的人流、金流、物流、信息流将良性、合理、均衡地流动，两岸的经济、人文、社会要素进入重组聚合，两岸相互依存、相互影响，"你中有我、我中有你"，形成两岸竞争力，提升影响力。

四是两岸民众价值观念相互融合、逐渐趋同。两岸大交流必然引发两岸同胞观念的大碰撞、大融合。随着大陆文化软实力的大幅提升，大陆人民的人文内涵、价值观念将朝向更为开放、文明的方向演变，以两岸为主体的思维模式逐渐影响单一面向的台湾主体意识，两岸同胞之间的误解、埋怨、敌视减少，了解、理解、同情增多，两岸民众的生活方式、思维观念逐渐趋同。

五是两岸政治对话、协商、沟通、谈判难以回避，但何时启动尚难预估。目前，两岸关系已进入先经后政、先易后难中政治与困难的部分，如果长期延误政治对话、协商时机，拖延两岸政治谈判进程，不能及时、妥善处理两岸的政治分歧，终将影响两岸事务性协商，阻碍两岸经贸、文化、社会等各领域的交流互动。为此，两岸双方必须及早应因，未雨绸缪。我们认为这些分歧，可以透过两岸之间多层次、多面向的对话、交流来展开，透过友好协商、共同研究，再进入谈判，循序渐进，由低到高、由易到难、由简单到复杂、由低层次到高层次、由低政治性到高政治性，由求同存异到求同化异，逐步解决双方的争议，寻求共识。双方应本着相互同情、相互谅解、相互成全、互为对方着想的原则，不断增强政治互信，持续互动、磨合，最终会找到解决之道。

两岸政治对话、协商、谈判的内容非常广泛，可以谈结束两岸敌对状态，终结两岸对立，达成和平协议，建立军事互信安全机制等问题；也可谈两岸同胞普遍关注的两岸政治定位、台湾"国际参与空间"、美国售台武器、两岸军事部署等议题。关键是如何营造气氛、创造条件，找准时机点，定位切入点，以中华民族的智慧破解两岸难题，为两岸中国人和平发展战略机遇奠定基石。

马英九连任后，两岸关系能否"脱胎换骨"，继续使和平发展螺旋上升，创造全新境界，关键还是在于增进两岸政治互信。可以从四个方面路径入手：

一是相互保证，互守承诺。两岸应加强相互战略保证，互守政治承诺。包括扩大、强化"九二共识"、反对"台独"的政治基础；修改"不统"等违背"一中"宪法的言论；维护"一中"框架"两岸同属一中"；确保中国的领土主权完整、不被分裂；台湾方面需要进行"化独渐统"的中华文化、中华民族的认同教育；强化和平发展的主流民意；尽早结束敌对状态，化解台湾政治法律、媒体舆论、意识形态领域对大陆政府、人民的不信任、不友好；修改歧视大陆人民的法律、法规，保障陆客、陆生、陆资（陆企）及陆配（大陆配偶）的正当权益，将限制条款逐渐"松绑"；将两岸议题排除在所谓"公投法"之外，坚决反对以"公投"手段处理两岸议题，包括两岸和平协议。

二是联手合作，互为后盾。两岸双方守土有责，共同捍卫固有疆域，捍卫、争取中华民族的整体利益与长远利益。在钓鱼岛、南海等问题上加强协调，相互策应。在处理涉外事务中加强合作、多通气，共同面对外部势力挑战，两岸任何一方不搞片面、单方行动，不逼对方背书。

三是尊重彼此，扩大利益。苏起先生提出"两岸需要同情的相互理解"，两岸双方需要尊重彼此关切，进一步扩大共同利益。大陆的政治安全、经济安全、社会安全、文化安全、信息安全等，需要台湾方面给予尊重，不要在"藏独""东突""民运""法轮功"等议题上制造问题、伤害中国人民情感。两岸在培植经济的、文化的共同利益之际，更应大力培植政治、军事的、非传统安全领域的共同利益。

四是增进两岸基层、民间的互信互谅。将交流的种子播撒到两岸的各个角落，推进至两岸各个领域、各个阶层、各类群体，让更多的民众参与到两岸交流中来，分享到两岸和平发展的成果。

马英九先生在2011年元旦与"双十"讲话中都提到了"振兴中华"这一百年中国的不变主题，主张在"在中华文化智慧的指引下，为中华民族找到一条康庄大道。"人们相信，这条振兴中华、民族复兴之路，就在亿万中华儿女的心中，就在两岸中国人的脚下。（本文最初发表于香港《中国评论》2012年1月号）

两岸政治关系发展的成果、经验及启示

2008 年以来两岸关系进入和平发展的崭新时代，两岸政治关系取得重大进展，涉及多个领域、多个层面，具有开创性、引领性的意义。与此同时，有关推进两岸政治关系发展的研究取得了丰硕成果，形成了一批具有建设性与影响力的理论、力作，提供有力的理论支撑与政策指南，促进了两岸政治关系的发展。本研究着重回顾、梳理有关 2008 年以来两岸政治关系的实践成果与研究成果，汇整重要论点及有用可用主张，揭示研究推进两岸政治关系的经验、启示，提出相关对策建议。

一、成果

（一）实践成果

2008 年以来推进两岸政治关系发展的实践成果丰硕，成为两岸关系和平发展的主要标志及重要动力，主要体现在五个方面。

1. 两岸政治互信不断增加，确立了坚持"九二共识"、反对"台独"的共同政治基础

2008 年以来两岸双方在"九二共识"的基础上恢复协商，两岸领导人提出了"建立互信，搁置争议，求同存异，共创双赢"等多个"十六字箴言"，确立了"先经后政，先易后难，循序渐进，把握节奏"的和平发展路径，达成"平等协商，善意沟通，积极共识，务实进取"的谈判共识。两岸高层反复强调"九二共识"的重要性，核心是坚持一个中国原则，关键是认同大陆和台湾同属一个中国。2013 年 6 月国民党荣誉主席吴伯雄代表马英九表示：坚持"九二共识"、反对"台独"是国共两党一致主张，两岸各自法律、体制都主张一个中国原则，都用一个中国架构来定位两岸关系，而非国与国关系。同年 7 月马英九以国民党主席的身份在给习近平的回函中明确"1992 年，海峡两岸达成'各自

以口头声明方式表达坚持一个中国'原则的共识"。马多次强调两岸是特殊关系,"非国与国关系""非国际关系"。承诺"无论在国内国外,都不会推动'两个中国''一中一台'或'台湾独立'"。马还表示"一中各表"无论如何都不会表成"两个中国""一中一台"。上述表明两岸双方在维护一个中国框架的共同认知上相向而行,有利于寻找连结点、扩大共同点、增强包容性,深化了两岸政治互信,增添了两岸关系发展动力。

2. 两岸成立政治互动平台,建成两岸事务主管部门常态化沟通机制

大陆方面先后与台湾执政当局、主要政党、团体建立了合作交流的机制与平台,分别设立国共高层定期会面机制、APEC两岸高层会面机制、博鳌论坛两岸高层会晤机制,先后举行了"胡连会""胡吴会""胡萧会""习连会""习吴会""习萧会"等。两岸设立了两岸经贸文化论坛、两岸"菁英论坛"、海峡论坛、"双百论坛"、两岸紫金山企业家峰会等,规划两岸政治关系的战略框架与方向,促进稳定、有序发展。

基于台湾陆委会是处理两岸事务机构,称呼陆委会主委官衔并不违背一中原则,但可推进两岸关系进一步发展的考虑,2013年10月在印尼APEC期间,大陆方面顺利解决了陆委会主委的官衔问题,由此推动两岸事务主管部门负责人会面与互访,建立了国台办与陆委会之间常态化沟通机制。2014年内促成陆委会主委王郁琦来访与国台办主任张志军访台,连续进行3次"张王会",标志着两岸政治关系取得历史性突破,成为两岸进行政治对话、政策协商的最为重要管道,为两岸政治关系后续发展建立了制度化、常态化机制,为两岸关系和平发展奠定扎实基础。

3. 两岸开展多种多样政治合作,共组机构,共同演习

海协、海基两会恢复协商,签署协议,并在两会架构内成立两岸首个共同机构——"两岸经济合作委员会",为两岸政治议题的对话谈判创设了范例。两岸经贸机构已分别在对岸设立常驻机构,双方就海协、海基两会互设办事机构事宜进行协商,取得重大进展。两岸海事部门连续三次在金门、厦门海域展开海上救难演习,两岸公安、司法、民航等部门分别设立了业务沟通合作、危机应急机制等。上述政治合作丰富了两岸政治关系的内涵,提供了经验与动力。

4. 两岸作出合情合理政治安排,避免内耗

基于"两岸一家亲"理念,2008年以来两岸双方为避免内耗,有关部门之间设立多条政治性、政策性沟通管道,就台湾的国际参与、区域经济整合进行

合情合理的政治安排，分别安排连战、萧万长参与 APEC 领袖峰会、台湾有关部门参与世界卫生大会年会（WHA）、国际民航组织（ICAO）年会，台湾地区与新西兰、新加坡等国签署了经济协议，扩大台湾在"国际"NGO 的参与。

5. 举办两岸和平论坛，跨出两岸政治对话第一步

2013 年 10 月，两岸 14 家智库 120 多名学者在上海共同召开了首届两岸和平论坛，围绕"两岸和平、共同发展"主题，就两岸政治关系、涉外事务、安全互信及和平框架四项议题展开研讨，发表《论坛纪要》，达成十项共识，列出七项难点议题。论坛建议筹组两岸和平论坛常设机构，设置若干课题小组展开共同研究，旨在集成两岸智慧，破解政治难题，跨出了推进两岸政治对话的实际步伐。与会双方表达善意，培养互信，树立信心，也亮出底牌，为未来两岸政治对话进行了有益尝试。首届两岸和平论坛成为两岸政治对话的避险预热机制与制度化安排，具有民间性、实验性、包容性、引领性功能，在两岸政治对话进程中扮演里程碑意义。

（二）理论成果

2008 年以来，两岸及海外学者围绕推进两岸政治关系发展议题发表了大量研究论文、论著，涉及两岸关系内涵及发展路径、增进两岸政治互信、拓展和平发展路径、开展两岸政治对话、探讨两岸政治定位并作出合情合理安排，以及签署和平协议等多个领域。提出了一系列具有开创性、建设性的理论成果、具有务实性、可行性的政策主张、对策建议，填补理论空白，探求政策创新，丰富实践路径，为推进两岸政治关系提供智力支撑，作出理论贡献。

1. 两岸政治关系内涵与发展路径

两岸政治关系内涵主要包括政治互信、政治合作、政治安排、政治互动及政治定位等多个面向。彭维学认为政治互信是基础，政治定位是关键，政治合作是重要纽带，政治安排是核心。[①] 严安林认为发展两岸政治关系是两岸关系全面发展的基本要求、两岸关系良好发展的内在需求，也是两岸和平发展制度化的必然要求。推进两岸政治关系发展有利于两岸交流合作的巩固深化，回避、滞后两岸政治关系，不利于两岸关系的全面发展、优质发展。现阶段两岸政治关系存在一些问题，如两岸政治关系敌对性质没有改变，政治互信不高，政治

---

① 彭维学：《和平发展时期的两岸政治关系探析》，刊载《台海研究》2013 年 2 期；黄嘉树：《未统一前两岸政治关系剖析》，刊载《台湾研究》2013 年第 1 期；严安林：《和平发展时期"两岸政治关系"理论内涵与实践路径探讨》，刊载上海台湾研究所：《上海台湾研究》第 14 辑（2014 年）。

合作尚未正常化、制度化程度低，政治安排层次较低、非正式、权宜性明显，政治定位分歧仍未解决，等等。制约两岸政治关系发展的因素很多，既有岛内因素，如民进党及"台独"势力的反对阻挠、台湾民意对于两岸政治对话、谈判的疑虑、台湾当局政治局限等；又有两岸的因素，如两岸经济文化交流合作的制度化、机制化水平低及其两岸社会融合度低，两岸社会互信不足，两岸政治博弈过程中的相互算计等；还有国际因素，特别是美国干预两岸政治对话协商，或明或暗警告敲打台湾当局不得擅自开展两岸政治对话，等等。[①]

推进两岸政治关系发展的前提在于"两不"与"两个有利于"，即：在不违背一中原则与不造成"两个中国""一中一台"的前提下，只要有利于两岸关系和平发展、有利于祖国和平统一，都应该大力创新实践，推进两岸政治关系发展。

推进两岸政治关系的路径有多个方面，一是优化两岸关系的外部战略环境，提升大陆综合国力与影响力。二是扩大两岸交流合作，累积两岸政治关系的经济、文化、社会及民意基础。三是合情合理安排台湾民众在经济发展、传统安全与国际参与领域的重大关切与需求。四是增加两岸政治互动平台，提升两岸政治合作空间。五是坚持一中框架、平等协商、循序渐进、务实安排，逐步解决两岸政治分歧与难题。六是从两岸体制、法律寻求一中框架的连结点，增加共同点，扩大包容性。

2. 增进两岸政治互信

大陆方面始终强调增进两岸政治互信的重要性，两岸学界视此为推进两岸关系发展的关键。大陆学者强调两岸双方应进一步强化坚持"九二共识"、反对"台独"的共同政治基础，有效维护"一中"框架。刘国深把两岸政治互信分为"基础性互信""增长性互信"及"融合性互信"三方面。[②]建议采取五大步骤：一是两岸双方坚持"九二共识"，维护一个中国框架。二是继续扩大两岸领土和主权一体性的认知交集。三是最大限度拆除限制两岸人民交流合作的人为障碍。四是两岸双方由背靠背的"政权分治"走向面对面的"共同治理"，并以适当的方式共享中国对外主权，两岸政治互信外化成国际社会的稳定力量。五是以平

---

① 倪永杰：《两岸进行政治对话的时机已趋于成熟》，引自中国台湾网：http://www.taiwan.cn/plzhx/zhjzhl/zhjlw/201303/t20130325_3994330_4.htm。

② 刘国深：《增进两岸政治互信的理论思考》，刊载《台湾研究集刊》2010 年第 6 期。

等和民主的方式，最终达成两岸政治关系的终极安排。① 严安林建议马英九应及时调整消极的"三不"政策，将"不统、不独"改为"缓统、反独"。倪永杰提出增进两岸政治互信的基本路径：一是两岸需要消除互疑、累积共识、扩大政治基础。二是消除歧视及敌视，转向开放与人道。三是建构两岸各阶层互信，包括两岸高层互信、行政互信、民间互信、基层互信及媒体互信。四是建构两岸综合互信，包括政治互信、涉外互信、军事互信、文化互信、经济互信等。②

台湾学者多强调面对"中华民国存在"。包宗和早在 2009 年就建议两岸双方应从"一中各表"走向"一中共表""一中同表"，首先要面对、接受"中华民国"及中华人民共和国分别存在的事实，其次要去政治化，主张"一个中国"是文化的、民族的、历史的、地理的中国，避免"政治一中"所形成的"零和"局面。邵宗海建议以"中国领土和主权完整"取代一中原则。③ 台湾学者蔡玮提出增进政治互信上、中、下三策。上策是设计一套机制，避免误解、误判，中策是透过实践，多管道、多面向、多层次，点点滴滴地增加互信。下策为好事多做，好话多说，开展二轨对话，不要急于求成。④

3. 拓展和平发展路径

围绕两岸关系和平发展，两岸学者提出了"两岸统合论""动力机制论""共同利益论""共同治理论"等众多发展路径，形成一批理论亮点、政策重点。台湾学者张亚中仿照"欧盟模式"首创"两岸统合论"，提出透过强化两岸认同的主轴，遵循文化统合、货币统合（发行"华元"）、经济统合（签署 ECFA）、身份认同（发行"中华卡"Chinese Identity Card）、安全认同、"国际"参与及和平框架等七条路径强化两岸统合与一体化进程。⑤

周志怀提出和平发展的"动力机制论"，认为应该把握与用足用好和平发展的历史机遇，努力创造机遇，实现由危机风险管控向机遇红利管理的转变，拓

---

① 刘国深:《两岸政治互信可分五个步骤达成》，引自台海网：http://www.taihainet.com/news/twnews/bilateral/2009-11-15/471372_2.html。

② 倪永杰:《增进政治互信，深化和平发展》，刊载香港《中国评论》2013 年 2 月号，总第182 期。

③ 邵宗海:《以"中国领土和主权完整说辞代替"一中原则"可行性之探讨》，《台湾研究集刊》2011 年第 2 期。

④ 蔡玮:《增进两岸政治互信》，引自张文生:《两岸政治互信研究》，北京：九州出版社，2011 年 10 月版。

⑤ 张亚中:《论两岸统合的路径》，引自香港《中国评论》2009 年 4 月号。

宽和平发展路径。^①周指出"协议拉动型"的发展模式必须调整，需要寻找两岸关系的新动力与增长点，创新两岸关系发展模式，进行思维转换、政策创新与实践探索，在保持存量的同时，全力培育增量，提升两岸关系发展的量与质。倪永杰提出两岸关系和平发展的根本路径在于"培植共同利益，形塑共同价值"，认为两岸共同利益越多越广、共同价值越近越亲，和平发展的基础越牢固、动力越强劲，道路越宽广。^②

有学者论证了两岸政治领域公权力与非政治领域社会力之间相互影响与博弈的互动情景，主张建构两岸和平发展的动力发掘培植机制、激励机制、整合机制、沟通协调机制以及保障机制。^③陈先才从非传统安全角度论证两岸关系发展新动力的培育路径，提出增加两岸在人道救援、海上救援、能源保障、环境保护、信息与网络安全、共同打击犯罪等领域的交流合作。^④还有学者从两岸共同治理、两岸社会整合、两岸城市交流等论证两岸关系和平发展的路径选择及其动力机制。刘国深、严安林运用治理原理主张加强两岸共同治理，设立"两岸共同事务委员会""两岸救灾共同委员会"，共同策划、组织、协调、控制和监督两岸共同事务的合作问题。^⑤

4.开展两岸政治对话

两岸学者就两岸民间政治对话进入深入研究。朱卫东的研究认为，应做好政治对话的前期准备，积极营造有利的环境与条件，培养和增进两岸战略互信，提升台当局进行政治谈判的动力和意愿。他梳理了两岸政治对话谈判的路线图：首先两岸学界政治对话先行，特别要启动两岸智库对话。其次在二轨对话中，对双方关心的议题从各自研讨走向共同探讨，送交各自的决策层。再次要发挥国共交流机制的作用，作好规划。最后是实现"两岸同属一中"法律化，作为

---

① 周志怀：《两岸关系和平发展的历史机遇与机遇管理》，引自全国台湾研究会：《两岸关系和平发展与机遇管理》论文集，2009 年 8 月。

② 倪永杰：《两岸和平发展路径探索：培植共同利益、形塑共同价值》，引自香港《中国评论》2009 年 7 月号，总第 139 期。

③ 王鹤亭：《基于动力分析的两岸持续合作机制建构》，引自周志怀：《海峡两岸持续合作的动力与机制》，北京：九州出版社，2012 年 3 月版。

④ 陈先才：《两岸持续合作的动力与机制研究：基于非传统安全合作的视角》，引自周志怀：《海峡两岸持续合作的动力与机制》，北京：九州出版社，2012 年 3 月版。

⑤ 刘国深：《试论和平发展背景下的两岸共同治理》，《台湾研究集刊》2009 年第 4 期；严安林：《试论海峡两岸间的政治互信及政策建议》，刊载于张文生：《两岸政治互信研究》，北京：九州出版社，2011 年 11 月版。

两岸政治关系框架的基本内容。[①] 倪永杰提出两岸民间政治对话的三项策略。一是两岸双方树立信心，二是定位正确，考虑台湾民众心理承受度，目标不宜太高，节奏不宜太快，逐步深入、逐步解题。三是策略高明，最大限度地争取各方支持，化解阻力。建议两岸双方沿着机制化、民间化、学术化、多元化、透明化、普遍化的方向推进。[②] 徐博东提出了两岸政治对话的六点建议，包括在坚持"九二共识"基础上遵循先易后难、循序渐进的务实原则，遵循"先学者后官方、先对话后谈判"的方式逐步推进，双方先进行程序性商谈等等。[③]

台湾学者董立文认为政治对话分为政策互动、二轨外交及政治谈判三种形式，他提出了两岸政治对话的内容与程序为和平、民主与统一三大领域，主张把民主、人权纳入两岸政治对话议题。[④] 郭正亮提出大陆必须"正视中华民国存在的现实"，否则两岸政治对话不可能得到台湾人民的支持。[⑤]

5. 探讨两岸政治定位、作出合情合理安排

两岸学者对于两岸政治定位的分歧很大，大陆学者坚持一个中国原则，维护国家主权领土完整，从"一中"原则、"一中"框架出发，寻找"两岸同属一中"的连结点、共同点。而多数台湾学者强调一国即为"中华民国"，从两岸"分裂分治"的角度，突出两岸"主权重叠、治权分治"的政治现实，核心要求大陆方面"正视中华民国存在的事实"，如朱新民提出"两岸共构法理唯一主权，两岸分享一中事实治权"的模式。[⑥] 黄伟峰认为两岸"法定主权是重合的，事实主权是分裂分治"。[⑦]

两岸学者有关政治定位有二种模式，一种是"一国两府""一国两实体"的

---

① 朱卫东：《后 ECFA 时期海峡两岸政治谈判路线图探析》，引自中国社科院台湾研究所网站：http://cass.its.taiwan.cn/zjlc/zwd/201409/t20140903_7209654.htm。

② 倪永杰：《两岸进行政治对话的时机已趋于成熟》，引自中国台湾网：http://www.taiwan.cn/plzhx/zhjzhl/zhjlw/201303/t20130325_3994330_4.htm。

③ 徐博东：《关于两岸政治对话六点建议》，引自香港中国评论网：http://www.crntt.com/crn-webapp/doc/docDetailCreate.jsp?coluid=33&kindid=4370&docid=101093107&mdate=1003003433。

④ 董立文：《两岸政治对话的形式与内容：检讨与展望》，引自苏起、童振源：《两岸关系的机遇与挑战》，台北：五南图书出版有限公司，2013 年 9 月版。

⑤ 郭正亮：《两岸政治对话，必先正视"中华民国"》，引自两岸统合学会：《台北会谈：强化认同互信深化和平发展》论文集，2012 年 12 月 9—12 日。

⑥ 朱新民：《两岸政治定位与一中框架创新突破之探讨》，引自《首届两岸和平论坛参会论文集》（台湾版），2013 年 10 月 11—12 日上海。

⑦ 黄伟峰：《欧盟整合模式与两岸主权争议之解析》，台湾《欧美研究》第 31 卷第 1 期，2001 年 3 月号。

现在式模式；另一种则是"第三主体""一中屋顶""一中三宪"的未来式模式。

大陆多数学者主张主权至高无上，坚持主权不可分。也有人认为治权来源于主权，从主权衍生治权的视角论述两岸政治定位。刘国深以其"球体国家理论"将两岸关系定位为"领土主权一体，政权差序并存；存量原则不变，增量拓展共商"。[①] 王振民认为"台湾是宪政实体"，黄嘉树提出"一国两府两治论"与"一点六府"论，李家泉主张"一个主权、两个治权"，严安林提出"一国两治（两体）论"。

台湾学者杨开煌提出"互为主体"理论，两岸定位为"一国一府，互为主体"，两岸为"府对区"的关系，两岸"互为主体"或"互为特殊地区"。认为两岸双方必须相互默认统一前两岸处于"一中框架，互为主体，治权自主"的现况。[②] 黄年持续论述著名的"一中屋顶"理论，主张在"中华民国"与中华人民共和国两个对等并立国家之上，形成"大屋顶中国"第三概念，一中就是"一个分治而不分裂的第三概念中国"。[③] 此外，施明德等提出"大一中架构"，但其所谓"独立的国际法人资格"引来各方议论，质疑"两国论"倾向。

张亚中"一中三宪"理论主张"两岸同属整个中国"，并互相承诺"不分裂整个中国"。两岸现状定位系"整个中国内部两个具有宪政秩序之政治实体的平等关系"，双方"各有主体、共有主体"，互相以"北京中国"与"台北中国"相称。所谓"第三宪"是在目前中华人民共和国宪法与"中华民国宪法"这"两宪"的基础上，通过签订规范性协议包括两岸和平协议而形成的超越"两宪"的宪法性架构，这个"第三宪"与两岸宪制性规定并存。

受谢长廷"宪法各表"启示，童振源提出两岸属于"中华民国宪法下的境内境外特殊关系，对等分治，互不隶属"。[④] 此外，熊玠、王晓波等提出"不完全丧失与继承"论，认为对于中国主权，"中华民国"不完全丧失，中华人民共和国不完全继承。

大陆方面呼吁"探讨国家尚未统一特殊情况下的两岸政治关系，作出合情

---

① 刘国深：《两岸关系和平发展新课题浅析》，引自周志怀：《台湾研究优秀成果将获奖论文汇编2008卷》，北京：九州出版社，2009年10月版。

② 杨开煌：《两岸和平发展时期启动政治接触之设想》，引自香港《中国评论》2011年9、10月号；杨开煌：《"胡六点"后推动两岸和平稳定政治关系之刍议》，引自共识网：http://www.21ccom.net/articles/zgyj/thyj/article_20100120655.html。

③ 黄年著：《两岸大架构——大屋顶的中国》，台北：天下远见出版公司，2013年2月版。

④ 童振源：《两岸政治关系的合情合理合宪安排》，引自《首届两岸和平论坛会议论文集》（台湾版），2013年10月11—12日上海。

合理安排"。王毅对"合情合理"的定义为"合情就是照顾彼此关切，不搞强加于人；合理就是恪守法理基础，不搞'两个中国''一中一台'"。台湾赵春山提出"合情就是合乎人之常情，合理就是讲求正不正当，以及合不合乎道理和法理。"[①] 陈明通提出"合情要合乎实情即两岸'分立分治'，也要合乎民情包括台湾主流民意与民主程序。合理就是符合文明标准，以国际规则处理两岸关系。"

有关两岸政治关系的合情合理安排，多数学者集中于台湾的国际参与。俞新天提出两岸"共享主权、共耀国际"。台湾学者提出多种方案。张亚中主张"两岸三席"，即作为两岸国际共同参与的模式，在一个国际组织内，两岸拥有三个席位，一个代表大陆，一个代表台湾，一个由两岸共同组成的代表团即为第三席，第三席则透过两岸"第三个宪法"性文件来创造。[②] 高育仁提出以"中华共识"强化两岸政治互信，并以百年来的"共同史观"为主轴，梳理两岸的完整的历史论述。两岸间以"互相承认重叠主权、互相尊重分立治权"来探讨两岸未来合情合理的政治安排。[③] 许信良 2013 年在"北京会谈"上提出参照欧盟模式设立"中国议会"的构想。

6. 签署和平协议

两岸学者针对两岸和平协议进行初步研究。主要围绕和平协议的性质、定位、目标、内容及实施步骤等开展。大陆学者着重于和平协议的一中基础性、统一指向性，台湾学者则强调协议的和平目的、非一中前提以及民意支持甚至"公投"。

朱卫东认为两岸和平协议的性质属于国家尚未统一前结束敌对状态、促进两岸融合、维护主权与领土完整的国内协议。其定位虽不是和平统一协议，但不能排除统一的政治指向。[④] 谢郁提出和平协议的性质是和平发展时期的阶段性协议而非终极性协议，也是基础性、框架性、国内协议。需要体现"两岸同属一中"、平等协商、循序渐进、互惠双赢、不受外力干涉的五项原则。其内容主要包括统一前的两岸政治关系、结束敌对状态、建立军事安全互信机制，并涉

① 赵春山：《两岸共同参与区域经济合作：理论与实践》，刊载《台海研究》2013 年第 1 期。
② 张亚中：《两岸共筑中国梦：从强化联系到建立结构》，刊载《北京会谈：两岸关系研讨会》论文集，2013 年 6 月 19 日—22 日。
③ 高育仁在 2013 年 6 月 20 日"北京会谈"研讨会上的主题演讲稿。
④ 朱卫东：《两岸和平协议基本内涵与落实路径之探讨》，引自《首届两岸和平论坛参会论文集》，2013 年 10 月 11—12 日上海。

及两岸涉外事务、经济合作、文化交流等。① 周中叶等主张和平协议应具有"宪制性"地位与作用，以此为统帅，形成由和平协议、两岸协议及其具体实施办法构成的协议规范体系。建议设立公民参与机制，确保两岸民众的参与权与知情权。②

台湾张京育认为和平协议不是国际协议，而是内战双方的协议；不只是两岸执政当局之间签署的协议，也是两岸各自内部各种政治势力之间的协议。不是两岸的终极协议，目的在于结束敌对状态，进行和平制度化安排。③ 朱云汉认为和平协议涉及两岸政治定位、放弃使用武力、终极目标、时效、军事安全互信措施、生效程序等。④ 蔡政文提出台湾对于和平协议的考虑主要是以政府为平等对话主体、没有明示的终极目标、化整为零方式，不希望第三方保证。内容上主张维持现状，排除武力、共存于国际社会等，有必要解决"中华民国"定位等。⑤ 张亚中、邱进益分别起草了《两岸和平协定基础草案》《台湾海峡两岸和平合作协议草案》，后者主张"一个中国、未来统一"，核心是大陆不武、台湾"不独"，时效 30 年。多数台湾学者认为和平协议须经过台湾民意考验，不少人主张采"公投"方式认可。陈明通提出预设或不预设统一前提、"不统不独不武"三类和平协议，认为现阶段没有签署和平协议的必要。⑥

二、经验

2008 年以来两岸政治关系发展的实践表明，两岸政治关系的发展具有其自身的规律、法则，决不会一帆风顺，必定会曲折起伏。有关推进两岸政治关系发展的研究成果也昭示人们，只要抓住并用好机遇，求同存异，创新突破，就可累积发展动力，赢得发展空间。

---

① 谢郁：《对两岸达成和平协议问题的初步探讨》，引自张亚中：《两岸政治定位探索》，台北：台湾生智文化事业公司，2010 年 6 月版。

② 周中叶、祝捷：《论海峡两岸和平协议的内涵及其实践路径》，引自《首届两岸和平论坛参会论文集》，2013 年 10 月 11—12 日上海。

③ 张京育：《两岸和平协议：一个多角度的观察和建议》，引自邵宗海：《探索两岸和平协议的多角度观察》，香港：中国评论学术出版社，2013 年 2 月版。

④ 朱云汉：《和平协议：有待破解的两岸政治难题》，引自邵宗海：《探索两岸和平协议的多角度观察》，香港：中国评论学术出版社，2013 年 2 月版。

⑤ 蔡政文：《两岸和平协议的探讨》，引自邵宗海：《探索两岸和平协议的多角度观察》，香港：中国评论学术出版社，2013 年 2 月版。

⑥ 陈明通：《探索两岸和平协议的多元角度观察》，引自邵宗海：《探索两岸和平协议的多角度观察》，香港：中国评论学术出版社，2013 年 2 月版。

一是坚持"一中"、增强互信。这是推进两岸政治关系发展的基本原则，也是确保两岸关系和平发展的根本保障。在当前两岸关系出现新情况、和平发展面临新困难的情况下，更需要坚持"一中"框架、坚持"九二共识"，任何时候、任何情况下都不能动摇与退让。两岸双方应充分利用现有的国共高层平台、两岸经贸文化论坛、两岸事务主管机关常态化沟通机制、海协与海基两会平台密切沟通。增强政治互信重要途径就是两岸双方从各自现行规定出发，相向而行，在维护一中框架方面形成更为清晰的共同认知，寻求连结点，增加共同点，扩大包容性。

二是聚同化异、把握节奏。这是经过实践检验、行之有效的推进两岸政治关系的基本路径。两岸政治分歧始终存在，随着两岸关系进一步发展，还会出现新问题，面临新阻碍，情势更为复杂艰难。需要两岸双方秉持搁置争议、缩小分歧、求同存异、聚同化异的精神，采取先易后难、先急后缓、循序渐进、把握节奏的策略，攻坚克难，创造机遇，有所作为。

三是建立机制，增强动力。这是推进两岸政治关系发展的基本策略。两岸相关部门之间应该建立各种功能齐全、灵活高效的政治沟通机制，特别是深化两岸事务主管机关常态化沟通机制，突出其在两岸关系发展中的领衔主导地位，发挥释疑解惑、增进互信、明确方向、解决难题的功能，带动两岸政治关系发展。两岸双方应搭建形式多样、效果显著的政治、外交、军事、经济、文化、社会交流合作平台，大力提高两岸政治关系发展的制度化程度。通过交流互动合作，降低风险，巩固既有基础，增强发展动力。

四是集成两岸，创新发展。这是推进两岸政治关系发展的必然要求。两岸关系牵动两岸各方力量，需要集成两岸智慧，秉持同理心，相互体谅，相互尊重，寻找破解政治难题的方案。与此同时，开展理论创新与实践创新，在体制机制、制度政策领域与时俱进，求新求变，不断转换思维、拓宽领域，另辟蹊径，寻找最佳可行方案，实施政策创新，突破现有格局，创造新机遇，由此带动两岸政治关系进入新的里程。

三、启示

2008年以来发展两岸政治关系的经验教训以及与之相关的研究成果启示我们，推进两岸政治关系发展，需要两岸双方坚定信心，相向而行，提升质量，创新突破。

一是以我为主，发挥引导作用。随着大陆深化改革与综合实力的增强，大陆对台优势与筹码持续增加，已掌握两岸关系的主导权，拥有众多对台工作资源，对台战略纵深进一步拓展，时间站在大陆这一边。两岸关系发展关键在于大陆自身的发展进步。对此，我们应有高度信心，调动各方，用好资源，坚持从实现"两个一百年"奋斗目标和中华民族伟大复兴中国梦的战略高度，引导两岸政治关系发展方向，做好顶层设计，选准突破点，攻坚克难，持续推进，有所突破。

二是以民为本，扩大民意基础。为两岸同胞谋福祉是发展两岸关系的着眼点和落脚点。遵循两岸关系和平发展要两岸同胞共同推动、靠两岸同胞共同维护、由两岸同胞共同分享的理念，扩大台湾民众在两岸关系中的参与面、参与度，增强台湾基层民众、年轻世代在两岸关系中的获得感。在此基础上，引导更多台湾民众认同、支持两岸政治关系发展，塑造、扩大民意基础。

三是以政统领，促进全面发展。两岸关系的核心就是两岸政治关系，此前两岸双方遵循"先经后政"的政策推动和平发展，进入两岸关系深水区，已难以回避两岸政治关系发展的需要。如果处理不及时或处理不当，必然影响到两岸和平发展的巩固深化。为此，需要逐步改变两岸政治关系滞后的局面，实现两岸政治关系与经济、文化、社会的平衡发展；需要以政统领两岸关系，促进并实现两岸关系全面发展。需要及时面对、妥善处理好两岸双方共同关切的两岸政治分歧、两岸政治定位、合情合理安排、结束敌对状态、签署两岸和平协议、建立军事安全互信机制等一系列重大议题。尊重历史现实，引领未来，处理好继续与创新，采取堆积木策略，突破两岸政治关系的发展障碍，实现两岸关系全面发展。

四是以易带难，实现渐进发展。应遵循先易后难的策略，由容易议题的解决带动艰难议题的突破，由低政治性议题的处理逐渐触及高政治性议题，由点成线、由线成面，逐步破解两岸政治难题。关键是增进互信，以同理心尊重彼此关切。

四、展望

当前，我强台弱、台湾对我高度依赖的情况下，两岸关系发展的主导权牢牢掌握在大陆手中，"一中"格局难以改变，"九二共识"获得普遍接受。两岸经济合作、人员交流、社会互动的态势只会加强并不可逆转，和平发展的大趋势难以改变。但未来两岸政治关系既受到 2016 年台湾选举结果的影响，也受到岛内社会"反中"、"反商"气氛与民众"主体认同"上升的影响，更由于两岸政治分歧由来已久，较为棘手，国际社会对于发展两岸政治关系的疑虑加剧，总体而言，两岸政治关系处于等待观望的空转期，前景不容乐观。

一是两岸政治互信遭到削弱。未来一年内马英九执政"跛脚"，其两岸事务已难有作为，更不会大开大阖，反而有可能采取"积极亲美，消极两岸"的政策，甚至对大陆的政治社会制度、香港问题"说三道四"，损害两岸政治互信。

二是两岸政治沟通对话平台面临转型升级。博鳌论坛与 APEC 两岸高层会面机制发挥正面影响，国共高层面会机制尚待规划落实，"习朱会"规划得当有利于国民党整合及其选情，也为两岸关系发展注入活力。举办多年的两岸经贸文化论、海峡论坛等两岸平台有待转型升级，在议题设定、政策方向上将更加契合两岸民众的现实需要，照顾台湾民众包括基层民众、年轻人的利益诉求。两岸民间政治对话、两岸和平论坛有望继续推动，但两岸正式的政治对话、政治谈判为时尚早。

三是两岸事务主管机关常态化机制继续落实，但效益递减。国台办与陆委会负责人互访会面持续进行，对于增进两岸政治互信、克服困难产生重要作用。但此机制对话的议题多为低阶政治议题、争议性议题，很少涉及高政治性的两岸领导人会面、两岸政治定位、和平协议等重大议题，较难达成政治共识，对于两岸政治关系发展的拉动效益不明显，有可能持续下滑。

四是民进党两岸政策转型困难，难以实现民共党际交流。民进党赢得 2016 的机会上升，选前蔡英文仍回避"九二共识"，不放弃"台独"立场，抛出空洞而又不切实际的"三个坚持、三个有利于"，民进党与大陆关系正常化、实现党际交流的障碍依然存在。但民进党基层、民进党执政县市与大陆的交流合作持续开展。

两岸政治关系是两岸关系的核心议题，处理及时、妥当，就为两岸关系和平发展创造条件，提供动力；处理不及时、不妥当，就影响甚至阻碍两岸关系发展。

推进两岸政治关系发展是一项长期、复杂的过程，遭遇各种不利因素挑战，决不会一帆风顺，不可能一蹴而就。我们必须坚定信心，增强意志，发挥智慧，抓住机遇，顺势而为，化不利为有利，化阻力为助力，化不可能为可能，力争有所作为，有所成就。（肖杨、刘亭同志为本文提供部分资料，完成于 2015 年 3 月）

两岸关系和平发展的成果、经验及问题

2008 年以来两岸关系进入和平发展崭新时代，改变了两岸关系历史面貌，调整了两岸关系既有结构，两岸关系处于 60 多年来最好阶段。两岸关系和平发展成果丰硕，经验宝贵，启示未来。但两岸关系面临深层次、结构性的困难与障碍，制约了和平发展的巩固深化，值得深入研究。

一、成果

两岸和平发展成果涉及政治、经济、文化、社会、人员交流往来等各个方面，呈现全方位 、宽领域、高频率的特点。

（一）政治关系进展：增强互信、实现最高会面

（1）两岸政治互信不断增强。两岸双方确立了"九二共识"、反对"台独"的共同政治基础。马英九多次强调两岸是"特殊关系，'非国与国关系'"，承诺"无论在国内国外，都不会推动'两个中国''一中一台'或'台湾独立'"。2013 年 6 月国民党荣誉主席吴伯雄来北京表示：坚持"九二共识"、反对"台独"是国共两党一致主张，两岸各自法律、体制都主张一个中国原则，都用一个中国架构来定位两岸关系，而非国与国关系。2015 年 11 月 7 日马英九公开表示："海峡两岸在 1992 年就一个中国原则达成的共识简称九二共识，九二共识是两岸推动和平发展的共同政治基础。"两岸双方在维护一个中国框架、寻求共同认知上，不断相向而行，深化了两岸政治互信。

（2）两岸成立政治互动合作平台，规划两岸政治关系发展方向。大陆方面先后与台湾当局、主要政党、团体建立了合作交流的机制与平台，分别设立国共高层定期会面机制、APEC、博鳌论坛、海峡论坛两岸高层会面机制，先后举行了"胡连会""胡吴会""胡萧会""习连会""习吴会""习萧会""习朱会"等，规划两岸政治关系的战略框架，引领两岸关系发展方向。大陆各级领导赴

台交流日益增多，据统计，大陆省部级领导赴台交流的人数超过 2000 多人次，省部级一把手赴台交流也达到 30 多次，有 20 多个省、市委书记访问过台湾。两岸搭建了机制化的交流平台，先后举办了十届两岸经贸文化论坛、一届两岸"菁英论坛"、三届两岸县市"双百论坛"、七届"海峡论坛"等。

（3）建立两岸事务主管部门常态化沟通机制，进一步提升两岸政治关系。基于台湾陆委会是处理大陆事务的机构，称呼陆委会主委官衔并不违背一中原则，但可推进两岸和平发展，2013 年 10 月在印尼 APEC 期间，大陆方面顺利解决了陆委会主委的官衔问题，实现两岸事务主管部门负责人首次会面。此后，两岸事务主管部门负责人先后 6 次会面、4 次正式互访会谈。2014 年内促成陆委会主委王郁琦来访大陆、国台办主任张志军成功访台，2015 年 5 月、10 月先后在金门、广州举办了两次"张夏会"，标志着两岸政治关系取得历史性突破，建立了国台办与陆委会之间常态化沟通机制，成为两岸进行政治对话、开展政策协商最为重要的管道，也为两岸领导人会面奠定基础。

（4）举行两岸领导人会面，翻开历史性一页。2015 年 11 月 7 日，两岸同胞、亿万华人迎来最富悬念、最具震撼力的"两岸时刻"，两岸领导人在新加坡伸手相握，成功会面，牵动两岸，震撼世界。两岸领导人会面本身就是巨大成果，开创了两岸领导人直接会面的先河。在两岸政治分歧尚未彻底解决的情况下，两岸双方发挥智慧，根据一个中国原则，就会面性质、身份、场合、内容等作出合情合理的定位、安排，堪称"两岸智慧、世界典范"。这次会面属于两岸最高层级的政治对话，双方围绕"一中"原则、"九二共识"、和平发展、振兴中华以及台湾国际参与、大陆军事部署、两岸生活方式等重大敏感议题深度、广泛交换意见，取得积极、富有建设性的成果，不但增强两岸互信与兄弟情谊，升华中华智慧，而且克服重重难题，增强发展信心。两岸领导人会面成就两岸和平发展制度化架构，具有凝聚中华情怀、创造和平典范、巩固政治基础、维护和平发展、提升制度保障等重大功能，为两岸和平发展注入新动力，塑造新框架，使之不可中断、不可逆转。两岸领导人会面向世界表明，两岸中国人完全有能力、有智慧解决好自己的问题，并为世界与地区和平稳定、发展繁荣做出更大贡献。

（5）两岸开展政治合作，共组机构，共同演习，扩大并深化两岸政治关系的内涵。海协、海基两会恢复协商，签署协议，并在两会架构内成立首个由两岸共同组成的机构——"两岸经济合作委员会"，为两岸政治对话谈判创设了范例。双方就海协、海基两会互设办事机构进行协商，取得重大进展。两岸海事部门连续三年在金门、厦门海域展开海上救难演习，两岸公安、司法、民航等多个部门分别设立了业务沟通合作、危机应急机制等。上述多领域、多层次的政治合作丰富了两岸政治关系的内涵，提供了宝贵经验与强劲动力。

（6）两岸就台湾国际参与作出合情合理政治安排，避免内耗。基于"两岸一家亲"理念，2008年以来两岸双方为避免内耗，有关部门之间设立多条政治性、政策性沟通管道，就扩大台湾国际参与、避免国际场合纷争，两岸进行合情合理的政治安排，分别安排连战、萧万长参与APEC领袖峰会、台湾有关部门参与世界卫生大会（WHA）、国际民航组织（ICAO）年会，台湾地区与新西兰、新加坡签署经济合作协议，扩大台湾民众的免签待遇，扩大台湾在国际NGO的参与。

（7）举办两岸和平论坛，开展民间政治对话。2013年10月，两岸14家智库120多名学者在上海召开了首届两岸和平论坛，围绕"两岸和平、共同发展"主题，就两岸政治关系、涉外事务、安全互信及和平框架四项政治议题展开研讨，跨出了推进两岸政治对话的实际步伐，为未来两岸政治对话进行了有益尝试，在两岸政治对话进程中具有里程碑意义。

（二）经济关系进展：迈向制度化、正常化、一体化

两岸经贸关系取得重大进展，逐步迈向制度化、正常化、自由化，两岸经济一体化速度加快。

（1）实现两岸全面海空直航。两岸于2015年12月15日实现全面、直接双向、海空、客货运直航，两岸告别经港、澳等第三地转机、转运的岁月，迈入"一日生活圈"时代，两岸航线成为"黄金通道"。如今，两岸之间每周直航航班890班、货运84班。大陆对台湾开放55个空运航点、72个直航港口，台湾对大陆开放10个航点、13个港口。

（2）签署经济协议，设立经贸机构。2008年后，海协会与海基会先后签署大陆居民赴台旅游、两岸空运、海运、邮政、金融以及《海峡两岸经济合作框架协议》（简称ECFA）、知识产权、投资保护、《海峡两岸服务贸易协议》等多个经济合作协议。ECFA设立早收清单，大陆、台湾分别向对方提供免除或降低关税。在ECFA框架下，两岸设立了"经合会"，下设货物贸易、服务贸易、投资、争端解决、产业合作、海关合作及中小企业等7个小组，着重讨论两岸经合作事宜。大陆海旅会、中国机电进出口商会与台湾台旅会、台北世界贸易

中心分别在对岸设立了办事处。

（3）两岸贸易更加密切。两岸贸易额不断攀升，由 2008 年 1292 亿美元上升到 2014 年 1982.8 亿美元。台湾对大陆出口占台湾总出口的 51.28%，台湾自大陆进口占台湾总进口的 15.06%，台湾对大陆贸易占台湾总贸易的 34.29%。大陆成为台湾最大贸易伙伴、最大出口市场、最大贸易顺差来源。台湾则是大陆第七大贸易伙伴、第九大出口市场、第五大进口来源。

（4）台企转型升级，实现两岸双向投资。截至 2015 年底，大陆核准台商投资项目 92858 项，利用台资 616.4 亿美元。因应大陆经济发展形势，台资企业开始转型升级历程，并向中西部转移，提升企业竞争力。2009 年台湾开放大陆企业赴台投资，投资项目包括制造业 115 项、服务业 23 项、公共建设 23 项。几年来，陆资赴台投资平稳增长，截至 2015 年 3 月，累计赴台投资项目 278 个，投资额 15.74 亿美元。尽管项目不多、投资额不大，但开启了两岸双向投资进程。

（5）加快两岸经济深度融合，迈向两岸共同市场。两岸就新能源、新材料、生物医药、无线城市、电子商务、物联网等新兴产业加强合作，共同制定产业标准，提高两岸产业竞争力。加速两岸金融、保险、证券、期货合作，先后有 16 家台资银行在大陆设立分行或办事处。2013 年两岸启动货币清算机制，实现人民币与新台币互换，中国银行台北分行与台湾银行上海分行分别作为人民币与新台币的结算行，台湾吸收人民币存款业务发展迅猛。两岸尝试台湾自经区与上海、福建自贸区的对接、合作。

两岸经济交流合作有利于两岸经济社会发展，增加两岸经济竞争力、形成两岸产业标准与两岸共同市场，也有利于培植两岸共同利益，增加就业、改善民生，增加两岸关系发展动力。

（三）人员交流往来：进入"大交流"时代

两岸形成人员"大交流"格局，除了原有的台商、台干、台生、台属外，两岸关系中出现了陆客、陆生、陆资、陆媒、陆配等新群体，使更多的两岸同胞加入两岸关系发展的大潮中，增添两岸关系民意基础，创造两岸关系繁荣景象。

（1）陆客赴台旅游。2008 年 7 月，两岸开放大陆居民赴台旅游，先是团队游，后有自由行，开放大陆城市已有 36 个。赴台旅游陆客人数逐年上升，2010 年赴台旅游陆客为 120 万人次，2011 年 184 万人次，2012 年 226 万人次，2013

年 284 万人次，2014 年上升为 322 万人次。除了纯旅游外，商务团、医疗美容团、深度游的陆客不断增多。7 年来累计赴台陆客高达 1000 万人次，为台湾创造巨额旅游收入。2014 年两岸之间人员往来有 941 万人次，其中大陆赴台人员为 404 万人次，台湾民众来大陆 537 人次。大陆换发卡式台胞证，实施台胞证免签，上海、江苏等地实行台胞同等待遇等政策，将进一步便利台胞来大陆交流发展。

（2）陆生赴台读书。2011 年为顺应两岸关系发展形势，因应台湾"少子化"造成岛内各大专院校生源减少的危机，马英九当局开放陆生赴台求学，包括学士与硕、博士学位，迄今已有 5 年，前后累计招收陆生 6000 多名。尽管台湾核定每年陆生名额为 2141 人，但前二年实际报到人数不足一半，只有 900 多名，后二年最多也不到 2000 名，约 1800 名左右。主要原因在于台湾方面实施严酷的"三限六不"政策，即"限校""限量""限专业"及"不加分、不提供奖助学金、不影响台湾招生名额、不允许校外打工、不可留台就业、不开放报考证照"。未来，台湾方面有可能逐步放宽限制性、歧视性政策，为陆生提供"健保"，改善就学环境与待遇。2014、2015 年陆续有陆生大学毕业，或继续深造，或回到大陆就业。除了学位生，还有大量 3—5 个月短期交换生。学位生与交换生前后累计 32911 名，他们成为两岸关系中最富创造力的新生群体。

（3）两岸城市、基层、青年交流蓬勃开展，成为两岸关系新亮点。两岸城市交流不断深入，"山水心灯——台湾馆""宽带无线"与"资源回收"台北城市馆、"中华玉文化"震旦企业馆集成 2010 年上海世博盛会中的两岸元素，引领两岸城市交流。上海、台北自 2000 年以来连续举办 15 届"双城论坛"，签署多项市政交流合作协议，为两岸城市发展、文明提升作出贡献，成为两岸城市交流的经典品牌。大陆多个省市与台湾北、中、南各县市基层交流有序展开，乡镇、村里、社区之间的交流不断深入，成绩显著。两岸青年交流形成规模效应，透过两岸各大院校、行业学会、团体等渠道，创设各种青年交流、奖助学基金，阿里巴巴、腾讯等企业纷纷打造青年求学、就业、创业平台，上海、福建等地设立各类青年创业、创客基地，吸引台湾无数有志青年投身于两岸交流与来大陆创业浪潮。

（4）两岸交流倡导"向南行、向下沉、向上升"。随着两岸"大交流、大合作、大发展"的开展，两岸交流延伸到台湾中南部县市，深入到农村、乡镇，村里、部落（地区少数民族）。上海与台南学甲镇的虱目鱼契作、与苗栗大闸蟹养殖等都是大陆对台交流"向南行、向下沉、向上升"的具体实践，确保两岸交流惠及中南部、基层、弱势民众。

（四）文化教育交流：迈向多领域、全方位、深层次合作

两岸同宗同文，都是炎黄子孙、同为中华文化，中华文化成为两岸关系最为重要的精神纽带。近七年来，两岸宗教、文化、教育、学术、科技、体育、新闻出版、影视艺术等各个领域的交流合作方兴未艾，不断掀起新的高潮，成为两岸关系中活跃持久、广泛深远、最能打动人心的交流项目。涉及两岸祭祖祭孔、宗教活动、闽客文化交流、音乐歌舞、书画文物、文化产业等多领域、全方位、深层次的交流合作，台北故宫博物院《富春山居图》合璧展出、动态版的《清明上河图》、两岸媒体前瞻论坛、《中国好声音》在台巡演等重大交流活动，在两岸产生巨大影响。两岸已共同编辑出版《两岸常用词典》，未来还可共享史料、共写史书，共同开展中华民族抗战历史研究，捍卫中华民族荣誉与尊严。两岸文化交流有利促进两岸文化融合，形塑国家认同。

二、经验

七年来两岸关系和平发展是一场改变两岸关系面貌、丰富两岸关系内涵、调整两岸关系结构的重大而崭新的实践，成果丰硕厚实，经验弥足珍贵，必将启示未来。

（一）坚持两岸共同政治基础

坚持"九二共识"、共同反对"台独"已成为两岸共同政治基础，是实现两岸关系和平发展的关键。没有"九二共识"、反对"台独"的政治基础，两岸关系和平发展就会迷失正确方向、丧失根本动力。几年来，大陆始终坚持并巩固"九二共识"不动摇，强化反对"台独"的重要性，防止国民党及马英九当局动摇、犹豫甚至倒退。与此同时，两岸双方与时俱进，在一中框架相向而行、寻找交集，扩大共同点与连接点，增强包容性。两岸之间逐渐形成较为清晰的共同认知，"大陆和台湾同属一个国家，两岸关系不是国与国关系"的概念越来越为两岸双方所接受。两岸双方正逐步从各自的体制、规定出发，确认"两岸同属一中"的客观事实，不断求同存异，增强彼此包容性，使国共之间、两岸之间的政治互信不断增强。

（二）坚持两岸和平发展道路

坚持两岸和平发展正确道路是推动两岸关系发展、实现"两个百年目标"

与民族复兴"中国梦"的必然要求。七年来和平发展的实践取得了举世瞩目的成就，赢得了两岸同胞的坚决支持、无限拥护，也获得了国际社会的广泛赞誉与高度肯定。两岸和平发展已成为跨越海峡的两岸共识，是两岸同胞的共同意愿，更是台湾不分蓝绿的主流民意。两岸关系和平发展符合国际社会期待，更符合历史发展潮流。如今两岸关系和平发展处于重要节点，任何阻挠、中止、甚至逆转两岸和平发展的企图都将徒劳，直至付出沉重代价。我们要牢牢把握两岸和平发展的主旋律，始终坚定不移地坚持和平发展道路，不断拓宽并深入耕耘，取得更为巨大的成就，夯实和平发展的基础与动力，展示出更加美好灿烂的前景。

（三）坚持两岸和平发展制度化

坚持两岸和平发展制度化是实现两岸和平发展永恒规律。七年来两岸关系发展制度化程度不断提升，两会开展制度化协商，共同成立机构，签署协议并督促实施。两岸建立了国台办与陆委会常态化沟通机制并不断健全完善，铺设"两岸热线"，实现两岸领导人会面。国共高层定期会面机制、各种论坛中的两岸高层沟通机制、两岸相关公权力部门的沟通机制等，使两岸各方有效管控风险与分歧，抓住机遇，培植动力。两岸各行各业、各地各级纷纷建立对口交流的管道与机制，签署协议，设立基金，搭建平台，全面、立体、纵深推进两岸关系发展。这些都构成了两岸关系制度化不可或缺的重要成分，未来两岸关系更需要提升制度化程度，建立两岸关系的超稳定架构，避免两岸关系因台湾的政党轮替、内外环境变动而停滞或倒退，推动两岸关系取得全面、深入、可持续的发展。

（四）坚持两岸和平发展法治化

坚持两岸和平发展法治化是确保两岸关系和平发展的法律保障。多年来，两岸法治化思维得到丰富完善，以法治方式推动两岸关系和平发展成为对台工作、对台决策的重要路径。如今，大陆已制定、形成一系列两岸关系法律体系、法律规范，以及相应的政策措施，包括宪法层次的《中华人民共和国宪法》、法律层次的《反分裂国家法》《国家安全法》、以及政策层次《台湾同胞投资保护法》及其实施细则、《中国公民往来台湾地区管理规定》，以及地方政府颁布实施的保护台湾同胞投资规定等，从而使两岸关系和平发展有法可依，把两岸关系纳入法治化的轨道。根据中央"四个全面"的战略布局，未来推动两岸关系和平发展，更要运用法治思维，采取法治方式，借助法律工具，深刻把握两岸关系的法律属性，完善相关法规体系，将对台政策以法律形式确认，把两岸共同政治基础、两岸签署协议、两岸制度化安排等在两岸各自的法律体系中得到确认。

（五）坚持两岸共同利益与共同价值双轮驱动

培植两岸共同利益、形塑两岸共同价值，是实现两岸关系和平发展的双重动力保障。两岸共同利益涉及两岸政治、经济、文化、社会等领域，包括两岸传统安全与非传统安全领域里的共同利益。两岸共同利益越多，两岸和平发展就获得两岸民众支持、就越稳定、越难以逆转。与此同时，在两岸和平发展过程中，需要形塑两岸共同价值，透过增强历史链接，增加共同经验，塑造共同记忆，强化情感纽带，强化中华民族认同，在中华传统文化、现代文明价值的融合中，催生两岸共同价值，建立两岸同胞的价值共享，实现两岸同胞心灵契合。因此，实现两岸关系和平发展螺旋上升的终南捷径离不开培植两岸共同利益、形塑两岸共同价值，实现利益与价值的双轮驱动。

三、深层问题

七年来两岸关系和平发展成就显著，影响深远，但也面临多重困难与挑战，存在一系列深层次、结构性的问题制约了两岸关系的巩固深化。主要有五个方面问题。

（一）民进党阻挠

民进党的干扰、阻挠及破坏严重阻碍了两岸关系发展。民进党迄今为止仍不放弃"台独"分裂立场，拒不修改"台独"党纲、"台湾前途决议文"及"正常国家决议文"，导致民进党无法与大陆展开正式交往。民进党无视台湾民众、包括民进党基层、温和派要求两岸关系和平发展的愿意，长期"逢中必反""逢中必闹""逢日必亲"，一切"为反而反"。从污蔑 ECFA 到反对"服贸协议"，从围攻海协会长陈云林到干扰国台办主任张志军访台，从幕后策动"反服贸事件"到怂恿煽动"反课纲微调"到掀起"去中国化""再皇民化"的浪潮，从歧视陆配、陆生、陆资权益到恶意抹黑国共高层"图利财团"、剥夺基层、弱势与青年群体，从"亲美媚日冷中"到甘当外国"反华"势力的棋子、打手，民进党在两岸关系中扮演了极其恶劣、极不光彩的角色，严重阻滞两岸关系的发展。2012 年蔡英文承认败在两岸政策，但 2014 年"318 反服贸事件"后，蔡英文发现重返执政的"最后一里路"不是民进党转型，也非两岸政策调整，而是"反中"。蔡英文透过与"318 反服贸势力"的内外结合，成功酿造了岛内前所未有的"反中""反马"的气氛，掌握了岛内话语权，夺取了台湾两岸政策主导权。"台独"实现了世代交替，以"时代力量"为核心的新世代"台独"将牵制民进党走向稳健、和解路线，阻挠民进党可能的转型。

七年来，民进党转型进展不大，党内温和派、务实派力量很弱，"冻结台独党纲""宪法一中""中华民国前途决议文"的声音仍非民进党主流。如何转化民进党、扩大民进党温和派、打击铁杆"台独"与新世代"台独"将是两岸关系面临的重大挑战。

（二）两岸政治分歧

两岸政治分歧严重制约了两岸关系和平发展的巩固深化。

一是两岸政治定位没有得到解决，长期困扰两岸。台湾各界始终要求大陆"正视中华民国存在"，声称"中华民国"是岛内最大的公约数，要求给予"中华民国"一个名分，泛蓝人士指责大陆与民进党一起消灭"中华民国"。事实上如果大陆承认了"中华民国"等于违反了《中华人民共和国宪法》，也与台湾的"中华民国宪法"不符。两岸政治定位需要透过两岸政治谈判、根据两岸关系发展进程逐步解决。

二是台湾国际参与问题。台湾各界都有扩大台湾国际参与的强烈愿望，近年来两岸透过协商作出一些安排，包括安排台湾方面参与 APEC 峰会、WHA、ICAO 等，扩大免签，扩大国际 NGO 的参威慑，台湾地区与新加坡、新西兰签署经济合作协定等。但上述种种依然无法满足台湾全面、深度参与、通案解决而非个案安排的要求。

三是大陆军事部署问题。多数台湾民众误以为大陆的军事部署是针对台湾同胞，要求撤除对台导弹非常强烈。实际上，大陆军事部署事关国家主权领土完整，涉及美日等外国因素，调整军事部署需要整体思考。

此外，两岸政治社会制度、价值观、文明程度存在差异，一定程度上影响台湾部分民众对于大陆的印象与情感，也制约了两岸关系的发展。上述诸多问题难以在短期内得到彻底、有效的解决，需要以时间换空间，创造条件逐步解决。

（三）台湾民意疑虑

当前台湾民意对于两岸关系的巩固深化构成不利影响。台湾绝大多数民意支持两岸关系和平发展，但面对大陆崛起与两岸关系发展，导致台湾民众自信心下降，心生疑虑与焦虑感。由于历史悲情、国民党"反共"宣传、李扁时期

"去中国化"教育，特别是受到民进党污蔑扭曲大陆、攻击谩骂两岸关系和平发展的影响，台湾民众，尤其是青年群体的"台湾认同""台湾主体意识"急速上升，岛内弥漫着强烈的"恐中反中""惧统拒统"气氛。

台湾民众对于大陆具有"既期待又怕受伤害""不能没有你、有你我害怕"的矛盾心态，一方面期待两岸关系发展从而分享红利、找到机会与未来；另一方面担心台湾过度依赖大陆失去未来政治上的自由选择权。不少民众希望两岸关系发展的同时，保持"台湾主体性"，享有不同于大陆的生活方式与未来选择权。

部分台湾知识阶层、中间选民由于信奉西方价值观，不理解、不接受大陆的政治、社会制度及网络管理方式，担心"今日香港、明日台湾"。还有人不相信国、共，质疑两岸高层"黑箱"作业、违背民主原则。

两岸"大交流、大合作、大发展"引发两岸文化、价值及民意的冲突增多，引起台湾民众对大陆的误解与反感。不少民众承认大陆对台湾很重要，但多数人"对大陆没有兴趣"，超过60%对大陆"没有好感"，不少人担心未来两岸经贸关系由合作走向竞争，极其担心大陆影响力上升。高达五成六的民众担心大陆人抢了他们的饭碗、炒高台湾房价。两岸关系发展使部分群体产生相对"剥夺感"、排斥态度。

台湾民众的焦虑、疑虑情绪、相对剥夺感、排斥倾向对两岸关系进一步发展产生重大阻力，一旦被民进党煽动、利用，就会产生巨大的阻力。

（四）"八重八轻"现象

两岸关系和平发展中出现一些失衡现象影响了两岸关系发展的动力、基础及民意支持度。一是"重量轻质"；二是"重开放轻管理"，如对陆客在台湾不文明行为造成两岸民众冲突；三是"重发展轻分配"，马英九当局没有做好利益再分配，使部分民众产生相对剥夺感；四是"重规模轻效益"，没有把两岸关系和平发展的效益极大化；五是"重让利轻经济（市场）规律"，只讲对台单向让利，没有按照经济规律、市场规则推动两岸经贸合作；六是"重物质利益轻精神纽带"，没有很好发挥中华文化、同胞情谊的作用；七是"重做轻说，没有掌握两岸话语权，引导岛内舆论，没有说好两岸故事、和平发展理念；八是"重大众轻精英"，没有充分发挥对台工作部门、对台舆论宣传部门、涉台智库在引导普通民众投身两岸关系中的作用，等等。未来应该在扩大两岸关系增量的同时注重质的提升，在发展的同时注重分配，更好地照顾弱势、基层与青年群体。

160

在培植共同利益的同时，注重形塑两岸共同价值，注重心灵契合。在调动广大民众积极性、创造性的同时，注重发挥专业部门管理、精英的引导作用。

（五）国际反华势力阻挠

国际社会对于两岸关系和平发展的态度十分复杂，也有个前后变化的过程。在两岸和平发展的初期，国际社会多数欢迎、肯定并分享两岸关系的"和平红利"。但某些国家对于两岸关系的支持是有条件、有限度的。内容方面，两岸之间只谈经济、不谈政治，甚至谈文化协议也不能，更不能谈和平协议、两岸军事安全互信机制。过程中两岸协商谈判甚至双方往来沟通都要对美国透明、公开，美方要掌握两岸关系的实际进展。人员方面退役将领的交流也被美国反对。美国担心两岸互设办事处后，两岸人员直接往来北京中南海与台北"总统府"，美方掌控不了两岸真正进展。所以美国要求维持台海现状，反对两岸任何一方片面或两岸共同改变现状。

特别是随着两岸关系巩固深化，特别是随着国际格局、地缘政治的变化，美国"重返亚太"、实施"战略再平衡"、日本右倾化加剧，中美、中日之间战略竞争趋于激烈，美、日公开打"台湾牌"，试图延缓两岸关系进程，从战略上遏制大陆崛起。如今美国公开、频繁"打台湾牌"，拉拢台湾，高调提升美台军事关系，加快对台军售，结成美、日、台隐形、实质战略同盟、"反恐同盟"，以 TPP 在经济上拉住台湾，提升美国实质"外交"，降低台湾对大陆政治、经济、社会、文化等方面与大陆的依赖，确保美国对台湾的影响不被大陆超越。美国要求维持台海现状，反对两岸任何一方片面或两岸共同改变现状。

日本则利用美国"重返亚太"，实施"以台制华"、离间两岸的策略，防止两岸联手"保钓"，谋求日本自身利益。日本长期支持民进党、暗中支持"太阳花"学运、"反课纲微调"运动，台湾的"日本人会"、日本商会幕后提供经费。未来民进党上台，台日关系可能出现质变，日本可能通过"与台湾关系法"，与台湾展开军事情报安全合作，签署防灾救灾协议等。

如何利用国际社会友好力量，利用中美构建新型大国关系有利因素稳定发展两岸关系仍是一项艰巨的工作。

结语

全面总结两岸关系和平发展成果，梳理经验教训，分析两岸关系存在深层问题，有利于我们强化战略定力，坚定和平发展的理论自信、道路自信与制度自信，提升战略素养与战术设计，强化政策协调、执行能力，拓宽和平发展的战略纵深，在两岸之间、国际格局中建构两岸和平发展框架，推动两岸关系全面发展，实现培植两岸共同利益与形塑两岸共同价值的双轮驱动，真正争取台湾民心，以智慧化解两岸固有分歧矛盾，以实力克服外部势力干扰，最后实现国家统一与中华民族复兴。（本文完成于 2016 年 2 月）

上海世博会对两岸关系影响

2010 年上海世博会将是一场人类文明的饕餮盛宴，是中国继奥运之后又一世纪盛事；也是两岸关系继"三通"之后进入螺旋上升新境界重要的"典范时刻"，将对两岸关系产生全方位、多层次、多维度的影响，成为下阶段两岸关系的助推器、新引擎。人们普遍相信，上海世博会将成为精彩、成功、难忘的世纪盛会，也必将成为两岸同胞共同见证、共同参与、共同分享、共同成就的两岸盛会，为两岸和平发展写下绚丽篇章。

一、台湾参与世博概况、特点及影响因素

回顾台湾参与世博的过程，其中充满了曲折与变数。2002 年，上海获得世博会的承办权，两岸共同参与、共同分享世博荣光成为海内外中华儿女、特别是广大台湾同胞共同的心愿。但台湾各界参与世博有个慢慢升温的过程。民进党时期的台湾当局无意参与世博，甚至不满台湾民间、台商的参与。国民党重新执政后，立即遭遇金融危机的冲击，当局参与世博心有余而力不足。但台湾各界参与的热情非常高，大陆方面积极邀约，不能不令台湾决策高层心有所动。2008 年 6 月，台北市长郝龙斌来上海与韩正市长签约确定台北市参与世博会。2009 年 5 月 22 日，台湾"外贸协会"对外宣布，台湾方面决定以台湾馆的名义参与世博会。这是自 1970 年参加日本大阪万国博览会后，台湾第二次正式参与世界博览会。7 月 21 日，台湾馆正式签约，"一石激起千层浪"，台湾各界参与热情渐趋高涨。

（一）概况

1. 台湾馆曲折中诞生

台湾馆的设置一直是两岸各界关注的焦点。人们普遍认为，如果没有台湾方面的参与，上海世博会将留下重大遗憾。经过两岸双方有关方面不倦努力，

搁置政治纠葛，最终达成台湾馆的参展协议，继续推动两岸关系向前发展，与当前两岸关系和平发展的气氛相匹配。台湾馆已于8月中旬破土动工。

台湾馆建造在世博园A片区。台北世界贸易中心提交的参展主题为"山水心灯"，包含七大内涵：山水剧场、点灯水台、台湾之心、台湾之窗、心灵剧场、城市主题广场以及城市艺廊。由台湾著名设计师李祖原设计、耗资10亿新台币的台湾馆，以东方哲学为主轴，衬托本届世博会"城市，让生活更美好"的主题，将城市进步的动力，由具体的科学技术提升到抽象的心灵层次。2010年5月1日正式开放后，台湾馆将把点灯仪式作为焦点，人们围绕在天灯底座共同祈福，借此传递充满台湾祝福的大爱。与此同时，台北世界贸易中心还将参加网上世博会，建立富有台湾特色的模板，组织台湾的文艺团体参与世博会的文艺活动。

2. 台北市两大主题入选世博会城市最佳实践区

"无线宽带—宽带无限的便利城市""资源全面回收—垃圾零掩埋"两大概念，获选为上海世博会"城市最佳实践区"范例，引领现代城市发展。

3. 台商及其台资企业踊跃参与，收获丰硕

有多家台资企业、台资品牌成为高级赞助商、特许商品赞助商、餐饮赞助商等。台湾震旦集团以"中华玉文化"题材获得台资企业中唯一一张企业馆入场券。台湾神达集团是唯一成为世博会高级赞助商的台湾企业，提供GPS定位、导航服务。包括克丽斯汀、统一集团星巴克、元祖食品、85度C、仙踪林等、真锅咖啡、两岸咖啡、代官山、一茶一座在内的10多家台资企业获选为上海世博会餐饮供货商，将在世博园区铺店迎接八方来宾。上海世博会主办方还考虑在世博园区设立台湾特色美食专区，供应台湾牛肉面等特色小吃。

4. 台湾文化艺术界积极参与世博会的文艺创意活动

上海世博会吉祥物"海宝"寓意为四海之宝，以汉字"大"为造型，其原始创意来自台湾的设计师巫永坚先生。著名歌星伍思凯为世博会创作了主题歌，歌中唱道："一天看完宇宙，微笑漫步在五大洲……城市让生活更精彩，Better City Better Life……"。两岸艺术家还将携手创作《城市之窗》的主题秀，紧扣"城市，让生活更美好"的主题，以中国传统人文为背景，展示敦亲睦邻的城市生活，并演绎人类对未来的美好憧憬。《城市之窗》世博会期间每天上演三至四场，累计演出总场次超过650场。此外，包括朱宗庆打击乐团、台北爱乐乐园、明华园歌仔戏、云门舞集等台湾著名艺文团体，也正在积极争取世博会的演出

机会。

5.门票销售已经在台启动，百万台胞将观摩世博

台湾中国旅行社取得世博票务在台湾的独家代理权，已推出三阶段优惠措施，票价在 130—150 元人民币之间，不到新台币 1000 元。为了吸引学生与年轻族群，计划推出特惠套装行程，初估合理价格在新台币 20000 元以内。还将针对企业、院校、公务机关，结合航空业者、饭店等，推出各项团体、套装、自由行的优惠行程，以吸引台湾同胞青睐，前往世博会共襄盛举。有资料显示，2005 年日本爱知世博会时，游客中台湾占 11%，吸引台湾七八十万游客，大陆占 9%，其他占 13%。预估上海世博会将吸引 80 万到 100 万、甚至更多的台湾同胞前往世博会参观，其中 30—40 万是大陆台商、台干、台生及其眷属等。①

（二）特点

参与世博盛会，台湾各界高度期待，虽然台湾官方只是有限、低调参与，但民间、企业、艺文界等呈现出全面参与、多元参与、广泛参与、深度参与等特征，为两岸关系和平发展积累新的动能，成就两岸世博盛会。

1.台湾参与形式多样而丰富

两岸有关方面巧妙地避开"国家主权"等政治争议，使台湾能够全面参与世博会。如今，台湾既设立了台湾馆，又有城市馆，还有企业馆。数十家台资企业、台商品牌成为高级赞助商、特许商品赞助商、餐饮赞助商等，台湾艺文界参与多场文艺表演，台湾青年学生报名参与志愿者众多，网上报名已超过二万。

2.台湾参与内容广泛而活跃

呈现多种面向，充分展示台湾现代科技文明与人文关怀价值。震旦集团企业馆"中华玉文化"展示 8000 年来中华玉文化的演变，浓缩了中国传统玉文化的精髓。台北市的"无线宽频"与"垃圾回收"展示了台北的现代科技与生活方式、人文价值等，具有引领、示范功能。歌手伍思凯创作的主题歌，两岸表演艺术家联袂上演"城市之窗"音乐剧，为上海世博会增添时尚流行色彩。

3.台湾深层次参与世博，深度与质感均超越各方

与外国、国际组织的参与不同，海峡两岸同文同宗、血脉相连，文化一脉相承，台湾同胞与台湾各界对于上海世博会具有独特的情感，对于"城市，让

---

① 赵会可：《潮平风正盼客来》，引自上海台湾研究所与上海师范大学、民革上海市委 2008 年 12 月联合举办的"两岸关系进展、挑战及前瞻"学术研讨会论文集。

生活更美好"的世博主题具有更深刻、更细腻的感受与体认，演绎得更为贴切、生动，极大地丰富了上海世博会的人文内涵。而且，海峡两岸联袂参与世博、同创世博奇迹、共享世博荣耀，可以把世博主题升华为两岸和平发展的新思维，不但"城市，让生活更美好"，而且"世博，让两岸更友好"，"Better City Better Life，Better Future"。[①] 从而将海峡两岸现代文明、现代科技对于世博会的贡献拉升至全新的境界与高度。

4. 台湾参与世博功能多元化

台湾多元、多样、深层次、超宽频参与世博，将活络两岸关系的各项功能。除了两岸经济，文化、社会的互动、人员交往外，还有消除两岸政治猜忌、累积两岸政治互信、启动两岸高层交往、摸索政治互动路径等功能，也可为两岸高层之间的政治互动预为前奏与热身，或许可开启两岸领导人良性互动的机会之窗。预计世博会期间，台湾有关方面高层将络绎于途，纷至沓来，掀起两岸关系新高潮。

5. 台胞参与热情日趋升温

总体而言，台湾民众的参与热情、对世博会的积极性、主动性高于当局，民间高于官方，北部高于南部，现代都会区高于传统农、渔业区，商界高于政界、文艺界高于企业界。由于世博会的知名度不如奥运会，时间长、场馆范围广，当前，台湾执政当局、台湾工商企业、台湾民众对于上海世博会的热情还没有上升到参与北京奥运那样的程度。应该说，台湾参与世博的过程，是大陆推动台湾、民间带动官方、企业与演艺界鼓励当局，最后形成共同参与的合力，共享世博荣耀。

（三）影响因素

1. 台湾参与世博会的因素相对单纯

台湾参与世博会的因素远没有奥运会那么复杂，相对单纯。一方面与奥运相比，世博会相对单纯，政治意涵相对降低，没有旗、歌、徽、卡、入场顺序、圣火传递等复杂因素。另一方面，台湾并非世界展览局会员，近40年来台湾没有参与世博会，没有历史经验可供借鉴参考。1970年以来，历届世博会均未邀请台湾参展。2005年日本爱知博览会，台湾仅能通过民间组织与日本Sanaykiya餐厅合作，支付1500万台币的权利金后，取得在展场开设台湾小吃

---

① 此一概念由台湾大学政治系教授、两岸统合学会理事长张亚中先生在上海台湾研究所与台湾经济研究院于2009年8月1日联合举办的"上海世博会与两岸关系"学术研讨会上首度提出。

摊的资格，以餐厅老板的身份争取到 5 场文艺表演的机会。如果能够参与世博会，可以满足台湾各界的参与愿望，也将从中获得商机与成长的机会。[①]

2.两岸关系进入新境界

国民党重新执政以来，两岸关系进入和平发展的新境界，两岸双方、特别是两岸同胞均恺切期盼台湾全面参与世博，透过世博平台，加强两岸经济、文化、社会互动以及人员交往，并为两岸政治互动累积互信、设立轨迹，共同推进两岸关系和平发展。目前两岸关系进入螺旋上升的新境界，态势良好，年底选举、ECFA、军购、台湾地区与其他国家签订 FTA 等议题不太会影响到台湾参与世博会。但"88 水灾"是否影响台湾参与世博有待观察。

3.台湾民意、岛内各界高度期待参与世博，共享世博荣耀，分享世博商机

举办奥运与世博是中华民族的两个百年梦想，台湾同胞与有荣焉、共襄盛举、感同身受。国际金融危机影响两岸经济，尤其冲击台湾经济与民生，出于联手应对金融危机的需要，台湾各界参与的兴趣很高、动作频频，世博会因此成为两岸联手应对金融危机的重要平台。即使民进党人士，也难有唱衰之念，甚至不少绿营人士对参与世博怀有浓厚兴趣。台湾民意的殷切期待，促成台湾全方位、深层次参与。

4.两岸政治分歧一定程度上影响到台湾执政当局参与世博的广度与深度

迄今为止，结束两岸敌对状态、签订和平协议尚未正式启动，双方对于两岸政治定位尚存在着分歧，台湾高层一直主张"九二共识"的"一中各表""中华民国主权独立"，强调"互不否认""正视现实"，由此造成两岸双方对于台湾以何种名义、何种方式参与世博、参与到何种程度、场馆位置等均存在一定的认知落差，台湾方面极为坚持一些政治象征符号。几经努力，最后找到了可为双方接受的方案妥善解决。此外，台湾参与世博会，还有台商信心不足、能力有限、政策限制等不利因素，多少影响到台湾参与世博会的深度与广度。[②]

5.外界期待

美、日等国际社会也均期待台湾参与世博会，向世界各国展示两岸关系和平发展的成果，展示两岸现代文明的风采。

---

① 赵会可《潮平风正盼客来》，引自上海台湾研究所与上海师范大学、民革上海市委 2008年 12 月联合举办的"两岸关系进展、挑战及前瞻"学术研讨会论文集。

② 倪永杰、陈鸿惠：《力用世博，添彩两岸——"上海世博会与两岸关系"学术研讨会综述》，引自《上海台湾研究》2009 年第 28 期。

因此，台湾参与世博成为各界乐观的期待，与当前两岸关系和平发展的气氛相吻合、匹配，排除了两岸政治分歧的阴影，为海峡两岸暨香港、澳门共同参与世博盛会、同享世博荣光找到了解套方案，不留遗憾，是一种具有创造力、建设性的创意突破与可贵尝试。

二、上海世博会对两岸关系影响

早在一百年前，上海曾有人产生两个百年梦想，一个梦想是在 2008 年举办奥运，另一个梦想是在 2010 年在上海黄浦江畔举办世博会。但最早提出申办世博会的，是已故的前海协会会长汪道涵先生。汪老当年告诫人们，办世博会是战略的，管五十年，办广交会，是战术的，只管一年。[①] 汪老把世博会看成是国家发展的战略，对上海如此，对中国如此，如今对两岸关系，也具有重大的战略价值，其影响不只五十年。

具体而言，有五个方面。

1. 培植两岸共同利益的重要平台

上海世博会将为两岸经贸关系的继续发展、实现两岸经贸关系的正常化提供动力与源泉，加速培植两岸共同利益。在当前金融危机情势下，世博成为大陆经济企稳回升的重要引擎，由此为两岸经贸关系注入活水。早在 2005 年 7 月台湾联经出版公司正式出版了由刘芳荣撰写的《一博天下》，这是第一本有关上海世博会的书，读书系统介绍世博带给台商的 11 个赚钱行业。世博会商机无限，完全可以为台湾相关产业、台资企业所分享，涉及硬件规划与建筑设计、品牌商业化、园区运营以世博会相关各种服务业等，包括场馆建设、设计、物流、旅游、酒店、房地产、媒体、策划、演艺、金融服务等众多行业。世博会参观人流超过 7500 万人次，预计届时每天流量达到 40 万人次，日本有人预测超过一亿人次，每天人流达到 50 万人。门票、纪念品、等直接销售收入将达 90 亿人民币，境外参展商、游客将达到 350 万人次以上，台湾游客达到 100 多万人次，两岸直航后，国外游客将往来于上海、台湾之间，催化人潮，带动人流，也为台湾旅游业带来机会。如果争取到国外游客 350 万中的十分之一，也有 35 万人前往台湾旅游，带动岛内旅游消费。世博会还设立特许商品 12 大类，一些台资企业，如味全、南侨、特力屋、丽婴房、统一超商、宇达电通等，积极借

---

① 吴建民：《世博会与国际形象塑造》，引自上海图书馆主编：《城市·生活——2010 上海世博会讲坛集粹》，上海：上海科学技术文献出版社，2008 年 8 月版。

世博之机抢滩大陆，已经迈出关键步伐。①特力屋在大陆开设53家门店，丽婴房、统一超商将营运总部迁至上海。台湾旺旺集团看中世博会的酒店市场，其酒店已于2008年开张迎客。

2. 加快台湾与长三角之间的区域交流与合作

上海世博会尤其会促进以台北为龙头的北台湾地区与以上海为龙头的长三角地区之间的经济资源禀赋的全面整合、两区域软实力之间的交流与激荡。由此，长三角与海西区，构成两岸经济、社会、文化整合的双引擎，呈现双轮驱动、多点多轨推进的两岸整合新态势。由此，将强化两岸"一日生活圈"的凝聚，上海世博会将成为两岸全面"三通"之后两岸关系又一重要转捩点，促进两岸人员交流，增进了解，融合情感，凝聚"两岸一日生活圈"。于是，两岸不但缩短了时空距离，更将缩短两岸同胞之间的"心灵距离"。②

3. 形塑两岸共同价值的重要载体

上海世博会不但是形塑、催化两岸共同价值的重要平台，也是冶炼两岸共同人文关怀的大熔炉。两岸同胞经过北京奥运、上海世博的交融、合作后，逐步朝向情感趋融、价值趋近，生活方式同步化方向发展。台湾艺术界、文艺界、文化界、创意产业、网络媒体、学术界将有更多的机会在世博会的平台上找到创作、合作的机会与舞台。上海世博会比普通意义上的两岸交流平台，具有更为深邃、更具穿透力的时空熔冶功能。

4. 两岸高层政治互动的有益尝试

台湾参与上海世博会，不仅具有两岸经济的、文化的、人员交往、社会互动、价值融合的意义，更具有政治意义上的创新价值，成为两岸和平发展的重要典范。台湾馆的最后解决，将提供两岸新的互动模式，本着相互谅解、相互尊重、互释善意、发挥创意，多方协调，两岸中国人可以妥善处理一些敏感的政治问题，找到切实可行的解套方案。即使方案难以圆满、令各方满意，但至少积累一些经验教训，为未来两岸政治关系的发展创造新模式、累积新经验。两岸共同参与、见证、分享世博，是两岸高层政治互信度的测温表、试金石，人们普遍相信，两岸领导人、有关各方一定会充分运用世博会的平台，展开有

---

① 分别参见吴福成：《上海世博会商机研析》，引自台湾《两岸经贸》杂志2009年3月号，总第207期，海峡交流基金会出版；赵会可：《上海世博会：两岸进一步融合的助推器》，引自上海世博会官方网，2009年2月24日。

② 江丙坤：《三通缩短两岸心情、地理的距离》，引自 http://www.chinareviewnews.com，2008年12月16日。

效、良性互动，奠定两岸政治互信的坚实基础。上海世博会有可能成为两岸高层互动的前奏与暖身。也许，两岸高层出乎意料的良性互动，可能成为上海世博会最大的亮点。

5.展示海峡两岸暨香港、澳门现代科技与文明成果

上海世博会将是海峡两岸暨香港、澳门现代科技、文明成果的"大展示、大交流、大合作、大发展"。2010年的5月至10月，这是一个展示现代海峡两岸暨香港、澳门文明、两岸共同价值的重要时刻，大陆、台湾、香港、澳门的科技与人文、理念与价值浓缩、显影在浦江两岸的时空长廊中，海峡两岸暨香港、澳门共同参与、共同见证、共同分享、共同成就世博，上海世博会将极大地激发海峡两岸暨香港、澳门同胞的创造力、竞争力与亲和力，将两岸同胞对于人类命运的思考、对于科技与人文、城市与现代化的关系，把两岸现代人文关怀演绎得无比深刻而又卓然醇厚，是对人类文明的崭新贡献。两岸共同参与、见证、分享、成就世博的行动，就是向国际社会展示两岸关系和平发展的现状，显现两岸同胞追求和平、崇尚和谐、向往发展、促进合作的智慧与信念，是向世界各国表明两岸同胞有能力处理好两岸问题，有能力为世界文明的进步贡献两岸中国人的睿智。

上海世博会为两岸关系和平发展提供了全方位交流、多层次合作、多向度融合的平台，是促进两岸和解、培植互信、扩大合作的又一重要契机。是两岸关系和平发展的助推器，具有里程碑式的意义，是两岸关系和平发展的重要标杆。

三、两岸和平发展的"世博典范"

台湾各方务实、多元、广泛、深度参与上海世博会，力用世博，巧用世博，共享荣光，共同发展，共创和谐，可望开创两岸关系的"世博典范"。其核心内涵可以概括为四个方面。

1.两岸共创机会、共同参与、共享荣耀

150多年来，世博会首次来到中国举办，为两岸关系和平发展提供了历史性机遇。两岸各方发挥智慧，追求共同参与、共享荣耀的境界。两岸各方均体认到，上海世博会理应成为两岸关系和平发展的典范时刻，沪台相通，互抬声势，两岸联手合作，共襄盛举，相互促进，共克时艰、共同发展。借助世博平台，放大世博效应，增强两岸和平发展的动力，丰富两岸和平发展内涵，提升两岸和平发展的境界。

2. 理性务实、灵活弹性，成为解决两岸分歧的重要法则

两岸之间的政治分歧既有历史的旧因，又有现实的困扰。如果两岸双方各有坚持，不为对方设身处地着想，那台湾参与世博就不会具有今天这样的广度与深度，就会留下重大遗憾。大陆方面始终信奉"搁置争议、建立互信、求同存异、共创双赢"十六字为圭臬，以"深化政治互信"为目标，以共同参与、共克时艰、共享荣誉为途径，为台湾参与世博提供了广阔的空间。上海向来以海纳百川、融汇各方的精神为外界信服，在台湾参与世博的问题上，也采取理性务实、灵活弹性、权变通达的方式，让台湾方面充分感受到大陆方面的善意与诚意。与此同时，在两岸关系快速发展、两岸互动气氛日趋良性的关键时刻，台湾决策方面也不便坚持所谓的名实、面子里子之争，不会让传统固化思维束缚台湾馆的参与方案。两岸决策高层一切以两岸民意为依归，以促成台湾参与、分享世博荣耀为目标，理性务实面对两岸政治分歧，相互尊重、相互理解、相互捧场、相互搭台而非构陷对方，急人所急，成人之美，追求双赢，最终找到为双方接受的参展方案，顺利实现台湾多方位、多轨道、多层次参与的目标。目前台湾馆的方案，是又一种富有高度创意的模糊，双方可在此基础上，灵活、务实处理相关问题，扩大成果，充实内涵，提升台湾参与世博会的境界，创造更为广阔的创意空间。

3. 两岸藉世博会共同提升

两岸藉世博平台紧密合作，实现台湾全方位、超宽频、深层次参与，放大世博平台效应，提升和平发展的新境界，丰富和平发展的新内涵，拓宽和平发展的新领域。一年来，两岸关系呈现和平发展的新气象，形成新典范，建构新秩序。上海世博会提供了两岸联手应对金融危机的难得契机，有利于两岸创造"Chaiwan"经济共同体合作模型（大陆 China+ 台湾 Taiwan 的复合词，前者包含大陆庞大的市场和资金，后面描述的是台湾制造能力、人才、技术、管理和国际观），拓宽两岸关系领域。[①]上海世博会就是在和平发展阶段，两岸有关各方多点、多面、多维、多元、多轨触发两岸关系深入互动最佳动力磁场，成就两岸和平发展阶段"多方螺旋上升"的典范时刻。

4. 台湾参与世博充满张力，具有可变性、可塑性

目前台湾参与世博的方案初步确定，但其中仍有许多内容有待双方进一步

---

① 刘太乃:《Chaiwan 中国＋台湾：经济体成型后的艺术市场发展方向》，引自台湾《CANS 艺术新闻》杂志 2009 年 7 月号。

蹉商、确认以至完善。台湾各方具有无限的创意激情与想象动力，台湾各界蕴藏的活力、能量还有释放的空间，世博会空间广、时间长，可以给台湾各方参与世博提供更广阔的时空舞台，所以台湾参与世博的能量不可限量，形式更为多样，可变性、可塑性值得两岸同胞共同期待。

四、力用世博、成就两岸

150多年来，世博会首次来到中国上海举办，适逢两岸关系进入和平发展的新阶段，无异为两岸关系注入新的活水与动力。世博推动力是全方位的、具有加乘效应；世博机遇是稍纵即逝的，把握不住就徒叹奈何。目前，两岸已顺利摆脱政治与历史的纠葛，促成台湾深度参与世博会。下阶段，两岸如何抓住机遇、用好机遇、扩大机遇、创造机遇，值得各界深思。

两岸双方应力用世博、巧用世博、分享世博、成就世博，培植共同利益，形塑共同价值，为两岸共同发展奠定基础。对大陆来说，世博会是加速两岸和解、促进两岸整合、实现共同发展的重要契机，是未来两岸融合的孵化器。对台湾来说，世博会是其把握大陆和平发展机会、分享世博红利、同享世博荣耀、造福台湾同胞的大好时机。

两岸有关部门应充分运用世博平台，放大世博效应，积极摸索一条适合两岸经济整合、人员交往、文化融合、政治互动的新路径、新模式，先试先行，走通便成功。经由搁置争议、建立互信，逐步面对分歧、解决争议，由求同存异、求同化异趋向聚同化异，透过两岸关系的"世博典范"，建构两岸和平发展的新秩序、新框架。把两岸关系和平发展向纵深推进，扩大两岸和平发展的回旋空间，凝聚两岸和平发展的"典范飘移"。

1. 就台湾而言，须进行三方面调整

（1）开放心胸，追求双赢。希望台湾决策高层抓住世博机遇，有所作为，进一步调整传统思维，不必名实双收、面子里子兼得，而可考虑名实互用、面子与里子错位搭配的策略，从大格局、中华民族共同利益的高度思考，推动两岸共同参与、共同见证、共同成就、共同分享世博。

（2）搭建平台，强化沟通。两岸应建立更多的沟通平台，除了依托现有的两会协商、两党平台、两岸各类交流管道外，两岸有关各方应就两岸共同参与世博事宜设立专门沟通管道、运作平台，使两岸双方充分沟通，及时处理政治、经济、商务、人员往来等诸多方面的难题，确保台湾参与世博事务运作顺畅，取得良好效果。

（3）统一事权，通盘运作。由有关决策、行政部门牵头，加强台湾参与世博会各机构的内外协调、整合，形成台湾"外贸协会"、台北市政府、台湾相关行业协会、相关企业、演艺团体的整体合力，共同为世博会增色添彩。特别是必须全面组织、发动台商积极参与世博，赢得商机。采取实际政策，赞助艺文团体、文化名人进入世博进行演出交流活动，全面行销台湾、行销台湾品牌，行销台湾人文理念。

2.就大陆而言，须加强四个平台建设

（1）要让世博会成为共享两岸城市可持续发展内涵的交流联动平台。比如联手打造上海世博会与台北花博会的中华旅游文化品牌；推动两岸城市对城市的共建活动，加大城市官员互访力度，促进区域经济、文化、人员交流。

（2）要让世博会成为推动两岸综合性经济合作的机制化试验平台。比如试行货币清算机制、提升两岸产业布局合作等，探索两岸区域经济合作的现实路径。

（3）要让世博会成为促进两岸文化认同以及情感融合的资源整合平台。比如加强对上海世博会的宣导和推进，放大世博的平台效应，充分发挥两岸同胞的聪明才智；取消台胞证签注收费或试行免费"中华卡"，使世博会的效益分享不限于台商或台湾当局，而遍及台湾广大民众。[1]

（4）要让世博会成为探寻两岸政治互动新模式、新路径的创新实践平台。比如试行世博反恐共同预警机制、食品安全共同认证机制等，累积下阶段两岸关系发展的新动力。[2]

大陆各方，特别是上海方面应该利用世博会的平台，创立具有上海特征、两岸特点、中华特色的先行先试经验，放大世博效应，升华"世博典范"，做多文章，做大文章，做好文章，千万不要辜负了历史性的世博机遇。

此外，两岸有关各方必须警钟长鸣，高度警惕，妥善因应世博期间突发性事件，两岸双方应加强协调、建立对口应急机制，共同处置两岸突发事件，确保两岸关系平顺发展，不因偶发性因素而延缓了和平发展的进程。（本文完成于2010年）

① 张亚中：《论两岸统合的路径》，引自香港《中国评论》杂志2009年4月号，总第136期。
② 倪永杰、陈鸿惠：《力用世博，添彩两岸——"上海世博会与两岸关系"学术研讨会综述》，引自《上海台湾研究》2009年第28期。

北京奥运会对两岸关系影响

2008 北京奥运会是中华民族的百年期盼，也搅动了两岸关系的各个层面。北京奥运会，是两岸中国人的奥运会，台湾同胞对奥运会充满想象与期待，也怀有几丝忧虑。北京奥运会也是两岸关系累积新能量、注入新元素的关键阶段，更是台海两岸加速整合的新坐标。当北京奥运会的盛典结束之后，两岸关系将展开新的画卷，进入新一轮的蓄势待发、螺旋推进的新阶段。

一、台湾各界对北京奥运会的立场与策略

（一）马英九务实处理，国民党政要积极参与

马英九以 765 万票的绝对多数赢得选举，使两岸关系拨云见日，导入正轨，也压缩了民进党对于北京奥运会的破坏能量。7 月 14 日，马英九召集萧万长、刘兆玄、王金平以及吴伯雄曾就奥运议题进行"五巨头"会商，商定"奥委会模式是最低底线"，绝不愿接受"中国台北"模式，要求大陆遵守游戏规则。[①]并决定成立"台北代表团北京因应小组"，确保"所有应变机制都有准备"。刘兆玄要求"国安局""陆委会""体委会""中华奥委会""新闻局"等进行跨部会协商，透过多重管道与大陆协商，确保中华台北代表队获取好的比赛环境，争取最好的运动成绩。为因应可能的"突发状况"冲击两岸关系，台"总统府"与"国安"、两岸决策高层决定由"陆委会"在奥运会期间设置紧急应变小组，"陆委会"派官员随团前往北京临场处置。台湾执政高层经讨论后决定，倘若发生名称、旗歌等技术性问题，甚至出现"矮化"台方的情况，代表团将会全力捍卫权益，但"退赛"并未列入选项。[②]

"中华奥委会"有关人员呼吁参观奥运会的台湾同胞，理性、克制参与奥运

---

① 《京奥我若遭矮化 应变"有剧本"》，台北《联合报》2008 年 7 月 15 日。

② 同上。

活动,遵守主办方的规定,让政治归政治、体育归体育。奥运会开幕前一天台湾"陆委会"授权发表声明,希望北京奥运会顺顺利利举办,风风光光收场,也希望台湾民众多关注选手表现,多替他们加油,不要为了政治纷纷扰扰影响多年来苦练的成果。

马英九特地在队伍出发前夕,替中华台北队加油打气。奥运期间,马还多次祝贺获得铜牌的队员,并亲自打电话慰问带伤坚持比赛的跆拳道运动员苏丽文的父母,把"体育政治学"运作发挥得淋漓尽致。奥运会成功举办后,马英九在被动回答媒体访问时,肯定北京奥运会的成果,表示最近八年大陆倾政府与人民的全部资源来举办奥运,他认为"是值得的"。马认为中国大陆已经壮大,并将成为一个世界强权,成功举办奥运符合她崛起态势。[①]

泛蓝高层、国民党籍"立委"纷纷来到北京参与奥运活动。国民党荣誉主席连战、国民党主席吴伯雄、亲民党主席宋楚瑜、新党主席郁慕明应邀出席奥运会开幕式,并分别受到中共中央总书记胡锦涛的接见。全国政协主席贾庆林还亲自陪同吴、宋二人在五棵松棒球场观看中华台北棒球队与荷兰队的比赛,同为台北棒球队加油。吴伯雄表示说,北京奥运会开幕式将中华五千年文明完美地展现在全世界 40 亿电视观众面前,作为中华民族的一分子感到十分振奋和激动,那种感受终生难忘。

(二)民进党一贯以意识形态挂帅,唱衰、抵制、干扰北京奥运会,拒绝圣火入台创下恶劣先例

2001 年 7 月,北京申奥成功,两岸围绕北京奥运会的互动从此展开。但民进党当局对于北京奥运会采取排拒态度,充满抹黑诅咒、唱衰攻击与冷嘲热讽的心态与语调,千方百计要让岛内的奥运热降温。民进党当局以政治手法操弄奥运议题,谋取政治与选票利益。2007 年 4 月,民进党不顾奥林匹克宪章的规定,反对北京奥组委安排的圣火由越南胡志明市进入台北,再到香港、澳门,然后进入中国大陆的传递路线,以圣火传递路线"有损台湾主权、尊严、矮化台湾"为由,公然拒绝奥运圣火入台,创下国际奥委会成员拒绝圣火入境的恶劣先例。台湾当局有关部门、情治机构不仅出资出力,支持台"法轮功""民运"等势力等向大陆渗透,与西方反华势力沆瀣一气,以各种方式破坏北京奥运会的顺利举行,甚至还勾结"藏独"分子抵制北京奥运会、破坏我圣火在境

---

① 台湾"中央社"http://udn.com/ 网站,2008 年 8 月 29 日。

外传递。2008年3月，民进党当局暗助台湾"图博之友会"发起"西藏自由圣火传递活动"，7月4日进入台湾岛内活动，公然与奥运圣火相抗衡。民进党当局幕后支持的"西交流基金会""在台藏人福利协会""台湾社""台湾人权促进会"等团体亦相继发起抵制、破坏北京奥运会的签名、连署及其他抗议活动。少数民进党"立委"发动岛内"台独""人权"团体展开连署活动，以所谓的大陆"民主"、"人权"、宗教自由等问题向国际社会申诉，施压北京奥运会。

国民党重新执政后，作为在野党的民进党仍不放弃其敌视、抵制、干扰、破坏北京奥运会的政治图谋，并在名称、入场顺序、"主场优势"等议题上胡搅蛮缠，抨击马英九接受"中华台北"的称呼是"放弃主权、矮化台湾"。民进党反对将中华台北"香港化"，坚持开幕式上中华台北队以英文字母"T"进场，要求中华台北队拒绝开幕式，甚至退出比赛。民进党还打出退赛捣乱闹场牌，怂恿台湾观众在奥运场馆内打出"中华民国国旗"、甚至亮出"台湾国"图标等。原谢长廷竞选总部骨干、有"卡神"之称的杨惠如因有在奥运场馆闹场的嫌疑而遭到拒绝入境。

奥运会期间，民进党爆出陈水扁海外洗钱丑闻案，民进党忙于内斗之际，蔡英文无法与扁切割，但刊文恶毒攻击北京奥运会，将之与纳粹奥运会相提并论，妄称北京奥运会将是当年纳粹奥运会的翻版，严重伤害两岸中国人感情。对于奥运会结束后的大陆发展趋势，民进党及亲绿媒体一律唱衰看空，抛出所谓大陆"危机论""衰退论""崩溃论"，称大陆处于内外矛盾的火山口上，难以避免崩溃的命运。[①] 可以说，民进党在北京奥运会议题上扮演了不光彩的角色。但还有许多民进党人热心参与奥运活动，时任高雄市副市长的邱太三、前民进党"立委"郭正亮等人先后来到北京参与奥运活动。

（三）台湾民众情拥奥运，无比关注，热烈参与，与有荣焉

北京举办奥运会，两岸人民同文同种，大多数台湾同胞都关心北京奥运会，祝福北京奥运会圆满成功。而且这次中华台北队参加的项目相当多，又以中华棒球队最受注目。[②] 台湾同胞对北京奥运会比过去任何一届都有兴趣，台北1111人力银行调查显示，高达的73%上班族对本届奥运表示会"非常关注""相当有兴趣"。74%是"紧盯相关新闻与报导"，53%是"特别赶回家看比赛"，另有25%不惜"熬夜看比赛"，飞到北京看奥运比赛者有2.46%。有44%台湾

---

① 台湾《联合报》2008年8月21日社论。

② 林保华：《京奥的经济危机》一文，引自台湾《自由时报》2008年8月6日。

上班族因为举办城市是北京而对本届奥运会关注特别多，甚至有 36% 的上班族表示，除了中华队之外，还会为大陆选手加油。[1]

数十位台湾同胞在境外、大陆参与圣火传递活动，台湾有 3000 多人申请担任志愿者，其中 91 人雀屏中选。北京奥运会票务台湾区总代理——运佳旅行社所代理的约 5200 张门票早已售罄。由高金素梅率领的台湾少数民族歌舞表演在"鸟巢"奥运开幕式前奉献了"我们都是一家人"少数民族原生态舞蹈，将台湾少数民族文化首次通过奥运会舞台，呈现在全世界面前。台北、台中、高雄三地同步举行了"迈向 2008 年北京奥运会总动员，万人健康大步走"活动。台湾企业更是积极争取奥运商机，分享奥运会的经济利益。

"奥运热"与"大陆热"席卷全岛，继陆客赴台、包机直航之后，奥运议题成为岛内媒体的主要议题，进一步升高岛内的大陆热，有助于台湾同胞更加全面、深入地了解大陆、了解两岸关系现状及其趋势。台湾各大媒体派遣上百名记者分赴北京、上海、青岛等奥运赛场报道奥运会。台湾无线四台台视、中视、华视和民视携手合作转播奥运会新闻和赛事，无线四台主频道平均每天有 10 小时赛事转播，数位台则为 24 小时全天转播。无线四台为奥运会转播权、国际广播中心 IBC 的租赁设置费用、转播设备采购、转播设备运输、讯号传输费用等共投入新台币 2 亿 6000 万元经费，比 2004 年雅典奥运会增加 19%。全程转播奥运会开、闭幕式，并转播主要体育赛事，制作播出总时数约 3000 小时的节目。全台湾约 700 万观众收看了开幕式转播，每分钟收视率平均 3.9%；大约每 3 到 4 人中就有 1 人观看了奥运开幕。[2] 各家平面媒体也纷纷开辟版面、专栏，大篇幅、多角度、深层次地报道奥运会，评论奥运会。除少部分媒体、主要是亲绿媒体像《自由时报》等，对奥运较多采取负面报道的方式外，多数媒体是从赞美、感叹的角度报道、评论奥运会，极大地感染了岛内观众、读者。这是两岸开放交流二十年来，台湾媒体首次大规模、大篇幅、多视角、且正面地报道大陆。除了收看传统媒体的报道外，台湾民众还通过手机、网络点击、浏览奥运会信息。奥运会期间，台湾"中华电信"免费向台湾网友提供"奥运在线实时看"的服务，"中华电信"MOD（多媒体随选视讯）、网络及 3G 手机业务收视率都达到最高峰，MOD 开机率突破 50%，收视人次 700 万人次，网络单日浏览点阅率 600 万人次，收视人数 60 万多人，3G 手机影音浏览人次 18 万人

---

① 张家玮：《两岸运动赌盘摩拳擦掌迎奥运》，台湾《财金杂志》2008 年 5 月 6 日版。

② 《台湾上班族疯奥运飞到北京了》，台湾《联合晚报》2008 年 8 月 18 日。

次，相关数据都创下单日活动纪录。

（四）台湾民众对北京奥运会产生复杂心理，既充满期待与想象，又怀有矛盾与担忧，既期待又怕受伤害

台湾政论家周天瑞用"发乎情、止乎礼"来为台湾同胞对于奥运会的复杂心情作了注脚。台湾民众参与这场百年盛会，除了可因而拥有置身历史现场的快乐感以外，或有着愿意分享同为中国人历史经验的特殊情怀，并也乐于为此付出尊重及适当融入，这是"发乎情"的部分。但是内心世界仍难免除现实环境中毕竟并非一体的潜在意识，仍不自觉地在关键处存有分殊感，无法忘情到跨越那最后一道门槛，到达那以彼为我的地步，因而便在此合理处自动止步了。这就是"止乎礼"的所在。①

"奥运热"席卷全台湾，绚丽璀璨、气势恢宏的开、闭幕式在台湾同胞内心产生巨大震撼。大多数台湾同胞期待中华台北队利用主场优势，在奥运赛场取得优异成绩，也希望借助北京奥运会取得商机，获得更多的发展机会。许多台湾同胞期待中国队在比赛中取得更多金牌，成为名副其实的体育强国。还有不少台湾同胞期待北京奥运会能使大陆进一步开放，真正崛起，使两岸关系能够走上和平稳定发展之路。

但部分台湾同胞也对北京奥运会怀有一些担忧。担忧之一是大陆成功举办奥运会之后，两岸政经实力对比差距愈加拉大，台湾被边缘化的趋势日趋明显，台湾在未来两岸关系发展中的筹码丧失殆尽，处于不利的地位，台湾前景堪虑。担心之二是大陆利用主办奥运名扬机会打压台湾，台湾被"矮化"，"主权"遭到打压，大陆吃台湾"豆腐"，极度担心中华台北队遭到不公平对待。包括在开幕式上选手进场顺序、奥运选手村安排以及具体比赛过程中，担心台湾被当作中国的"附属"或是被刻意"香港化"。担心之三是台湾观众进入奥运场馆起哄、闹事，大陆方面处理不慎，酿成重大冲突事件，给两岸关系造成难以挽回的损失。

奥运会之前，台湾有舆论认为，两岸双方都必须理解，北京奥运会场内是体育，场边和场外则是政治。两者可以互不干扰，也可以剑拔弩张；可以搭着融冰的暖流扬帆千里，也能将好不容易建立起来的气氛毁于一旦。甚至不排除

---

① 朱松龄：《奥运情 两岸心》，引自 http://www.sina.com.cn 2008 年 9 月 2 日。

两岸再结冰的可能。①但经过两岸相关部门的周密安排，两岸围绕奥运会的互动可谓过程曲折，争议不断，遗憾较多，但顺利落幕，结果圆满，奥运会为两岸关系的后续展开累积了可观的能量，下阶段两岸关系虽然曲折，绝不会一帆风顺，但仍不失浪漫的憧憬，给人期待。

二、两岸围绕奥运会的争议与遗憾

两岸围绕奥运会有争议，但平和落幕，有遗憾，但为双方未来相处摸索新的经验。

（一）围绕奥运会，两岸出现三大争议

争议之一是所谓的"主场优势"。两岸中国人也都期待两岸选手在北京共享主场优势。胡锦涛总书记在5月底会见国民党主席吴伯雄时，提出台湾运动员可享有主场优势，大陆朋友将为台湾运动员加油助威。8月4日，国台办主任王毅表示，台湾选手无论参加哪项比赛，都完全可以把北京当作自己的主赛场，大陆同胞一定会为他们加油助威。吴伯雄也认为台湾选手在北京比赛，一定得到大陆观众的支持，而享有主场优势。但此说遭到岛内民进党的谩骂与讽刺。理由是吴伯雄损害了台湾的"主权"与"主体性"，把台湾当作是大陆的一部分。按照民进党的逻辑，中华台北队到大陆比赛，应该就是到"另一国家"参赛。事实上，台湾运动员受到了大陆的尊重与礼遇，获得了主场优势的支持。从台湾体育健儿步下飞机开始，就受到大陆民众自发的热烈欢迎。北京奥运会的全体工作人员为台湾选手提供了最舒适的住宿、最可口的食品、最便捷的交通、最良好的训练场地。大陆对台湾同胞的格外照顾、格外热情可见一斑。②台湾政论家周天瑞评论道：当"中华台北"出场的一刹那，轰然爆出了如雷的掌声与欢呼声，久久不息。我亲眼看到大陆的中国人放声欢迎"中华台北"的进场，那真是一个史无前例的嘉年华会，让台湾人共享了"主场优势"的感觉。③

争议之二台湾名称。"中华台北"抑或"中国台北"的两岸不同翻译是历史形成的，"Chinese Taipei"中文译名两岸则采各自表述，大陆译为"中国台北"，台湾译为"中华台北"。在奥运会的官方手册中使用"Chinese Taipei"，但大

① 周天瑞：《以发乎情、止乎礼对待京奥》，台湾《新新闻》杂志2008年8月14日，总第1111期。

② 卢伯华：《胡锦涛摆诚意，马英九亮手腕》，台湾《新新闻》杂志2008年6月12日，总第1110期。

③ 朱松龄：《奥运情 两岸心》，引自 http://www.sina.com.cn 2008年9月2日。

陆媒体一直使用"中国台北"的称谓。28年来，台北奥委会一直争取以 TPE（Taipei）名称参与国际比赛。此次奥运会期间，大陆释放高度善意，不但在奥运手册、比赛活动中，均以"中华台北"称之，大陆领导人贾庆林、王毅、陈云林均以"中华台北"称呼，甚至大陆媒体从善如流，在报道中，均统一使用"中华台北"称谓，让昔日可能成为政治争议甚至上纲上线的敏感议题，有效获得解决。

争议之三是入场顺序。台湾方面坚持以"中华台北"在国际奥委会注册的"TPE"作为开幕入场笔画排序的依据。北京奥组委按照惯例，中国代表团作为主办方最后入场。其他代表团也将依照奥运惯例，以主办国文字为准排序入场，"中华台北"则是第二十四位进场，香港则排名二十六，中间隔着中非共和国，中、台、港三代表团间似乎并没有谁被矮化、谁附属谁的疑虑。但台北方面有人以为，虽然中华台北队与中国代表团、中国香港代表团分开入场，但仍难避免被国际误认为已经"统一"或是"回归"的感觉，似乎有"矮化国格"的嫌疑。① 此外在奥运村的安排上，"中华台北奥委会"代表希望避免与中国代表团、香港代表团住在同一层。台北关注这些细节，旨在避免国际媒体误以为台湾与香港一样，"台湾属于中国"。

（二）两岸在奥运期间的互动上留下多种遗憾

遗憾之一，奥运圣火无法进入台湾岛内传递。民进党当局以各种理由拒绝圣火入台，开了最坏的恶例，理应受到国际奥委会的处罚。马英九胜选上台后，仍不能改变这一让十三亿中国人无法接受的事实。结果奥运圣火在中华大地的传递中，唯独没有经过宝岛台湾，这不能不说是北京奥运会的巨大遗憾，这是两岸中国人的悲哀。

遗憾之二，两岸选手无法像朝鲜、韩国运动员那样携手入场，两岸运动员无法在开幕式上共同传递圣火。2000年悉尼奥运会上，朝韩运动员在"半岛旗"的引导下共同入场，开启了朝韩体育代表团在大型国际运动会上共同入场的先例，当时所有观众都站起来报以热烈的掌声，多少人流下了激动的泪水。最近的一次朝韩运动员携手入场是在2006年的多哈亚运会上。从2000年悉尼奥运会至今朝鲜和韩国运动员携手参加综合运动会开幕式，已经有八次了。包括台湾同胞在内的全体中国人民均期待在北京奥运开幕式上，两岸选手共同携手进

---

① 周天瑞：《以发乎情、止乎礼对待京奥》，台湾《新新闻》杂志2008年8月14日，总第1111期。

入会场，营造两岸中国人大团结的气氛。如果两岸选手能够在开幕式上共同入场，两岸选手共同点燃圣火，那是两岸关系中动人心魄的历史性瞬间，必将营造一幅两岸同胞携手奥运的感人画面。但台湾方面因政治考虑而委婉谢绝，让两岸中国人扼腕徒叹，"朝鲜、韩国能，为什么中国不能"！[①] 台湾执政高层止步于政治计算，因其不愿于让国际引发两岸携手、两岸统一的联想，也担心引爆岛内蓝绿冲突，引发绿色媒体、绿营人士的激烈反弹，使马英九糟糕的施政状况雪上加霜，因此马英九内心摆脱不了"外省"魔咒，却步于奥运，跨不出这一历史性的一步。[②]

遗憾之三，中华台北队成绩不尽理想，与台湾民众早先夺金期待有着较大落差。

中华台北代表团此次有 80 名选手，取得史上最多的 15 个项目参赛资格，但只有举重与跆拳道拿下奖牌。其余赛前设定可望夺牌的项目，包括射箭男女团体赛、网球女子双打、羽毛球女子双打、乒乓球男子团体赛等等，全部铩羽而归。不仅可望夺牌项目的表现不尽如人意，备受台湾民众瞩目的棒球队，也只打出二胜五负的成绩。

2004 年悉尼奥运会之后，台湾方面制定了四年"黄金计划"，投入 8 亿 7 千多万新台币，准备在北京奥运会夺得七枚金牌，但这个不可能的任务逐年下调目标，结果只获得四枚铜牌，奖牌榜排名第 80 名，奖牌数则排在第 44 名，综合排名第 74 位。此前，2004 年雅典奥运会台湾获得五枚奖牌，排名第 31 位，2000 年悉尼奥运会获得五枚奖牌、排名 58 位，1996 年亚特兰大奥运会排名 61 位、1992 年巴塞罗那奥运会排名 49 位。北京奥运会是台湾最近六届奥运会成绩最差的一届。[③] 幸好出现跆拳道选手苏丽文受伤不放弃比赛，为台湾选手在奥运赛场画下亮丽的句号，赢得"台湾精神"象征的赞誉，让台湾媒体与民众有了一番新的寄托与想象。

此外，围绕奥运会，曾有多种不和谐声音。2008 年 3 月选举期间，西藏发生打砸抢事件后，马英九抛出不排除抵制北京奥运会的强硬口号，引起极大争议。马还对温家宝总理出言不逊，为了选票已经逾越中国传统做人的本分到如

---

① 林奂旻:《避免矮化国格嫌疑，我方争取 T 字开头》，台湾《新新闻》杂志，总第 1110 期。

② 王跃勤:《两岸携手奥运一场梦》，香港《广角镜》总第 431 期，2008 年 8 月 16 日—9 月 15 日。

③ 台湾《自由时报》2008 年 8 月 23 日社论。

此地步，实为一大遗憾。对于大陆邀请台湾海基会董事长江丙坤出席北京奥运会开幕式一事，台"陆委会"表示需要按两会接触模式处理，而且要大陆单独接待江丙坤，而不是把江丙坤和连战、吴伯雄等人合在一起当作台湾代表团来接待，显示马英九当局在奥运事务的处理上，突出海基会半官方的性质，不愿与党务系统、民间社团相提并论。最后迫使江丙坤婉拒出席，留下一项值得思考的两岸政治难题。

三、北京奥运会对台湾、两岸关系的影响

北京奥运会就像一块巨大的磁石，吸纳两岸各种资源、各式力量投入其中，从而对台湾内部、对两岸关系产生深远且复杂的影响，带给两岸关系全新的面貌。

（一）奥运会对台湾的影响

奥运会对台湾的影响可以从政治、经济、文化、社会等层面加以剖析。

首先，奥运会的成功举办对岛内政治发展产生良性的杠杆作用。北京奥运会的成功举办，一定程度上压缩绿营逆向操作两岸议题的空间，扩大泛蓝了在两岸关系上的民意基础。北京奥运会不但冲击了民进党、"台独"势力扭曲、抹黑大陆的能量，也使民进党惯用的"民粹"伎俩、给政治对手扣"红帽子"手法越来越失灵了，只能躲在"台独民粹"的围城里暗自神伤。与此相反，泛蓝上上下下与民同乐，纷纷前往北京为中华台北奥运选手加油，热情无比高涨。

其次，奥运会的成功举办，有助于台湾同胞形塑正确的两岸观。奥运会向广大台湾同胞展示了祖国大陆的政治、经济、文化等方面的优势，展示了大陆改革开放的良好形象，给予台湾同胞正面认识、深入了解改革开放的成果，充分体悟大陆十三亿同胞的精神面貌、生活方式、价值观念，有助于台湾同胞客观、理性地看待大陆的政治制度、经济实力、社会状态等，对于未来两岸关系的发展保持期待。奥运会对台湾同胞形成较多正面的心理影响，使更多的台湾同胞有机会了解改革开放所取得的成果，客观看待大陆各方面发展现状，使广大台湾同胞容易摆脱"台独"团体、民进党的误导，消除台湾民众原先对大陆的误解。不少台湾民众对于大陆成功举办奥运会深感自豪，认为这是全中华民族的荣耀。即使民进党、"台独"团体，对奥运会持敌视心态，因为反对国民党、反对马英九的需要，而故意忽视、甚至扭曲奥运会，但他们也不能不承认北京奥运会的成功之处，只能在奥运会之外找碴，批评大陆的所谓"人权""自

由""维权"等问题。北京奥运会赢得台湾民心。来自台湾的国际奥委会委员吴经国评价道,"只有中国人才会有卷轴的概念和漫步云端的创意,这是一个中国特色的奥运开幕典礼,又融合了现代的高科技,你没有办法去说他有缺点,我觉得非常非常成功。有特色、高水平的北京奥运盛宴,台湾民众体味至深。"

再次,奥运会给台湾众多企业带来无限商机与利润。给广大台湾同胞创造发展的机会。那些从事基础设施、运动设施、食品、医疗、电视、通讯与电子等产业的台商品,都能分享到奥运会带来的经济大饼。尤其在"科技奥运"的要求下,无论在运动场馆、建筑、通讯与交通等引进科技概念,一向以科技产业见长于世的台湾高科技企业,更是获得庞大商机。台湾众多企业借奥运会传播品牌形象,特别是台湾电子产业一向以代工为主,更是铆足全力寻找商机,成果丰硕。统一集团、正新集团等一批知名台资企业成为北京奥运会赞助商,台湾仙蒂蕾娜舞蹈服饰公司成为北京奥运会啦啦队队员服饰装备的独家赞助商;捷安特自行车全程赞助了奥运会自行车公路赛中国国家队的比赛用车;就在奥运会开幕前期,包括凤梨、阳桃、杧果等在内的 10 吨台湾水果被运抵北京奥运村,成为特供水果。岛内观光业也吸引到众多外国游客参观奥运会后顺道赴台旅游。奥运会的成功举办,也为 2009 年高雄世界运动会,提供借鉴意义。时任高雄副市长的邱太三到北京观摩奥运会,应该对高雄的世运会产生正面意义。[①]大陆组织奥运会的能力、民众的参与度和运动员展现出的能力和努力,让人绝对刮目相看,很佩服大陆争当第一的豪情壮志。

此外,奥运会的成功举办,将为更多的台湾同胞提供机会,加入两岸交流与合作的洪流中来。如果之前还有部分台湾同胞因为对大陆怀有疑虑、误解,而止步于两岸交流、合作的大门之外,那么,在经过奥运的考验与洗礼之后,随着两岸关系环境的进一步宽松,将有更多的台湾同胞、特别是中南部、中低阶层的民众,将来大陆寻求发展的机会,寻求温暖与阳光。北京奥运会为打破民进党制造的民粹牢笼、樊篱创造了机遇,就看两岸的中国人能否抓住。

(二)奥运对两岸关系的影响

绿色奥运、科技奥运、人文奥运的理念,以其特有的"和平""包容"和"融合"的色彩,给两岸关系带来深远的影响。

多难兴邦,人们普遍相信,经过"314"西藏骚乱、"512"四川地震、与北

---

① 曾志超:《北京奥运对两岸经贸之影响》,引自台湾"国家政策研究基金会"《国政评论》科经(析)097-018,2008 年 6 月 18 日。

京奥运会圣火亲炙的中国大陆，已经不可避免地踏上和平发展之路。北京奥运会让中国找到了一把通往世界、与世界先进文明汇合交融的钥匙，在政治发展、经济进步、文化提升、社会和谐、弱势关怀、环境保护、能源节约等众多领域，中国可以与世界各国、各种团体真诚对话、善意沟通、积极协商。中国将在后奥运时代，加快与世界先进文明链接交融，使政治更文明、经济更具竞争力、文化更丰富、社会更活跃，走一条尊重多数、关怀少数、温和理性的和谐发展之路。未来大陆将更好地扮演负责任的理性大国的角色。在处理两岸关系时，大陆将更加平和、理性、柔软与包容。

就两岸关系而言，奥运会的成功举办，将产生五方面的影响。

首先，两岸实力对比发生重大变化，大陆将加速崛起进程，台湾边缘化趋势加快，大陆已牢牢抓住两岸关系发展的主导权。岛内有媒体评价两岸非同步发展趋势，"大陆七年拼奥运，台湾仍陷泥淖"。2001年北京申奥成功后的七年内，台湾陷入政治口水中，为了政治需要，制造假想敌，给对手扣"红帽子"。在大陆就好像坐往上的电梯，想下都不行；而台湾就好像坐往下的电梯，想上都不可能。[①] 如今，大陆软、硬实力迅速增长，政治、经济、外交、社会、文化、科技、军事等各种资源要素大幅攀升，可用资源急剧扩张，大陆处理两岸关系的战略空间拓展，战略与战术的运用可谓收放自如、如臂使指。与此相反，台湾在两岸关系上的战略空间日趋缩小，也可能使决策当局在处理两岸事务面临捉襟见肘的困局。两岸实力差距的拉大，反而给两岸双方以机会，理性务实地扮演好各自的角色，承担相应的责任与义务，使强大的一方更理性，弱小的一方更务实，真正体现中国文化中"以大事小以仁，以小事大以智"的文化精义。

其次，进一步拉近两岸民众的心理距离。两岸民众的心理发生变化，大陆官方与人民的自信心空前高涨，处理台湾问题也更具信心、耐心与决心。与此相反，台湾同胞在面对大陆强势发展态势时，自信心、耐心受到一定程度的损伤，内心的焦虑、彷徨溢于言表，部分民众对于大陆的依赖心理增加。也有部分民众对大陆产生仇视、畏惧心理，对两岸关系做出一些不理性的动作，民进党、"台独"势力可能采取急躁的措施，危害到两岸关系的良性发展。

再次，大陆处理两岸事务更趋务实、自信、理性与宽容。奥运会期间，大

---

① 台湾《中国时报》2008年9月1日。

陆方方面面格外注意谨慎处理两岸关系，具体赛事安排注意听取并尊重台湾方面的意见，尽量满足台湾方面的要求。奥运会期间，台湾方面对大陆最初有点疑惑，担心大陆占台湾便宜，吃台湾"豆腐"，但最后双方配合密切，建立信任。奥运会期间，台湾民众及各政党人士明确感受到大陆的善意和诚意。[①] 为两岸关系下阶段的发展累积了足够的诚意与善意。

第四，大陆未来处理两岸关系的理念、策略、措施等，将更具有"后奥运时代"的特色。具体来说，就是尊重、沟通、善意的精神。大陆领导人未来对台决策的自信心进一步提高，决策环境将更加理性，决策资源更加充沛，运用自如，决策品质精益求精，运筹帷幄，对台政策的基本色调就是理性、温和、务实、包容、弹性及有效。

此外，奥运会的成功举办，为今后双方处理两岸关系树立了良好的典范。这种模式的核心要义就是"相互尊重、善意沟通、淡化分歧，合作至上"。围绕北京奥运会，两岸彼此作了紧密的互动，目前看来，效果良好。双方以最大诚意、善于处理两岸之间的分歧，特别在"中华台北"名称上，妥善解决名称之争，说明双方透过善于互动、积极沟通是可以解决双方分歧的。这也为今后双方的互动奠定好的基础。奥运中双方协商的作法可以运用到双方发生争执的其他议题中。诚如胡锦涛"世界从来没有像今天这样需要相互理解、相互包容、相互合作"。北京奥运会既给予中国大陆处理国际重大事务的启发，相信对两岸问题的处理，也会遵循同样的方式，这无疑是我们对奥运成功最大的期盼。[②]

北京奥运加快了中国发展的进程，也成为两岸关系的分水岭，为两岸关系的发展累积了向前发展的新动力，开启历史性的机会之窗，未来需要两岸共同努力，紧紧抓住。（本文完成于 2008 年）

---

① 朱松龄：《奥运情 两岸心》，引自 http://www.sina.com.cn 2008 年 9 月 2 日。

② 台北《中央日报》社论：《盼望奥运带来两岸和平发展新机会》，引自 http://www.chinareviewnews.com，2008 年 8 月 10 日。

两岸城市交流的现状与展望

卢梭有句名言："城市是人类的深渊。"城市学家刘易斯·芒福德（Levis. Mumford）描述城市的功能是"将权力转换成形式，将能量转换成文化，将无趣的事物转换成鲜活的艺术符号，将生物繁殖转换成社会创造"。[①]越来越多的人相信与农村相比，城市"使我们更富庶、更聪慧、更健康和更幸福"。[②]

两岸城市交流是两岸关系的重要组成部分，在两岸交流与两岸关系中扮演重要功能，为两岸关系提供越来越多的正能量。谢长廷先生在 2000 年 6 月提出"一国两市"概念，提议高雄与厦门展开城市交流，虽然未能实现，但对两岸关系影响无远弗届。在两岸关系和平发展巩固深化的今天，回顾两岸城市交流的历史，总结特点，前瞻未来，对"两岸关系发展与创新"研讨会具有特殊价值。

一、两岸城市交流现状

（一）两岸城市交流回顾

21 世纪以来，经济全球化与区域一体化加速了城市化的进程。美国等发达国家的城市发展经历了城市化、郊区化及"逆城市化"的三个阶段。两岸的城市发展处于不同的阶段，各具特色。台湾城镇化率高达 85%，5 个"直辖市"中除台南外人口超过 200 万，台北、高雄、台中的城市人口超过 100 万。走新型城镇化道路是大陆"十二五规划"及新一届政府确定的城市发展战略。大陆城镇化率 2012 年达到 52%，大陆有 4 个直辖市、26 个省会城市、286 个地级市、473 个县级市。其中人口 100 万以上特大型城市有 66 个，人口在 1000 万以上超特大型城市有 14 个，重庆、上海、北京、成都、天津、广州、哈尔滨、

---

① 张泉著：《城殇——晚清民国十六城记》，香港：三联书店，2012 年 11 月版。

② 叶宜昌：《重新谁认城市的光耀》，引自爱德华·格；雷瑟著《城市的胜利》中文版序，台北：台北时报文化出版公司，2012 年 2 月版。

苏州、深圳、武汉等。

城市是两岸经济、文化、社会及政治发展的引擎，具有强烈的资源聚集、扩散及增值功能。两岸城市交流在两岸关系中具有指标性的带动价值。两岸城市交流主要围绕城市建设与城市管理、城市保护与城市创新的主题开展，积极推进两岸城市资源整合、探索两岸城市战略合作的路径，共同应对城市发展中面临的困难与挑战，不断提高城市竞争力，实现海峡两岸城市的全面协调、和谐永续发展。

两岸城市交流是与两岸关系同步开展的，经历了从无到有、由浅到深、从单一到多元、从单向到双向、从交流到合作到共同提高的漫长历程。早期的城市交流受到两岸政治关系、两岸城市发展落差的影响，浮于表面，成果有限。在 20 世纪 90 年代及 21 世纪初，台湾城市建设、城市管理、城市保护的很多方面领先于大陆，因此多数是大陆城市向海峡彼岸学习、取经。之后则是相互借鉴，彼此促进，共同提高。

两岸大城市如台北、高雄、台中与北京、上海、广州、深圳等市之间的交流开始较早，最为活跃、影响最大。2008 年 5 月以来，两岸城市交流获得空前发展机遇，向纵深推进，取得了重大成果。随着大陆城市化速度加快，大陆各级城市对于两岸交流兴趣盎然，很多地级市也加入两岸城市交流的潮流，城市交流向基层延伸。

两岸城市交流引领两岸关系方向，深化两岸关系的内涵，丰富两岸关系的层次，填补两岸关系的空白，成为两岸关系持续发展、螺旋上升的重要动力源泉。同时，两岸城市交流促进了两岸城市发展，提高了城市竞争力，满足两岸人民物质与文化需求。缩短城乡差距、城市贫富差距，促进城市阶层流动，造福两岸人民。

两岸透过城市交流合作，增进了两岸民众的情感，大陆城市建设得以快速发展，城市文明不断提高。两岸城市之间的差距有所缩短，大陆许多城市的硬件建设某些方面甚至超过了台北。但台湾城市的人文素养、城市精神、软实力及其竞争力仍具有优势，值得大陆各大城市借鉴、学习，也为未来两岸城市交流合作酝酿了无穷动力。

（二）两岸城市交流特点

1.交流平台多、交流品牌多

当前两岸关系和平发展进入全方位、多层次、宽领域的交流阶段，两岸城市交流平台、交流品牌不断涌现。一是以城市发展为主题的论坛、研讨会。由中国城市科学研究会与台湾都市计划学会联合举办的"海峡两岸城市发展研讨会"迄今已有20届，每隔一年在大陆与台湾轮流举办，围绕城市转型与创新发展、智慧城市与精神增长、生态文明与城乡统筹等议题展开研讨，取得丰硕成果。2013年台北与香港也举行了城市交流论坛。二是以经贸投资为主题的城市建设合作平台。两岸各大城市的开发区如大陆东莞、苏州、昆山开发区、台湾新竹科学园区、台北南港科工园区等，成为两岸城市经济合作的重要基地。三是以文化教育、科技创新为主题的城市交流平台。包括"两岸城市艺术节""两岸汉字艺术节""海峡两岸文博会城市论坛""两岸城市青少年创意族谱联展""两岸创意城市交流""两岸智慧城市交流展""海峡两岸无线城市发展高峰论坛""海峡两岸城市中小企业竞争力论坛"等平台，深化了两岸城市交流内涵，拓宽了合作的渠道，酝酿了无限商机，产生了广泛影响。四是国际性的城市交流平台，如上海世博会、台北花博会、西安园博会等等。

2.参与城市多、交流内容广

两岸城市之间的差异错位反而成就了双方的优势互补，吸引越来越多的城市参与到两岸交流中来。如果说早年参与两岸交流的城市还局限在两岸的大城市，如大陆的东南沿海城市、台湾的北部城市，那么2008年以来，越来越多的两岸中小城市也参与到两岸城市交流中来，为各自发展寻求机会。城市的各行各业都参与到城市交流中，职业分布广泛，既有公务员、教师、学生，又有工商业者、文化媒体、社区志工。既有城市管理者，又有城市建设者，很多是普通市民。两岸城市交流的内容越来越广泛，既涉及两岸关系政治、经济、文化、社会等各个面向，又涉及城市建设、城市管理，城市保护、城市文明、城市创新、低碳城市、生态城市、智慧城市、城市未来等各个方面。两岸双方从城市交流中受益匪浅，对两岸城市发展、两岸关系深化产生重要推进作用。

3.保障程度低、深层合作少

虽然两岸城市交流合作平台多、品牌多，参与城市多、交流内容广，但交流的制度化程度较低、深层次合作较少。两岸城市交流时常受到两岸关系、经济周期、政党轮替、人事变动的影响，缺乏有效的机制保障与制度监督。目前两岸城市双方签署交流合作协议或备忘录的城市还不多，主要局限于少数几个大城市之间，上海与台北签署了合作备忘录、福州与台北签订了加强交流合作的共同声明、厦门与高雄签署了加强合作框架协议，南京与新北签订了《建立经贸文化旅游交流与合作关系备忘录》等，两岸多数城市之间没有签署城市交流协议或合作备忘录，缺乏制度性的保障约束机制，两岸城市交流变数较多。同时，两岸城市交流合作多数仍停留在交流层面，有些流于形式，浮于表面，缺乏深层次、高质量、前瞻性的城市战略合作。两岸很多城市热衷于与国外的城市缔结友好城市、姊妹城市，对于两岸城市交流兴趣有待提高。

4.两岸城市交流不平衡

两岸城市交流历史悠久，但因众多原因，呈现不平衡现象。一是台湾参与两岸交流的城市呈现出"蓝多绿少""北多南少"现象。泛蓝执政的县市参与两岸城市交流的历史较长、县市较多，交流合作内容多元丰厚，而绿营执政的县市参与交流少、起步晚，有些城市流于口号或形式，没有实质成果。但近年来绿营对于两岸城市交流的态度有了些微变化，积极性有所提高，有了实际参与。包括高雄、台南、屏东、云林等县市纷纷探路西进，投身于各类城市交流活动，寻找商机。二是大陆方面参与两岸城市交流也出现"东多西少""南多北少"现象，大城市参与较多，中、小城市参与较少，县级城市与台湾交流尚处于起步阶段。三是交流对象、交流内容也不平衡。城市管理者参与交流多，而城市建设者、基层民众参与少；北部民众参与多、中南部民众参与少；青、壮年参与多，而年长者参与少；围绕城市硬件建设的交流多，有关城市保护、城市软实力的交流较少。随着两岸关系大交流、大合作、大发展的需要，两岸城市交流更注重平衡，需要提速扩容升级。

二、两岸城市合作典范——以上海和台北为例

（一）上海、台北双城合作模式

针对当前两岸城市交流的现状与特点，上海、台北双城记堪称两岸城市交流合作的典范。透过双城战略合作，实现上海、台北两地经济、人文资源要素的优化组合，促进良性竞争，提高城市竞争力，实现"双赢"。根据城市战略合作的"新木桶理论"[①]与"增长极理论"[②]，两岸城市战略合作主要受伙伴城市、参与者、动力机制、协调保障机制因素的影响。兹就上海、台北的城市战略合作模式作一分析。

① 郝宇、罗永泰文:《"新木桶理论"与动态战略联盟》，引自《城市》杂志，2003年第2期。
② 参见增长极理论-百度百科，引自baike.baidu.com/client/view/853623.htm?app=3&font=2&statwiki。

1. 伙伴选择

城市战略合作伙伴的选择涉及资源汇聚、区位联结、规模经济、城市实力等诸多因素。上海与台北近在咫尺、隔水相望，在两岸各领风骚、各擅胜场。双城在两岸的政治、经济、文化、社会的影响各不相同，但双方始终惺惺相惜，互相成就，合作多于竞争。台北与上海之间飞行时间只有 80 分钟，处于黄金"一日生活圈"。双城之间的地理距离如此之近，历史与人文距离更近，拥有深厚的历史渊源和人脉传承。上海是台商、台生、台媒、台配（偶）、台湾文化、影视名人荟萃之地，也是两岸潮流、时尚的新高地。2000 年后台湾掀起一股"上海热"，移居上海风靡北台湾。一批泛蓝支持者离开台湾，来到上海，在上海的古北、张江形成了小台北。那时流行一句"如果你不想受伤害，那就来上海"。有人鉴赏上海、台北、香港三地的咖啡，香港咖啡味道好，但没情调；上海咖啡味道不好，但情调好；只有台北的咖啡既有味道又有情调。2008 年以来两岸实现直航、沪台两地进入"一日生活圈"，台湾掀起第二波"上海热"，除了制造业外，一批高新科技、服务业者移居上海。十年前后，在上海、大陆的台湾人分别由 30 万、80 万增加到 80 万、200 万，许多台湾朋友纷纷以"新上海人"自许。这一切，都构成了上海与台北进行战略合作的资源优势。

2. 参与者

上海、台北双城战略合作的参与者主要包括两地政府、企业、社团及其大型活动四个层次展开。

（1）政府机构

两地各级政府是城市战略合作的主体。"上海台北城市论坛"就是由上海、台北两市市政府牵头，邀请两岸相关产、官、学多方共同参与的交流平台。"双城论坛"自 2000 年首次举办以来已成功举办了 13 届，机制化程度高，交流广泛且深入，并走向战略合作之路。如今已成为两岸城市交流中卓越品牌。2006 年以来，沪、台双方在对方举办文化宣传周，宣传各自的文化特色。早在 2002 年两地体育主管机构签署了"城市体育交流"协议，每年组织体育选手互访。上海行政学院与台北市政府公务人员训练中心也搭建了固定对口交流机制。此外，台北与上海举办了多届"沪台城市健康论坛"，将城市交流引向科技、人文、绿色、生态、健康的生活层面。

在深化内涵的同时，上海、台北将交流引向基层。上海静安区与台北中正区、杨浦区与大安区、浦东新区与内湖区、虹口区与士林北投区、黄浦区与万华区、长宁区与大同区等建立了多个基层交流合作机制,着重围绕社区管理、志工服务、老年安养等议题进行深度交流,相互提高。黄浦区与信义区的社区志愿者分别深入对方社区开展志工服务。

（2）工商企业

城市竞争与合作多数是在市场机制下透过企业层面展开,两岸城市战略合作的最具活力的因素就是双方的企业,[①]上海、台北双城企业交流合作富有竞争力。早在2005年,上海外文图书公司和季风书店联手,与台湾联经出版事业公司合作创办了台北"上海书店",上海题材、传统题材、文史哲及艺术类书籍全线告罄,蔚为风潮。台北农产品运销股份公司与上海江桥农产品批发市场结为姐妹公司,开展合作。台北智慧卡票证公司与上海公共交通卡股份有限公司亦建立了业务合作关系。2009年6月台湾开放陆资入岛,上海企业踊跃赴台投资。迄今为止,上海赴台投资项目30个、近1亿美元。上海现有6家台资银行、50多家台资企业总部与研发中心,台北贸易中心上海办事处去年成立,这是台湾首家驻大陆的经贸性办事机构。充分表明上海、台北两地工商界交流频繁,深度合作。

（3）民间团体

民间机构、民间组织、民间团体之间的交流合作对两岸城市交流合作产生重要推进作用。包括文化、教育、艺术、学术、体育、环保等各类社会团体、民间机构之间的交流合作极其频繁活跃,云门舞集、明华园、台北市立交响乐团、优人神鼓、屏风表演班等多个演出团体在上海的演出受到热烈欢迎。

（4）大型活动

以上海世博会与台北花博会为代表的两市"双城、双博"活动在两岸城市战略合作中产生重大影响。2008年6月,台北市市长郝龙斌来上海与韩正市长签约参与世博会,并积极邀请韩正访台。2010年4月韩正访台掀起"世博"热潮。除了台湾馆之外,台北市"台北无线宽带——宽带无线的便利城市"和"资源全回收、垃圾零掩埋、迈向城市的永续"两个案例从全球遴选的87个城市、113个提案中脱颖而出。台湾馆与台北城市案例馆成为上海世博会的亮点,接待参观人数高达359万人次。世博会促成台北松山与上海虹桥直航,缩短了双城时空距离。上海交通银行开办了新台币与人民币兑换业务,方便两岸游客。

---

① 周振华:《城市竞争与合作的双重格局及实现机制》,《毛泽东邓小平理论研究》,2007年第6期。

继上海在台湾举办"上海文化周"之后，台北首次在上海举办了"台北文化周"，全面展示了台北城市文化风貌。台北艺术推广协会在世博会期间上演数百场的《城市之窗》主题秀，引起观博游客热烈回响。

上海世博会闭幕后，上海又以"海韵园"展园参与了台北花博会，前后共吸引285万游客参观。应台北市市长郝龙斌邀请，上海800名中学生赴台举行"沪台携手·相约花博"活动。上海世博会中国馆镇馆之宝"清明上河图"先后赴台北等地展出，参观人数高达189万人次，促进两岸文化交流。

3. 动力机制

上海、台北双城战略合作主要有两个动力机制：政府驱动力和市场驱动力。其中政府扮演了关键的角色，对沪台双城交流合作定位，设定交流方向，调动交流力量，落实交流事项。同时，以市场机制、市场竞争为导向，为城市交流注入强劲的市场驱动力。2010年在两地政府的推动下，浦东张江高科技园区与台北内湖科技园区结为姐妹园区，定期互访，培植交流项目，给予资金扶持。值得一提的是，2011年，上海水产集团与台南方面签署虱目鱼契作协议，增加台南渔民收入。此后，上海海洋大学协助苗栗养殖大闸蟹，为台湾饕餮之客提供了美味佳肴。

4. 协调保障机制

为提高上海、台北城市交流的机制化、制度化保障，降低外在因素影响，双方通过多方努力，签署了多项交流合作协议，使城市交流得以持续进行、不断发展。截至2013年6月，上海与台北已经签署了文化、教育、体育、旅游、环保、科技园区、医疗卫生、老人照护、市民热线等多个领域15项合作备忘录。上海逐渐形成了较为成熟的多部门、多层次协作协调机制，为服务台胞、扶持交流、处置突发情况提供了有力保障。

（二）上海、台北双城合作特点

1. 开创性

上海与台北合作演绎一部精彩纷呈、美妙动听的城市战略合作"双城记"，"双城论坛"具有原创性，双方签署的多项合作备忘录具有示范功能，具有制度化功效，不但拉近了双城距离，而且开启了两岸城市战略合作的契机。

2. 优质性

上海与台北均具有开放性、包容性、多元化、国际化的特点，双城交流已进入优势互补、良性竞争、合作发展的新阶段，为两岸城市战略合作提供了优质典范。

3. 有效性

上海、台北双城合作均围绕双方城市建设、发展中面临的重要问题展开交流合作,各自的经验、教训均为对方提供借鉴参考,成为彼此激励、共同成长的重要助力。普通意义上的两岸城市交流多数以经贸往来为主,而上海与台北双城交流合作则扩展到城市建设、城市管理、城市保护、城市环境、城市文化、公共秩序、就业、教育、医疗、养老、食品安全等全方位、多领域,不仅针对性强,而且有效性高,有利于沪、台两地共同发展。

4. 可持续性

上海、台北"双城论坛"合作机制为上海与台北之间的战略合作提供了机制化平台,相关合作协议、备忘录提供了必要的保障。期间曾因政治因素,台北市政府只能以"台湾生命力文教基金会"与"上海发展研究基金会"为对口单位保持联系,但 2006 年两市高层恢复交流,2010 年韩正市长访台,两市签署合作备忘录,上海与台北的城市合作迈入可持续的新阶段。

上海与台北双城合作模式,成为两岸城市战略合作的标杆,对两岸城市交流具有示范作用。

三、两岸城市交流合作前景

两岸城市交流方兴未艾,面临重大机遇,空间广阔,潜力巨大,前景光明。

(一)两岸城市交流新机遇

1. 两岸关系和平发展创造全新机遇

两岸大交流、大合作、大发展的正能量已传递到两岸大中小城市及其各个角落、各行各业,产生巨大动能。两岸城市双方对于交流合作的意愿更为强烈,需求更为迫切。将有更多两岸城市、特别是大陆中小城市、台湾中南部城市将参与到两岸城市交流中来。

2. 大陆新型城镇化建设与台湾都市更新提供新机遇

"十二五"规划与新一届政府把"城镇化""智能城市"建设作为国家经济发展战略,摸索一条新型城镇化道路,着力推动城市现代化、城市生态化、农村城市化,全面提升城市化质量与水平。同时,台湾各大城市亟须加快都市更新步伐、提升城市发展水平,也为两岸城市交流合作提供了强大的动力需求。

3. 科技变革酝酿新机遇

经济全球化与区域经济一体化加快，信息、网络科技变革日新月异，促动城市转型升级发展，为两岸城市交流合作提供了广阔空间。科技变革催生城市脱胎换骨，创建以数字化、网络化、智能化为基础的智慧城市，成为两岸城市共同选择。两岸城市已临近同一起点，需要携手合作，共同开创科技变革先机，掌握城市未来命运。

4. 城市转型升级带来新机遇

当前，两岸城市均面临共同的发展难题与挑战，包括城市发展瓶颈、都市更新、环境保护、教育就业、老龄化、少子化、公共卫生、食品安全、非传统安全、犯罪、交通、贫穷、贫富不均等难题，需要透过交流合作共商对策、共谋出路、共寻未来。

（二）两岸城市交流新趋势

1. 深化

两岸城市交流内涵更为具体、深入、细致，获取更为厚实的交流合作成果。两岸城市将携手应对双方共同面临的挑战，解决城市改造与保护、环境治理、城市安全、城市创新、教育就业、医疗养老等难题，增强发展动力，提高城市竞争力。

2. 广化

随着改革开放与全国新型城镇化建设的深入，更多的中小城市将加入两岸城市交流的行列中。除了大城市外，大陆近千个地级市、县级市也将参与到两岸城市交流中来，像昆山、常熟、江阴等县级市具有强劲的城市竞争力，可为两岸城市交流增添新动力。

3. 优化

随着两岸关系和平发展的巩固深化，两岸关系的发展质量、交流效益将不断提高，两岸城市交流也将不断优化，两岸城市交流的效果将进一步提升，惠及两岸双方，

4. "绿化"

随着两岸关系和平发展的巩固深化，两岸城市交流由泛蓝执政县市向民进党执政县市延转已是不可逆转的趋势。基于发展地方经济、推动旅游观光、推销农渔产品的需要，民进党籍县市长也跨出与大陆交流的步伐，希望分享两岸关系和平发展的"红利"，从两岸交流中获得实惠，满足当地民众对于两岸交流

的需求。陈菊主持召开了 2013 年度两岸工作小组会议，乐见并肯定两岸关系和平发展及两岸人民交流互动。高雄将邀请大陆城市参加即将举办的"亚太城市高峰会"。台南市赖清德亦已派出其市府核心参与两岸交流。民进党执政的屏东县、云林县、嘉义县、宜兰县等均将积极参与到两岸交流中来。

（三）加强两岸城市交流合作建议

在两岸关系和平发展巩固深化、全面发展的今天，开展两岸城市交流合作具有巩固两岸关系发展基础、增强发展动力，塑造和平发展民意的重要作用。城市交流合作将成为两岸关系新的"增长极"，需要不断拓宽途径，深化内涵，创新机制，丰富层次，取得实际成果。

1. 创新思维

在继承、巩固既有成果的基础上，积极创新思维，更新观念，引进区域经济联动、城市战略合作的新理论、新方法，转变城市交流合作模式，由狭隘单一的互惠性合作转变为开放多元的竞争性合作，破解两岸城市交流合作的旧观念、旧束缚，大胆尝试，拓宽视野，不断推进两岸城市交流取得新进展。

2. 创新机制

加强两岸城市交流体制、机制创新。深入总结两岸城市交流的经验成果，摸索两岸城市交流合作的新模式、新路径。扩大建立两岸城市对口交流机制，在上海、台北对口交流之外，建立更多的对口交流城市。可在南京与新北、厦门与高雄等城市之间开展机制化交流合作。加强两岸城市交流品牌经营管理，培育新的品牌、打造新的平台。提高制度化程度，建立保障机制。

3. 创新措施

紧跟两岸关系与世界城市发展趋势，根据自身城市发展需要，就城市建设、管理、提高城市软实力、城市竞争力等议题交流合作，采取切实有效的交流措施，将交流合作引向深入。建议组建"两岸城市战略合作联盟"，每年举办"两岸市长高峰论坛"，发表《两岸城市合作宣言》，商定具体交流合作措施，加快城市合作步伐。开展两岸城市竞争力排序评比，鼓励有序竞争。

4. 追求实效

两岸城市交流需要"向南行""向下沉"，特别要与中南部、中小城市、城市基层展开实质交流，取得交流成果。建议绿营执政县市顺应两岸关系发展大势，加大两岸城市交流力度，加快两岸城市交流步伐，取得实质成果，改善经济民生，共享和平红利。

两岸城市交流已进入优势互补、相互成就、共同发展的新阶段，两岸双方透过资源整合、良性竞争，完全可以造就傲视群伦、完美神奇的世界级城市，引领世界城市未来。（肖杨同志参与本文写作，发表于台湾维新基金会 2013 年 6 月 29 日在香港举办的"两岸关系发展与创新"学术研讨会）

柯文哲其人与"沪台论坛"前景

一

台湾政治长期陷于造神怪圈，民众、媒体、舆论每逢僵局、焦虑、泥沼，便会追逐传奇，热衷神话。"柯文哲现象"就是台湾各界期待政治强人、突破"闷政治"困境的心理投射。"九合一选举"中柯文哲达成与民进党的政治交易，获得新媒体与年轻世代的加持，轻易摘取台湾"公民运动"成果，形成柯旋风，以"秋风扫落叶"之势击败连胜文，夺取台北市长之位。不仅颠覆了台北传统的蓝绿六比四的政治版图，创造了25万差距，而且塑造了"白色力量"政治想象。有此后盾，柯上任后继续书写柯氏传奇，强势出招，谋求政治声望。面对2016年选举，多名"第三势力"参选者以柯传人自居，试图采摘柯的光芒，复制"柯P胜选方程式"，角逐2016年"立委"。"柯文哲现象"声势涨而不坠，延续多久尚未可知。

"柯文哲现象"的崛起源自于台湾政治生态的转换、"柯P风格"契合当前民众心理需求。台湾每隔8年就进入政治生态转换季节，不是蓝升绿降就是绿涨蓝消，现在则进入蓝绿消退、第三势力崛起的时刻，有可能松动蓝绿二元结构。台湾具有浓厚的强人政治心理倾向，期待强人领航。二十年间，台湾先后经历李登辉、陈水扁以及马英九三位领导人。李、扁玩弄权术，"两颗子弹""法理台独"陷台湾于绝境。两个"坏蛋"走后却迎来饱受讥评的"无能笨蛋"。马英九自许清廉，崇尚温良恭俭良，具有"沉默的魄力"，却难以开创政治新局，不符全民重托。当今台湾民众无不渴望一位既亲民又清廉更具魄力的政治人物带领台湾走出困境。多年社会运动催生台湾"公民社会"，第三势力拥能颠覆传统的能量，为柯文哲跃上政治舞台铺陈气氛。

柯文哲出身"深绿"，头顶"228"光环，绝没有"卖台"的原罪包袱。157

197

的高智商及医生的务实性格赢得民间声望，挑战权威当道，敢言敢闯，赢得知识阶层、年轻世代、网络"婉君"的追捧，舆论视其为"柯神"倍加关爱呵护，蓝绿无人敢撄其锋芒。

二

为延续"柯文哲现象"、书写"柯P传奇"，攀登政治巅峰，柯及其团队展开政治运作，采取三大策略。

（一）实施"苛政"，力拼政绩

就职后柯文哲继续书写"柯神"传奇，将其性格发挥得淋漓尽致。柯文哲透过网络遴选方式筹组市府团队，强势拆除公车道，裁撤派出所、拔除、处罚官员，挑战恐吓财团，卯上赵藤雄、郭台铭"死嗑"，"呛声"慈济。

柯上任后依然口无遮拦、口不择言，"语不惊人誓不休"。先后炮制了"死亡之握""殖民先进论""两国一制""进口新娘说""女性不婚影响国安论"等谬论不一而足，但丝毫没有影响民众、媒体对柯的喜好态度。头一个月内，柯登上岛内五家平面媒体头条超过37次，其媒体待遇超过蔡英文、朱立伦。任职一百天，施政满意度遥遥领先，总体满意度达8成3，公布"关说"名单、拆违建获8成以上支持度，"直言风格"满意度最低，但仍超过5成。印度新德里市民选市长上任不足47天便因民怨沸腾仓促下台，舆论取其姓名字母之首讽其为"AK47"。但台湾民众在厌倦蓝绿传统政客之际普遍对政治新鲜人采取宽容态度，对柯P荒腔走板不以为意，甚至鼓励柯挑战现有政治人物，参与2016年"大选"。

（二）保持中立，扩张政治空间

"柯文哲现象"对蓝绿政治人物构成巨大威胁，当此具有凌驾蔡英文之势时，柯蔡关系成为敏感议题，蔡英文内心既嫉妒又无奈，心里特别酸，害怕柯风头盖过自己，影响其"大选"之路。柯与朱立伦互动良好，似乎与蔡的沟通存在障碍，俩人互动生硬冷漠，远不如柯与朱立伦那般热络，更让民进党人心生警觉。除了柯的谋略外，也与柯、蔡性格迥异有关。区别于蓝绿，在两者之间保持中立，是柯文哲谋求更大政治舞台、更长政治路途的可行策略。柯文哲得到民进党的扶植，但柯并不是民进党，其人事、政策保持独立性。除了民进党成员外，柯市府团队还任用不少新党成员、"公民运动"及网络高手。如今柯的政治野心时刻膨胀，不愿只是民进党的附庸、蔡英文的影子，柯有意与民进党保持距离，冷落蔡英文。柯试图在蓝绿之间保持中立，采取议题合作，与蔡英文、朱立伦等距交往，左右逢源，捞取最大政治利益。

（三）突破两岸僵局，累积政治能量

"柯文哲现象"最初仿佛是对两岸关系和平发展的背离甚至反动，柯的"墨绿"色彩加重了人们的疑虑。但不同于多数传统绿营政治人物的死硬或冥顽不化，柯的两岸观在经历挣扎后趋向务实面对与灵活越超，呈现积极、善意的迹象，对于岛内"反中""反商"的气氛产生异化作用。

柯文哲出身"228 家庭"，但其父曾是国民党员，曾来大陆交流 18 次之多，对于大陆有一定的了解，擅长使用大陆语言。选举期间柯声言选上后台北与大陆交流将"马照跑、舞照跳"，希望延续上海与台北的城市交流。但另一方面柯又极力回避"九二共识"，称不知其具体内容，只是"空洞""标签化"的名词。柯还质问"哪有不承认'九二共识'就不能来往来"的道理？选后柯一度抛出"中华民国底线说"，要以"中华民国台北市长"身份赴大陆交流。柯接受美国《外交政策杂志》（Foreign Policy）专访时抛出"两国一制论"："与其谈'一国两制'，不如谈'两国一制'，合作比统一重要，没有合作的统一是没有意义的。"引起两岸哗然。压力之下，柯被迫表态他的本意是谈"一制"，今后少谈"两国"。柯在拜会宋楚瑜时聆听了毛泽东"不可沽名学霸王""人间正道是沧桑"的名句后，面对岛内外强大的压力，柯转趋务实思考，突出交流趋向，表示两岸交流如同人与人交往，不要像刺猬一样相互防备，而应在交往中建立互信。上任后对于两岸交流作出具体规划，为台北与上海续办"沪台论坛"创造条件。

首先释放善意，融洽情感，表达继续交流的明确立场。柯希望将"双城论坛"扩大为两岸城市论坛，柯希望大陆谅解台湾特殊的历史与文化，双方要在相互谅解基础上继续前进。柯接受习近平总书记倡导的"两岸一家亲"的理念。提出了"四个互相"与"一五共识"，这表明柯文哲开始转变立场，务实面对柯与大陆之间的交流基础柯主张两岸不需要"密使"，只要公开、透明的渠道即可。柯还特别寄信给上海市领导，希望双方在"既有的基础"上持续交流。而上海方面的回复则简单明了：即"在既有的政治基础上"开展交流。柯肯定大陆改革开放成就，承认大陆制度上的优越性。

其次成立"大陆小组"，讨论两岸事务。柯提高台北市政府大陆小组层级，由柯本人亲自担任召集人，两位副市长、主要局、处长参与其中。邀请两岸专家担任小组委员，包括邵宗海、张五岳、赖岳谦、陈明通、童振源、郭正亮、谢敏捷、董立文、张荣丰、叶惠德等人成为柯的两岸高参，他们来自蓝绿、民进党派系、台商等。3月26日召开首次大陆小组工作会议。

再次着手准备双城论坛事宜，考虑交流议题、交流目标、交流形式、层级等具体问题。在首次大陆小组会议上，柯作出两点结论：一是未来台北与大陆各城市应维持过去所有层面交流活动，二是台北上海双城论坛应有更多元、多层面的讨论。柯已于4月间拜会陆委会主委夏立言，了解政策，寻求支持。

此外，柯研拟并提出新的两岸论述，逐步酝酿两岸交流良性互动气氛。3月30日，柯文哲以接受新华社、中央电视台及香港中评社采访的方式，字斟句酌、完整提出他的两岸观——"一五新观点"。

三

柯文哲的两岸论述不同于传统的"统独"、蓝绿思维，而是从解决两岸问题、突破困境的角度切入，研拟两岸观。

柯的两岸观具有三大面向。

一是面对。柯不接受"九二共识"，认为二十多年前的名词、符号无法支撑、稳定当前的两岸关系，但柯愿意面对并讨论"九二共识"的实质内容，甚至主动提议两岸双方应讨论寻求"一五共识"稳定两岸关系。

二是突破。柯的深绿背景并没有成为其超越的障碍，柯自称他既不是国民党也不是民进党，没有这两个政党的包袱，加上作为外科医师的务实作风，透过台北和大陆的来往，突破当前两岸僵局。

三是创新。为了寻求与大陆的互信基础，柯不断提出新的论述，陆续提出了"四个互相""一五共识""一五新观点"等。柯称两岸需要"互相认识、互信了解、互相尊重、互相合作"，两岸交流的前提就是"互爱、互信、互谅"，主张提升质量，避免交流中的负面情况。柯把他的"一五新观点"概括为："尊重两岸过去已经签署的协议和互动的历史，在既有的政治基础上，以互相认识、互相了解、互相尊重、互相合作的原则，秉持两岸一家亲的精神，促进交流、增加善意，让两岸人民去追求更美好的共同未来。"柯特别强调"事实上，在当今世界上并没有人认为有'两个中国'，所以一个中国并不是问题。"

柯文哲两岸观的核心就是不接受"两个中国"，但"尊重两岸协议与互动历史",接受"既有的政治基础",表明其对"九二共识"有了积极、正面回应,接受"九二共识"内涵。不管是马英九所说的"一中各表"还是大陆坚持一中原则,柯都没有滑向"台独"理论中的"一中一台"或"一边一国"的空间。台湾有人解读称柯文哲两岸观留下了"一边一国论"的漏洞,此说颇为牵强。白纸黑字约束了柯文哲出尔反尔、前后反复的可能性,否则柯将人格破产,遑论政治未来。

在大陆方面与台北方面的共同努力下,"双城论坛"已有良好的政治气氛,办好论坛成为上海与台北的共同心愿。在两岸关系面临新挑战、新情况的当下,办好"双城论坛"有其特殊战略价值。既可以影响柯文哲背后的"白色力量"、年轻世代成为两岸关系助力而非阻力,转变岛内"反中""反商"气氛,又可以孤立、削弱蔡英文、民进党的顽固派,还可以透过"双城论坛"引领两岸城市交流,推动两岸关系全面、优质发展。(本文发表于《两岸关系》杂志 2015 年 5 月号,原标题为《维护两岸城市交流良好氛围》)

2011 年两岸关系综述

2011 年两岸关系迈入和平发展的第三个年头，是承前启后、继往开来、稳中求进、成果丰硕的关键年。两岸关系在既有成果的基础上继续发展，质量向上提升，深度向下挖掘，广度向外拓展，取得新进展，获得新动力。两岸和平发展的基础进一步充实，制度化安排更加周密，交流秩序更为良性有序，"经济红利"惠及更多两岸同胞，和平发展获得台湾同胞的拥护。2012 年 1 月 14 日，台湾民众用选票选择了两岸关系和平发展的道路，普遍期待继续沿着这一光明大道不断前进。

一、和平发展取得新进展

（一）两会制度化协商持续进行，取得新进展

海协、海基两会协商内容更加符合台湾民生需要，取得新成果，但协商难度有所增加。10 月 19 日至 21 日，海协、海基两会领导人在天津举行了第七次"陈江会"，签署了《海峡两岸核电安全合作协议》，公布了两会《关于推进两岸投保协议协商的共同意见》与《关于加强两岸产业合作的共同意见》。虽然签署的协议少于前二年，但意义非同一般，表明在临近台湾"大选"的时刻，两岸双方仍能排除干扰，秉持务实态度，持续协商且取得实质进展。两会对早日签署投保协议的意愿非常强烈，后因仲裁等议题尚存分歧而功亏一篑，双方领导人期待能够在第八次"陈江会"时顺利签署。

两会年内还专门针对两会已签署协议的落实情况进行检讨，商议改进措施，提升两岸协议的效益。

（二）两岸经贸合作不断深化，呈现新格局

两岸特色的经贸合作机制逐步建立，两岸经贸关系进一步朝各制度化、机制化、自由化方向发展，经贸往来不断扩大，合作领域不断深化。大陆方面首

次将两岸经贸纳入"十二五"之中，为两岸经济合作提供了前所未有的机遇。2011 年是"ECFA 元年"，开启两岸经济合作的"后 ECFA 时代"，不但提高了台湾经济的竞争力，也为两岸经济整合提供了强大的驱动力。早期收获项目正式生效，全面实施，成效显著。在早收清单方面，大陆向台湾开放了 539 项产品，包括 18 项农产品，台湾向大陆开放 267 项；大陆向台湾开放了银行、保险等 11 项服务业，台湾向大陆开放 9 项。根据国台办统计，1 到 10 月，在货物贸易早收计划部分，大陆自台湾进口享受优惠关税的产品共 24256 批次，货值 34.56 亿美元，关税优惠 1.02 亿美元。台湾自大陆进口享受优惠关税的产品共 12424 批次，货值 8.19 亿美元，关税优惠 0.18 亿美元。同期间台湾对大陆出口整体增长 12.5%。据初步估计，早收清单实施可使 2.2 万家中小企业受益，茶叶、金针菇、石斑鱼、虱目鱼等产品的竞争力上升，对大陆出口的冷冻秋刀鱼增长最快，增长了 10.61 倍，文心兰增长了 7.69 倍，活石斑鱼增长了 1.92 倍，真正使台湾农渔民受惠。两岸农渔业交流合作取得新突破。8 月大陆首度对台契作养殖的冷冻虱目鱼全鱼货柜正式输往上海。两岸契作是两岸农渔业合作的新突破、新形式，以保证收购价格的契作方式，降低市场风险，减少交易环节与中间商利润盘剥，给岛内养殖业者带来实质的利益，受到台湾农渔民的欢迎与肯定。台南学甲区 100 户签约渔民，通过与大陆开展进行虱目鱼契作，每户获利 30 多万元新台币。

两岸经贸快速发展，双向投资同步增长。据初步统计，全年两岸贸易额高达 1600 亿美元，同比增长 10%。台商投资大陆继续增长，据台"投审会"统计，1—11 月，台商在大陆投资 530 件，投资金额为 124 亿美元，台湾有 13 家金融机构进入大陆市场。台湾进一步放宽陆资入台投资项目，包括 9 项服务业，入台投资案 98 件，投资金额 4279 万美元，迄今已有陆资 1.6 亿美元赴台投资。台"金管会"首次批准我中国银行、交通银行在台北筹设办事处。

两岸直航航班有较大幅度的增加，由原先每周的 370 班增加到 558 班，其中上海增加最多。两岸直航航点逐渐向大陆二、三线城市延伸，甚至台中与福建平潭、台中与江苏盐城等城市也已开通了直航航班。民进党执政的台南市也积极争取与大陆式通固定航班。

"两岸经济合作委员会"于 1 月 6 日顺利成立，标志着 ECFA 后续协商全面启动。"经合会"是 60 年来两岸双方首次共同设立的机构，专门负责两岸经贸事务的协商。设置了共同召集人、首席代表，纳入海协、海基负责人以及两岸相关经贸部门的高层官员，下设货品贸易、服务贸易、争端解决、投资、产业及海关合作等 6 个工作小组，定期开会，共同研究、商议两岸经济合作的有关事宜。年内已召开了二次例会，共同研究、交换意见，达成多项共识。"经合会"为未来两岸各领域的合作、谈判作出了示范。两岸产业工作小组于 11 月底在江苏昆山召开了由官方主导的首届两岸产业论坛，达成三项共识。

（三）两岸人员往来蓬勃发展，形成新亮点

大陆方面采取多种措施促进两岸人员交流往来，全面下调台胞证签注收费，总体降幅达 50%，出台大陆居民赴台就学、就医等政策，继续推动并规范赴台旅游等。全年台湾居民来大陆 526 万人次，同比增长 2.38%。大陆居民赴台达到 184 万人次，成为台湾最大的境外客源，其中赴台旅游 125.1 万人次。赴台个人游于 6 月 28 日正式实施，引发新一轮"台湾热"。包括北京、上海及厦门三个城市的游客有幸率先亲历个人游，年内个人游约有 2.5 万人次。另开放福建居民以"小三通"方式赴金门、马祖等离岛个人游，人数不限，但不能转至台湾本岛旅游。[1] 一般估计陆客赴台旅游可为台湾每年带来一千多亿台币的旅游收入，相等于台湾生产总值的 0.7%。预计陆客个人游将于 2012 年扩大试点城市。陆客带来的商机引起民进党籍县市长的热烈追捧。他们从一开始的拒绝排斥到如今的热情欢迎，前后立场迥然不同。高雄市长陈菊亲自为写下《从北京到台北那么近那么远》游记的赵星介绍高雄的"魅力与惊喜"。

（四）两岸文教交流蓬勃发展，进入新阶段

两岸文教交流持续发展，取得突破性进展。经过两岸双方共同努力，大陆学生赴台就读终于实现。1 月初，台当局根据"陆生三法"修正案，陆续出台了"大陆地区学历采认审议办法""大陆地区人民来台就读专科以上学校办法"等配套政策，台当局教育主管部门成立了"招收大陆地区学生招生委员会联合会"，公布了相关招生简章、名额、方式，陆生入台终于成为现实，揭开了两岸文教交流的历史新页。自 2011 年以后，每年来自北京、上海、江苏、浙江、福建、广东等六省市的 2141 名陆生可进入台湾相关大学就读本科及本科以上学位。由于存在"三限六不"等多种限制，2011 年陆生赴台就读不尽理想，据统计，年内被台湾各大学录取的大陆本科生、硕、博士生共 900 多名。此外，每年在台湾大专院校短期研修的大陆交换生以及攻读本科、硕博士的陆生已超过

---

[1] 高远：《试析陆客赴台自由行对两岸关系的影响》，引自中华全国台联研究室编：《台湾民情》2011 年第 7—8 期，2011 年 8 月 30 日。

万名。大陆进一步放宽高校免试招收台高中毕业生的标准，由"学测"的"顶标级"扩大至"前标级"，有利于更多的台生来大陆就读。6月，《富春山居图》在台湾故宫合璧展览。这幅见证了两岸文化同源、承载着同胞悲欢的不朽名作，以历史性的"山水合璧"方式激荡起两岸同胞的中华文情愫，成为两岸文化交流的一大盛事。

（五）港澳台关系全面发展，实现新跨越

港、澳、台互设办事机构。7月15日，台湾驻香港逾45年的机构"中华旅行社"更名为"台北经济文化办事处"，驻澳门的"台北经济文化中心"随即同样更名。年底，香港、澳门特区政府分别在台北设立香港、澳门经济贸易文化办事处。从此，台、港（澳）双方直接派驻官员，给予同等的礼遇与便利。这是继2010年港、台自成立港台经济文化协进会与策进会以后，所取得的新突破。这既是"港澳台关系大跃进"，更是两岸关系的里程碑。对未来两岸互设综合性机构具有一定的先行先试、示范的效果。[①]

台港签订新航约。12月30日谈判多时的台港新航约终于签订。台港航班由每周340班增加为410班，票价至少下降一成，有效纾解日益增加的两岸旅客往来需要。除桃园、高雄、固定航线及松山机场外，台湾的其他机场可申请台港"特别包机"航线。双方将增加经营台港线的航空公司，香港除国泰、港龙外，增加香港快运公司（海南航空公司的子公司），台方除华航、长荣、华信外，台方有可能增加第四家航空公司经营台港线。[②]新航约提升了业者经营的便利性及旅客往来的便捷性，为推进港、台关系增添新的助力，也为台湾成为亚太转运枢纽目标奠定了基础。年内"陆委会主委"赖幸媛等人先后赴港、澳参访。

（六）两岸政治互信有所发展，高层互动写下历史新页

2011年两岸政治互信有所发展、有所深化，两岸高层往来有所增加，写下历史新页。两岸高层对于推进两岸关系和平发展、对于反对"台独""九二共识"的共同政治基础有了新的认识。年内，胡锦涛总书记先后于5月在北京会见国民党荣誉主席吴伯雄、8月在深圳、11月在美国夏威夷会见国民党荣誉主席连战。胡锦涛在会见吴伯雄时提出发展两岸关系四点意见，包括继续把握两

---

① 林展略:《港台互设办事处并非官方机构》，引自香港《镜报月刊》2011年11月号，总第412期。

② 《台港新航约开放特别包机》，引自台湾《经济日报》2011年12月30日。

岸关系和平发展大局，继续维护国共两党、两岸双方良性互动，继续稳步推进两岸交流合作，继续保障台湾基层民众共享两岸交流合作成果。与连战会谈时强调双方应牢牢把握两岸关系和平发展主题，巩固反对"台独"、认同"九二共识"的共同政治基础，把两岸关系良性发展的势头保持下去。两岸双方分别借纪念辛亥革命进行隔海对话。胡锦涛书记呼吁"终结两岸对立，抚平历史创伤"，不断解决前进道路上的各种问题。马英九则先后于元旦、"双十"讲话中，强调"振兴中华"这一百年中国的命题，获得两岸同胞的共鸣。年内，先后有辽宁、广西、安徽、四川、浙江、河南、山东等省市领导赴台交流，充实两岸高层交往内涵，在台湾掀起一波波的"大陆热"。

总之，经过两岸同胞共同努力，2011年两岸关系取得新进展，实现新突破，积累新动力，有越来越多的两岸同胞参与到两岸关系的事业中来，更多的"和平红利"惠及台湾同胞。两岸关系和平发展的质与量都有所提升，为后续发展打下了基础，创造了条件，储备了动力，和平发展成为不以人的意志为转移的历史必然。

二、和平发展呈现新特点

（一）台湾"大选"牵动两岸关系，影响和平发展前景

长期以来，台湾周期性"大选"对两岸关系产生重大影响。不同政党在台湾执政，对两岸关系的影响截然不同，如果由认同"九二共识"的国民党继续执政，两岸关系的发展较有保障，和平发展的前景可以期待；如果由一个不放弃"台独"、顽固坚持所谓"台湾前途决议文"的民进党上台，两岸关系将面临新的变数、陷入新的动荡之中。历次台湾"大选"，从来没有像此次选举如此大范围、深层次的牵动两岸关系发展，也从来没有如此引起两岸同胞、海外侨胞及国际社会的高度关注。人们普遍期待和平发展得以持续，可以分享到更多的"和平红利"；普遍忧虑一旦民进党重新上台，和平发展不复存在，"和平红利"丧失殆尽，最终影响到台湾民众的福祉及亚太地区的安宁。这场选举对台湾而言是两种命运的选择，对两岸关系而言，也是两种前途的较量。最后，台湾民众以智慧作出抉择，用689万选票、51.6%得票率支持马英九连任，淘汰了带给两岸关系不确定变数的蔡英文，继续走和平发展的道路，继续分享"和平红利""经济红利"。

（二）两岸议题成为选举主轴与"大选"决战点

两岸议题是马英九强项，但操作不当容易失分，如"公投和平协议"；两岸议题是蔡英文"罩门"，极力回避却始终无法摆脱。[①] 以前泛蓝回避两岸议题，而民进党则擅长挑拨、激化族群冲突。此届蓝绿议题攻防转换，马英九高举"九二共识"的大旗，正面主打两岸政绩，强调开放松绑、和平稳定，正面迎战蔡英文的"台湾共识"，凸显蔡难以处理两岸问题，无法稳定台海局势，确保台湾民众福祉。蔡英文极力躲闪、模糊两岸议题，高举阶级牌、贫富牌，突出社会矛盾、财富差距，大搞阶级动员。其动机在于把台湾的社会、贫富、南北问题与省籍、族群问题挂钩，归罪于马英九的两岸开放政策，攻击马当局"图利财团"，国共联手"掏空台湾"、"剥夺"台湾民众。

为吸引中间选民、中产阶级的选票，蔡英文先后提出了"和而不同、和而求同""十年政纲""台湾共识""中华民国是台湾"等概念，希望"善用中国"，寻求与大陆建立和平稳定互动架构，但因其拒绝"九二共识"，其大陆政策不可信且不可行，蔡英文始终无法赢得更多中间选民、中产阶级、工商界的信任，甚至连中南部绿营支持者也因担心蔡上台两岸趋于紧张而不敢投蔡。因此，两岸议题设定了选举的主轴，马、蔡大陆两岸论述、大陆政策的优劣，决定了选举的成败，马因赢得更多"经济选民""两岸选民"的支持而连任。

（三）"九二共识"成为两岸关系发展的试金石，经受民意检验，获得普遍认可

坚持"九二共识"、共同反对"台独"是推动两岸关系和平发展的根本基础。年内两岸高层围绕"九二共识"进行深度交流，达成一致看法。胡锦涛在11月会见连战时强调"九二共识"是1992年由两岸正式授权的民间机构达成的，是客观存在的事实。"九二共识"的精髓是求同存异，这体现了对待两岸间政治问题的务实态度。对此，马英九亦不断强调"九二共识"是两岸关系发展的基石，强调如果推翻"九二共识"，两岸必陷不确定状态，对两岸都有很大的冲击，对台湾的影响尤其重大。[②] 选举期间，马英九更把"九二共识"作为制胜法宝，攻击蔡英文的两岸"罩门"。舆论普遍认为马英九连任是"九二共识"的胜利。蔡英文则竭力否定"九二共识"的存在，并称这是国、共两党之间达成

---

① 张景为：《最后决战，就在两岸》，引自台湾《中国时报》2012年1月3日A12版；李洛川：《"双英对决"比实力比两岸政策》，引自香港《镜报》2012年1月号，总第414期。

② 台湾《联合报》2011年8月24日。

的共识，没有透过"民主机制"获得台湾民众认可。为摆脱"九二共识"的压力，蔡英文端出虚无、空洞的"台湾共识"来搪塞，一度将"终极统一"、"一中各表"纳入选项，引起外界一致挞伐。在选举的最后关头，台湾工商界的代表性人士顶住民进党的压力，纷纷站出来力挺"九二共识"，认为这是发展两岸关系的"定海神针"。此次选举，在台湾民众中进行了一次"九二共识"的普及化教育，获得台湾民众普遍认可，越来越多的人接受了"九二共识"这一概念。人们不一定清楚其内涵，但都已充分认识到，有了"九二共识"，两岸关系就发展，"和平红利"就会源源不断地到来；没有"九二共识"，两岸关系就受挫，重趋紧张与动荡，经济难以"复苏"，台湾民众切身利益就会遭到损害，"和平红利"就将得而复失，重尝民进党八年执政的沉沦梦魇。

（四）和平发展成为台湾主流民意、核心价值

经过两岸同胞共同努力，两岸关系历史面貌发生巨大而深刻的变化，处于六十年来最好的时期。两岸"三通"直航使两岸处于"一日生活圈"内，两岸之间的地理距离缩短，两岸民众的心理距离也开始拉近。和平发展的成果惠及越来越多的台湾民众，包括中南部民众也因陆客赴台旅游、个人游、对台农渔产品采购、ECFA 早收清单中 18 项农产品、虱目鱼契作等而受益。两岸关系越来越成为台湾民众日常生活不可或缺的重要部分，和平发展获得台湾民众的热烈欢迎与积极拥护。岛内历次民调显示，马英九的两岸开放松绑政策最受肯定，获得高达六七成以上民众的支持。据台《天下杂志》2011 年 12 月 28 日发布的针对台湾 1000 大企业 CEO 的调查显示，高达 63.2% 支持马英九的两岸开放路线与松绑政策，几乎全面倒向马英九，而支持蔡英文的两岸政策只有 5.8%。台湾普通民众支持马英九的两岸开放政策比例是蔡英文的二倍，分别为 36.5% 与 18.3%。① 经过此次"大选"，台湾民众用选票明确选择了和平发展的道路，摒弃蔡英文所代表的紧张、动荡、对抗、零和的路线。和平发展成为两岸关系的主轴，也成为台湾的主流民意、核心价值，逐渐融入台湾同胞日常生活的各个层面。

（五）两岸关系向深水区过度，挑战不少，难度增加

三年来，两岸双方秉持"搁置争议、建立互信、求同存异、共创双赢"，以及"先经后政、先易后难、循序渐进、把握节奏"的二个"十六字"方针，先

---

① 台湾《天下》杂志 2011 年 12 月 28 日至 2012 年 1 月 10 日，总第 488 期，第 83 页。

后实现"三通"直航、陆客、陆生、陆资赴台,两岸关系逐步向双向、双赢以及正常化方向发展。但两岸关系面临的挑战不少,在台湾岛内既有民进党等"台独"势力的破坏、阻挠,又有两岸固有政治分歧如"中华民国"定位、所谓大陆的"武力威慑"、台湾"国际活动空间"等问题的困扰,还有台湾"主体意识"、"主体性"的挑战。在国际上则有美日等国对于两岸关系快速发展的疑虑等。因此,两岸关系发展中曲折、反复的现象增多了,两岸协商已经到了政经并存、同异交织的阶段,涉及利益方增多,大陆与台湾各自内部之间、两岸之间协调、协商难度很大。两岸关系发展难题增加,根本问题在于两岸政治互信尚嫌不足,两岸政治分歧没有得到妥善解决。

三、两岸关系趋势

马英九高举"九二共识"的大旗赢得选举,其两岸开放路线、松绑政策通过"大选"检验,获得民意支持,也得到国际社会高度肯定,两岸关系和平发展的方向得以确保,两岸关系面临历史性的机会之窗,将进入攻坚克难的新一轮发展期。

未来两岸关系和平发展的趋势有五个方面:

一是两岸制度化协商继续进行。协商的范围越来越广、内容越来越专业,与两岸同胞的实际生活关联度越来越密切。两岸将签署投保协议等新协议,ECFA 的后续协商有序开展,"经合会"的示范功能越来越突出。两岸互设办事机构列上议事日程。台湾"外贸协会"有可能率先在大陆有关城市设立办事处,其他如海基会等也有此需求。

二是两岸经贸关系得到深化。ECFA 及早收清单对两岸经贸合作的带动作用得到进一步体现,两岸服务业、包括两岸特色的金融业的合作将掀起新的热潮。陆资赴台投资机会增多、政策配套趋于周全。

三是两岸关系将进入经济、文化双轮驱动的新阶段。两岸文化交流合作势头强劲,两岸文化协议应被提上两岸协商的议事日程,文化创意产业的交流合作将带动两岸文化交流。

四是掀起新一轮的"两岸热"。两岸人员往来更为便利,陆生、陆客赴台掀起新一波热潮。个人游试点城市、数额、在台旅游期限、手续简化等将进一步扩大赴台游。

五是两岸政治对话难以回避,二轨交流成为可行路径。两岸有望在营造气氛、创造条件、破解政治难题上有所进展，甚至透过二轨进行政治对话、交流，为最终解决两岸政治分歧开个头。两岸可以展开多层次、多面向的对话、交流，透过友好协商、共同研究，逐步进入协商、谈判，由低政治性到高政治性、由求同存异到求同化异，不断增强政治互信，持续互动磨合，滴水穿石，最终会有解决之道。

两岸关系和平发展历经近四年的实践与台湾"大选"检验，能否取得由量变到质变的突破，关键看两岸中国人有无智慧，发现新路径，找准切入点；也需视马英九有无经纬方略，提升两岸关系和平发展境界，使之不可逆转，谱写两岸历史新页。（本文完成于 2012 年）

2013 年两岸关系综述

2013 年两岸关系继续沿着和平发展的轨道向前迈进，取得重大进展。巩固深化成为基本任务，稳步推进、全面发展成为基本策略。两岸关系的政治、经济、文化、社会基础有所巩固，和平发展的动力有所增强，"先经后政、先易后难"的旋律有了新的音符，一年内两岸关系不但稳中求进、稳中向好，而且有经有政、易中有难；不但有量的积累，而且有质的提升，取得新成果，实现新突破，形成新特点。当然，一年中两岸关系也遭遇到一些困难，面临一些问题，影响到两岸关系的巩固深化，制约了发展速度、广度与深度。

一、两岸关系继续巩固深化

2013 年两岸关系取得多方面的进展，热点、亮点不少，在政治、经济、社会、文化等多个领域取得较大发展，特别是两岸双方在破解政治难题上作了有益的尝试，取得一定效果。

（一）两岸政治互信继续增强，两岸双方对于"一中"框架有了更为清晰明确的共同认知

两岸双方高层围绕坚持"九二共识"、共同反对"台独"进行多次交流，进一强化了"一中"框架的共同认知。在大陆有关方面的坚持与努力下，2013 年内，马英九对于"九二共识"、反对"台独"有了较为积极的呼应，透过国共高层交流平台交换意见，对于"一中"框架有了正面表述。4 月 29 日，马英九在纪念"汪辜会谈"20 周年之际首次表达"新三不"立场："根据'中华民国宪法'，不论在国内或国外，都不会推动'两个中国''一中一台'及'台湾独立'"。[①] 6 月 13 日"习吴会"上，国民党荣誉主席吴伯雄在北京向习近平总书

---

① 台湾"中央社"2013 年 4 月 29 日电。

记郑重表示，坚持"九二共识"、反对"台独"是国共两党一致的立场，是两岸关系和平发展的基础。吴伯雄还引述马英九的承诺，重申了"新三不"立场。值得注意的是，吴伯雄代表马英九首次表述："两岸各自的法律、体制都实行一个中国原则，都用一个中国框架定位两岸关系，而不是'国与国'的关系。"充分表明国共双方高层对于"一中"框架有了更为明确清晰的共同认知。① 习近平总书记在回应时表示，两岸增进政治互信，"核心就是要在巩固和维护一个中国框架这一原则问题上形成更为清晰的共同认知和一致立场"。7月20日，马英九当选国民党主席，在其回复习近平的贺电中引用了大陆方面对于"九二共识"的表述："1992年，海峡两岸达成'各自以口头声明方式表达坚持一个中国原则'的共识。"② 对于两岸互设办事机构，马英九明确定位不是设立"驻外使领馆"，因此"不挂旗""不办理签证"业务。上述表明两岸双方在坚持"九二共识"、反对"台独"、明确"一中"框架方面取得了较多共识，增强两岸政治互信，为两岸关系巩固深化作了准备。

（二）两岸政治互动取得重大进展，两岸事务主管机构之间开始往来，启动民间政治对话

2013年两岸高层分别透过国共平台、博鳌论坛、APEC峰会、国共经贸文化论坛等见面互动，加强沟通，增进互信。2月24日，在中共十八大之后，国民党荣誉主席连战率先来访，与习近平总书记举行会谈并形成重要共识，两岸双方应继续坚持走和平发展道路。连战提出了"一个中国、两岸和平、互利融合、振兴中华"的十六字箴言，主张双方应在反对"台独"、坚持"九二共识"基础上求"一中架构"之同，存"一中内涵"之异。这对促进双方巩固和深化政治互信具有重要意义。4月8日，习近平在博鳌论坛会见了台湾两岸共同市场基金会萧万长，就深化两岸经济合作充分交换意见。6月13日，习近平会晤了中国国民党荣誉主席吴伯雄，提出了"四个坚持"，以及"增进互信，良性互动，求同存异，务实进展"的新十六字箴言，国共两党交流和互信更加深化。10月6日，在印尼巴厘岛APEC峰会期间，习近平总书记会见了台湾两岸共同市场基金会萧万长一行。习近平强调，着眼长远，两岸长期存在的政治分歧问题终归要逐步解决，总不能将这些问题一代一代传下去。大陆愿意在一个中国

---

① 新华社2013年6月13日电，引自 news.xinhuanet.com/politics/2013-06/13/c_116137343.htm。

② 香港中国评论网，http://www.chinareviewnews.com 2013年7月20日。

框架内就两岸政治问题同台湾方面进行平等协商，作出合情合理安排。① 习近平这一讲话引起海内外的强烈反响。习近平还提议针对两岸关系中需要处理的事务，双方主管部门负责人可以见面交换意见。

2013 年两岸双方政治互动最为引人注目的事情就是两岸事务机构负责人在印尼巴厘岛 APEC 期间的"自然寒暄"，国台办主任张志军面对两岸媒体称台陆委会负责人为"郁琦主委"，双方约定加强沟通，推动负责人互访，建立常态化沟通机制。马英九将此解读为这是"两岸'治权互不否认'的具体实践，也是两岸官方互动正常化的良好开端，更是两岸关系制度化的重要里程碑，深具历史意义。"② 事实上此前的 8 月 27 日，澳门特区行政长官崔世安在会见来访的台"陆委会主委"王郁琦时，称王为"来自台湾的陆委会主委"，由此打开了双方主管两岸事务机构负责人直接互动的机会之窗。如今，两岸事务主管机关负责人之间的互访已进入实质安排之中。这种主管机关之间的直接见面互动模式，并不会取代海协、海基两会事务性协商的功能，但可以就两岸双方共同关心的议题、特别是政治议题进行沟通与对话，消除双方主管机构负责人不能直接沟通、只能间接传话所导致的信息失真、信息不对称、相互猜忌、互信不足的问题，从根本上增进政治互信，提高两岸关系的质量与效率。

两岸政治对话有了较大进展，透过"两岸和平论坛"进行有益尝试。中共十八大提议两岸双方共同努力，"探讨国家尚未统一特殊情况下的两岸政治关系，作出合情合理的安排"。2 月 19 日召开的全国对台工作会议提出鼓励两岸学术界从民间角度就解决两岸政治问题开展对话的设想，获得两岸舆论的普遍赞赏，也引起两岸有关民间智库的高度兴趣与积极响应。继 2012 年 12 月"台北会谈"召开后，2013 年 6 月在北京召开了"北京会谈"，聚集两岸学术精英讨论两岸政治议题，酝酿了合适的民间政治对话气氛。

10 月 11、12 日在上海成功召开了首届"两岸和平论坛"，由两岸各 7 家、共 14 家民间智库共同发起召开的和平论坛，主题为"两岸和平，共同发展"，围绕两岸政治关系、两岸涉外事务、两岸安全互信、两岸和平架构四项议题展开对话研讨，发表了《首届和平论坛纪要》，由论坛 14 家主协办单位负责人共同签署。《纪要》陈述了两岸和平论坛的缘起，表达了两岸双方追求两岸和平发

---

① 新华社印尼巴厘岛 2013 年 10 月 6 日电，引自 news.xinhuanet.com/world/2013-10/06/c_117603401.htm。

② 台湾"中央社"2013 年 10 月 6 日电。

展的共同意愿，确定了有关寻求两岸政治共识、厘清两岸政治关系、作出合情合理安排、开展涉外事务合作、因应区域经济整合、寻求海洋事务合作、开展军事领域交流、促成两岸领导人会面、弘扬中华文化、提高两岸和平制度化等十项共同认知。同时梳理了有待深入探讨的若干课题，包括完善两岸往来法律、如何"合情合理安排"两岸政治关系、厘清一中框架与两岸各自现行规定、台湾扩大国际参与、结束敌对状态内涵、军事安全互信机制步骤、和平协议等七项内容。《纪要》还就论坛的后续事项作了安排。

首届"两岸和平论坛"汇聚了两岸红、蓝、绿三方、北、中、南三路、老、中、青三代的精英，具有广泛、多元、普遍的代表性。和平论坛是一种避险机制，可以有效规避政治对话、政治谈判可能引发的台湾非理性势力的反扑、民意的疑虑、执政当局的筹码得失，以及外国势力的干涉。和平论坛也是一种预热机制，可以为未来正式的政治对话、政治谈判酝酿气氛，创造条件。和平论坛还是政治对话试验场。一切有利于消除两岸误解、增进两岸互信、探索两岸政治定位、寻求"合情合理安排"的方法、路径都可以启迪、引领未来。[①]

当然，首届论坛只是初步尝试，对话水平还不高，对于共识与分歧的提炼还不够深入、精准，机制化的程度还很有限，需要不断总结提高，真正达到民间政治对话的效果，为未来两岸政治对话、谈判积累经验，开辟道路。

（三）两会协商有所进展，签署《两岸服务贸易协议》，两会互设机构商谈取得进展

6月21日，海协会、海基会在上海举行两会领导人第九次会晤，两会新掌门人陈德铭与林中森首次会面，签署了《两岸服务贸易协议》，标志ECFA后续协商继续取得进展，两岸经济合作进一步朝向机制化、自由化、制度化方向迈进。《服贸协议》规定大陆向台湾开放80项服务业类别（高于大陆对于WTO的承诺），台湾向大陆开放64项（低于台湾向WTO的承诺），有利于两岸服务业的合作，提高两岸服务业竞争力，为两岸民众提供优质服务品种，造福两岸同胞。但因为民进党的恶意反对，导致《服贸协议》迄今仍躺在"立法院"内无法生效。

两会架构下的"两岸经济合作委员会"（简称"经合会"）召开了第5次例会，双方就巩固ECFA早期收获成果、开拓产业合作领域、推动经贸社团互设

---

① 倪永杰：《和平论坛：两岸政治对话的试验场》，参见《两岸关系》杂志 2013 年 11 期，总第 197 期。

机构、构建合作平台等交换意见。11 月底，新任海协会长陈德铭应邀赴台交流，
"感受台湾心跳"，表现可圈可点，获得两岸舆论一致好评。

早在 3 月两岸两会就已同意就互设办事机构议题举行磋商，随后两会进行
了多次业务沟通，取得重大进展。台"陆委会"已将"大陆地区处理两岸人民
往来事务机构在台湾地区设立分支机构条例草案"送交"立法院"审议。如今
互设机构的商谈基本完成，双方还将就证件办理、"人道探视药"等议题继续磋
商，预计将在张志军、王郁琦互访后可能得到最后解决。

（四）民进党寻找缩短"最后一里路"的密码，掀起新一轮"大陆热"，"华
山会议"传出各种检讨声音，但无法转型蜕变

继 2012 年 10 月以个人身份到大陆进行"开展之旅"之后，谢长廷仍以巨
大勇气，推动台湾维新基金会与大陆于 6 月 29 日在香港合办"两岸关系发展与
创新"研讨会，谢系及亲谢系 8 位"立委"、3 位市议员及多名绿营学者参与研
讨。会谈被外界视为"红绿高端的第二次握手"，研讨会达成三点共识，主张
"面对差异、处理差异、超载差异"，提出"创造共同记忆，共同面对世界，建
立命运共同体"的"三个共同"。此后谢长廷来到深圳会晤国台办主任张志军，
与台商座谈，从而打开了民进党人士与大陆系统性对话的第一道窗，扩张了民
进党个人与大陆交流的新空间。前"陆委会副主委"童振源高度评价这是民进
党内"谢长廷路线"的崛起。① 高雄市市长陈菊为推销"亚太城市峰会"亲赴
天津、厦门、福州、深圳交流，改称"中国大陆"，从城市交流角度切入两岸关
系，与国民党进行区隔，拓宽了民进党人士与大陆交流的新渠道。蔡英文也不
甘落后，在 7 月 12 日透过"小英教育基金会"邀请大陆经济学家曹远征、丁志
杰赴台交流，探讨人民币国际化议题，希望从专业的角度了解大陆，开创了民
进党个人与大陆交流的另类模式。台南市长赖清德则于 7 月率团搭华航台南—
香港航线首发团抵达香港访问。至此，民进党重量级人士多数与大陆方面有过
交往的经验。

"两岸热"高涨之际，越来越多的民进党人开始反思"台独神主牌"对于民
进党转型的负面影响。长期担任蔡英文政治幕僚的姚人多在 4 月 23 日对外公
开承认：民进党的两岸困境，就是提不出能与"九二共识"等量齐观的"替代
物"，既无法说服台湾民众相信民进党执政后有能力面对中国大陆崛起，也无力

① 邹丽泳：《谢长廷打开民共系统性对话第一道窗》，引自香港中国评论网，http://www.
chinareviewnews.com,2013 年 7 月 2 日。

阻止大陆因素继续影响台湾选举。他留下一句名言："台独""建国"已经失去主流市场，说服大多数台湾人民相信可以"独立"的时代过去了。①苏贞昌随后也附和："台湾早已'独立'，现在最重要的是建设'国家'，不是走回头路搞'台独'。"蔡英文在11月14日在一场演讲中声称：两岸分歧的解决必须在渐进、互利互惠、相互影响及彼此融合的过程中，增进相互理解及培养互信。她还表示，如果民进党重返执政，会与大陆一起努力，维持和平发展的两岸关系。由此可见民进党内各派都对民进党两岸政策提出了各自的思考，有些论述趋于理性、务实。

民进党自2013年7月召开首场"华山会议"以来，民进党党内精英参加了9场党内研讨，累计有200多人参与、600多人次发言，分别围绕两岸政策的核心价值、"九二共识"、两岸经贸、区域安全、大陆"民主化"等议题进行研讨。其间出现了"宪法各表""宪法一中""宪法一台""中华民国在台湾决议文""宪政共识"等主张，特别是柯建铭提出了"冻结台独条款"强烈要求，显示民进党内务实、温和力量的成长，"冻独"成为多数民进党人认可的方案。

但是由于民进党的两岸政策始终与党内的权力争逐纠缠在一起，两岸政策成为各派主动进攻或被动防御的重要武器，导致民进党的两岸政策争论趋于复杂化、敏感化。谢长廷持续发动两岸政策攻势来扩张谢系的政治版图与政治行情；苏贞昌则以拖延策略霸占两岸政策话语权，阻挡谢系攻势，稳固其深绿支持率；蔡英文试图表现得比谢稳健可靠、比苏务实柔软而左右逢源，旨在争夺浅绿与中间票。"新潮流系"因为与谢系之间的恩怨情仇，对谢系扮演民进党两岸政策先锋不以为然，重炮轰击"宪法共识"，扼杀了民进党两岸政策理性探讨、务实转型的空间。

（五）两岸经济合作不断深化，自由化、制度化、机制化程度进一步提升

ECFA后续商谈继续推进，6月21日两会签署了《两岸服务贸易协议》，货品贸易、争端解决机制的商谈也取得较大进展。1月《两岸经济合作框架协议》（ECFA）早收清单中全部806项产品降至零关税，实现了大陆对台承诺。2月《海峡两岸投资保障和促进协议》及《海峡两岸海关合作协议》正式生效，为在陆台商及赴台投资者的资本及人身安全提供保障，也为解决两岸货物通关中的争议定下了标准。两岸贸易保持较快增长，全年达到1972亿美元，同比增加

---

① 台湾《中国时报》2013年4月24日。

16.7%。产业合作和金融监管合作向纵深推进，两岸双方同意 LED 照明、无线城市、冷链物流、显示产业、汽车、纺织及电子商务等 7 项作为两岸产业合作的重点领域。两岸顺利启动货币清算机制，运行良好，人民币正式纳入台湾储备货币，岛内人民币存款业务受到台湾民众追捧，出现井喷式增长，全年吸收人民币存款逼近 2000 亿关口。大陆银联卡在台刷卡消费破千亿元新台币，宝岛债发行突破 67 亿，距离发行上限只剩下 33 亿。

两岸直航持续发展。两岸海空直航航点已达 149 个，其中空中直航航点达到 64 个，海上直航港口达到 85 个。空中增辟多条航线，大陆民营的春秋、吉祥航空公司也加入两岸直航航线，有利于降低机票、提高服务质量。每周航班已达 670 班，两岸双方已有共识增加至 828 班。直航船公司增至 120 家，直航船舶增至 280 多艘。两岸邮轮运输从无到有，成为两岸直航的新亮点。

台湾方面逐步放宽陆资项目，如今开放项目制造业 115 项、服务业 23 项、公共建设 23 项，开放幅度制造业 97%，服务业与公共建设类开放幅度为 51%。陆资赴台投资平稳增长，项目达到 193 个，投资金额 10.28 亿美元。台湾"经济部投审会"的统计资料显示，台方累计核准陆资投资件数共 483 件，投资额共 8.6451 亿美元。[①]

两岸经贸团体实现互设办事机构。继"海旅会""台旅会"分别互设办事处后，台北世界贸易中心先后在上海、北京等地设立多个办事处，中国机电产品进出口商会也在台北设立了办事处。

（六）两岸交流得到巩固深化，人员往来更趋频繁热络

大陆六个省、区、市主要负责人率团赴台交流受到欢迎，两岸交流平台不断增多，国共经贸文化论坛、博鳌论坛、海峡论坛、紫金山企业家峰会、两岸文创产业合作论坛、"两岸和平论坛"、海峡两岸媒体前瞻论坛等重大活动陆续登场，精彩纷呈，吸引更多的两岸民众参与到两岸交流中来，两岸交流范围扩大，触及深层次领域，成果丰硕。

两岸人员交流不断扩大，据统计，2013 年台湾同胞全年入境人数为 516 万人次，两岸人员往来规模突破 800 万，达到 808 万人次，再创历史新高。大陆居民赴台个人游试点城市增至 26 个，市场扩容至 2 亿人口。全年大陆居民赴台 292 万人次，同比增长 11%，其中个人游 52.3 万人次，激增 174%。

① 台湾"中央社"2014 年 1 月 20 日电。

（七）两岸涉外协商增多，冲突减少

为体现大陆善意，协助台湾获取国际民航飞航资讯，在符合国际社会普遍坚持的一个中国原则前提下，经多方协商，9月24日，台湾以"理事会主席特邀嘉宾"身份，以"中华台北"的名义参与国际民航组织大会（Internation Civil Aviation Organization,ICAO），台湾各方对此安排较为满意，肯定两岸双方作出的努力。5月，当台湾"广大兴28号"渔民遭遇菲律宾公务船枪杀后，大陆在第一时间发表严正立场，国台办领导人对此表示愤慨，予以强烈谴责，要求菲方彻查真相，严惩凶手，给出交代，绝不允许再次发生。越来越多两岸同胞要求两岸联合保钓，联手护渔，给马英九当局产生压力，也促使马当局在两岸共同维护海洋权益的意愿上有所提升。在11月大陆提出设立东海防空识别区以后，马英九表示未来两岸不排除就此议题展开协商，降低意外发生。

综上所述，2013年两岸关系取得重大突破，两岸高层政治互动增多，政治互信增强，两岸政治关系有所进展，两岸经济、文化、社会互动全面开展，不断深化，使两岸关系面临前所未有的崭新局面。

二、两岸关系影响因素发生深刻变化

2013年两岸关系进入巩固深化的关键阶段，影响两岸关系的因素发生深刻变化，两岸关系从数量到质量、从表面到内涵均有所变化，形成新特点、新规律。

（一）大陆对两岸关系的主导力、影响力进一步提升，引领两岸关系和平发展不可逆转

以习近平为首的新一届中央领导集体高度重视对台工作，明确释放将继续贯彻两岸关系和平发展重要思想的重要信息，确保两岸关系和平发展的巩固深化。中共十八大及其十八届三中全会对两岸关系产生全面而深刻的影响。十八大报告中提出全面贯彻两岸关系和平发展重要思想，巩固深化两岸关系和平发展的政治、经济、文化、社会基础。提出两岸双方应恪守反对"台独"、坚持"九二共识"的共同立场，增进维护一个中国框架的共同认知。提议两岸双方共同努力，探讨国家尚未统一特殊情况下的两岸政治关系，作出合情合理的安排。从而为两岸关系发展指明了方向。十八届三中全会作出了全面深化改革若干重大问题的决定，确定了大陆未来的改革"路线图"，对大陆经济、政治、文化、社会等各个领域的改革开放作出部署，提出了全面建成小康社会，实现中华民

族复兴的中国梦，使整个大陆焕发巨大活力与蓬勃生机，为两岸关系的发展带来重大机遇，产生强劲动力，大陆对于两岸关系的影响力进一步上升。

台湾有学者认为，大陆兴起已带动全球秩序的重组，大陆在全球经济、政治、安全议题上愈来愈具影响力，"中国模式"也将挑战西方话语权。大陆实现人类历史上最快速的经济成长、最大范围的工业化、最大规模消灭贫穷、最快的国际分工越级式晋升、最快融入全球经济，带来开发中国家最大资金磁吸效应，成为拉动世界经济复苏的火车头。①两岸关系和平发展的最大机遇就是大陆的持续发展。历经 35 年的改革开放以后，祖国大陆综合实力持续上升，不仅经济总量在 2010 年超越日本位居全球第二，而且成为解决国际经济金融危机、引领世界经济向好的重要"引擎"。如今，两岸经济实力发生根本变化，大陆 GDP 总量已是台湾的 16 倍，广东、江苏、浙江、山东及河南五省的 GDP 已超越台湾。可以预计，大陆因素日益成为影响与决定两岸关系走向的根本性因素。如今，台湾经济对大陆市场的依赖度接近 40%，大陆是台湾第一大出口市场与第二大进口来源。台湾有 800 万民众到过大陆，每 3 个台湾人中就有 1 人到过大陆。在大陆的常驻台湾人达到 200 万，白领、精英、骨干纷纷西进，不但在台资企业中工作，而且受聘于大陆的民营、国有企业、银行，甚至在大陆的高校、事业机构中任职。两岸的连接度不断上升，两岸关系逐渐成为台湾同胞生活、工作、学习的重要、不可或缺的部分，在台湾民众生活中占据越来越重要的地位，大陆因素逐渐作为正面因素影响着台湾的政治、经济、文化、社会等各个方面。台湾民众对于大陆的好感度有所上升，参与两岸关系并分享成果的愿望不断提高，支持两岸关系和平发展的人越来越多，促成并保持两岸关系和平发展已成为多数台湾同胞的期盼。大陆已紧紧将两岸关系和平发展的方向与命运掌握在自己的手中，只要大陆持续改革发展，两岸关系和平发展就会不断地巩固深化。台湾任何政党改变两岸关系和平发展趋势的难度加大，付出的成本可能难以承受。

（二）台湾内部蓝绿斗争、马英九权力危机制约了两岸关系的发展

民进党惯于"逢中必反"、"逢中必闹"、一切"为反对而反对"，已使民进党丧失了理性思考的能力，党内权力斗争更使民进党的两岸政策迷失正确方向。从民进党新世代抛出的"台海人权决议文"到苏贞昌的"海鸥理论""中国加

---

① 台湾"中央社"2013 年 10 月 9 日电。

1"“价值同盟”“3R”（responsibility 责任、reconciliation 和解及 rebalance 再平衡），其真实意图还是要坚持所谓“主权、安全及人权”，加入美国的“亚洲再平衡”阵营，结盟美、日、菲、印等“反华”势力围堵大陆。民进党成为两岸关系最大的变数。在具体政策上，民进党恶意反对《服贸协议》，以“公听会”拖延“立院”审议，攻击此协议“洗头洗脑又洗心”。苏贞昌攻击我东海防空识别区是“区域霸权”“侵门踏户”，反对修改“两岸关系条例”，反对放宽陆配、陆生、陆客的相关限制。对于两岸互设办事机构、“习马会”也都是坚持反对立场。民进党对于两岸关系的干扰、破坏作用仍然十分明显。

马英九“跛脚”现象提早出现，影响马当局的决策与施政，两岸政策法案难以在“立法院”顺利通过。泛蓝“非马”势力开始涌现，接班竞争加剧，泛蓝内部出现押宝选边现象。尤其是“马王之争”更使马英九权威受损，民调跌至 9.2%，被讥为新“九二共识”。两岸政策法案、两岸协议审议都遭到“立法院”的掣肘，包括“两岸关系条例”的修改、《服贸协议》、两岸互设机构等都不能及时通过，严重影响到两岸关系发展，延缓两岸关系进程。

（三）台湾民意对两岸关系的制约加重

台湾民意对于两岸关系产生复杂心态，对于和平发展的期待高涨，但疑虑也同步加深，影响了台湾当局的大陆政策决策与实施。一方面，台湾民众希望分享大陆崛起的机会与“红利”，实现两岸关系和平发展成为岛内主流民意，马英九的开放松绑政策深受民众欢迎，有 49% 的民意要求民进党调整两岸政策，而绿营支持者中支持民进党调整的比例超过 51%。另一方面，台湾民意对于大陆崛起的担忧、疑惧加深。担心台湾加深对大陆依赖，失去台湾“主体性”，台湾在两岸关系中的影响力、主导性下降，缺乏筹码，甚至流失“主权”，担心台湾被大陆“统战”“并吞”。很多人认为两岸经济关系逐渐由合作互补走向竞争对抗，担心两岸开放加剧两岸竞争，抬高台湾房价、抢走工作饭碗，降低旅游生活品质。在民进党的恶毒攻击下，不少民众认为两岸开放成果为少数政党、团体垄断、“图利财团”，扩大南北差距、贫富分化。有人用三句话概括当前台湾民意对于两岸关系的复杂矛盾、敏感脆弱的心态："既期待又怕受伤害""不能没有你，有你我害怕""有她受不了，没她活不了"。在此心态下，台湾民众对于两岸关系发展快慢、质量、对身份认同、"统独"立场等发生分歧，对于两岸领导人会面、政治对话、结束敌对状态、签署和平协议等态度难以形成共识，相当程度上影响了台湾当局的大陆政策走向。

（四）美日因素对于两岸关系的负面影响逐渐显现

美国"亚太再平衡"政策对于台湾角色的设计在奥巴马第一任、第二任有所区别。在 2012 年之前美国尚未打出"台湾牌"，相反更多的肯定并乐见两岸关系和平发展，有利于美国分享台海"和平红利"。但当两岸关系进入巩固深化的深水区时，美国对于两岸关系发展太快、走得太近、台对大陆依赖加深表现出极度恐慌、疑虑。因此肯定、鼓励两岸关系和平发展的言论减少，而疑虑、忧心两岸政治对话的倾向增多。特别是当中日发生钓鱼岛争议、大陆设立东海防空识别区以来，美国发现仅靠美日韩澳菲等军事盟友还无法遏止中国大陆，担心两岸关系发展造成台湾的缺口，所以开始从军事安全、经济、外交、价值观等方面全方位拉拢、施压台湾，要求台湾选边、靠向、追随美日，远离大陆。

于是，美国试图对两岸关系踩下刹车，划下"红线"，警告台湾不得放松加强自我防卫能力；警告台湾在东海、南海领土争端问题上不得与中国大陆联手。美国十分关切两岸退役将领的交流，美方暗示马英九当局"只经不政"，反对两岸政治对话，反对两岸互设办事机构，反对两岸领导人会面，如要会面也只能在国际场合如 APEC 会面，遑论签订和平协议、建立军事互信机制。① 美国政府、学界以种种理由反对两岸开展政治谈判，说三道四。美国在台协会理事主席（AIT）薄瑞光 2013 年 4 月 23 日在华盛顿直言，美国从未劝阻台湾与大陆政治谈判，但又称必须让台湾有足够的吓阻能力，让台湾有信心。② 美国前驻华大使芮孝俭称习近平所言"政治分歧不能一代一代传下去"非常敏感，认为这是没有"时间表"之名的对台时间表，对台湾不利。美国前在台协会主席卜睿哲称，探讨和平协议将触及政治议题，不符合"九二共识"、搁置争议原则，台湾民众还未准备好面对两岸政治协商。签署和平协议势必触及政治定位，更是难上加难，大陆方面不可过度急躁。他预测由于两岸将面对更多非共同利益、未获民众高度支持的议题，在马英九第二任期中，两岸关系进展将趋缓。③

美国反对两岸政治对话采取四项策略。一是利用民进党牵制马英九的大陆政策走向政治议题。二是炒作民意疑虑劝阻警告马英九不可轻启政治对话与政

---

① 徐昕：《台海和平发展新局与美国对台政策辩论》，引自北京大学台湾研究院主办：《研究要报》2013 年第 3 期、总第 13 期。

② 赖昭颖：《薄瑞光：美未阻两岸政治谈判》，引自台湾《联合报》2013 年 4 月 25 日，第 A2 版。

③ 仇佩芬：《两岸和平协议，卜睿哲：很难》，引自台湾《中国时报》2013 年 4 月 10 日，第 A13 版。

治谈判。三是利用岛内"反马"势力实施拖延策略，延缓两岸政治对话的进程。美方发动岛内各路"反马""非马"政治势力反对《两岸服务贸易协议》的通过，使"两岸关系条例"修改、两岸货物贸易协议协商难以取得进展，从技术上延缓两岸政治进程。四是逼迫台湾选择美日安保同盟，坚持售台武器、扶植台湾扩大国际空间，赤裸裸地破坏两岸关系。美方对在上海召开的"两岸和平论坛"极为关注，透过各种管道了解相关情况。美方释放的信息如果台湾擅自与大陆进行政治谈判，美国将不给予任何安全保障。

日本安倍政府不愿看到两岸关系继续发展，极其担心两岸联手保钓，因此千方百计拉拢、诱惑台湾。2013 年 4 月在中日关系趋于紧张之际，台日迅速签署《台日渔业协定》，成立"台日渔业委员会"，这是日本政府离间两岸的重要策略，以减轻两岸联手的重大压力。此后，台、日之间围绕渔业、FTA、防灾等议题持续进行谈判，促进日商对台投资，鼓励台日民间交流交往。日本还对2016 年民进党重返执政寄以期望，不断为民进党人出谋策划、出钱出力。

在美国施行"亚洲再平衡"政策、日本拉拢台湾、离间两岸的国际格局下，两岸关系所面对的国际因素更为复杂。如何破解国际反华势力的阻挠干扰、促进两岸关系发展，需要两岸双方共同面对。

三、两岸关系趋势

前瞻 2014 年两岸关系，将是全面发展、看点增多的精彩年份，值得两岸各方共同努力、共同期待。如果两岸双方处理得当，两岸关系将面临战略新时空。

（一）看点之一："张王会"

"张王会"已成定局，王郁琦将于 2014 月 2 月踏上大陆南京、上海之旅，与张志军举行众所瞩目的"张王会"，揭开两岸政治互动大戏。张、王应就两岸互设办事机构、两岸服贸易协议及双方共同关心的重大议题交换意见，共同规划。特别是有可能涉及两岸领导人会面议题，增进互信，拟妥方案，实现历史性会面。

（二）看点之二：两会互设机构

早在 2008 年 6 月前海基会董事长江炳坤首次访问北京时就提出海协、海基互设办事处的议题。6 年后，两会互设办事机构的时机已经成熟。两岸双方应就互设机构作出合情合理的"特殊安排"，台湾方面需要尽快通过"立法"，两岸双方应就所谓"人道探视权"问题找到解套方案。如果一切顺利，两岸两会互设办事机构应为两岸领导人会面创造机会。

（三）看点之三："习马会"

2014 两岸关系最大的悬念、最大的看点就是两岸领导人会面"习马会"，这是震惊世界的历史性事件，将改变两岸关系、影响中国、甚至影响世界。2014 年两岸领导人会面的可能性始终存在，可行性不断提升，关键看两岸高层双方的意愿、勇气与信心。届时，"习马会"成为世界舆论的中心，成为最接近两岸同胞及海内外华人心中"两岸梦"的历史性一刻。两岸领导人有关支持双赢、追求和平、实现民族复兴的宣言、纲领将代表两岸同胞的共同意志，引领两岸同胞迈向两岸新时代。

（四）看点之四：民进党人赴陆交流

民进党为了缩短重返执政的"最后一里路"，在谢长廷、陈菊、许添财纷纷登陆，在柯建铭喊出"冻结台独党纲"、在"小英教育基金会"核心骨干大阵仗访问大陆之际，民进党集体冲击"最后一里路"的能量继续上升。因此不同于以往选举年时的谨慎保守，2014 年民进党人与大陆的交流不会停止，还会有一大群人、其中不乏重量级代表性民进党人士踏上大陆之旅，试图进一步证明民进党也有管道直通北京、也有能力处理两岸事务，由此赢得台湾民众的信任。

（五）看点之五：两岸自贸区对接

两岸双方都以推动自贸区建设作为扩大改革、发展经济的不二选择。中国上海自由贸易试验区已成为台湾自由经济示范区（六港一空一区）重要的助推器，也为两岸自贸区的对接提供了历史性机遇。2014 年将是两区对接的试验期与收获期。

由于 2014 年"七合一选举"与 2016 年"大选"间隔时间太近，两场选举之间的连带关系更为复杂，前者较历届地方选举更能影响后者，前者将是后者的前哨战。同时 5 月期间的民进党主席选举及其未来的两岸政策也影响到两岸关系，影响两岸关系的变数增多，更趋复杂，因此，2014 年的两岸关系仍有很多不确定因素，需要谨慎因应。

实现两岸关系和平发展的巩固深化，尚需增进两岸政治互信，累积动力，形塑和平发展的主流民意。两岸双方需要共同克服部分台湾民意的疑虑、民进党的非理性反对，以及美国被置身事外、出乎意外的感受。两岸双方特别需要共同应对日本在两岸之间使用离间计、在两岸伤口上撒盐的恶劣动作。关键在于增进两岸政治互信与良性互动，增进两岸一家人认同，以智慧、勇气排除外部因素干扰，携手同心，向前跨越。（本文完成于 2014 年）

2015 年两岸关系演变、特点及展望

历经 2014 年"反服贸事件"与"九合一"选举的炙烤与冲击，2015 年两岸关系迎来充满悬念、多变的时刻，处于重要节点，面临道路命运的抉择。大陆积极主动引领两岸关系发展，克服诸多挑战风险，力图保持两岸关系正确方向，实现稳定发展，造福两岸同胞。特别是实现两岸领导人历史性会面，翻开两岸关系历史新页。但因台湾政经结构与社会气氛的剧烈演变，民进党两岸政策没有根本调整的情况下重返执政，带给两岸关系重大变数，两岸关系前景尚不明朗，跌入"冷和平"或"冷对抗"有待观察。

一、演变

（一）"习马会"翻开两岸关系的崭新篇章，添注两岸关系新动力

2015 年两岸关系最引人瞩目的成就在于实现两岸领导人会面，把两岸关系推向崭新的境界。2015 年 11 月 7 日，两岸同胞、海内外华人迎来最富悬念、最具震撼力的"两岸时刻"，两岸领导人穿越 66 年两岸时空，在新加坡伸手相握，成功会面，牵动两岸，震撼世界。

"习马会"绝不是横空出世，而是特定时空条件下两岸关系水到渠成、与时俱进的结果。此时此刻举办两岸领导人会面有条件、有准备，双方克服台湾内外各类挑战，在两岸领导人的强大意志支持下得以成功举办。多年两岸关系和平发展成果为"习马会"奠定了坚实基础，两岸有关方面为会面进行了长期艰苦充分的准备。在两岸政治分歧尚未彻底解决的情况下，双方发挥中华智慧，根据一中原则，就会面性质、身份、场合、内容等作出合情合理定位与周详务实安排，堪称"两岸典范"。两岸双方定位此次就是两岸领导人之间的会面，互称"先生"。选择在新加坡举办，最符合两岸关系的实际，也是最可行、最便利双方、没有主客之分的一种安排，充分体现了两岸中国人的智慧。

会面中两岸领导人就两岸关系过去、现实与未来发展、特别是双方关心的重大议题交换意见，增进互信，凝取共识，规划未来，谋求更大发展。双方围绕和平发展、"九二共识"、同胞福祉、振兴中华、两岸关系制度化等重大议题广泛、深度交换意见，取得了积极而富有建设性的成果，达成 14 项共识。[①] 马英九提出了包括巩固"九二共识"、致力振兴中华的五点主张，对两岸两会于1992 年就一个中国原则达成了"九二共识"进行再确认。习近平提出"四项坚持"，并就台湾各方高度关注、敏感的议题如台湾国际参与、大陆军事部署、两岸制度道路差异等作了直接的、明确的、善意的回应。"习马会"后，两岸双方积极落实会面成果，包括"两岸热线"、陆客中转、陆生"专升本"等相继得到落实，增强两岸互信与发展动力。

"习马会"属于两岸领导人之间的政治会面，把两岸政治互动关系拉升到最高层级，为两岸关系提供强劲动力，拓宽发展空间，描绘全新愿景。"习马会"不但增强两岸政治互信与兄弟情谊，激发中华智慧，而且解决当前两岸关系遇到的难题，增强发展信心。尽管没有签署协议、发表声明，但两岸领导人会面本身就是巨大成果，解决了最为复杂敏感、长期困扰两岸双方的定位、身份、场合等一系列难题，开创了两岸领导人直接会面的先河，具有里程碑的意义。

"习马会"成为两岸关系和平发展制度化的重要一环，成就两岸和平发展制度化架构，具有凝聚中华情怀、创造和平典范、巩固政治基础、维护和平发展、提升制度保障等重大功能，为两岸和平发展注入新动力，塑造新框架，使之不可逆转、不可中断。[②] 两岸领导人会面向世界表明，两岸中国人完全有能力、有智慧解决好自己的问题，共同为世界与地区和平稳定、发展繁荣做出更大贡献。

两岸领导人会面获得台湾民意的普遍支持。台湾陆委会的民调显示支持率高达 80%，台湾竞争力论坛为 42.6% 支持，反对 37.5%。台湾《联合报》民调显示满意比例为 37.1% 不满意 33.8%。[③] 台湾指标民调公司发布的数据是 20.0%认为对台湾有利，49.6% 认为对大陆有利。而有 73% 支持两岸领导人定期会面，只有 14.5% 反对。总体而言，两岸领导人会面在台湾具有较高的民意支持。

"习马会"决不会空前绝后，将为未来两岸领导人会面架设轨道、铺就机制。笔者认为"习马会"留下多重悬念，包括有无第二次"习马会"、有无"习

---

① 郑国强：《夏立言：继续推动习马会共识》，台湾《醒报》2016 年 2 月 15 日。
② 倪永杰：《两岸超稳定架构浮现》，引自台湾《中国时报》2015 年 11 月 11 日 A14 版。
③ 数据引自台湾《联合报》2015 年 11 月 9 日。

蔡会"、两岸领导人会面能否制度化、能否在两岸之间举办、马英九可否获得诺贝尔和平奖？等等。[①]两岸关系需要想象力，化不可能为可能，关键就是两岸之间有无"九二共识"这一重要的政治基础。

（二）习近平发表系列对台讲话，维持两岸关系正确方向

2014年"反服贸事件"与"九合一"选举以后，台湾政经结构、社会气氛发生深刻变化，两岸关系面临新情况、新问题，难度系数增加，风险挑战增多，引起中央领导高度重视，分别透过各种场合、选择各种管道，密集会见台湾客人，发表系列重要讲话，旨在稳定两岸，保持正确方向，增加发展动力。3月4日，习近平总书记参加全国政协民革、台盟与台联联组会发表对台重要讲话，首次提出"决定两岸关系走向的关键因素是祖国大陆发展进步"的重要论断，强调坚持"九二共识"、反对"台独"的重要性。习总书记一席"基础不牢、地动山摇"的发言经媒体报道后引起台湾各界热议。5月4日，习近平总书记会见来访的国民党主席朱立伦，指出"两岸关系处于新的重要节点上，两岸关系路如何走，攸关中华民族和国家未来，攸关亿万民众福祉"。7月30日，在中共中央政治局就中国人民抗日战争的回顾和思考进行第二十五次集体学习中，习近平总书记向海峡两岸史学界发出号召，双方应"共享史料、共写史书，共同捍卫民族尊严和荣誉"。9月1日，习近平总书记在会见前来参加中国人民抗日战争暨世界反法西斯战争胜利70周年纪念活动的连战等台湾各界代表人士，告诫两岸同胞要牢记历史，维护抗战胜利成果，携手推动两岸关系和平发展。11月7日，习总书记在新加坡与马英九的两岸领导人会面，翻开两岸关系历史新页，震惊世界。

习总书记上述五次系列对台讲话，具有三项内涵。一是贯穿一条主线。"两岸一家亲，共圆中国梦"，强调两岸同胞骨肉亲情与命运与共，把推动两岸关系和平发展纳入实现中华民族伟大复兴的"中国梦"的历史高度。二是明确两条底线。坚决反对和遏制"台独"，绝不允许任何势力以任何名义、任何方式将台湾从中国分裂出去。始终把坚持"九二共识"作为同台湾当局和各政党开展交往的基础和条件，核心是认同大陆和台湾同属一个中国。三是展现"四个自信"。展现两岸关系和平发展的道路自信，指明这是一条维护两岸和平、造福两岸同

① 高映竹：《倪永杰：习马会留下的十大悬念》，引自香港中国评论网 http://www.crntt.com/doc/1040/5/1/0/104051096.html?coluid=93&kindid=15731&docid=104051096&mdate=1221003832，最新检索日期2016年2月17日。

胞、促进地区稳定、顺应历史潮流的光明大道。展现对台大政方针的政策自信，将保持对台方针政策的连续性，促进两岸关系取得新成就，造福两岸同胞。展现实现民族复兴"中国梦"的目标自信，指出"中国梦"是包括两岸同胞在内的每个中华儿女的梦，两岸同胞要携手同心，为实现中华民族伟大复兴贡献智慧和力量。[①]

习近平对台讲话体现了鉴往资来的历史观、高瞻远瞩的战略观、统筹兼顾的全局观以及以人为本的群众观，显示了大陆方面推动两岸关系和平发展的决心、信心、耐心及诚心。[②]习近平对台讲话成为两岸关系重要节点时期的指路明灯，具有明确方向、引领潮流、增强动力、推动发展的重要作用，对大陆对台工作与两岸关系发展产生了重大且深远的影响。

（三）两岸事务主管部门常态化联系沟通机制持续运作，两会续签协议深化合作

自 2013 年 10 月国台办主任张志军与台湾陆委会主委王郁琦在印尼 APEC 期间直接会面、互称官衔之后，2014 年王郁琦先后二次来到大陆，张志军亦于 2014 年 6 月顺利赴台参访，两岸事务主管部门之间建立了常态化沟通机制。年内，国台办主任张志军先后与新任陆委会主任夏立言会面四次，特别是 5 月 23 日张志军赴金门举行首次"张夏会"、10 月 14 日夏立言来广州举行二次"张夏会"，从而使此一常态化沟通联系机制不断健全完善，为维持两岸关系正确方向及持续发展发挥突出作用，包括促成两岸领导人会面。通过金门与广州二次"张夏会"，两部门负责人、相关业务局、处长之间全面深入互动，增进互信，沟通业务，密切配合，共同设定议程，顺应民意，聚焦民生，推动两岸关系克难前行，不断发展。二次"张夏会"达成多项共识，就尽快实现"陆客中转"、台湾加入"亚投行"、加快两岸互设机构、货贸、两岸环境保护协商、深化两岸文化、教育交流合作、加强两岸共同研究抗战历史等议题达成共识，促成福建向金门供水、加强厦金海域环境保护合作等。10 月广州"张夏会"为两岸领导人会面作了精心准备，确保"习马会"的成功举行。因此，两岸事务主管部门常态化机制不断健全完善，为两岸关系稳定与发展发挥特殊作用，也为两岸领导人会面铺设轨道，推动两岸政治关系向前迈进。

---

① 郁川虎：《继往开来，行稳致远——十八大以来习近平总书记对台讲话之要点、特点和亮点》，引自《统一论坛》（双月刊）2015 年第六期，总第 160 期。

② 同上。

年内，海协、海基两会继续发挥谈判协商、服务两岸的功能，于 8 月 30 日在福州举行两会第 11 次商谈，顺利签署了《海峡两岸避免双重课税及加强税务合作协议》《海峡两岸民航飞行安全与适航合作协议》，从而使两会签署的协议达到 23 份。协议为减轻台商负担、确保两岸航空安全、加强两岸航空合作等产生正面影响，充分体现大陆方面为两岸同胞特别是为台湾民众谋福祉的真诚愿望。两会还针对 7 年多来两会签署的各项协议执行情况进行回顾，并对相关协议在推进两岸交流合作方面所取得的成果进行系统总结，对两岸关系发展产生重要作用。

（四）两岸贸易投资平稳发展，经济合作持续深化

2015 年两岸经贸交流合作面临机遇与挑战并存，大陆筹设"亚投行"、"一带一路"倡议及"十三五"规划等带给两岸经贸合作重大机遇。但国际经济形势艰困，大陆经济下行压力增大，大陆出台的"60 号文"给台资企业带来不小压力。为此，大陆方面积极鼓励台商争取"一带一路"带来的商机，并为台资企业参与"十三五"规划预留空间。大陆采取各种措施鼓励、保护台商投资合法权益，上海、江苏等地出台了保护台商投资的相关法规，在投资、医疗、就学等方面给予"同等市民待遇"。扩大开放台湾居民在大陆申请设立个体工商户，推动有条件的国企、民企和台企为台湾青年实习、就业提供机会。

经过努力，2015 年两岸经贸关系摆脱各种不利因素，继续平稳发展。两岸贸易额达到 1885.6 亿美元，批准设立台资项目 2962 项，实际使用台资 15.4 亿美元。大陆资金赴台投资继续发展，核准项目 95 个，投资金额 4.36 亿美元。[①]两岸在冷链物流、LED 照明、电子商务等产业合作方面取得新进展，中小企业合作稳步推进。大陆积极发挥市场作用，进一步推动台湾农渔产品进入大陆市场。

（五）两岸交流保持向好势头，纪念抗战、两岸青年、城市、基层交流成为重点

加强两岸人员往来与各领域交流是两岸关系不变主题，2015 年两岸人员往来稳步扩大，两岸人员往来总量 985.61 万人次，同比增加 4.73%。其中台湾居民来大陆 549.86 万人次，同比增加 2.47%。大陆居民赴台 435.75 万人次，同比增加 7.73%，大陆居民赴台旅游达到 340 万人次，自由行占 130 万人次，均创

---

① 相关数据参见查文晔、齐湘辉：《国台办：2015 年两岸关系取得六大进展》，引自新华网 http://news.xinhuanet.com/2016-01/27/c_1117911727.htm，最新检索日期 2016 年 2 月 18 日。

历史新高，陆客仍是台湾第一大入境旅游市场，为台湾经济提供 2300 多亿新台币旅游收入。①

大陆实施台湾同胞来往大陆免签注和卡式台胞证，便利台湾民众往来两岸。大陆扩大开放赴台个人游城市和赴台游组团社。大陆航管部门于 3 月间设立 M503 航线，旨在缓解两岸航线拥堵状态，提高飞航安全系数，优化两岸航路，M503 航线成为海峡两岸空中"和平走廊"。②两岸定期客运航班总班次从每周 840 班增至 890 班，两岸商讨开设"陆客中转"事宜，并于 2016 年初先行开放重庆、昆明、南昌三城市试点。开通福建黄岐至台湾马祖海上直航航线。进一步扩大开放陆生赴台就读"专升本"。

2015 年适逢中国人民抗日战争暨世界反法西斯战争胜利 70 周年，两岸同胞开展各种形式的纪念活动，缅怀先烈，牢记历史，更加深刻体会到两岸是不可分割的命运共同体。

针对岛内局势变化，顺应两岸关系趋势，两岸交流旨在扩大参与面、增强获得感，在增量的同时提高质量。青年交流、城市交流及基层交流成为两岸交流的重要领域，两岸学生、青年交流蔚为风尚，大陆各地设立 21 个海峡两岸青年创业基地和 1 个海峡两岸青年就业创业示范点，不但吸引台湾青年朋友来大陆交流互动，还创造条件让他们留在大陆，就业创业。两岸基层交流继续开展，特别深入到台湾南部的乡村、山区。两岸城市交流掀起新的高潮，"沪台双城论坛"带动两岸交流进入新的阶段。台北市长柯文哲发表了引人瞩目的两岸谈话，从最初的"一五新观点"到"了解并尊重九二共识是两岸关系和平发展的基础"，并定义台北与上海之间的交流"非国际事务"，从而促成"双城论坛"如期举办，围绕社区医疗、"双卡"互通（上海交通卡与台北悠游卡）、智慧城市、青年创业就业、公务人员培训等展开合作，聚焦基层、青年需要，赋予论坛新内涵，取得实际效果，成为两岸城市交流的领先指标。"双城论坛"的成功举办对民进党的两岸政策构成压力，有利于争取柯文哲背后的新兴政治势力支持两岸关系发展，至少没有全部倒向绿营。③

（六）民进党持续"反中"路线，"维持两岸现状"，升级"戒急用忍"

2008 年以来，民进党对于两岸关系和平发展采取"逢中必反"立场，激烈

---

① 李锌铜：《2015 年陆客观光财 2300 亿》，台湾《旺报》2016 年 1 月 12 日 A11 版。
② 倪永杰：《建构两岸空中和平走廊》，引自台湾《中国时报》2015 年 3 月 4 日 A15 版。
③ 倪永杰：《柯 P 能，蔡英文能吗？》，引自台湾《旺报》2015 年 8 月 7 日 D2 版。

反对、无理阻挠，带给两岸关系重大危害。2012 年败选后蔡英文承认两岸议题是其重返执政的"最后一里路"，酝酿调整两岸政策，冻结"台独党纲"。但 2014 年 3 月"反服贸事件"、特别是赢得"九合一"选举以后，民进党认为不必转型，持续"反中"、加速"绿化"、赢得"天然独"的年轻世代支持就是其重返执政的"最短一里路"。但是，民进党的种种倒行逆施、"麻烦制造者"历史记忆、蔡英文"两国论"背景及其与美方缺乏互信的不愉快经历，引起美方及智库学者的高度疑虑与严重关切，纷纷透过各种管道向民进党、蔡英文施加强大压力，要求蔡英文赴美"面试"，说清楚上台后的两岸政策。出于缓解美方的压力与选举的需要，民进党、蔡英文趁国民党候选人悬而未定的之际抛出两岸政策调整信息，以模糊的"维持两岸现状"主张抢占中间光谱，争取更多选民支持。

2015 年 4 月 9 日，蔡英文发表了"维持两岸现状"的政策主张，后又在 6 月访美期间、12 月选举政策辩论之际持续说明其两岸政策。"维持两岸现状"成为民进党、蔡英文参选 2016 的两岸政策主张，弥补民进党两岸政策短板，为蔡胜选奠定了利基。

蔡英文声称"维持两岸现状"就是"维系台海和平、持续两岸关系稳定发展的现状"。①蔡解释"维持两岸现状"具有四大核心内涵。一是在"中华民国现行宪政体制下，持续推动两岸关系和平稳定发展"。②所谓"中华民国现行宪政体制"，按照蔡英文以"教授身份"的解释包括："现在'中华民国宪法'、'增修条文'、'大法官释宪'、法院判决，与'宪法'及其解释和实践相关的一切。"其中"现行"两字极富悬念，留下"中华民国是台湾，台湾是中华民国"的弹性解释空间。

二是"珍惜两岸交流成果"，但排除"九二共识"。蔡英文多次强调"两岸之间应该珍惜并维护 20 多年来协商和交流互动所累积的成果，在这个坚实基础上，持续推动两岸关系的和平稳定发展"。③其中"成果"包括两岸两会签署的协议，但不包括作为两岸和平发展政治基础的"九二共识"。蔡曾声称"九二共

① 管婺媛、朱真楷：《蔡：维持两岸现状，不挑起对立》，引自台湾《中国时报》2015 年 4 月 10 日 A4 版。
② 叶素萍：《蔡英文在华府：维持两岸和平稳定发展》，引自台湾"中央社"2015 年 6 月 4 日华盛顿电。
③ 叶素萍：《蔡英文在华府：维持两岸和平稳定发展》，引自台湾"中央社"2015 年 6 月 4 日华盛顿电。

识"是选项，但不是唯一选项。

三是"民主"原则与"民意"基础，保持"未来自由选择权"。蔡强调两岸政策必须坚持"民主透明、人民参与，不是黑箱作业，更不是民主倒退"；坚持两岸政策"维持公平正义、是全民共享，不是少数人寡占，也不是权贵垄断"，特别是"要确保台湾人民的选择权"。①

四是不否认两岸"92 会谈"事实，但不接受"九二共识"及其核心内涵。蔡英文表示："民进党没有否认 1992 年两岸会谈的历史事实，也认同双方秉持相互谅解精神，求同存异，希望两岸关系往前推进的这一段协商沟通的经过和事实。"②其中关键在于蔡英文不承认"九二共识"的历史事实，也不接受"大陆和台湾同属于一个中国"的核心内涵，只希望相互谅解、继续求同存异。

人们对于蔡英文一方面不接受"九二共识"，另一方面又要"维持两岸现状"高度存疑。其中二大关键，一是维持什么"现状"，是"一边一国""两国论"的现状？还是"两岸一中"的现状？是马当局时期和平发展的现状还是民进党时期紧张动荡的情境？二是如何"维持现状"？是"逢中必反"，甚至发动学生搞"反服贸""反课纲微调"？还是接受"九二共识"、调整两岸政策、寻求民、共对话、互动之道？

对于前者，蔡英文只愿秉持相互谅解的精神与求同存异方式，在两岸既有基础上，寻找共同认知，建立互动之道。但绝不承认"九二共识"的历史事实、认同"大陆和台湾同属一个中国"的核心意涵。

对于后者，蔡英文不断承诺民进党两岸政策"有沟通、不挑衅、不会有意外"的"三不原则"，③让两岸政策保持"一致性、稳定性与可预测性"，"超越既有国共关系框架，建立常态化两岸关系"，甚至承诺尽快完成"两岸协议监督条例"，处理两岸服贸协议，持续两岸协商，民进党地方执政县市成立"两岸小组"推动城市交流，等等。

由此可以预期，蔡英文未来的两岸政策可能无限接近"九二共识"的历史事实，但决不会接受；可以认同相互谅解与求同存异的内涵，但决不会认同

---

① 丘采薇：《蔡英文：我的维持现状和马"总统"不同》，引自台湾《联合报》2015 年 12 月 25 日。

② 邹景雯：《蔡英文：九二历史事实，推动两岸关系》，引自台湾《自由时报》2016 年 1 月 21 日 A1 版。

③ 蔡浩洋、戴惠禹：《选后不挑衅，蔡提两岸互动 3 原则》，引自台湾《旺报》2015 年 12 月 23 日。

"两岸同属一中"的核心内涵。蔡英文将以 1992 年两岸两会会谈的"过程论"取代两岸双方达成"九二共识"的"结果论"；以求同存异的"方法论"取代"两岸一中"的"内涵论"，不排除以台湾选后的"新民意"否定两岸和平发展成果、否定两岸共同政治基础。①

笔者认为，蔡英文"维持两岸现状"的政策绝不是"和陆、融中"，本质上仍是"反中"，实施"柔性台独""笑脸台独"路线及没有"台独"的"台独"路线，其两岸政策工具选项就是升级版的"戒急用忍"，体现在："政治上反中""法理上拆中""经济上离中""文化上去中"及"战略上制中"，以加入 TPP、"新南向"、"新经济"摆脱对大陆的经济连接，附和美国的"重返亚太战略"制衡中国大陆崛起，通过"文史台独"升高"台湾主体意识"，"绿化"台湾社会，法理上充实"中华民国台湾化"的政治实体。

二、特点

2015 年两岸关系处于重要节点，呈现复杂特点，矛盾多发、冲突频仍、风险上升。

（一）两岸面临道路与命运的抉择，充满了正能量与负能量的较量

两岸关系面临两种道路与命运的抉择，是继续和平发展、螺旋上升还是倒退回到紧张动荡、痛苦不堪？两岸之间出现向上向前正能量与向下向后负能量的拉扯、冲撞，两岸风险上升，挑战增多，机遇减少，动力削弱，发展降速。两岸关系的质量难以有效提升，两岸关系遭遇到前所未有的困难。在此情境下，两岸各界人士、所有政党、团体无比关注、忧虑两岸关系的前途与命运、现实与未来。国际社会也高度关注，多数希望两岸关系和平发展得以继续，但美国实施"重返亚太政策"，令美方担心国民党继续执政将造成两岸快速接近，影响到美方战略利益。两岸关系有利、不利的因素全面呈现，使两岸关系日趋复杂、多变无常。

（二）大陆积极引领两岸关系发展，实现稳定发展利民目标

随着大陆扩大深化改革，综合实力上升以及国际影响增长，两岸之间实力差距不断扩大，大陆 GDP 已是台湾的 20 倍，广东、江苏等 5 省 GDP 超过台湾。历经"反台独"与和平发展两个阶段的教训经验，大陆的对台工作更为自

---

① 王玉燕：《上海台研所：两岸同属一中应成共同认知》，台湾《联合报》2016 年 1 月 24 日 A13 版。

信，具有战略定力与战略自信，具有和平发展的理论自信、道路自信及政策自信。与此相反，台湾沉湎"小确幸"，缺乏自信，对于大陆"既期待又怕受伤害"，在两岸关系中只是倾向于扮演防御角色，希望保持"台湾主体性"与"自由选择权"。为此，一年内大陆采取积极举措应对两岸关系的新情况、新问题，增进政治互信，管控分歧风险，引导舆论民意，鼓励台商、青年、基层民众投身两岸交流中来，分享大陆发展机会。切实保护台胞合法权益，实施台胞证免签与卡式台胞证、开设新航路、扩大参与面，增加获得感，增加发展动力，争取更多台湾民众支持，从根本上维持两岸关系正确方向，防止倒退甚至逆转。

（三）两岸关系对岛内选举的影响递减，无法从根本上改变选举结果

台湾地方与"中央"二类周期性选举对两岸关系产生重大影响，对两岸关系的延缓效应更加明显。每逢选举，两岸关系便成为选举议题而为绿营大肆炒作，导致蓝绿各方的两岸政策由积极转为消极、正面走向负面。2014 年"反服贸事件"与"九合一选举"导致台湾政经结构发生深刻变化，民进党大肆催化"九合一"的"骨牌效应"，对马当局、国民党的"两岸牌"发动全面的清算与"污名化"，台湾社会、舆论弥漫起对于两岸关系发展的深层疑虑，抨击马当局"亲中卖台""图利财团""黑箱操作""伤害民主"。同时采取各种手段诋毁两岸和平发展的共同政治基础，不承认"九二共识"及其历史事实，不认同大陆和台湾同属一个中国的核心意涵，特别是不讲清楚两岸关系的一国本质。结果是民进党 7 年来第一次夺取了岛内两岸政策的话语权，从根本上摧毁了国民党的"两岸牌"优势。在"九合一"选举与 2016 年"二合一"选举中，两岸议题并未如 2008、2012 年两次选举中那么重要影响到台湾选民的投票倾向，相反两岸议题让位于台湾"内政"经济民生、"转型正义"等议题而被忽略了。选举期间无论马英九、国民党候选人质问蔡英文没有"九二共识"如何维持两岸现状，蔡都不必认真回答而没有遭遇选民唾弃，最后还轻松赢得选举，表明两岸议题在选举所占的比例下降，遭到淡化，而不能从根本上影响选举结果。选举最后一晚的"周子瑜事件"被民进党、亲绿媒体大肆渲染，成为终结国民党政权的"最后一根稻草"。客观而言，2016 年选举并非对两岸关系和平发展进行投票，蔡英文赢得选举并非是民众接受其两岸政策，但两岸关系和平发展并没有如 2012 年那样助力国民党候选人最后胜选，不能不说是一种遗憾。[①]

---

① 陈斌华、陈键兴:《不畏浮云遮望眼——且看如何看待台湾"大选"投票结果》，引自新华网 http://news.xinhuanet.com/tw/2016-01/16/c_1117797534.htm，最后检索日期 2016 年 2 月 20 日。

（四）两岸关系面临新情况、新问题，复杂性前所未有

七年来两岸关系和平发展引起岛内外"台独"势力、"反华"势力的集体焦虑、高度紧张与激烈反扑，试图遏止两岸关系发展势头，中断两岸和平发展局面。民进党为夺取政权"逢中必反"，打着"公民运动"的旗号进行社会动员，催化"台湾主体意识"。经历李、扁"去中国化"教育、具有"天然台独养分"的台湾青年世代积极投身政治运动，运用新媒体解构台湾政治结构，对两岸关系和平发展无感且疏离。第三势力、"白色力量"从基因上就是民进党的同盟军，对两岸关系和平发展多从批判、对抗的角度观察。台湾民意矛盾疑虑增强，"恐中拒中""反中拒统"意识升高，"要尊严、要身份、要参与（国际）、要撤（导）弹、要民主、要公平、要透明、要机会、要红利"、要选择权等多元、多变、多数被少数绑架的民意结构，已经造成"两岸愈交流、民众愈疏离"的现象，也使马英九的两岸政策民意支持度逐渐流失。台湾民意、舆论越来越倾向把岛内的贫富矛盾、世代隔阂归罪于马当局的两岸开放政策。香港"占中运动"进一步刺激了岛内的社会运动，"台独"与"港独"呈现合流迹象，掀起港、澳、台"华人民主骚动现象"不再只是可能，已成为现实的威胁。岛内"民运""法轮功""藏独""疆独"等反华势力蠢蠢欲动，试图冲垮两岸和平发展的防线，此外还有国际反华势力的蓄意破坏。上述种种新情况、新问题，都是两岸关系和平发展到一定历史阶段必然会出现的衍生品，岛内外、国内外的"台独"分裂势力、反华势力决不允许两岸关系继续和平发展下去，绝不会容忍两岸密切交流、无限接近直至统一，一定会从中作梗、阻挠，阻断两岸和平发展的进程，遏止中国崛起。但两岸中国人有智慧、有能力应对这些复杂局面，继续推动两岸关系和平发展。

（五）两岸关系外部环境趋于复杂，不利因素上升，有利因素下降

2015年美、日等国际势力对于两岸关系和平发展的态度发生变化、趋于复杂，防范心理日趋明显，反制措施越来越多。美方一方面乐见两岸关系继续发展，希望分享更多的两岸"和平红利"。另一方面美国担心两岸越走越近、越来越紧密，大陆对台湾的影响有朝一日超越了美国对台湾的影响，损害美国的战略利益，因此美国出手进行战略预防。于是美方高官越来越强调"亚太再平衡"中的台湾元素，提出对美国台海政策再"概念化"，说穿了就是打"台湾牌"。主要是拉拢台湾、向民进党、蔡英文示好，提升台美关系、加强台美军事、战略安全合作，督促台湾加入TPP，降低对大陆的经济依赖。对于"习马会"，美

方明赞暗防，特别是在南海议题上，美方施压马当局，要求澄清"U"形线，防止两岸南海联手。与美国的台海政策有所不同，日本安倍政府一面倒地实施"联台制华"、离间两岸政策，扶植民进党。日方试图制定"与台湾关系法"，结成台日军事同盟，为"反服贸""反课纲微调"提供幕后经费、物资支持，等等。① 国际社会对于两岸关系和平发展的有利因素还会继续发展，但不利因素远超过人们想象，必须谨慎以对。

三、两岸之殇："冷和平"

民进党全面执政已然到来，两岸关系前景蒙上浓重阴影，两岸进入"冷和平"甚至"冷对抗"似已不可避免。② 从有利因素而言，一是大陆掌握两岸关系的主导权，具有战略定力与战略自信，对台政策的针对性、有效性将发挥更大的优势。二是民进党难以抗拒和平发展的主流民意，蔡英文也难以违背，只能"维持两岸现状"。民进党上台不得不面对经济高度依赖大陆的现实，难以违逆两岸和平发展的强大民意，难以抗拒和平发展的历史潮流，否则将付出沉重代价，直至丢失政权。三是民进党保留施行务实两岸政策的空间，民进党内部温和、务实的力量、声音有所成长，民进党的县市长、地方基层将对民进党高层的"反中"措施产生部分牵制作用。四是国际社会两个"不希望"。美日等国不希望两岸关系发展太快、走得太近、两岸紧密依赖融合，但美日也不希望两岸关系走向对抗冲突，重回 2000—2008 年台海紧张动荡的局面，台海成为国际热点，影响美日的自身战略利益。

但从不利因素而言，民进党上台严重威胁两岸关系和平发展。蔡英文迄今拒不接受"九二共识"及其历史事实，也不认同"大陆和台湾同属一个中国"的核心内涵，只愿意秉持相互谅解、求同存异的精神与方法，寻求互动之道，建立共同认知。但迄今为止尚未提出为大陆接受、认可的替代共识，令人怀疑其稳定两岸关系和平发展的诚意与举措。一旦两岸基础不牢，必然会地动山摇。两岸出现"冷战"（Cold War）的概率较低，但"凉战"（Cool War）已不可避

---

① 王秀中：《倪永杰：台湾陷于美日战略陷阱后果严重》，引自香港中国评论网 http://www.crntt.com/doc/1040/2/9/7/104029717.html?coluid=93&kindid=15350&docid=104029717&mdate=1204002949，最后检索日期 2016 年 2 月 20 日。
② 倪永杰、张笑天：《冷和平：两岸之痛》，香港《中国评论》杂志 2015 年第 11 期，总第 215 期。

免。① 多数预估，两岸关系陷于"冷和平"不可避免，甚至短期、有限的"冷对抗"很有可能发生。两岸关系瞬间降温，由热转冷、由快转慢，由密切转为疏离，情感由浓转淡，甚至出现局部冲突摩擦、停滞反复，两岸荣景不再。另有观点认为，国民党执政，两岸关系好不到哪里，也坏不到哪里，因为两岸政治分歧难以化解，两岸关系一定会遇到"天花板"。如果民进党执政，两岸关系不是大坏，就是大好，关键看大陆如何引领两岸关系继续和平发展。就让人们拭目以待吧。（本文发表于全国台湾研究会主编：《台湾 2015 年》，北京：九州出版社，2016 年 6 月版）

---

① 倪永杰：《交流是王道，两岸莫入冷和平》，引自台湾《联合报》2015 年 9 月 16 日 A14 版。

两岸关系和平发展挑战

马英九当局决策模式考论

决策活动是所有政治活动、权力运作的核心，是所有政治行为的源泉和结果，决策也是一个认知和抉择的实践过程。[①]政治决策模式包括三个基本变量：第一，政治决策的主体，即政治体系中做出决策的力量。第二，政治决策的思维模式，即政治决策的主体按照什么政治逻辑思维制定政策。第三，政治决策过程，可分解为决策过程、决策执行等各种亚过程。[②]本文着重研究马英九执政当局决策模式中的决策主体、决策思维与决策过程，由此认识马的决策特征与决策趋向，把握马英九当局政治决策的基本脉络。

一、决策主体

我们认为，对马英九执政当局政治决策主体的观察可以从体制化结构和人格化结构两个层面展开。体制化结构是指基于法定或惯例的决策机制及其权力关系；人格化结构则是指与决策过程相关的政治角色扮演及其影响程度。

（一）体制化结构

1.体制内机制

台湾当局"宪政"体制内的决策机制，主要包括"总统府"与"行政""立法""司法""监察""考试"等"五院"机构。所谓"中华民国宪法增修条文"则对"五院"决策机制作为初步规定。

台湾名义上属于倾向"总统制"的"双首长制"，实质上"总统"具有无限膨胀的政治权力，具有弹性的决策空间，就看"总统"是"退居二线"还是亲自上阵"跳上一线"。"总统"具有最高政治、政策的决策权、裁决权，以及重

---

①　俞可平：《权力政治与公益政治——当代西方政治哲学评析》，北京：社科文献出版社，2000年版，第63页。

②　王沪宁：《比较政治分析》上海：上海人民出版社，1987年5月版，第153—154页。。

大人事提名权、任命权，具有幕后操控与一线指导等多重角色模拟选择。"总统"权力无比庞大，却不必向"立法院"负责，法律上不受"立院"监督，无须向"立法院"提出"国情报告"。是否承担政治决策责任，则由"总统"本人自由心证，"宪法"并未明文规定。"国家安全会议"则是"总统"的最高决策、运作平台，"总统"可透过"国安会"进行政治决策活动，确定"国安"、军事、"外交"、两岸等领域的路线方针、政策措施等。

"行政院长"属于"总统"的执行长，由"总统"直接任命而无须"立法院"同意，对于"总统"职权内的"国安"、军事、"外交"、两岸等领域的重大政策具有一定的参与权、咨询权，在"内政"、财经、文化、教育等具体施政领域具有较多的决策主导权，但必须领会、尊重并服从"总统"的最高决策权。同时，"行政院长"要接受"立法院"质询，对"立法院"负责。马英九上台伊始，曾有"总统"是否应站上第一线、第二线的争议，但这主要讨论执行层面，象视察灾情、处理重大政治危机事件等，"总统"视情势需要可亲自站上第一线作决策、甚至亲自督导执行。[①]

作为民意机构、"五院"之一的"立法院"在台当局决策体系内具有一定的功能，可对当局的重大政策、施政、人事、预算等进行监督、质询。"立法院长"王金平也应邀参与马英九、萧万长、刘兆玄、吴伯雄等人每周一中午举行的"五人国政会议"，但其决策影响力有其局限性。目前，国、民两党"立院党团"、有影响力的"立委"可以透过质询、提案等影响当局的决策。最近，"立法院"积极推动成立"两岸事务因应对策小组"，监督两岸协商机制，遭到行政部门的强力反对，马英九则交代陆委会作全盘研究后再作定夺。

其他如"司法院""监察院""考试院"的"正、副院长"、"大法官"、"监察委员"及"考试委员"等也具有业务范围内的一定的决策权。

2.体制外机制

首先，国民党对马英九的决策影响是显而易见的，不能低估。根据政党政治原理，国民党作为执政党，从政党员理应履行党的重大政策方针，国民党全国代表大会及其最高权力机构中常会、主席作出的路线、方针、政策应该交由从政党员贯彻执行。因此，国民党的中央决策机构直接或间接地影响和制约着台当局"宪政"体制内的决策系统。目前，国民党的决策中心主要集中于党主

① 桂宏诚：《党政整合趋完善，从此不打游击》，台湾"国家政策研究基金会"：《国政评论》"内政"（评）097-067号，2008年7月30日。

席、"中山会报"、以及中常会、中央政策会等。"国共平台"达成的共识、愿景等都是透过党主席吴伯雄的管道直接影响到马英九的两岸、"外交"方面的决策。

但是，"中华民国宪法"并没有对于党政沟通、协调作出明确的规定，国民党影响台当局决策的途径有两条，一是党主席吴伯雄参与"府、院、党五人国政会议"，可透过这一平台反映国民党的立场、建议等。二是透过身兼国民党中常委的"立委"可透过"立法院"的平台，对台当局的决策施加影响。

早在在"五二〇"就职前，马英九与吴伯雄之间就已达成共识，有关党政互动的原则是"以党辅政、党政分际"。[①]但马英九上任后心属"全民总统"，对于党、政角色倾向于党、政分离，内心不接受甚至排拒"以党领政"。遭遇国民党中央及国民党"立院党团"等方面的强大压力，后者认为"党政分离违背政党政治的理念"，最后，"总统府"方面被迫将"党、政分离"修改为"党、政分际"。[②]

马上任不久便于每周一中午在"总统府"内召集"总统府""行政院""立法院"以及国民党中央五巨头召开党政高层"国政会议"，最初"总统府"方面的定位仅在于单纯交换、沟通意见而不具备决策功能，不设定特定议题，马担任会议召集人，不是主席，不作裁示，也不作结论，被媒体戏称为"巨头聊天室"。但国民党中央、"立法院"方面认为五人会议应该成为"府、院、党"的最高决策平台，五人会议的结论应该交由"行政""立法"部门执行，但对决策的影响是显而易见的。如有需要，五人会议还可邀请相关"部、会首长"、学者专家列席报告。[③]这种行礼如仪的党政平台却未必可以有效平衡马英九、萧万长、吴伯雄、王金平、刘兆玄"五巨头"及其所牵涉幕后政治派系的张力。

为了强化党政协调，早在马英九上台之前，国民党中央就决定在中常会定期邀请台行政当局相关"部会首长"报告相关重大政策，并设定"政策协调会报"、"委员会议"两级党政沟通机制。"政策协调会报"会议主席由国民党政策会执行长担任，开会时请党主席或党秘书长担任指导人，政策会副执行长、国民党"立法院"党团正副书记长、委员会召集委员、台当局行政部门相关"部、

① 李明贤：《马吴共识：党政"分际"取代"分离"》，台湾《联合报》2008 年 6 月 28 日。
② 同上。
③ 《首次国政会 府否认具决策功能》，台湾《联合晚报》2008 年 5 月 26 日；《府院党巨头会议，马英九坚持"纯聊天"》，台湾《中国时报》2008 年 5 月 27 日。

会正副首长"共同集会讨论。"委员会议"则由"立法院"各委员会委员、"部会政务次长"或幕僚等参与，密集开会。其结论可提供给相关决策部门参考。①

7月在"立法院"遭遇"考、监委"人事任命挫折后，马英九再也不能轻忽党下沟通协调的重要性和必要性，于是在党政五巨头每周一午餐会之外，"总统府秘书长"詹春柏、"立法院副院长"曾永权以及"行政院秘书长"薛香川共同列席国民党中央每周二例行的"中山会报"，以使"府"、"院"、党权力运作通畅，减少党政误解的概率。马英九还曾主动向吴伯雄提议，是否应该考虑在2008年10月全代会中修改党章相关条款，让行政部门首长、县市长"有适当比例"加入中常会，以增加党政互动。目前有关马英九兼任党主席的舆论，一定程度上反映"府、院、党"三方内部有关增加党政互动、实现"党政同步"的意愿。

其次，国民党智库对马英九决策的影响也不能低估。连战在担任国民党主席时成立了"国家政策研究基金会"，设立了"国安"、"宪政"、财经、科技等八个小组，网罗了一批重量级官员，包括现在马英九当局中担任要职的刘兆玄、苏起、邱正雄、江丙坤、海基会秘书长高孔廉以及一些"部会首长"。智库提供的政策建议、研究报告成为台当局决策的重要依据。2008年8月中旬，有人质疑刘兆玄上任后倚重智库，从而引发刘"内阁"决策过程排除文官体系的争议，从侧面反映作为国民党智库的"国家政策研究基金会"的重要性。

（二）人格化结构

根据美国政治学家林德布洛姆的决策梯级理论，在竞争性选举的多头政治中，决策属于不同梯级的个人之间的相互说服过程。台湾当局的政治决策主体呈现出多层次决策梯级，从核心到边缘，由直接到间接，由下往上可以分为五层决策梯度，其决策权力、影响由上往下逐渐衰减（如图一）：

进一步探究上述决策梯度中的个体角色因为与最高决策者的远近亲疏，其对决策的影响力也有所不同，特别是有些人即使决策位阶不高，但因靠近或有管道传话、提供建议给决策者，对决策影响力却很大，甚至成为决策影武者、决策权威。如果对马当局的决策梯次进行横向扫描，便可为我们从决策影响力大小的角度，透视以马英九为核心的四个层次"同心圆"决策圈（如图二）：

内圈：包括两个层次，一是"四梁一柱"系马英九决策行为中最为贴近马英九的关键人物，举凡马的大政方针均有"四梁一柱"的身影。"一柱"即金溥

---

① 《国民党党政协调层峰会议由"总统"召集》，引自 http://www.chinareviewnews.com，2008年5月6日。

聪,"四梁"即詹春柏、苏起、高朗、叶金川。二是马长期核心幕僚,包括现任"总统办公室主任"康炳政等,以及张王浩、廖鲤、李玉茹、张厚君等人,协助马处理最机密的政治与个人事务。目前,康炳政掌理马的公私事务,张王浩为马撰写新闻稿,李玉茹为马安排行程,张厚君为马处理文稿。

金溥聪此前任台北市副市长、现任香港中文大学客座教授,"不入府不入阁"且远离台北,与马保持"物理空间距离",但既扮马的友人,也当马的策士,在许多重要政务与人事任命上,都可见金的影子。虽然不在马身边,但决策的关键时刻、特别是马最机密、最重要的事情均需找他讨论,作出决定。① 甚至有媒体绘声绘影地描述在马决策体系内存在一个"金马指挥部",金溥聪是其灵魂人物,像个巨灵的影子笼罩在整个马英九当局的上空。这是马英九的权力地图中最为神秘的一角②。

政治角色	参与程度
一、"总统"及其核心幕僚	处于决策体系的最高层,拥有最终的决策权和裁决权
二、"副总统""行政院长""总统府正、副秘书长","国安会秘书长"、国民党主席等	辅佐"总统"展开决策,按职权参与、分离"总统"的最高决策权
三、"立法院长""司法院长"、"监察院长""考试院长"等	享有职权范围内的决策权,参与部分最高决策
四、"国安会副秘书长"、"国安会咨询委员"、"国安局长"、"军情局长"、"行政院副院长"、"政务委员"、国民党中常委及"立院党团"干部如党团总召集人、书记长等	参与、辅佐决策者做成决策
五、"行政院各部会"政务官和高级文官、"大法官"、"监察委员"、"考试委员"等	参与职权范围如财经、文教、司法、考试、监察等领域内的决策活动,或提供决策咨询、起草政策方案等

图一:马英九当局决策梯级划分

注:"总统"核心幕僚包括康炳政、张王浩、廖鲤、李玉茹、张厚君、王郁琦等人。

---

① 范凌嘉:《马核心幕僚,四柱一梁》,台湾《联合报》2008 年 7 月 11 日。
② 黄创夏:《"金马"指挥部的内斗阴影》,引自 http://www.chinareviewnews.com,2008 年 5 月 26 日。

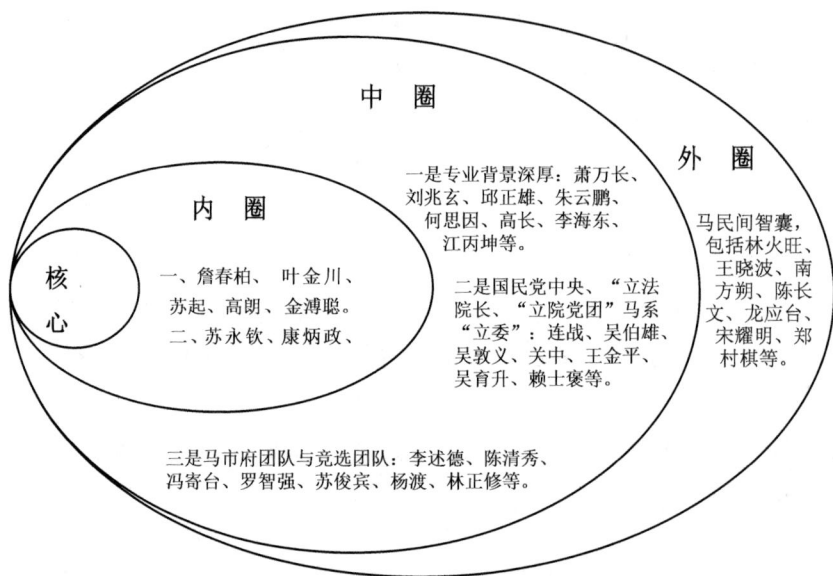

中 圈

外 圈

内 圈

一是专业背景深厚：萧万长、刘兆玄、邱正雄、朱云鹏、何思因、高长、李海东、江丙坤等。

马民间智囊，包括林火旺、王晓波、南方朔、陈长文、龙应台、宋耀明、郑村棋等。

核 心

一、詹春柏、叶金川、苏起、高朗、金溥聪。
二、苏永钦、康炳政、

二是国民党中央、"立法院长"、"立院党团"马系"立委"：连战、吴伯雄、吴敦义、关中、王金平、吴育升、赖士葆等。

三是马市府团队与竞选团队：李述德、陈清秀、冯寄台、罗智强、苏俊宾、杨渡、林正修等。

图二：马英九政治决策地图

刘"内阁"人事组成期间，马英九习惯找金在"新台湾人基金会"或"亚爵会馆"约询可能的人选。除了一些资深的技术官僚出身的"部长"外，许多人事都是金先帮马英九第一阶段面试，过了关，马才将名单交给刘兆玄去"第二阶段"面试。

詹春柏属马英九的辅选功臣，护马心切，长期扮演马的挡箭牌，熟稔地方政治生态，擅长协调与组织战，为人圆融，是马连赢四场选举的功臣。现为马总管"总统府"内外事务，同时负责与国民党中央、"立法院"之间的沟通协调工作，平时还要与地方、民间友人联络，为马下一次选举作准备，角色吃重。但詹与金溥聪曾有心结，马对其不够尊重，曾无预警撤换其国民党中央党部秘书长职务。

苏起负责马的"外交"、两岸、"国防"、战略等决策，为人低调，与马互动紧密，分寸拿捏得当，深得马信任。值得一提的是，苏起弟弟苏永钦对马英九的影响力绝不能低估。苏永钦是马英九高中与大学同学，有人称其为马的"拜把兼换帖"。对马的影响十分深远，是马长期咨询、讨论的亲密朋友。目前，苏永钦已辞"通讯传播委员会（NCC）主委"一职，回台湾政治大学重执教鞭，将为马提供更多的决策建议，甚至站上第一线为马英九的"两岸非两国论"政

策辩护。^①

高朗是马英九历次选举中的关键策士，发挥其政治学、国际关系方面的专长为马建构政治论述的基础。现负责马的政治策略、新闻、危机处理等，也是马通向学界人士的重要桥梁。

叶金川曾被喻为"抗SARS英雄"，现主要为马负责"总统府"内部事务，以及与医界人士的联络交往工作。9月下旬，调任"行政院卫生署长"，暂时告别马英九决策核心，帮助马英九处理此一事件。

中圈：可分为三类人士：

一是专业背景深厚，为马出谋划策：包括"副总统"萧万长，"行政院长"刘兆玄，"行政院副院长"邱正雄，"政务委员"朱云鹏，"国安会副秘书长"何思因、高长，"国安会咨询委员"杨永明，海基会董事长江丙坤，秘书长高孔廉，"前外交部长"程建人，前国民党秘书长许水德等。

二是国民党中央、"立法院党团"实力派人物、马系"立委"等，包括国民党荣誉主席连战、主席吴伯雄、秘书长吴敦义，"立法院长"王金平，"考试院长"、国民党副主席关中，国民党中央政策会执行长林益世，以及属于马系"立委"的吴育升、赖士葆等人。

三是马市府团队与竞选团队成员，包括"行政院财政部长"李述德，"行政院人事局长"陈清秀，"驻日代表"冯寄台，台湾"高铁"执行长欧晋德，杨渡（即将担任"中华文化总会"秘书长）、罗智强、蔡诗萍、苏俊宾、邱淑缇、林正修（现任新台湾人基金会副执行长）、蔡茂岳等。他们依靠原有管道与马英九及其核心团队保持紧密联系，也是马获取政治资讯的重要来源。

外圈：主要是马早年的朋友、学界、媒体、文艺界的民间友人，包括台大哲学系的林火旺、王晓波，学界的朱云汉，政论家南方朔，文学家龙应台，媒体工作者徐宗懋，理律法律事务所陈长文，原"陆委会副主委"郑安国，劳工界的郑村棋，马英九特别费案辩护律师宋耀明等人。

舆论对马体制外幕僚有一些批评，因不谙政治现实，提供不充分且与事实脱节的建议给马，造成马与党中央、"立院党团"出现"沟通黑洞"。^②

---

① 苏永钦：《执政时不敢动，绿现在虑什么？》，台湾《联合报》2008年9月15日。

② 林河名：《马"总统"身边围绕"体制外"幕僚》，台湾《联合报》2008年7月10日。

二、决策思维

马英九当局的政治决策思维，可从以选举导向、制度导向、渐进导向以及精英导向四个方面进行考证。

（一）选举导向

马英九权力来源就是透过选举赢得选票，因此，"322"胜选后，马英九团队就着手下一任选举的安排，无论是决策、人事、还是路线方针、资源分配等，均有浓厚的选举导向；从人事布局到政策规划都离不开选票思维的算计以及选举利益的考量。马英九的政见以连任两届为期进行规划，第一任四年妥善因应，站稳政治基础，第二任四年放手创新奠定历史地位。既然要考虑连任问题，决策时就更多地考虑选民感受并计算选票得失，针对蓝绿选民以及中间选民，推出不同的政策、论述，以争取支持，化解敌意，安抚情绪。由此造成马政策、人事既不敢轻易发动大刀阔斧的政治改革，也难以坚持长远有效的发展规划。马团队处理"苏花高"公路争议就是一例，为讨好选民、争取选票，放弃专业立场，苏花高速公路再次被搁置，已无兴建的决心对当地的长远发展绝对是个伤害。①

马英九选举导向的决策思维遭到广泛批评，马上任六十天，前"监察院院长"王作荣就指出，马英九"一胜选就摆出竞选架势：吃定深蓝，讨好深绿，拉拢浅绿，争取中间，通吃"。②马英九智囊之一的台大教授林火旺也指出，人民对马英九有很高的期待，马英九不应该把自己做"小"了。如果他能以"政治家"自我期许，忘掉"连任"这件事，他的用人、施政作为和政治格局，一定会令人耳目一新。③

（二）制度导向

马英九在就职演说中就宣示"党政分离""宪政分际"的理念，明确标榜"新政府"全部施政都要从全民福祉的高度出发，超越党派利益，贯彻行政中立。"总统"的首要任务就是树立"宪法"的权威与彰显"守宪"的价值，马公开承诺一定以身作则，严守"宪政"分际，真正落实权责相符的"宪政体制"。④

马英九所谓的"双首长制"就是由"行政院"而不是"总统"直接向"立

---

① 王建民：《马英九执政危机的深层原因》，引自 http://big5.huaxia.com/thpl/djpl/2008/08/1071248.html。

② 王作荣：《马"总统"的异想世界……》，台湾《联合报》2008 年 7 月 8 日。

③ 林火旺：《政治家还是政客，决定在马的一念之间》，台湾《联合报》2008 年 7 月 15 日。

④ 参见马英九"520"就职演说。

法院"负责，"总统"透过"行政院"贯彻、落实政见。基于马英九与"行政院长"刘兆玄多年以来的相互信任和良好默契，马英九一再表明要"退居二线"，意在让刘兆玄可以放手作为。

马英九"退居二线"的目的有二，一是在"总统府"与"行政院"、"立法院"、国民党之间构筑一道"防火墙"，以维持有关政治决策的空间与弹性。以此观之，与其说是"退居二线"，不如说是"二线折冲"。这也算是对"政治市场"供求变化的未雨绸缪。只不过，马英九似乎忽视了他本应作为"行政院"与"立法院"、"行政院"与国民党决策博弈和可能矛盾的调停者功能。

二是在于保障"宪政"体制内的决策制度化，实现"政府全面依法行政、行政院依法对立法院负责、司法机关落实法治人权、考试院健全文官体制、监察院纠弹违法失职"的"宪政分立"局面。以此观之，"退居二线"也可以说是"制度优先"。这也相对符合马英九作为"法律人"的行事风格。

目前马将一切施政均交给刘兆玄贯彻实施，公开说出"退居二线"的谈话。而在"总统府"内，马英九则实施"一条鞭"式管理，"正、副秘书长"、马办公室主任天天、事事都得跟马报告，一切都等马点头才行，然后层层交办。因此以前扁政时代一天可以做完的工作，现在能在两天办完就算是有效率了，"总统府"内许多事务官也开始觉得日子比以前好过，应验"马上就会好"的广告词。①

（三）渐进导向

政治人物进行政治决策具有二种路线，一是先易后难的渐进模式，一种是先难后易的突进模式。前者的决策思维是安全、妥适的，后者具有较高的决策风险，需要坚强的决策意志与强大的民意支持。面对岛内复杂的政治局面以及两岸关系的重重障碍，马英九采取先易后难、先点后面、先表征后核心的渐进模式，难点、疑点等议题则暂缓处理，待时机成熟再作突破。

在两岸事务与两岸政策的决策中，马英九就是循着渐进模式加以处理。6月初马英九接受美国媒体采访中，提出"先经济后政治"的两岸关系发展蓝图，先尽速推动两岸经济正常化，再徐图政治正常化。②马英九认为，两岸经贸关系回春，和平气氛愈增，为两岸共同的期待；两岸经济正常化较易达成，因双

---

① 王美惠：《马英九的寻人启事》，台湾《新新闻》杂志，总第1112期。

② 《马英九谈推动两岸关系蓝图：先经济后政治》，台海网，http://www.taihainet.com/news/intercoastal/ladtjl/2008-06-20/264519.shtml。

方都有共识；在解决两岸经济问题、双方经贸关系正常化后，再讨论"台湾国际空间"与"台海安全"两大政治议题。选后不久，马英九、刘兆玄便将选举时的"马上好"修改为"马上渐渐好"。马对其"633"经济政见，也透露延后至第二任结束时才可能实现。这是选战行为向决策行为的回归，是口号式政策宣示向渐进式政策规划的回归。

（四）精英导向

与陈水扁当局迷信"灵光一闪、掐指一算、山人自有妙计"的"半仙式创意"不同，马英九当局比较尊重技术精英和官僚体系的专业意见。这一点从马英九上任后的"博士内阁"和"教授国安会"人事布局中窥见一斑。

技术精英和官僚体系的特点在于："技术官僚强调服从纪律，注重程序正义与经济效益，他们观察公共议题的高度、精准度，往往因为有着丰富学术背景的'知识障'无法超越自身专业训练的局限。其实，正因为他们不必面对选举的压力，因此对于整体社会民意脉动的体察，偶尔也会流于表层的肤浅体会。而对于政治时机的掌握，也经常为了要小心求证，谨慎推论或周延筹备，反而错失了良机。"①

技术精英与官僚体系在与基层民众沟通中确实存在一定的隔阂，也欠缺感同深受的体会，因而在有关油价调涨、扩大内需、赋税改革、防风治水等问题的决策选择上捉襟见肘、疲于奔命，往往也被冠之于"密室创意""寡头决策"之类的帽子。

三、决策过程

我们着重对作为"总统"职权的"国安"、"外交"、两岸以及军事政策的决策过程进行断层扫描，厘清马英九的决策内幕与决策特征。

（一）"国安"决策

"国家安全"决策主要透过"国家安全会议"及其所属"国家安全局""国防部军事情报局"等部门运作。"国家安全会议"作为"总统"决定"国防"、"外交"、两岸政策及涉及危害台"国家"安全有关重大危机事件的最高决策平台，其作出的决议将提供"总统"进行决策之参考。

"国家安全会议"以"总统"为主席；出席人员包括"副总统""行政院正、

① 郑又平：《马英九的哈佛关系》，http://old.npf.org.tw/PUBLICATION/NS/095/NS-R-095-003.htm。

副院长""内政""外交""国防""财政""经济"等"部长",以及"陆委会主委""参谋总长""国安会秘书长""国安局长"等。"总统"可以指定相关人员列席"国家安全会议"。①此外,"总统"得视议题之不同,还可设立相关任务编制型决策小组,如对美、对日"外交"小组、国际经贸小组等,北京奥运会期间还组成"奥运专案小组",作出台北方面参与北京奥运会的相关决策。

民进党当政时期,陈水扁出于对国民党旧有文官体系的不信任,将"国防"、"外交"、两岸、财经、对外文宣等诸多事务的决策与执行悉数挪移至"国安会"进行操作。"国安会"及其所属"国安局"遂成为陈水扁对外收集情报、对内进行政治斗争与清算的决策平台与政争工具。

马英九上任后,似在限缩李登辉和陈水扁赋予"国安会"的超级决策平台功能,而使之回归到专门分析、研判岛内政经情势、并提供决策参考的"总统"幕僚角色。以下三点可供观察:

第一,明确定位为"总统"的幕僚机构。2008年5月11日,"国安会"人事一宣布,"秘书长"苏起即公开以"正派经营、专业之上"八个字来规范"国安"团队,并强调"国安会"定位为"总统"的幕僚机构,旨在与陈水扁时期为邱义仁一手把持下的"国安会"作出区隔。"国安会"与"内阁"各"部、会"的关系,不是上级对下级的关系;"国安会"不会直接指挥"部、会首长",杜绝民进党时期"国安会"犹如"太上行政院"的角色。

马英九上任后,指示苏起研拟台湾未来"国家战略",超越"安全"与军事的局限性,作出总体性的规划,以"厚植政经实力""寻求两岸和解"及"建立国际高度"为三大主轴,每个主轴再规划政治、经济、"外交"、军事与两岸关系等施行方针。②

另据台湾"国安"圈消息人士透露,马上任后,俗称"国安日报"的"要闻报告"继续汇编,并由"国安会"咨询委员钟坚负责。钟每天汇编后直接呈送苏起,再转呈马英九参阅。

第二,专业分工清晰。"国安会""秘书长"苏起,"副秘书长"高长,"咨询委员"蔡宏明、陈德升擅长两岸事务;"副秘书长"何思因,"咨询委员"杨永明、詹满容擅长"外交"、国际经贸事务;"副秘书长"李海东,"咨询委员"钟坚专研"国防"事务。两岸、"外交"、"国防"人数比例为4∶3∶2,似

① 台"国家安全会议组织法",http://www.6law.idv.tw/6law/law/.htm。
② 范凌嘉、王光慈:《国安会拟国家战略军方未参与》,台湾《联合报》2008年9月8日。

乎暗示马当局政策优先顺序是以两岸经贸、"外交"为主。而按照苏起的说明，"国安会"在新当局上任第一年内将致力于两岸经贸正常化，包括推动周末包机、陆客赴台等，马的"国安"团队上任伊始即研拟相关对策，为马英九提供决策方案。而"国安会""无给职咨询委员"王伟先、"国安局长"蔡朝明等应是马英九掌握大陆、美日情报的主要管道。苏起启用出身调查系统的沈小成担任"国安会秘书处长"，加强对"国安局""军情局"以及"法务部调查局"的掌控。据悉，现任"军情局长"葛广明即将由属于"国防部长"陈肇敏人马的王正霄接替。

第三，实际运作欠缺整合。马"国安"团队以学者居多，缺乏实际政治决策与运作的经验，可谓新手上路，状况频传。2008年6月10日凌晨，台湾"联合号"海钓船遭日本巡逻舰撞沉。马英九当局对此缺乏一个完整统合的决策机制，"外交"、"国防"、"海巡署"、"驻日代表处"、政党与"立法院"等部门似乎各行其是。①马英九并没有立即召开"国安会议"，直到16日当台、日双方船舰在钓鱼岛海域对峙升高，冲突情势一触即发。至此，马英九方才于16日下午举行上任后首度"国安"高层会议，由马英九主持，萧万长、刘兆玄、"国防部长"陈肇敏以及苏起等人出席，从四点多开到晚间六点多。会议确立"和平解决争端""尽速重启渔权谈判"两大对策。此后，马英九又召集相关部门检讨"国安机制"与"外交体系"运作方式，但检讨重点也仅在于如何在第一时间握资讯的全貌，而不是"国家安全"决策机制的统合与否。

（二）两岸决策

陈水扁时期的两岸决策机制，初期在"总统府"内设立"两岸跨党派小组"，后期主要透过邱义仁掌控的"国安会"展开决策，"陆委会主委"蔡英文、陈明通成为陈水扁大陆政策的掌门人。蔡英文更是扮演踩刹车的角色，包括陈水扁最早同意接受"九二共识"，硬是被蔡英文给拉回来。

与陈水扁的两岸政策决策体系相比较，马英九当局的两岸决策框架，苏起以"三角关系"描绘台大陆政策体系，"国安会"是大脑，"陆委会"负责执行，海基会则是负责与大陆谈判的"中间人"。②我们可以从决策、参与、执行以及前沿四个层级加以考证。③

---

① 《局面已俨然失控，"国安机制"得栓紧螺丝》，台湾《中国时报》2008年6月17日社论。
② 《苏起掌国安会冲刺两岸经贸》，台湾《经济日报》2008年5月12日。
③ 熊玠：《我对马英九不"独"不统不武的看法》，《中国评论》总第127期。

第一个层级是以"总统"马英九为主席的"国安会",掌握着两岸关系决策的主导权和监督权。"国安会秘书长"苏起和"总统府副秘书长"高朗是马英九两岸决策的核心智囊,马英九曾多次公开前往"陆委会"视察,高朗以顾问身份代表"总统府"赴"陆委会"列席指导,贯彻马的两岸政策思想。此外为马英九提供决策咨询的还有"国安会副秘书长"高长、何思因、李海东,"国安会咨询委员"陈德升、蔡宏明、詹满容等人。现任政大教授苏永钦、理律律师事务所所长陈长文、政大教授朱云汉等也为马的两岸政策提供决策咨询。

第二个层级是"行政院院会"及其"两岸小组"。"两岸小组"由"政务委员"朱云鹏、蔡勋雄负责运作,主持"未来半年两岸政策松绑方向"跨部会决议,具体设计年内两岸松绑开放的政策措施,内容以经贸为主,兼及文化、学术等内容,将提出25项两岸经贸开放政策,包括陆资来台、两岸货运、海运直航与第五航权谈判,全面加强两岸经济、金融、交通、文教交流与关系。决策过程是先由朱云鹏与邱正雄会向刘兆玄汇报开会结果,并由刘兆玄向马英九、"国安会"报告后,递交"行政院会"讨论通过。显然,"行政院院会"及"两岸小组"阶位高于"陆委会"层级。

第三个层级是"陆委会",参与并执行决策。出身"台联党"、原属李登辉人马的赖幸媛担任"陆委会主委",却把"陆委会"给做小了。原因有三:一是马英九及其"国安会"在两岸决策上的主导地位不容挑战;二是"行政院院会"及其"两岸小组"的居间作法,压缩了"陆委会"的政治空间;三是海基会虽受"陆委会"指导,但以董事长江丙坤的资历、人望及其人脉,赖幸媛难以望其项背。由此,陈水扁时期被视为"太上部会"的"陆委会",似已回归和各部会平起平坐角色,难以承担起两岸政策跨部会协调功能,甚至无法扮演踩刹车的角色。

第四个层级是海基会。海基会原为台湾当局的"中间人",代表台当局与海协会展开接触、协商与谈判。由江丙坤、高孔廉领军的海基会,纳入了"陆委会"、交通部、经济部等部门的重要官员作为谈判代表,具有一定的政策整合功能,其地位已大有提升,在6月两岸两会谈判期间,其锋芒超过了顶头上司"陆委会"。出于蓝营内部权力斗争以及争夺两岸政策主导权的考虑,马英九对海基、海协会之间的"一轨"平台的定位远高于对国、共"二轨"平台。

(三)"外交"决策

"外交"决策机制主要由"总统""国安会""行政院长""外交部长"组成,

其中"国防部""经济部""陆委会""侨委会"等部门参与相关"外交"政策的决策。

在国际关系认知上，马英九受到原台大政治系高朗、明居正、包宗和、吴玉山等学者的影响，此派强调"一超多强"，专攻"赛局理论"，喜爱以"战略三角关系"进行模拟分析。

在"外交"决策以及实务过程中，欧鸿链、程建人、许水德、田弘茂、李明等对马英九"外交"决策影响力。"外交部长"欧鸿链在对美及国际组织事务上较倚重"政务次长"夏立言，在国际经贸议题上较倚重"常务次长"林永乐。

对美关系方面，马英九主要依靠"国安会"秘书长苏起、副秘书长何思因、"外交部长"欧鸿链、"驻美代表"袁健生等人进行决策，同时透过"前驻美代表"程建人、李大为等人建立的管道，加强与美方的沟通工作。

对日关系方面，除了"驻日代表"冯寄台的正式渠道，还通过前国民党秘书长许水德的非正式渠道以及海基会董事长江丙坤"三三会"、以及"国安会"咨询委员杨永明、"立法院长"王金平等人访日，从而加强对日关系。马英九还下令由"国安会"成立跨"部会"对日工作小组，每两个月定期召开对日关系会报以讨论强化关系的措施，首次会议则于 2008 年 7 月底召开。会议由"国安会"秘书长苏起主持，邀集"外交部""农委会""经济部""教育部"等相关"部长级"官员出席，共同协商对日事务。据传，在"联合号"海钓船遭日本巡逻舰撞沉事件中，属于李登辉人脉的彭荣次发挥了一定作用，给福田首相传递了马英九私人信函。

此外，为强加对东南亚国家的经贸、"外交"关系，马英九还指示"国安会"设立跨"部会"的对东南亚工作小组，统筹对东盟各项政策，加强台湾与东盟各国实质关系。

（四）"国防"决策

"国防"决策架构主要包括四个层级：[①]

第一层级是"总统"主导的"军事会谈"。"总统"统率"陆、海、空军"，为"三军统帅"，行使"统帅权"指挥军队，直接指令"国防部长"，由"国防部部长"命令参谋总长指挥执行之。马当局上任后，"总统府"和台军的沟通管道维持既有的"军事会谈"体制（"大军谈"和"小军谈"）。2008 年 5 月下旬，

[①] "国防法"，http://www.6law.idv.tw/6law/law/"国防法".htm。

"国防部长"陈肇敏、"参谋总长"霍守业就在首次召开的"小军谈"会上向马英九提报 2008 汉光演习内容并邀请马英九于 6 月视导衡山指挥所亲临观摩。马英选前承诺将"以守势战略为指导原则，备战，不畏战也不求战"。为此，马透过"军事会谈"贯彻"不求战"为核心内涵的"防卫固守"的军事战略。为加强与军方的互动，马英九录用与"国防部长"陈肇敏同为空军出身的陈添胜少将出任"总统府侍卫长"，应有强化"总统府"与"国防部"沟通管道的考虑。9 月，马英九又派任"陆委会副主委"、与马有多年交情的张良任出任"国防部副部长"，其工作职责现主要为主管对美智库沟通、台美军事交流以及政战工作，加强对"国防"人事掌控以及信息沟通工作，并从事两岸军事互信机制的研拟工作。

第二层级是"国家安全会议"。"国家安全会议"是"总统"为决定"国家安全"有关"国防"大政方针，或为因应"国防"重大紧急情势而召开的。陈水扁当局时期，出于对军方的不信任，其军事战略、政策构想往往透过"国家安全会议"直接运作。马英九则相对尊重军方人事伦理和传统，"国家安全会议"似在回归为"总统"提供决策参考的专业幕僚机关。马英九在对美军购和"国防"政策上，多数时候听取"国安会秘书长"苏起的意见；而"国安会副秘书长"、李海东、"国安会"咨询委员钟坚也为马英九提供"国防"决策咨询。

第三层级是"行政院"。"行政院"在"国防"事务上的主要功能在于整合"国防"资源、督导"国防"特别是军事采购事务。陈水扁主政时期，"行政院"为强化重大军事采购计划审议，规定须由"国防部"呈报"行政院"审核。马英九上任后，要求军购预算先由马亲自审定、再交付"行政院"审核，"行政院"发言人史亚平表示，马英九是"三军统帅"，军事建案都应先经他许可，再循例编制预算。

第四层级是"国防部"。"国防部长"系文职，"国防部"主管全台"国防"事务，发挥军政、军令、军备专业功能，提出"国防"政策建议并参与制定军事战略。2002 年 3 月 1 日，"国防法"、"国防部组织法"正式实行，新的"军政、军令、军备"三大系统一元化的军事体制终于确立，"军政、军令、军备"分别由"国防部副部长"（军政）、"国防部参谋总长"、"国防部副部长"（军备）督导。"国防部长"则贯彻执行马英九的军事战略思想，陈肇敏上任后的防务政策理念，由"决战境外"的"攻势"战略调整回"固守防御"的"守势"，备战由"武器决定论"转向"人员决定论"。除了向"总统"负责，"国防部"还定期向"立法院"提出军事政策、建军备战及军备整备等报告书（机密及公开两种版本）；每年应编撰"中共军力报告书"、"中华民国"五年兵力整建及施政计划报告（机密及公开两种版本），与总预算书并同送交"立法院"；此外应于每届"总统"就职后十个月内，向"立法院"公开提出"四年期国防总检讨"。

（五）财经决策

按照台"宪政"架构，"总统"职掌两岸、"国防"与"外交"、"国安"决策，财经事务则由"行政院"及其相关部、会规划、执行，并向"立法院"负责。但在经济停滞、通货膨胀、金融危机漫延扩大之际，有人建议马英九将经济事务视为"国家安全"最高层事务，让"九万兆"成为一个整体。[①]马英九不得不以"总统"的高度，召开的财经高层会议，邀请"行政院正副院长、秘书长"及"经建会主委"、"经济部长"、"中央银行"总裁等财经首长报告并研议经济形势。9月中旬，马英九起用萧万长，在"总统府"内成立"财经咨询小组"，由萧担任召集人，主要功能是咨询但非决策。该小组是任务编组、不是常设机构、也没有基本成员。未来将视议题而定，邀请相关产官学界成员出席，马总统有空也会参加。小组形成共识后，提供"行政院"作为财经决策参考。

"行政院"的财经团队，主要由"副院长"邱正雄主导，与"经建会主委"陈添枝、"政务委员"朱云鹏构成"行政院"财经决策"铁三角"。"财政部长"李述德曾是台北市财政局长、马英九市府团队的核心之一，可为马英九提供财经意见。而被外界誉为"政、学、媒三栖的新国师"朱敬一，也对马英九的财经决策积极建言。[本文荣获 2008 年全国台湾研究会优秀论文一等奖，收入《台湾研究优秀成果汇编》（2008 卷），陈鸿惠同志参与本文写作]

---

① 南方朔：《把拼经济提高到国安事务层级》，台湾《中国时报》2008 年 9 月 23 日。

马英九执政二周年评鉴

两年前的"520"，马英九依恃 58.45% 的得票率、765 万张选票、以及国民党在"立法院"三分之二的绝对优势，承载"政治清廉、经济开放、族群和谐、两岸和平与迎向未来"的使命，在万众欢呼中上台执政，颇有开启"马英九时代"气势。如今，任期过半，"马英九现象""马英九元素"早已黯然消退，马光环不再，执政表现跌宕起伏、评价两极，台湾政坛到处传播着"胡志强现象""苏贞昌现象"、"蔡英文现象"。马英九的执政时间还有二年抑或六年成为谜题，马执政之路曲折坎坷难免。马必须未雨绸缪，寻找新的执政密码，厘定新的执政方程式，方能唤回人民信赖，再攀政治巅峰。

一、执政模式

马英九具有众多政治人格上的特质、亮点，为政清廉、讲究诚信，人称"不沾锅"，厌恶派系交易，擅于明星"蓝海"策略、直接诉诸选民，与国民党老派政治文化格格不入，在台湾政治染缸中决不随波逐流。二年来马英九的执政模式具有四项特征。

首先，塑造清新政治风格，呈现不同于"前朝"的决策情景。马英九最初倾向扮演"全民总统"角色，任用一批亲绿官员、李登辉人马，平衡蓝绿利益纠葛。在遭遇泛蓝强烈反弹及执政受挫后，马被迫追寻泛蓝"共主"角色，甚至说出"英九"就是"服膺九州"的意涵。马坚持专业、温和理政。刘兆玄组成"博士内阁"、苏起负责"教授国安会"，专业至上。苏起主导的"国安会"定位于"正派经营、专业至上"，与"扁记政权"类似"太上行政院"的"国安会"相区隔。马英九尊重体制、奉行规范，强调"遵宪与行宪比修宪更重要"，坚持程序正义，采体制内决策模式，不像陈水扁那样大搞特搞体制外的歪门邪道。此外，马英九也透过民间渠道获取咨询与建议。

其次，兼顾体制机制与政治现实需要，不断变幻领导角色，因应变局。马英九最初主张"府院分际"退居幕后，人称"二线宅男"，后又顺应民意跳上一线指挥。马多循体制透过"国安会"处理大政方针，并设立临时专业机构加以补强。马最初在"总统府"委托萧万长负责"财经咨询小组"因应金融危机，后由其本人亲自主持"财经月报"，全力拼经济。"双英辩"时马表明亲自挂帅"FTA小组"，直接推动，承担成败。

再次，建立多元沟通运作平台，强势主导决策。执政伊始，马英九便设立"府院党"五人小组进行"国政会议"，由正、副"总统"、"行政院长"、"立法院长"及国民党主席共同参与，但功能不彰。兼任国民党主席之前，马一度坚持"党政分际"，反对"以党领政"；后认可"以党强政"，加强与党中央、国民党"立院党团"沟通。每周二出席"中山会报"，指定五名行政官员为中常委。兼任党主席后，力图将党转型为选举机器，中常会功能有所削弱。如今，最具决策功能的是周一马英九与"行政院长"吴敦义的会面、马英九与党秘书长金溥聪的"党政合体"。

第四，不断扩张权力版图，强化政治影响力。在"温良恭俭让"的包装下，马有其"一统江山"的强烈企图。上任以来，马与连战、宋楚瑜、王金平、吴伯雄等人关系"相敬如冰"，马深感芒刺在背，逐步收回权力版图。先由吴伯雄出任国民党主席架空连战，后又逼迫吴"裸退"，马置先前承诺于不顾兼任党主席，掌握党机器，布局2012年"大选"，掌握两岸主导权。① 针对王金平在"立法院"内呼风唤雨，马采恩威并济策略予以牵制，压缩王空间。但王至少具有五十万票的影响力，王阵营深信未来马、王仍具合作空间。②

马英九执政思维具有四个特点。一是选举导向。前"监察院长"王作荣就曾批评马"一胜选就摆出竞选架势：吃定泛蓝，讨好深绿，拉拢浅绿，争取中间，通吃。"③ 二是制度导向。马英九以"法律人"自居，一切尊重体制、规范，循规蹈矩，但在台湾特殊的"双首长"体制窠臼及蓝绿政治口水中，处处碰壁、事事得咎。三是精英导向。马喜好重用学者教授与技术官僚，但马团队的政治敏感度、判断力与执行力有所欠缺，酿成一波波执政危机。四是权力导向。权

① 司马门生：《马英九霸业的最后一块拼图》，引自台湾《财讯》双周刊，2010年2月4日，总第339期。
② 江岷钦：《王金平好整以暇打筹码战》，引自 http://www.chinareviewnews.com，2010年2月24日。
③ 王作荣：《马"总统"异想世界》，引自台湾《联合报》2008年7月8日。

力磁场促使马及其身边人士尽力排除异己、相互取暖，在欠缺圆融人际艺术的情况下，马得不到蓝军奥援，常陷孤军奋战，独木难撑。

二、执政得失

两年前台湾民众对马英九曾有许多期许：包括伤痛愈合者（wound-healer）、优先次序的决定者（pace-setter）、和平缔造者（peace-maker）以及奇迹创造者（miracle-maker），化"不可能"为"可能"、化"梦想"为现实。[①] 这是马英九不能承受之重。马英九的执政得失，可从五个方面进行剖析。

首先，扬弃"锁国"，迎向世界，引领台湾走上开放之路。确立"以台湾为主，对人民有利"执政总路线，以"厚植政经实力""寻求两岸和解"及"建立国际高度"作为三大主轴，顺应全球化的潮流，免于被边缘化的命运。[②] 确立"亲美、和中、友日"的"国安"策略，寻求台湾地区与美国、日本以及大陆关系的三方平衡。[③] 台湾王昆义认为马的战略是政治、军事上亲美、经济上亲中。[④] 由此，打破民进党八年执政的闭锁樊篱，实行全方位开放，为台湾创造无限生机。

笔者认为马英九经营治理台湾的战略核心为"向台湾交心，向中华交代，向美日交情。"其中，"向台湾交心"是现实的、核心的、选票导向策略，并以"新台湾人主义""台湾主体意识""新台湾地理观""台湾核心价值""台湾精神"加以诠释。"向中华交代"则是虚拟的，属于情感主义取向，马不断强调"两岸同为中华民族"、两岸"血浓于水的同胞亲情"，马熟读中华古典词章，但"读经不读史"，马的中华情怀为台湾政治现实离析为"抽象不具体""虚拟不现实""朦胧不聚焦"的内心向往与孺慕之情。马英九"向美日交情"则是一种不得不然的"外交"策略、生存之道。[⑤]

其次，推动两岸和解，创造和平发展契机。台海局势由紧张转为缓和，由对峙转为对话，战争风险大幅降低，"不但功在台湾，功在两岸，功在民族，还

---

① 高希均：《马英九时代的启动》，引自台湾《天下》杂志 2008 年 4 月号。

② 范凌嘉、王光慈：《"国安会"拟"国家战略"军方未参与》，引自台湾《联合报》2008 年 9 月 8 日。

③ 台北《中国时报》2009 年 12 月 25 日。

④ 《八八水灾对未来台湾政局发展的影响》（续），引自香港《中国评论》2009 年 10 月号，总第 142 期。

⑤ 倪永杰：《由"520"演说评析马英九的两岸政策》，《上海台湾研究》第八辑，上海台湾研究所编印，2008 年 12 月出版。

惠及东亚和平。"①两岸在共同反对"台独"、坚持"九二共识"基础上揭开了两岸关系和平发展的历史新页。马采取"搁置争议、追求双赢""先经后政、先易后难"的渐进策略加以推动。两会恢复了协商谈判，签署了12项协议、1项共识以及MOU，两岸经济合作框架协议（ECFA）正紧锣密鼓的商洽中，"海旅会"与"台旅会"已互设办事处。两岸经贸合作向"正常化、制度化、机制化"的纵深推进，陆客赴台旅游近百万人次，陆资赴台投资数千万美元。"三通"已告实现，两岸"一日生活圈"逐渐形成，两岸时空距离缩短，两岸同胞之间的心灵距离也开始拉近，两岸"大交流"格局初步形成，当前，两岸正共同参与、共同见证、共同分享、共同成就上海世博会，凝聚"世博典范"。两岸文化教育、人文科技交流成为两岸经贸合作之外又一重要篇章，越来越多的台湾同胞参与到两岸关系的大潮中来，分享"红利"。

马英九两岸政策核心"三不""一国两区""互不否认"及两岸是"特殊关系，而非国与国关系"等内涵，既是稳定两岸关系的因素，又使其后续发展遇到难题。当前"中华民国政治定位"、台湾"国际空间"、台湾"安全"等问题的纠葛难以纾解，破解两岸政治难题、展开政治谈判尚需时日。但是，和平发展已塑造成为全台湾的主流民意与永恒价值，两岸关系和平发展的推动力、生命力、竞争力、凝聚力将进一步增强，和平发展态势难以逆转。

马英九的两岸开放政策获得民意最大的支持与肯定，满意度高达六成五至八成，也是马英九历经多次政治危机而能从容脱困的重要法宝。纵使绿营全力攻击马英九"亲中卖台""矮化台湾""锁进中国"，但仍无法动摇多数民众对马两岸开放政策的支持。

再次，台湾参与国际活动有所增加，民众意愿得到一定满足。马所言"外交休兵"成为可能，"活路外交"进展颇多，台湾由"麻烦制造者"向"和平缔造者"角色转型。台湾以"中华台北"名义参与世界卫生大会（WHA），连战先后二次出席亚太经合会议（APCE）非正式领袖峰会，台湾地区成为WTO政府采购协定（GAP）的第41个会员。台美关系得到修补并趋于稳定，互信增强。马上任后多次过境美国，待遇越来越高，美国主动将台湾从301条款观察名单除名。美国方面对马英九上台后美台关系甚为满意，薄瑞光曾将其形容为

---

① 台湾《海峡评论》杂志2010年5月号社论：《勿使英雄泪满襟——马英九执政二周年的观察》。

"温暖与尊重",称美国乐见台海局势的缓和,目前进展符合美国的利益。[①]台日关系也取得实质进展,双方确定2009年为"特别伙伴关系年",不久前签订合作备忘录,日本方面对马的"反日"疑虑有所下降。台湾民众参与国际活动的意愿得到某种程度的满足,"外交"进展成为马英九得分项目。

第四,台湾"内政"治丝益棼,蓝绿对峙有增无减。马英九致力于蓝绿和解、"朝野"对话,多次邀请民进党主席蔡英文沟通、对话,最终在今年4月26日举行"双英辩论",开创了"朝野"辩论的先例,奠立蓝绿互动的新模式。但蓝绿对峙气氛没有丝毫改变。行政区划改设"五都","地制法修正案""产创条例"等法案、健保、教改、税改等,无不沦为"朝野"角力的战场。两年来台湾始终在蓝绿、"统独"、左右之间无谓的耗损、摆荡,理性、温和的中间选民、中道力量难以成长。马英九无力改变台湾内部蓝绿对峙、"朝野"互呛的非理性结构。

第五,拼经济成绩黯淡,乏善可陈,重创马声望。2008年"大选"中马英九提出"六三三""九万兆""马上好"等竞选政见,但遭遇金融危机重大冲击,马及其行政团队虽祭出振兴经济、扩大公共投资、发放消费券、开放陆客赴台等措施,但收效甚微。台湾经济急转直下,就业萎缩,失业率飙升,2009年失业率高达5.86%,失业人口多达63.9万人,均创历史新高。经济发展失速,2009年经济增长率为-1.87%,平均薪资降为42451元新台币,比前年同期减少近5%,倒退至6年前的水准。刘兆玄被迫修改"马上好"为"渐渐好",马解释"六三三"要等8年后才能实现。在野党讥讽马刘体制为"九流政府""马长刘"。[②]

看来,马英九执政两年有为有守、有得有失,有亮点也有败笔,因为民众望治心切,马的谨守分际、坚持改革的作法饱受苛责,使马蒙尘。"不容青史尽成灰",有别于扁当局的荒腔走板,马英九力图将台湾政治风貌定格于清廉、正派、打拼的图像中,并在"深耕台湾、开放两岸、联结亚太、布局全球"的战略框架中取得突破,为台湾赢得前所未有的战略空间,也创造了两岸关系和平发展的历史契机,两岸关系进入螺旋上升的新境界。"马上,未必都好;但马上,两岸确实好!"

---

① 宋楷文:《薄瑞光详谈美国对台军售与台海政策》,香港《中国评论》2010年4月号,总第148期。

② 邓予立:《马英九必修的十堂课》,台北:早安财经文化有限公司,2009年3月版。

三、执政危机

执政伊始，马英九民调支持率曾高达 66%（《联合报》），对于马英九的"三不"政策接受度达 81%。[①] 谁曾预料，上台不久，马英九声望急剧下跌，"马英九现象"快速崩塌，民调支持率滑落至 20%—30% 区间摆荡，最低时只有 16%（TVBS 民调），而不满意度高达 60% 以上，跌破各界眼镜（参见表一、图一）。"批马"成为"全民运动"，[②] 政论家南方朔重批马英九"没有智慧、没有胆识、没有能力"，喻马为"崇祯皇帝"。[③] 马甚至被当成"票房毒药"遭遇党籍候选人婉拒辅选。

表一：马英九民调支持率（单位：%）

媒体		当选一周年	"就职"一周年	"88水灾"	"美牛事件"	县市长选后	当选二周年	"双英辩"
TVBS	满意	29	38	26		20		
	不满意	49	41	47		56		
中时报	满意		56	29	33			
	不满意		34	50	46			
联合报	满意		52	29		33	27	38
	不满意		33	54		49	53	

（注：笔者根据相关民调整理）

---

① 熊玠:《马英九执政一年的成绩单如何拟定？》，香港《中国评论》2009 年 6 月号，总第 138 期。

② 台湾《联合报》2010 年 1 月 1 日特稿。

③ 台湾《联合晚报》2009 年 12 月 31 日。

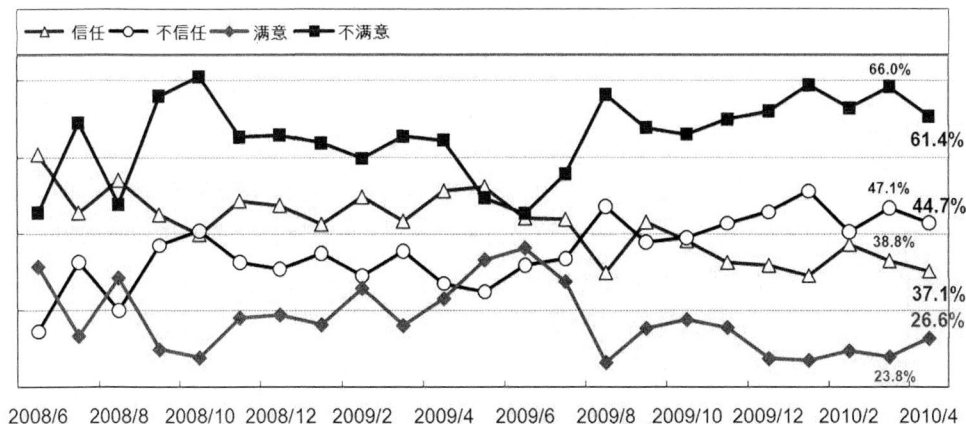

图一：马英九满意度及信任度变化图

（资料来源：台湾《远见》杂志民调中心）

马英九执政危机表现在四个方面。

其一，执政能力备受质疑，马被贴上"无能"标签。当代领导能力理论大师 Warren Bennis 认为执政能力就是将愿景转化为现实的能力（translating vision into reality）。政治家必须拥有解决问题的能力，这是一种权力、眼力、心力、魄力、魅力、凝聚力、突破力、推进力、平衡力、韧性耐性的综合。[①] 马英九曾称魄力不是写在嘴上，而是"坚持做对的事情"、是一种"沉默的魄力"。[②] 但马英九及其团队的政治判断力、决策力及执行力遭人质疑，在处理油电涨价、"八八水灾"、"美牛事件"中暴露无遗。政治人格上的缺陷，制约了马英九的执政能力。一是格局。马英九注重细节、举轻若重，缺乏战略思考与宏观格局。二是人和。马的美式作风，受蒋经国熏陶，追求天威难测的政治性格，疑似"柔性的刚愎自用"，不苟同别人"下指导棋"。马团队同质性高、排他性强，不容权柄旁落，导致决策圈狭窄、封闭。这些政治人格缺失导致马执政团队难以在台湾复杂的政治环境从容应对，常陷于一筹莫展窘境。

其二，面面俱到却无法取信于民，马政治信誉遭遇蓝绿两大阵营的双重挤压。泛蓝民众不满马任用一批绿营人士，没有及时清理"绿朝"旧官僚，没有

---

① 周殿富：《领袖政治学》长春：吉林人民出版社，2007 年 11 月版，第 2 页。
② 马英九口述、罗智强、洪文宾整理：《沉默的魄力：马英九的台北纪事》，台北：天下远见出版股份有限公司，2008 年 2 月版。

将更多资源投放给蓝军，蓝营不满马对扁案的处理。取消 18% 优惠利率、"考绩法修正案" 3% 丙等也不同程度伤害到广大军、公、教阶层对国民党的支持度。施政、用人采取"严以律友、宽以待敌""逢蓝必硬、逢绿必软"的立场，无法获得蓝、绿民众任何一方的好感，蓝营深感"做马英九的敌人比做朋友好，因为马重视敌人重于朋友"。泛蓝选民含泪不投票，旨在给马英九一个教训。"弃马保蓝"传言甚嚣尘上，不啻给马"下马威"。而绿营选民不论马如何谦卑、放低姿态、放软身段，都不会接纳马的"外省人原罪"。即使马英九对绿营肝脑涂地，他们也不会为之感动而投票给马。[1]

其三，危机处理不当，主导政局不力。马英九上台后遭遇一连串政经、"外交"、军事风波，马团队危机因应处置能力不足，面临失控危险。"八八水灾"重创马英九执政团队，没有及时启动"国安机制"，发布紧急命令，动员各方力量救灾，事后态度不够诚恳，无法挽回灾民的心。"八八水灾"是马英九执政逆转的转折点，此后马的满意度始终低于不满意度。其他如新流感 H1N1 疫苗危机、"美牛事件"、税改、调涨健保费、"废除死刑"争议等等，都显示出马当局决策不周延、团队内部沟通不畅、对外宣导不力等问题。允许达赖访台，则踩到两岸红线，有损两岸互信，危及两岸关系进程。ECFA、"陆生"法案有利两岸，但马当局宣导不力，失去舆论主导权，任由民进党逆势操作，平添变数。

其四，国民党改造后继乏力，进退维谷。改造国民党这一百年老店是马英九 2005 年竞选国民党主席的重要目标。如今，马继续高举改革旗帜，力图党机器转型、党产归零、捐作公益，停止党营事业经营，导致资源锐减，党工士气消沉，人心浮动。马英九和地方派系缺乏渊源，马宁肯败选也不向派系低头，双方渐行渐远。[2] 在县市长选举失利后，马英九坚持"坦然面对，记取教训，坚持改革，大步向前"。马英九改革理想性过高，忽略了泛蓝内部生态结构与台湾政治现实的可行性，有可能危及马的执政基础。

四、执政前景

马英九执政时间还有两年抑或六年，这在马"就职"时或"就职"一周年

① 王跃勤：《台湾的全民批马运动》，引自香港《广角镜》449 期，2010 年 2 月 16—3 月 15 日。
② 谢大宁：《国民党再度败选与马英九的未来》，香港《中国评论》2010 年 4 月号，总第 148 期。

时不是问题，但如今成为悬念。2010年3月下旬里昂证券发布报告，预测国民党若自乱阵脚将输掉"大选"。绿媒《自由时报》据此断定马英九已跟2012年说再见。^①马剩余的任期无疑充满了挑战与风险，执政前景堪虑。马能否帮助台湾民众找回"失落的八年，赢得黄金十年"，端看马能否扭转乾坤，力挽狂澜。

目前，马英九的基本面仍保留得较好，蓝绿基本盘仍没有发生结构性变化，蓝大绿小的格局依旧。马的两岸开放政策获得多数民众支持，ECFA对台湾经济推升作用渐渐显现，将有更多的台湾民众逐渐分享到两岸和平发展的红利，国际社会亦多所肯定两岸情势缓和。然而，民进党转型前景不明，内部凝聚力不足，外部吸引力不够，短期内仍无法获得台湾大多数民众信任。以目前态势而言，民进党无论谁出马挑战，马英九仍具较大优势。但无论蓝、绿，年底"五都"选举与2012年"大选"均面临苦战。

当年杜鲁门告诫肯尼迪："一旦当选总统，就要停止选举"，对马而言，只有心无2012，才能赢得选举。台湾正处于历史变动期，作为领航者，马英九应放大格局，提升高度，超越自己。深化"黄金十年"论述，拥抱泛蓝，争取中间，拉拢浅绿，化解深绿，兼顾理想与现实。在两岸关系上更应顺应历史潮流，牢记乃父"化独渐统、协弱扶强"嘱托，着力培植两岸共同利益、形塑两岸共同价值，做大历史、大视野的创造者，成就两岸盛世，缔造和平发展的丰碑。

（本文发表于香港《中国评论》2010年6月号，总第150期）

---

① 台湾《自由时报》2010年3月24日。

马英九两岸政治定位主张评析

当前，两岸关系已进入和平发展的新阶段。胡锦涛总书记多次呼吁尽快展开两岸政治性谈判，马英九亦公开表示，若连任不排除进行政治性谈判。两岸政治性谈判已不可避免，两岸政治关系的定位已成为双方必须面对的重大课题。马英九对于两岸政治关系的定位、基本思维特征现已成为研究的重点，提出切实可行的因应对策具有理论与实践的意义。

一、台湾当局对于两岸政治关系定位的演变

两岸政治定位问题是从国民党政权败退台湾后、继续打着所谓"中华民国"的招牌、对台澎金马实施事实管辖权、对外声称代表中国主权才出现的。台湾当局对于两岸政治关系的定位历经四个时期，即蒋氏父子时期、李登辉时期、陈水扁时期及当前马英九时期。不同时期的定位具有不同的内涵与特性。

（一）蒋氏父子时期

两岸处于军事对峙阶段，蒋氏父子在台湾实施"动员勘乱体制"，坚持"一个中国"，以"中华民国宪法"维持其法统象征，证明其代表"全中国"的合法性，视台湾为中国的一省而非一个主权国家。妄称"中华民国"代表全中国，霸占中国在联合国合法席位直至1971年被迫退出。在1966年的"宪法临时条款"中，出现了"自由地区"（指台澎金马）与"光复地区"（指大陆）的说法，这是此后"一国两区"说法的源头。此时两岸所争执的是"法统之争""合法性""正当改"之争，本质上是中国的代表权之争，而非主权之争。蒋氏政权采取所谓"汉贼不两立"立场，称大陆为"沦陷区"，谩骂大陆官方为"叛乱团体"、"共匪"、"伪政权"。

（二）李登辉时期

两岸政治定位发生重大转折，在李执政初期，设立"国统会"，制定"国家

统一纲领"与"两岸关系条例",主张国家统一,现阶段是"一国两府"(一个国家、两个政府)、"一国两区、两实体"(即一个中国,"自由地区"与大陆地区、两个对等的政治实体)。其时,台湾当局对"一个中国"进行诠释,先称:"中共当局认为'一个中国'即为'中华人民共和国',将来统一以后,台湾将成为其辖下的一个'特别行政区'。我方则认为'一个中国'应指一九一二年成立迄今之中华民国,其主权及于整个中国,但目前之治权,则仅及于台澎金马。台湾固为中国一部分,但大陆亦为中国之一部分"。1949年以来,"中国暂处于分裂状态,由两个政治实体公治海峡两岸,乃为客观之事实,任何谋求统一之主张,不能忽视此一事实之存在。"后又称"一个中国"是指"历史上、地理上、文化上、血缘上的中国"。在此时期,两岸双方展开事务性商谈,前后多达24次之多。自1993年发表与日本人司马辽太郎谈话后,李登辉开始推行"台独"路线,先后抛出"以一个中国为指向的阶段性两个中国论""特殊两国论",称:"两岸在1991年以后已经是'国家与国家',或'至少是特殊的国(state)与国(state)'的关系",而非一合法政府、一叛乱政府,或一中央政府、一地方政府的'一个中国'的内部关系。"使两岸关系陷入新的动荡与紧张对峙中。

(三)陈水扁时期

执政初期,陈水扁提出"四不一没有",甚至提出蛊惑人心的"统合论",一度准备承认"九二共识",后又改口"九二精神",却被蔡英文硬生生地排斥了。但自2002年8月以后,陈水扁开始转向"法理台独"政治冒险,抛出"一边一国"论、推动"法理台独"、"去中国化"、制定"台独新宪",实施"公投",还提出了"中华民国在大陆、到台湾、在台湾、是台湾"的四阶段论,使两岸关系陷入危险的边缘,台海关系处于高危期。

(四)马英九时期

放弃陈水扁的"台独路线",转而重拾李登辉执政初期的两岸政治定位,并加大两岸政策开放力度,实现"三通"与陆客、陆资赴台,两岸关系处于六十年来最为密切互动的阶段,为两岸政治关系定位创造了较好的气氛。但随着两岸经贸、文化、社会交往的不断深入,两岸政治层面的分歧与争执逐渐显现。现阶段两岸政治争议性质非关主权之争,亦非中国的代表权之争,而是名实之争,马强调"九二共识"的"一中各表",强调"中华民国是一个主权独立的国家",马英九希望大陆方面"不否认"这一事实存在。

二、马英九对于两岸关系定位的基本主张

马英九对于两岸关系的想象、定位有其自己的固有的思考，随着岛内局势与两岸关系的演变，马对于两岸政治关系的思考呈现出"有所变、有所不变"的特征。马对两岸政治关系的定位有五大内容。

（一）"一中宪法""一国两区"及"特别关系"

1. "一中宪法"

与民进党谢长廷提出的"宪法一中"有所不同，马英九在两岸关系方面强调最多的准则就是"一中宪法"。马英九对于"中华民国主权"的典型表述为"中华民国是主权独立的国家"，"主权及于整个中国，目前治权仅及于台澎金马，台湾固为中国一部分，大陆也是中国一部分。"① 马在当选后的第一场记者会上称，"我国行宪来就是一中宪法，一个中国对我国来说不是问题，但一中对两岸来说具有不同内涵，彼此又互不统治，所以现在的问题，不是两个国家之间的问题，而是两方主张有冲突。"② 在"520"就职演说中，马重申："我们将以最符合台湾主流民意的不统、不独、不武的理念，在中华民国宪法架构下，维持台湾海峡的现状。"民进党人所说的"宪法一中"只是对"宪法"一中架构的事实陈述，仅限于两岸关系范畴，但对此一架构，民进党保留"宪改"的权利。与此相反，马认为"一中宪法"意谓"中华民国宪法"就是"一中"框架，是处理"内政"、"外交"、两岸关系必须遵循的基本准则，是"中华民国"赖以存在的基础。为此，马多次承诺，"遵宪与行宪比修宪更重要"，他首要任务就是"树立宪法的权威与彰显守宪的价值"，包括不更改"一中宪法"架构。③

马英九的"一中宪法"架构，确立了主权统一、治权分立的法理与事实基础，在此之下，两岸的主权从未分裂，当无主权统一之理，但两岸的治权却是分立的，故存在着治权统一的需要。④

2. "一国两区"

回顾台湾当局各个阶段对于两岸关系的定位就可发觉，马英九对于两岸关系定位仍承袭了20世纪90年代初台湾当局制定"两岸关系条例"时所提出的"台湾地区"与"大陆地区"主张。马英九就职前接受台"中央社"访问时表

---

① 台湾《联合报》2008年1月3日。
② 范凌嘉：《马：对岸撤弹再谈和平协议》，台湾《联合报》2008年3月24日。
③ 台湾《中国时报》2008年5月21日。
④ 台湾《海峡评论》杂志社论：《"宪法一中"与"本土化"：马英九就职周年的观察》，2009年5月号，总第221期。

示，"国民党执政的两岸关系定位以及法条用语，仍是'大陆地区'与'台湾地区'"，但他认为制定近 20 多年的"台湾地区与大陆地区人民关系条例"也一定要修。①

台"总统府"发言人王郁琦对此进一步作了解释，称：根据"宪法增修条文"第 11 条规定，两岸是"自由地区与大陆地区"，也就是台湾地区与大陆地区，两岸关系不是"国与国关系"，也不是中央与地方关系，是台湾地区对大陆地区的关系。"从宪法架构下，中华民国就是自由地区，也可为称为台湾地区，涵盖台、澎、金、马，对岸就是大陆地区。""两个地区是对等地区，每个统治地区上面有统治的当局，我们是台湾当局，他们是大陆当局。"②民进党因此攻击马英九选的是"区长"，除了"马统"之外，民进党还给其按上"马区长"的帽子。

3. 两岸"特别关系"

马英九上任后公开反对"一边一国"与"特殊两国论"。他表示："我们基本上认为双方的关系应该不是两个中国，而是在海峡两岸的双方处于一种特别的关系，因为我们的宪法无法容许在我们的领土上还有另外一个国家，所以我们双方是一种特别的关系，但不是国与国的关系，这点非常重要。"③

马英九在 2008 年 8 月 26 日接受墨西哥媒体太阳报系集团董事访问时，全面阐述了对两岸关系基本定位的主张。马认为海峡双方的关系应该不是"两个中国"，"而是在海峡两岸的双方处于一种特别的关系"。"因为中华民国宪法无法容许在领土上还有另一个国家；同样地，大陆宪法也不允许在宪法所定的领土上还有另外一个国家，所以我们双方是一种特别的关系，但不是国与国地关系"，与此同时，马英九反对在国际上搞"双重承认"④这是马英九上任以后对两岸关系定位最清晰的一次说明。

据此，美国学者容安澜指出，马英九提出"特别关系"说，是小心谨慎的应对方式，一方面不接受北京"国内关系"的说法，一方面也不坚持两岸关系是"国际关系"。"特别关系"就是要把主权议题摆在一边，务实推动两岸关

---

① 台湾《中国时报》2008 年 4 月 5 日。
② 台湾"中央社"2008 年 9 月 3 日台北电。
③ 马英九 2008 年 8 月 26 日接受墨西哥太阳报系巴斯克专访，台湾"中央社"2008 年 9 月 3 日台北电。
④ 台湾《民众日报》2008 年 9 月 4 日。

系。①

（二）"中华民国就是台湾""不统、不独、不武"

1."中华民国就是台湾"

2008年"520"就职前夕，马英九对媒体公开称，"中华民国主权属于全体国民，台湾就是中华民国"。②事实上，早在2007年9月，马英九在竞选期间，就已声明"台湾就是中华民国"，强调"伤害中华民国就是伤害台湾"，并表示"任何损及台湾的主权、利益、尊严的作法，他绝不接受"。③在2006年5月访问新加坡时，马曾称"宪法一中"指的就是"中华民国在台湾"（Republic of China on Taiwan）。④2009年5月，马指示台教育部门处理台湾教科书问题时不应对台湾地位模糊其词，宣称"中华民国主权属于国民全体，台湾是中华民国。"⑤2008年中秋节前夕，马登上东沙岛视察，在气象站的气球上签名时，加注英文的"中华民国台湾"。

马英九将"中华民国"与"台湾"直接画上等号，与陈水扁所说"中华民国四阶段论"或有不同，马英九只将"中华民国"与"台湾"画上等号，而非与"台湾国"画上等号。事实上，马英九对"中华民国"和"台湾"作了区隔，他在"大选"期间就明白宣称，他是竞选"中华民国总统"，也可说是"中华民国台湾的总统"，甚至可以说"台湾的总统"，但绝对不是"台湾国的总统"。为了从俗，马说我们可以自称"中华民国"，也可自称"台湾"；他也可以被称为"台湾总统"，若有人叫他"台湾总统"，他会回应，但决非"台湾国总统"。⑥在2009年6月初出席南美萨尔瓦多新总统就职仪式的外交场合，马向美国国务卿希拉里自我介绍时就直接自称是"台湾总统"（"I am the president of Taiwan"）。马对此解释是："正式场合一定自称是来自中华民国台湾的总统，但在时间较急促的场合，他提到的台湾都是指中华民国。"⑦马英九称并不寻求"在法理上或宪法上要把这两个（指'中华民国'与台湾）画上等号，但在实际上、用语上，

① 台湾"中央社"2008年9月4日电。
② 台湾《联合报》2009年5月20日。
③ 台湾《联合报》2007年9月16日。
④ 引自星岛环球网2006年5月20日，http://www.singtaonet.com。
⑤ 台湾《中国时报》2009年5月20日。
⑥ 引自台湾《海峡评论》社论：《"宪法一中"与"本土化"：马英九就职周年的观察》，2009年5月号，总第221期。
⑦ 陈志平：《马：我提到台湾都是指"中华民国"》，引自台湾《联合晚报》2009年6月2日。

两者是可以说 interchangeable（可互换的）"。①

但马英九也曾试图将台湾视作"国家"，2008 年 5 月就职前接受日本《产经新闻》专访时称，"台湾作为东亚一个国家，欢迎一切有助于区域稳定及繁荣之事。"② 显然，马心存台湾就是"主权独立的国家"之念，其后果与民进党的主张有相似之处或者就是一种异曲同工之妙。

值得指出的是，马英九将"中华民国"与"台湾"画上等号，事实上限缩了"中华民国"的统治范围，也就是法统上坚持"中华民国的主权涵盖包括大陆在内的整个中国，但治权范围仅及台、澎、金、马"。马曾表示，"中华民国"的疆域包括大陆，这是"宪法"上的规定，但不包括蒙古，因为它已不是"固有的领土"。马又称，"两岸统治当局，分别统治传统中国的一部分领土，双方都主张对所有领土有法理上的管辖权，实际上有效的管辖权只有它那一部分，我们只限于台澎金马，它们只限于蒙古以外其他（大陆）领土。"③

"维持现状"是对"中华民国就是台湾论"的补充说明。马英九一贯主张维持现状、反对"台独"、也反对"急统"，达成 30 年至 50 年的和平协议。2007 年 11 月访问日本期间，马表示，"不论统一或独立目前都没有条件，'坚持中华民国台湾的现状'是目前最重要的事情"。④ 马还称两岸问题要马上解决现在并没有条件，双方也不认为现在就要解决。"现在要我承认台湾是中共一部分，我做不到。现在马上宣布'台湾共和国'，我也做不到。"⑤

2."不统、不独、不武"

"不统、不独、不武"的"三不"政策，是马英九在较长时期内对于由其主导的两岸政策的基本规范，现已成为"宪法架构下的大陆政策三原则"。⑥ 早于2007 年 11 月，马在拜会日本众议院时，马英九将其两岸政策总结为"不统""不独""不武"，表示他的政策是"维持中华民国台湾的现状"，当选后"不会在任内与中国大陆谈有关统一的问题，也不会支持台湾独立"。⑦ 此后，"三不"政策成为马英九两岸政策的主轴，及至"322"当选以及"520"就职，马所标榜

---

① 台湾《自由时报》2008 年 1 月 3 日。
② 台湾"中央社"2008 年 5 月 6 日电。
③ 台湾《联合报》2008 年 3 月 29 日。
④ 台湾《民众日报》2007 年 11 月 9 日。
⑤ 台湾《联合报》2008 年 1 月 3 日。
⑥ 台湾《联合报》2009 年 5 月 15 日。
⑦ 台湾《民众日报》2007 年 11 月 23 日。

的"三不"政策成为维持中、美与台三边平衡最重要的砝码。2009 年 5 月，马对外表示，他在"中华民国宪法架构下维持不统、不独、不武"的原则，他不会在四年或八年任期内，与中国协商统一的问题。① 马又称，任期内两岸政策会坚持"不统、不独、不武"，三大架构若能有效落实，相信未来可创造繁荣、和平的两岸关系。②

台湾有人评论道，马英九"不统、不独、不武"中的"不统"，最多只能是治权的"不统"；"不独"才是针对主权。主权"不独"、治权"不统"，正是目前的两岸现状，他不但在"维持现状"期望"不武"，并且扬言希望两岸能签订"和平协议"。③

（三）"九二共识""互不否认"

1. "九二共识"

马英九对于两岸关系基本定位中的又一个核心内涵就是"九二共识""互不否认"。但马对于两者的基本内容、相互关系的表述在就职前后是有区别的，之前是多说"共识"，少提"各表"，但之后是少说甚至不说"共识"，多提"各表"；就策略而言，就职前后马将两者分开说，但自 2009 年以来，马习惯将两者合在一起说，且更加突出"互不否认"，视之为度过当前两岸政治互信薄弱期与当前台湾政经危机期的法宝。

马英九把"九二共识"作为发展两岸关系的金钥匙。2008 年"322"当选后不久，马接受专访时强调，他是"九二共识，一中各表"的代言人，全世界讲"九二共识"最多的大概就是他。他呼吁双方回到"九二年共识的原版"，在这个基础上展开协商。④ 马于 2009 年 3 月公开表示若在参与 WHO 中涉及主权争议，解决方案就是"九二共识"。⑤ 在 4 月与美国智库 CSIS 视讯对话中，马强调，"两岸和解核心就是九二共识"。⑥

但是马英九对于"九二共识"的解释前后是有差别的。2006 年时马英九谈到"九二共识"时称，这是 1992 年海峡两岸就"一个中国各自表述"所达成的

① 台湾《中国时报》2009 年 5 月 12 日。
② 李明贤：《马谈统独：应由下一代决定》，台湾《联合报》2009 年 5 月 21 日。
③ 台湾《海峡评论》社论：《"宪法一中"与"本土化"：马英九就职周年的观察》，2009 年 5 月号，总第 221 期。
④ 台湾联合新闻网，2008 年 5 月 13 日。
⑤ 台湾《联合报》2009 年 3 月 21 日。
⑥ 李明贤、王光慈：《马：对美着重低阶政治议题》，引自台湾《联合报》2009 年 4 月 23 日。

共识，当时双方代表都接受一个中国的原则，但对于"一个中国"的含义，分别以口头各自表述。对大陆方面来说，"一中"当然是指中华人民共和国，对我们来说，"一中"当然就是"中华民国"，不可能有别的解释。①

马英九就职前曾对"九二共识"作如下解释："当初九二年双方达成共识时，并没有白纸黑字，而是透过函电往返，函电上倒是都有文字，就是双方都接受一个中国的原则，但一个中国的内涵，双方可以用口头各自表述，这就是后来被简化成一中各表，这点是没有问题的。"②马在就职初期，直接将"九二共识"与"一中各表"画上等号，称"九二共识就是一中各表，一中各表就是九二共识"。

但马在就职之后有关"九二共识"的言论更多地朝向"一中各表"的内涵延伸，少说甚至不说"一中"，多说甚至只说"各表"。特别是在回应胡锦涛2008年底有关建构两岸关系和平发展的六点意见时，"总统府发言人"王郁琦就强硬要求大陆接受"一中各表"。马强调两岸对于"一中"的定义不同，但美、中对"一中各表"有共识，试图为利用美国为其"一中各表"背书。

2."互不否认"

"互不否认"是马英九在"九二共识"之外另一个两岸关系重要内涵，是两岸关系的又一种"活路模式"。2006年，马英九就提出"互不否认"的想法。他说"九二共识"的奥妙在于互不否认并不需要相互接受，因为不可能相互接受，目前我们不承认有一个中华人民共和国，他也不承认有个"中华民国"，但我们可以互不否定，就有求同存异的空间。③2007年6月，马英九出访印度时，正式提出两岸关系中的"互不否认"模式，表示他"并不要求两岸相互承认（mutual recognition），而是希望相互不否认（mutual non denial）"。④在马英九的认知中，两岸目前无法做到法理上的"相互承认"，因为这将变成"两个中国"，但在两岸的政治实践中，双方可以从过去"相互否认"转进到"相互不否认"，这是做得到的，也是唯一的空间。应该可以和对岸先做到不否认对方有一个统治当局，名称再说嘛。马称两岸大陆谈春节包机，也就是"相互不否认"的结

---

① 台湾《中央日报》2006年5月9日。

② 黄国梁：《马谈两岸："一中各表"下 两岸重启协商》，引自台湾《联合晚报》2008年5月15日。

③ 台湾《中央日报》2006年5月9日。

④ 台湾《联合报》2007年6月14日。

果。①

马在就职前后，对于"互不否认"有了执着的追求，就职后，对于"互不否认"的坚持更为强烈、更为迫切，希望为两岸政治关系的定位找到出路。他说：

"最近我一直在推双方'相互不否认'，我们宣布终止动员戡乱就不再否认他，但有没有承认他呢？当然也没有，因为宪法上不可能承认还有另外一个，他也没有承认我们，因此不可能从相互否认跳到相互承认，虽然民进党、'台独'是希望这样，但这是做不到的。相互否认既不必要，相互承认又做不到，那我们找一个有必要又做得到的，就是相互不否认，英文叫做 mutual non-denial。""主要目的就是为一中各表找出理论基础，我们叫我们'中华民国'，他们叫中华人民共和国，我们都知道对方在说什么，但不必表态，只要容忍就好了，这样空间就出来了。"②

2008 年 9 月，"总统府"发言人王郁琦公开声称："中华民国是主权独立的国家，台湾与大陆虽然无法做到相互承认，至少可以做到相互不否认。"③2008 年 11 月第二次陈江会时，马英九当面向陈云林正式提出了"互不否认"的要求，概括为"正视现实，互不否认，为民兴利，两岸和平"的十六字箴言，继续强调两岸政治定位上的"互不否认"。

2009 年 1 月，台"总统府"发言人在回应胡锦涛讲话时，声称捍卫"中华民国主权，维护台湾尊严"，并在"九二共识、互不否认"的基础上，与大陆展开协商与交流。正式将"九二共识"与"互不否认"相链接。旨在淡化"一中"，强化"各表"，进一步突出"互不否认"主张。④2009 年 5 月，马对美国《时代》杂志表示，"有关主权问题的考虑，两岸可以在法理层次上相互不承认，在务实的层面却相互不否认。"⑤

马英九的"互不否认"主张，已经成为打开两岸僵局的试金石，试图在两岸法理上无法相互承认（否则导致"两个中国""一中一台"）、在两岸政治互动中不能相互否认（否则两岸无法协商谈判、签署并执行协议）的情况下，找到

---

① 台湾《联合报》2008 年 1 月 3 日。

② 黄国梁：《马谈两岸："一中各表"下 两岸重启协商》，引自台湾《联合晚报》2008 年 5 月 15 日。

③ 台湾"中央社"2008 年 9 月 4 日电。

④ 范凌嘉：《回应胡六点，府强调"互不否认"》，引自台湾《联合报》2009 年 1 月 2 日。

⑤ 台湾《联合报》2009 年 5 月 15 日。

一种变通可行的"活路模式",即双方互不否认对方的事实存在、或某种程度上默认对方的行政、立法、司法管辖权。这种变通模式、暂行架构旨在为马英九所津津乐道、念兹在兹的"一中各表""九二共识"找到理论基础,又透过一年来的两岸关系互动实践,取得了部分进展,"互不否认"在寻求大陆的不否认、默认甚至承认的同时,经由两岸签署的一系列协议,得到落实、深化的机会。[①]"互不否认"对两岸关系而言,既是一种富有创意、变通的"活路模式",又是挑战两岸关系底线的测试剂,对我而言,具有一定的政治风险,需要进行细致的沙盘推理及缜密规划。

三、马英九两岸关系定位的思维模式

马英九对于两岸关系定位的思考,来源于马长期形成的思维模式,也与台湾局势与两岸关系形势的演变密切相关。梳理马英九的两岸关系思维特征,可以发现其对于两岸关系认知的原创性、可塑性、功利性及开放性。马早于蒋经国晚年受命参与台湾当局大陆政策的研议、起草工作,有关"国统纲领"、"两岸关系条例"的起草、国民党中央大陆工作小组、"行政院大陆工作会报"、"国统会"、"陆委会"、海基会等机构的设置等,都有马英九参与的影子,因此,马自认对于两岸关系非常熟悉。考证马英九有关两岸关系政治定位的思维模式,具有五大特征。

(一)"以台湾为主,对人民有利"为内核的"台湾主体性"的选举思维

出于选举的需要,马英九不断强化其"本土论述",突出台湾"主体性",以台湾优先为诉求重点,先后提出了"先连结台湾才有中国""以台湾为主,对人民有利"的"本土论述",试图打动台湾选民的心。2005年8月,刚当选国民党主席的马英九要求该党尽速建立"先连结台湾才有中国"的历史论述。[②]2006年12月北高市长选举失利,在党内一片检讨声中,马英九首度提出国民党应强调"以台湾为主、对台湾有利"的"台湾主体意识",国民党要"坚持清廉,深耕台湾主体意识"。[③]2007年6月,国民党为了护航马英九的本土化政策,不惜修改党章,重新定位国民党为"台湾的本土政党"。在党章总纲第二

---

① 李志德:《下一步,确认公权力》,引自台湾《联合报》2009年4月26日。

② 台湾《中国时报》2005年8月22日。

③ 台湾《中国时报》2006年12月14日。

条中加入"坚定以台湾为主，对人民有利"的条款。^① 在 2009 年 2 月与台商春节联欢活动上，马有意将"以台湾为主，对人民有利"修改成为"以台湾为主，让两岸双赢"，^② 试图淡化选举思维，迎向两岸双赢。

（二）"现行宪法观"

"尊宪""行宪"是作为法律人思维的马英九最为强烈的坚持。"中华民国宪法"及其"增修条文"是马思考、处理两岸关系的出发点与基本依据。马每次均强调，依据"中华民国宪法，中华民国当然是主权独立的国家，中国大陆亦为中华民国领土，而因宪法如此规定，台湾无法承认中华民国领土之外还有另一个国家的存在，中国大陆也无法承认台湾"。"宪法规定上，并不承认中国大陆为一个国家，无法适用与其它国家保持关系之架构，大陆方面亦然。"^③ 在"一中宪法"架构下，马承继了 20 世纪 90 初台湾当局所设定的"一国两区、两对等政治实体"等概念，但否定李登辉的"特殊两国论"，认为两岸是对等的特殊关系，但非特殊的"国与国关系"。马于 2008 年 9 月曾首度提出此一观点，系依循国民党一贯的政策纲领，务实定位两岸关系，从而恢复了两岸制度性协商，也恢复台美互信。而这种立场，不仅完全无损台湾尊严，两岸和解对话与和平发展的空间，也都豁然而开。^④ 马英九强调"尊宪行宪比修宪更重要"，并不意味着马英九没有"修宪"的可能性，马表明在其执政两年后，视情势评估修宪的现实需要与可能性，但马应该不会更改"宪法"的基本框架，而主要着眼于理顺台湾体制、提高行政效率，不涉及"领土""疆域""国号"等内容。

（三）"国共内战史观"

马英九学生时代参与"保钓运动"，长期接受反共教育，长期以国共斗争史观的视角审视两岸关系，马说："过去我们一直到 1991 年终止'动员戡乱时期'之前，那一段是双方相互否认，我们认为他们既不是政府也不是国家，只是一群'共匪'而已，他们看我们何尝不是如此，早年他们叫我们'蒋帮'，这个名词出现在联合国 1971 年二七五八号决议，英文是 Chang kai-shek clique，就是

① 台湾《中国时报》2007 年 6 月 20 日。
② 台湾《联合报》2009 年 2 月 4 日。
③ 台湾"中央社"2008 年 10 月 11 日电。
④ 张荣恭:《马英九两岸关系定位来自国共内战》，引自 http://www.chinareviewnews.com ，2009 年 4 月 23 日。

'帮众'的意思，我们叫他们朱毛匪帮，把人家叫帮就是土匪的意思。"① 去年为纪念"823"炮战五十周年，马英九发表金门演说，称："战争没有赢家，只会造成遗憾，不能再让两岸人民有同样的遗憾。主张两岸透过交流与合作化解双方敌意，形成良性循环，为和平扎下坚实基础。"② 台湾《中国时报》今年4月22日刊出马英九专访，马英九称："过去光是一个徐蚌会战（注：大陆称淮海战役）都是上百万人的伤亡，当然是不堪回首的往事"，"中华民族再从事内战是人类的悲剧"，将台海问题明确定位为国共内战遗留，呼吁两岸"不要再重复过去的恶斗"。③ 这是马英九继去年"823"战役50周年时首度提出"两岸人民同属中华民族，不能再重演内战"之后，又一次把中华民族和"内战观"结合论述，与"台独"路线明确划清了界限。④ 不久，马对外公开表示说，"两岸斗争了八十几年，分隔了六十多年，许多议题的处理，都需要时间。"⑤ 表明在马的认知中，两岸关系实际上就是国共内战的延续，是一部两岸斗争史。为此，两岸需要终止敌对关系，签署和平协议，现在则需要改变思维，寻找活路，共创双赢，共同贡献于国际社会与人类和平。

（四）"活路模式"

2007年6月马英九访美时首次提出"活路模式"（modus vivendi），"希望与对岸展开谈判，让台湾有国际空间。"⑥ "活路模式"（modus vivendi）又称暂行架构，意谓为打破当前两岸政治僵局，透过一个暂时变通的政治框架，找到一个求同存异的管道。此后，马英九又提出"活路外交"作为"活路模式"的具体化，试图透过与大陆的谈判与交往，找到双方都可以接受的平衡点，"不管在双方关系或参与国际组织，两岸不必冲撞，避伤感情及消耗资源。⑦ 马英九所倡导的"活路模式"的确是两岸关系的新思维，既是暂时变通，又是务实可行，其核心就是"九二共识"、多边平衡、求同存异。⑧ 为求得活路模式取得实

① 黄国梁：《马谈两岸："一中各表"下 两岸重启协商》，引自台湾《联合晚报》2008年5月15日。
② 范凌嘉：《马金门谈话杀戮战场变和平广场》，台湾《联合报》2008年8月24日。
③ 台湾《中国时报》2009年4月23日。
④ 张荣恭：《马英九两岸关系定位来自国共内战》，引自 http://www.chinareviewnews.com，2009年4月23日。
⑤ 高凌云：《马谈两岸若能连任不排除触及政治》，台湾《联合晚报》2009年5月9日。
⑥ 台湾《中国时报》2007年6月5日。
⑦ 台湾《联合报》2007年6月2日。
⑧ 香港《中国评论》社评：《大陆须高度关注马英九的活路外交》，2007年6月15日。

效，马英九在处理两岸关系时，强调"建设性模糊"，搁置争议面对现实，透过创意变通，确保台湾既要面子，更得里子。

（五）开放性

对于台湾未来前途，马英九采取开放性、不预设结论思维模式加以处理，即在维持台海现状、不改变中、美、台三方平衡结构的前提下，对于台湾未来前途、两岸关系他保持开放性思考，不预设"统""独"立场，交给子孙作决定，不急于决定台湾前途是统是"独"。马英九在就职一周年之际提出："两岸未来定位应由台湾人民、甚至是下一代来决定，两岸关系不是我们这一代可做决定的。"马称，两岸最大争议仍在主权问题，台方立场就是相互理解，"现阶段仅能管理，不必急于解决"，两岸应求同存异、创造双赢。①

马英九有关两岸关系定位不预设立场、结论，采取开放性思考的典型，就是所谓"统、独选项论"，即台湾前途由 2300 万台湾人民决定，台湾未来命运有很多选项，马英九的解释为："台湾是个自由民主国家，不论统一、独立、维持现状，都是政治选项，人民的任何选项都不应排除。"马英九最初提出过"终极统一论"，后又主张"台独选项论"，目前则坚持维持现状，固守"不统、不独、不武"的"三不"政策。马英九曾表示，在可预见的将来，"两岸关系于主权方面的冲突，未来无法解决，从未主张去解决，而是可以'处理'，就是处理到一个程度使它不会爆发"。② 可见，马对于两岸政治关系最后定位内心没有把握，充满无力感。

但在不预设台湾未来前途的前提下，马自己对于台湾前途与两岸命运则有自己的思考，我们看到马父亲的骨灰盒上刻有"化独渐统，全面振兴中国；协弱扶强，一起迈向大同"的遗志。我们认为，马英九的两岸政策思维除了向"台湾本土交心"的一面外，还有"向中华交代"的中国情怀的一面。③ 我们宁愿相信马英九所说过的"终极统一论"是其内心真实的心境与选择，即使在台湾现实选举政治环境下，他应有"台湾心"，更应有"中华情"。④（本文完成于 2009 年）

---

① 李明贤：《马谈统独：应由下一代决定》，台湾《联合报》2009 年 5 月 21 日。

② 台湾《联合报》2008 年 1 月 3 日。

③ 倪永杰：《由"520"演说评析马英九的两岸政策》，引自《上海台湾研究》第八辑，2008 年 12 月上海台湾研究所内部出版。

④ 王荣霖：《脱胎换骨：马英九的政治长跑与"总统"路》，台北：凯特文化创意股份有限公司，2008 年 1 月版，第 38、39 页。

马英九东海、南海政策评析及两岸合作前景

东海钓鱼岛、南海自古以来就是中国的固有领土，两岸同胞对这一客观事实拥有共同认知，两岸同胞以各种方式捍卫钓鱼岛、南海的领土、主权的完整。自从美国高调"重返亚太"、实施战略再平衡以来，日本、菲律宾、越南等国在其幕后操纵、怂恿下，肆意挑衅，危及中国主权领土完整，有可能影响到两岸关系和平发展的局面。本文探析马英九当局的东海、南海政策，并对两岸合作前景进行预估，就教于各位先进。

一、马英九当局东海钓鱼岛政策

（一）钓鱼岛争议由来

钓鱼岛列屿包括南小岛、北小岛及钓鱼岛，自古就是中国领土，清朝时就是台湾渔民捕鱼的地方，属台湾省的噶玛兰厅（今宜兰），并不是日本所说的"无主地"。1895 年甲午战争之前日本窃占钓鱼台列屿。二战结束，根据《开罗宣言》与《波茨坦公告》，台湾、澎湖列岛及其附属岛屿包括钓鱼岛应当归还中国。美、英等国私自与日本于 1951 年 9 月 8 日签订片面的《旧金山对日和约》，将琉球群岛（即现在的冲绳）置于联合国的托管之下，实际上美国为唯一管理当局。1953 年美国琉球民政府擅自扩大管辖范围，将钓鱼岛列屿裹挟其中。20 世纪 60 年代末、70 年代初，美国尼克松政府为了结束越南战争，把美国负担的防卫任务推给亚洲盟友，美日谈判归冲绳事宜，并于 1971 年 6 月 17 日签署《归还冲绳协定》，1972 年 5 月 15 日生效。由此钓鱼岛被作为琉球群岛的附属岛屿一并交给日本。

1971 年 6 月，台湾"外交部"发表声明，钓鱼台附属岛屿属于台湾省，对于美方将钓鱼岛交给日本"绝对不能接受"，"坚决加以反对"。同年 12 月台当局将钓鱼岛划归台湾省宜兰县头城镇大溪里管辖。美、日私相授受之举，引发

海峡两岸暨香港、澳门和海外尤其是北美华人声势浩大的"保钓运动"。

1996 年台当局成立"钓鱼台案工作小组"，提出"四项原则"，即"主权属我、和平解决、两岸不合作，渔权优先"。陈水扁当政时也以此为处理原则。2005 年 8 月 10 日，陈水扁登上彭佳屿主持"海疆屏障"的揭碑仪式，宣称钓鱼台列屿领土主权"属于台湾"。20 世纪 90 年代末以来，台湾当局与日本围绕钓鱼岛及东海部分海域的渔权问题进行谈判，前后谈了 16 次，没有任何结果。

（二）马英九当局东海政策

2008 年马英九上台不久，台日关系因"联合号"撞船事件跌至谷底。马英九采取强硬立场，日本则视马为"反日"，时任"行政院长"刘兆玄甚至宣称"不惜一战"。最后日本方面以放人、赔款、道歉了事。2012 年以来，石原慎太郎的"购岛"闹剧令钓鱼岛风云突变。7 月 4 日，台湾"世界华人保钓联盟"前往钓鱼岛宣示主权，马英九当即下令"海巡署"给予护卫。台湾保钓勇士将一面五星红旗插向钓鱼岛，民进党质疑为何"海巡署"船只保护五星红旗？8 月 15 日，香港"启丰二号"船 14 名保钓勇士登上钓鱼岛，中华人民共和国与"中华民国"两面旗帜同时登岛，产生震撼效应。台"国安"单位称此为"统战阴谋"，而台"外交部"认为"符合中华民国领土主张要求"。此前，台湾方面为香港保钓船提供补给，但禁止台湾保钓船一同出发前往钓鱼岛，力避外界形成两岸联手保钓的印象。事后，台"外交部"向日本驻日机构抗议，要求立即释放香港保钓人士。8 月 20 日，马英九接受日本 NHK 电视采访，呼吁各方自制，维持和平，并公开表态不会与大陆联合对付日本。9 月 10 日，日本野田政府实施"购岛"计划，马英九强硬回击，斥责"购岛"行径。台"外交部长"召见日驻台代表樽井澄夫表达抗议，电召"驻日代表"沈斯淳回台述职，宣布停止台日渔业谈判。台"内政部"公布钓鱼岛地籍资料，公告市值 11 亿台币。台军方宣称已制定应变计划。台湾保钓团体前往日本驻台机构递交抗议书。宜兰县民进党籍县长林聪贤宣称将前往钓鱼岛宣示主权，要求马英九硬起来，与他一同登岛宣示捍卫决心，宜兰县议会拟组团登上钓鱼岛。

马英九当局钓鱼岛政策核心在于"主权在我、搁置争议，和平互惠，共同开发"，先后提出"东海和平五项倡议"及推动纲领，包括五个方面。

一是维护主权，捍卫疆域。马英九声称，1895 年之前钓鱼岛是清朝领土，是台湾民众捕鱼的地方，是日本侵占了钓鱼岛。马英九从历史、地理、国际法等各个层面强调钓鱼岛及其附属岛屿自古就是中国固有领土。马强调在钓鱼岛议题上，"寸土片石，在所必争"。基于"国家主权"与民族大义，钓鱼台领土主权"一寸都不能让"。马认为日本"购岛"改变不了侵占、窃占钓岛的本质。在 10 月 10 日"双十讲话"中，马英九再次提出"捍卫主权渔权，推动区域和平"，把保钓声势拉升到新的高度。

二是搁置争议，和平互惠。2008 年 10 月 30 日在台"联合号"事件落幕时，台"外交部"发言人陈铭政首次提出"搁置争议、共同开发、创造双赢"的主张。2009 年 5 月 12 日台"外交部"发言人提出"共同开发，资源共享"。2012 年 3 月台"行政院"发言人杨永明除坚持台当局拥有钓鱼台主权外，重述四项原则。在今年钓鱼岛争议冲突升高之际，马英九声称钓鱼岛争议已经到了解决的时刻了，他陆续采取相关动作，主张提交国际法庭进行诉讼。

三是保护渔权，积极护渔。透过台日渔权谈判确保台方利益，避免边缘化。马英九要求"海巡署"在捕鱼季节要天天护渔。在 9 月 APEC 峰会期间，日本首相野田佳彦向连战表态，日本愿意重启台日渔权谈判，包括渔区划定。台湾当局喜出望外，但因担忧日本分化、离间两岸计谋，略显犹豫。预料台日第 17 次渔权谈判迟早进行，但不一定有实际结果。

四是东海倡议与行动纲领。马英九于 8 月 5 日提出"东海和平五项倡议"，主要内容包括：一是应自我克制，不升高对立行动。二是应搁置争议，不放弃对话沟通。三是应遵守国际法，以和平方式处理争端。四是应寻求共识，研订东海行为准则。五是应建立机制，合作开发东海资源。9 月 7 日马英九登上离钓鱼岛最近的北方三岛之一的彭佳屿视察（另外二个岛屿为棉花岛屿、花瓶屿），眺望钓鱼岛，嘉奖保钓有功人员。发表两阶段推动"东海和平倡议"之行动纲领。第一阶段为"和平对话、互惠协商"、包括透过一轨、二轨对话管道进行双边协商。第二阶段为"资源共享、合作开发"，透过对话协商制度化，建立共同开发资源的机制，形成以东海为范围的和平合作网。行动纲领的核心在于马英九提出钓鱼岛争议的解决应由目前中国大陆、日本和台湾地区由"三组双边"对话发展到中、日与台"一组三边"协商，在渔业谈判、矿业探勘、海洋科学研究、海洋环境保护和海上安全五大议题寻求共识，建立东海行为准则，最终解决钓鱼岛争议。此举表明马英九当局由最初的两岸不联合到"一组三边"对话，其意图是复杂的。马当局一是希望台湾挤入中、日谈判桌，二是希望在国际架构中与大陆协商钓鱼岛议题，缓解美、日的压力，对日本打大陆牌。

五是两岸不联合对付日本。马英九及台"外交部"多次表示不与大陆联合对付日本。是否默认甚至配合美、日将钓鱼岛纳入《美日安保条约》范围，则有待观察。

（三）马英九东海钓鱼岛政策考虑

马英九东海钓鱼岛政策的基本考虑在于五个"担忧"：

（1）担忧台湾边缘化。马英九试图借钓鱼岛议题在国际上争取话语权，希望引起各方重视，确保台湾自身权益。马重申台湾也要扮演一定的角色，不能在钓鱼岛议题上缺席。

（2）担忧损害台日关系。台日为"特别伙伴关系"，台日之间有千丝万缕的经济、文化、民间的联系，台日民众间的好感居高不下。马英九不希望因为钓鱼岛冲突而影响、破坏台日关系。

（3）担忧美国施压。美方明确宣布钓鱼岛适用于"美日安保条约"范围，一旦钓鱼岛受到攻击，美国将协防日本，这给台湾方面构成强大的压力。美国"重返亚太"的"再平衡"战略，剑指中国，引燃钓鱼岛、南海争夺。台湾是不沉的航空母舰，是美国围堵中国第一岛链的极其重要的一环。如果台湾与大陆联手，等于斩断了美日精心策划的第一岛链，成为美日帝国主义的梦魇。所以美日绝不愿看到台湾与大陆联手。面对美国疑虑、压力甚至可能的反制措施，台湾的策略是谨慎中立，绝不表态两岸联手，特别是军事上绝不联手对付日本，以免影响台美军事、安全关系。但问题是美国、日本不一定相信台湾的表态。

（4）担忧民进党攻击。民进党的钓鱼岛立场是"钓鱼岛属于台湾"，反对与大陆联手，引入美国势力，渔权重于主权。马英九担忧民进党对其"亲中卖台""联中保钓""联中反美"的各种不实指责。此次民进党人攻击马英九的东海和平倡议中"一组三边"中开展两岸对话是"引狼入室"。不同于民进党中央的冷漠，民进党籍的宜兰县长要登岛宣示主权，"立委"陈亭妃登上南海太平岛视察。

（5）担忧大陆"统战"。台"国安"单位干扰海峡两岸暨香港、澳门联合保钓，就是担心受到大陆借保钓进行"统战"，吃台湾"豆腐"，台湾被迫附和大陆的主张。

马英九钓鱼岛政策本质在于谋求台湾利益取最大化，风险、威胁极小化，使其钓鱼岛政策呈现两面性，有积极面，也有消极面，如表示不与大陆联合对付日本，引发负面效应；有主动保钓，也有被动保钓；有虚有实，涉及主权、渔权及实际利益方面，马当局比较主动，但其他方面处于口头、消极、被动层面。

马英九不同于民进党以"台独"角度看待钓鱼岛，以实际行动保钓，宣示主权，争取渔权，在两岸联手保钓方面强调不联合对付日本，没有封杀两岸民间联手保钓，释出两岸协商钓鱼岛议题的信息，为两岸非官方、非军事上的领域的联合保钓预留空间。马公开与日本"呛声"，不完全与美国站在一起。马英九保钓立场坚定、旗帜鲜明，从侧翼配合了大陆保钓行动，一定程度上符合中华民族的整体利益与长远利益。

二、马英九当局南海政策

（一）南海争议由来

二战期间的 1939 年日本侵占南沙、西沙群岛，划归日据时期的高雄市管辖。法国曾占领了南海部分岛屿。1945 年抗战胜利后，根据《开罗宣言》与《波茨坦公告》，当时国民政府在收复台湾之后，立即组织海军，协助广东省政府南下接管南海诸岛。1946 年 10 月，国民政府派遣永兴号猎潜舰、中建号坦克登陆舰、太平号驱舰、中业号登陆舰进驻南海。同年 12 月 12 日太平号抵达太平岛，中业号登上中业岛，分别举行了接收仪式，在太平岛上设置南沙群岛管理处，派兵驻守。1949 年中国政府核定并公布东沙、西沙、中沙、南沙群岛及所属各岛礁滩的名称，制定《南海诸岛位置图》《中华民国行政区域图》确定东沙、西沙、中沙、南沙群岛，并在四周海域划出国界线即 U 形线、九条断续线。1950 年 6 月蒋介石当局将太平岛守军撤回台湾，1956 年 7 月，又决定成立南沙守卫区，恢复驻军太平岛，编制 300 人，指挥官属少将。在岛上设有"南疆锁钥"石碑。1990 年台湾将东沙、太平岛划归高雄市旗津区管辖。2007 年民进党当政时修建了一条长 1150 米机场跑道，降落 C-130 运输机，但不能载重起降。陈水扁曾二次踏上太平岛。太平岛最初由陆战队守卫，1999 年改派台"海巡署"守卫。马英九上任后"海巡署"守岛人员改由陆战队训练。

当前，太平岛面临严峻的军事形势。南沙有人驻守的岛礁共 51 个，已被周边国家非法侵占 44 个，其中越南占 29 个，菲律宾占 9 个。越南占领太平岛以东约 27 海里的敦谦沙洲，驻有一个连。在太平岛以南 45 海里的鸿麻岛，越南驻扎一个榴弹炮营，可以击毁太平岛所有军事设施。太平岛防守力量不堪一击。越南不敢轻易下手，唯一惧怕的就是大陆的军事反制行动。

（二）台湾当局南海政策

1992 年台湾"行政院"设置"南海小组"，第二年公布"南海政策纲领"，制定实施纲要。其政策目标在于：维护南海主权、加强开发管理、促进南海合作、和平处理争端，保护生态环境。1995 年 6 月，"行政院"设立"南海突发事件紧急处理小组"，"立法院"通过了"领海法""专属经济海域法"等。2001年 3 月民进党当局公布了第一部"海洋政策白皮书"。2008 年 2 月，陈水扁登上太平岛，提出"南海倡议"，企图把"台湾是主权独立国家"透过南海议题借壳上市，推向国际。马英九 2008 年 2 月竞选时提出"蓝色革命、海洋兴国"的战略，提出开放南海、共同开发，促进亚太区域稳定。2010 年 7 月，台"内政部长"江宜桦在东沙设立门牌宣示"主权"。

马英九当局的南海政策具本内涵如下：

一是强调南海是"中华民国固有疆域"，拥有"领土主权"，强硬面对越南等国的抗议。

二是增加军事防卫力量。先后将 120 迫击炮、40 防空炮运往太平岛，主要用于防卫太平岛与越南敦谦沙洲之间的中洲礁，该礁与敦谦沙洲仅相隔 7 公里。据说台湾有可能秘密运载 AT-4 反装甲火箭上岛。与此同时，强化太平岛驻军训练，多次进行实弹演练。原拟部署毒刺导弹，但在遭到美方强烈反对后作罢。未来有可能派驻陆战队驻防太平岛。

三是派遣高官登岛视察。2012 年 9 月间，马英九派遣"国安会秘书长"胡为真、"内政部长"李鸿源等登岛视察，在中洲礁升起"中华民国国旗"，宣示"主权"。胡为真强调，未来台湾在太平岛将扮演"人道救援的提供者""对抗暖化的实践者"及"南海和平的缔造者"的角色。3 位蓝、绿"立委"登上太平岛观看"海巡署"官兵的火炮实弹演习，这是 50 多年来首次公开演习。

四是试图参与南海磋商。马英九当局希望参与到南海问题的国际多方磋商机制，表达台湾诉求，争取台方利益，以此扩大台湾国际参与空间。

五是视南海为筹码。换取美国的重视与支持，与美国进行军事情报、资讯交换。

马英九南海政策坚持"主权在我、搁置争议，和平互惠、共同开发"，试图将"东海和平五项倡仪"推行到南海议题上。与钓鱼岛由日本实际控制不同，台湾有效控制着南海太平岛，这是台湾的着力点。马英九应该有些动作，有软有硬，有进有退，有理有据。应站稳立场，有所作为，根据"中华民国宪法"

守卫好固有疆域，指挥调动军事力量防御外国对南海太平岛的非分之想。

由此看来，马英九的东海、南海政策具有两面性。一方面，在南海、钓鱼岛问题上，台湾没有主动配合美国的"重返亚太"的"再平衡"政策，没有全面倒向美、日，谋取台湾私利。如果换了民进党执政，台海就会出现完全不一样的局面。另一方面，马英九希望利用美国"重返亚太"政策中对台军事安全、政治经济的有利的一面，但台湾不愿卷入中美、中日之间冲突，希望利益最大化、风险最小化。

三、两岸东海、南海合作前景

两岸东海、南海联手合作受到岛内外各种不利因素的制约，两岸合作的前景尚不明朗。由于岛内特殊政治环境的制约，也因为复杂的国际格局的牵制，两岸在东海、南海合作存在许多障碍与不利因素，两岸合作的前景既不能太乐观、也不必太悲观，但合作的有利因素在上升，合作的机会在上升，合作的领域在扩大。本人认为，两岸有可能透过钓鱼岛、南海的合作，培育两岸政治互信，深化两岸关系和平发展境界。

东海钓鱼岛、南海争议对台湾同胞心理产生强烈的冲击，认识到美、日帝国主义是对"中华民国主权"、固有疆域的严重侵犯，《美日安保条约》严重损害台湾利益。很多台湾同胞认识到台湾的安全威胁、利益损害来自日本，两岸联手是台湾安全、台湾利益的重要保障与战略筹码。钓鱼岛、南海事件，也使台湾民众产生"两岸一家人"的意识，逐渐培养两岸合作、联手的意愿。两岸在钓鱼岛、南海议题上具有广泛的共同利益，从中华民族的整体利益、根本利益、长远利益出发，两岸应共同捍卫钓鱼岛主权。当前是两岸联手保钓、保卫南海的重要时机。

两岸联手成为台湾最大筹码，增加台湾的谈判空间。台湾当然不必逞强，但绝不能示弱，除了强硬宣示主权外，对台湾最有效的策略就是两岸联手。只有两岸合作，并开展实际行动，台湾就会取得战略纵深。

钓鱼岛、南海议题是增进两岸联结的新脐带，打开了两岸合作的空间。事实上马英九当局愈切割两岸不会联合保钓，但愈有牵动效应。两岸官方联手保钓有难度，但两岸民间联手保钓无法阻止。两岸官方不一定非要联合保钓，公开联手一定会遭到美、日的强烈关切与反制，但双方基于"国家主权"与民族大义，可以各自保钓、轮流保钓、不约而同保钓，两岸双方可以互为后盾、相互护渔。

马英九提出的"东海和平五项倡议"与推动纲领，首先应该在两岸之间开展，两岸应充分沟通，形成一致的立场，共同保钓，共同抵御日本的无理挑衅。两岸之间可以先寻求共识，研议两岸之间的东海行为准则，建立相关机制，共同开发东海资源。

两岸在南海曾多次共同保卫南海主权。1974年1月，大陆在西沙进行保卫战，台军开放封锁了30年的台湾海峡，并打开照明灯帮助东海舰队尽速开赴对越战场，蒋介石当局还发表声明称西沙、南沙为中国固有领土，声援大陆。1988年3月，中越在赤瓜礁发生冲突，大陆南海舰队经默许在太平岛停留一星期并进行物资补给，时任"国防部长"郑为元还提出如果提出要求，台湾会予协助，共同防卫南海岛礁，对抗第三者。1995年中菲爆发美济礁事件，台"外交部"发表五点声明声援大陆。两岸学者有关南海问题的共同研究很早就开展，海南省的南海研究院与台湾政大国关中心已举办过十多届南海学术研讨会，两岸还联合开办两岸大学生南海夏令营。

两岸在钓鱼岛、南海的合作默契是存在的，两岸合作可能是有限的、局部的、低层次的合作。预期未来两岸可以就东海、南海海洋生态保护、渔业合作、气象资讯交换、能源开发、地质勘探、水下考古、旅游观光、人道救援、打击海盗等进行合作。两岸政治、军事安全领域的合作机会也在上升中，由此拓宽两岸合作领域，增进两岸互信。

两岸在南海的军事合作机会高于钓鱼岛，两岸可建立情报信息共享机制、联合作战的防卫条款。一旦南海爆发战事，两岸军方可相互呼应支援。南海有可能成为两岸军事安全互信机制的试验场，共同应对越南、菲律宾等国的军事威胁。

"兄弟阋于墙，外御其侮"。维护对钓鱼岛、南海主权，维护中华民族的整体利益，是两岸同胞义不容辞的共同责任。两岸各自采取的维护中华民族整体利益的举措都会得到全体中华儿女的坚决支持。（本文完成于2012年）

2012 年台湾政局综述

2012 年 1 月台湾"大选"之后，台湾政局进入新一轮的盘整之中，各方政治势力忙于选后的疗伤止痛，缺乏往年曲折离奇的政坛争斗，台湾政局趋于平淡，蓝绿之争有所弱化，但蓝绿各自内部权力竞逐依然精彩。马英九连任后执政之路崎岖不平，民调一路下挫，权力"跛脚"危机日趋严重，面临泛蓝各路人马的挑战。民进党仍不愿诚实面对败选的"最后一里路"，其败选检讨难以吹散笼罩在民进党上空的"台独"的阴霾，苏贞昌领导下的民进党无法摆脱"基本教义派"的钳制，跨不出两岸政策调整的实质步伐。"台联党"、亲民党、新党等一息尚存，但泡沫化如影随形，难以避免。预计 2013 年台湾政局将继续盘整，为"七合一"选举及下届"大选"作准备。

一、政局演变

（一）国民党赢得"二合一"选举，但执政实力下降，蓝绿差距缩小

2012 年 1 月 14 日"总统""立委"二合一选举是一场蓝、绿生死决战，也是台湾两条路线、两种命运的博弈。马英九赢得选票 6891139 张、得票率为 51.6%；蔡英文得票 6093578 张、45.63%，宋楚瑜获选票 369588 张、2.77%。马英九以 80 万票的优势成功连任，保住执政权。在"立委"选举中，国民党顺利过半、获 64 席；民进党获 40 席、亲民党 3 席、"台联党"3 席，无党团结联盟 2 席及其他未经政党提名 1 席。

与历届"大选"不同，此次选举具有三大特点：一是首次"总统""立委"合并选举，对投票率、选民投票行为、蓝绿动员策略等产生复杂影响。合并选举有利于国民党组织与地方派系动员，对拉抬马英九的选情有利。但 1 月 14 日于除夕前一周投票，降低异地投票者的投票意愿，包括台商、台干及其家属、在校的首投族、生意人、白领上班族、军公教人员等，总体而言对绿营支持者

的投票影响较大。

二是蓝绿选战策略迥异，马英九略胜蔡英文。与之前传统保守的选战策略不同，马英九此次不再回避两岸议题，主打"九二共识"，突出两岸政绩，正面迎战蔡英文虚无的"台湾共识"，凸显蔡难以处理两岸议题，无法稳定台海局势、保障民众福祉。马英九着力争取"三台"选民支持，即北台湾生活圈、台商台干及台属，以及 35—49 岁的台湾中年人口。[①]马英九还把选票重点放在首投族、妇女票、宗教票等。

与此相反，蔡英文则极力回避、模糊两岸议题，试图以"台湾共识"来搪塞，淡化"台独"立场，宣称"延续前朝政策"，把选战主轴设定在民生、社会问题上，炒作台湾贫富差距、阶级矛盾，极力拉拢台湾中下阶层、中小企业、中南部民众等"三中群体"，争取"首投族"（约 77 万人）以及所谓的"回头族"、转投族、不投族。蔡英文发起的"三只小猪"运动一度使其选情不断上扬，但始终无法超越马英九的选情。总体而言，马英九选战策略比蔡英文略胜一筹。

三是选情虽较往届冷，但呈现蓝不太冷绿不太热、中北部不太冷而南部不太热的特点。选举投票率仅为 74.38%，低于上两届，选情始终很冷。但泛蓝危机意识被激发，原先蓝冷绿热、北冷南热的情况有所改变，呈现蓝不太冷绿不太热，北、中部不太冷而南部不太热的情形，泛蓝大本营的北北基、桃竹苗、中彰投平均投票率为 74.62%，而绿营大本营高屏云嘉南的平均投票率只有 72.94%。有人评估认为，投票率在七成至七成五之间，对国民党最有利，高于七成五或低于七成都不利国民党。[②]投票率低、选情南冷北不太冷对马英九的选举有利。

马英九战胜蔡英文的关键有五点：一是"九二共识"击败"台湾共识"。马英九的两岸和平开放路线获得多数台湾民众的拥护，蔡英文难以赢得民众信任。二是泛蓝危机意识发酵，"弃保牌"奏效，宋楚瑜遭遇边缘化。三是"经济选民"掀起"挺马"高潮。包括王雪红、郭台铭等工商界强力"挺马"。四是民意无意换人"变天"。民众普遍担心蔡英文增添变数，未来不可预测。五是国际社

---

① 古明章：《国民党胜选靠"三台"力量》，引自澳门《九鼎》杂志 2011 年 7 月号，总第 45 期。

② 苏嘉宏：《细数影响明年台湾选情的因素》，引自澳门《九鼎》杂志 2011 年 7 月号，总第 45 期。

会普遍期待台湾稳定。担心蔡英文上台会搞乱台海局势。[①] 台湾民间传说马英九胜选连任是靠"五老"相挺，包括"老板（工商企业界）、老天（投票日北部晴朗、南部阴雨）、老婆（周美青辅选有功）、老共、老美"。

民进党蔡英文虽然败选，但仍然获得 609 万票、45% 得票率，比 2008 年增加 76 万票，蔡英文在绿营内部声势居高不下，对国民党最具威胁。"立法院"内国、民两党力量对比此消彼长。国民党虽然保住了过半多数席位，避免了"朝小野大"的尴尬局面。但国民党席次由 81 席下降为 64 席、民进党由 27 席上升为 40 席，国、民差距缩小，国民党主导力下降，民进党战斗力上升，加上"台联党" 3 席，国民党面临在野党更为严厉挑战。

在 2012 年的六次地方乡镇长补选中，国民党除了民进党 2 个乡镇没有提名外，均败给对手。因此，2012 年国民党、马英九虽然保住了"中央"执政权，但执政实力下降，对于台湾政局的主导力大不如前，每况愈下。

（二）马英九执政绩效不彰，马团队弊案蒙尘

台湾复杂的政治环境使马英九面临重大考验，从"美牛案"、复征"证所税"、"油电双涨"到年底的"军公教年终慰问金案"，马英九招致外界决策品质粗糙、治理能力低下的指责，"林益世弊案"更使马团队含羞蒙尘，导致马英九施政效益不彰，民调支持率跌至谷底，仅剩 13%，居然不如狱中的陈水扁，令人跌破眼镜，目前尚无翻身迹象。

原亲民党"立委"、前"财政部长"郭婉容的女儿刘忆如 2 月初受命出任"财政部长"，首要工作就是研究复征"证券所得税"（即对证券交易获利部分征税），旨在实现社会公平正义、缓解财政危机。4 月中旬，刘忆如端出"行政院版"的证所税方案，只对每年净赚 300 万新台币以上的人征税，全台湾只有 1、2 万人需缴税，绝大多数投资人不受影响。[②] 然而，开征"证所税"触动各方利益，引发部分工商财经界、金融界人士的激烈批评。而国民党高层、党籍"立委"及对于是否征税、如何征税出现严重分歧。马英九公开呼吁支持"证所说"，严令国党民籍"立委"全力配合。但 5 月 8 日，国民党"立院党团"在大财团压力下全力阻挡"行政院证所税"版本，5 月 28 日，推出"国民党立院党团版"的证所税方案，成为"压垮骆驼的最后一根稻草"。刘忆如认为与其当初推动税

---

① 倪永杰：《2012 台湾"大选"观察与启示》，引自香港《中国评论》2012 年 2 月号，总第 170 期。

② 台湾《自由时报》2012 年 4 月 13 日 A1 版。

改的理念相差甚远，拂袖而去，震撼陈冲"内阁"，也对马英九的领导威信造成重大冲击。

"美牛案"是另一桩重创马英九威信的事件。开放美牛进口是马英九不得不做的政策选择。马英九只能在应对美国的软硬兼施、民进党的"民粹"煽动、兼顾台湾养殖户与餐饮业者利益、确保消费者食品安全等狭窄的政治空间中寻求解决方案。但马团队内部协调不足，行政系统与"立法"部门、决策者与媒体之间存在着严重的沟通不畅问题，马团队未能因势利导、掌握先机，不善于运用执政的力量，争取舆论、民意的支持，化不利为有利。"油电双涨"事件则反映了马团队决策反复、抗压性差等问题，最后伤害的仍是马英九的领导威信与执政形象。有评论称，马英九开征"证所税"得罪了台湾的有钱人，"油电双涨"得罪了穷人，开放美牛进口则得罪了台湾所有人。年底删减军、公、教年终慰问金案，则引发深蓝选民的强烈反弹，影响到马英九的最核心的支持者的利益。

10月中旬，民进党"立委"管碧玲在"立法院"丢出删减军公教人员年终奖金议题，并操弄舆论、媒体"污名化"军公教人员，使之成为箭靶。陈冲被迫表示将按照"照顾弱势"与"关怀忠良"的原则发放，发放人数由原先的42.3万人减少为4.2万人，发放经费则由192亿元降为10亿元左右。[①] 马团队的此项决定，激怒了深蓝支持者，多个退役军人团体发起罢免国民党"立委"与党主席马英九的提案。马英九将改革对象指向国民党的深蓝选民，有可能瓦解其基本的支持群体。

马团队一向标榜的清廉招牌因为"林益世案"而破功。6月27日，台湾《壹周刊》爆料"行政院秘书长"的林益世巨额索贿案，林在担任"立法委员"及国民党政策会执行长期间，以协助"地勇选矿公司"获得商业合约为由收取193万美元现金的不当利益。在林出任"行政院秘书长"后，再次强索新台币8300万元。[②] 就在"林案"逐渐淡出媒体视野时，11月底，国民党籍南投县长李朝卿因涉嫌南投重建索贿弊案而遭羁押，再次重创马团队。[③]

因此，马英九连任之际曾表示将大刀阔斧改革，希望促成台湾由"拨乱反正"走向"脱胎换骨"，但因改革时机、方向、方法不对，不但争取不到中间选

---

① 台湾《自由时报》2012年10月24日A1版。
② 台湾《中国时报》2012年6月28日A1版。
③ 台湾《自由时报》2012年12月1日A1版。

民，而且得罪了长期支持他的深蓝选民。有人评论，台湾全年"反马"声到处此起彼落，"马无能"已经成为最大的"台湾共识"。①

（三）民进党原地踏步，跨不过"最后一里路"

蔡英文败选导致民进党士气低落，民进党上下掀起检讨声浪，寻找败选的"最后一里路"密码。然党主席选举阻挡了民进党两岸政策调整的步伐，"台独基本教义派"成为民进党难以跨越的门槛。苏贞昌出于巩固权力的需要与2016年"大选"的考虑，龟缩在消极、保守的窠臼中，无所作为。"中国事务委员会"成为苏贞昌上任后最大的败笔。唯因苏的不作为，造就了蔡英文的声势不坠及谢长廷的跃跃欲试。

一是败选检讨言不由衷。选后蔡英文及其核心团队并不承认败选，声称"民进党没有输，只是没有赢而已"。蔡英文表示要跳出传统选战检讨方式，采取更科学、专业的方式检讨，用精确数据作为客观分析基础，旨在转移败选责任。②蔡极力回避两岸策略失误，将败选原因导向于国民党运用行政资源、"两岸经贸恐吓牌"发酵、投票率低等外部、技术因素。虽然蔡也承认民众对于民进党执政依赖度不够，但真正原因则语焉不详。最后，败选检讨只是在外部、枝节、非关键的因素上打转，包括回避蔡英文"宇昌案"、苏嘉全"豪华农舍案"、陈水扁"贪污案"的负面影响，回避蔡英文选举能力、领导能力不足等，以此稀释蔡在两岸策略尤其是否定"九二共识"等战略失误。迄今为止，民进党仍然宣称"九二共识"并非败选关键。

民进党败选检讨存在重大缺失，沦为批蔡、护蔡之争，是民进党历史上不成功、不全面、不深刻的负面示范，只是一场民进党政治人物的自我催眠，提出了问题，却回避败选关键。党内有求变的声音，但找不到变的方向，也找不到药方，不知如何应变、如何求变。败选检讨无法提供民进党"向上提升"的动力，相反成为"向下沉沦"的催化剂，党内更分裂、方向更迷茫、领导更涣散。③

二是苏贞昌沦为弱势，难有作为。败选当晚，蔡英文就宣布辞去党主席职务以示负责，引爆民进党主席之争。陈菊在蔡英文与谢长廷暗中支持下代理党

① 郭正亮:《"朝野"领导最弱，2013台湾堪忧》，引自http://www.my-formosa.com/article.aspx?cid=5.15&id=36442,2013年1月2日。

② 香港《中国评论》网站：http://www.chinareviewnews.com，2012年2月3日。

③ 《旺报》社论:《不一样的民进党》，引自台湾《旺报》2012年5月15日。

主席，但她只是"看守"，难以开创。民进党主席选举呈现"五人参选（苏贞昌、苏焕智、吴荣义、蔡同荣及许信良），一人（苏贞昌）独大、天下围苏"的混乱局面。党内非苏系不但"卡苏"，而且集体"打苏"，摆明"拱蔡（英文）"。面对党内"围殴"之势，苏贞昌放低姿态，祭出"团结免战牌"，最后以微弱优势低空掠过，沦为弱势党主席，权力基础不稳。在地方党部选举中，苏系人马痛失长年经营的新北、台北两大政治地盘，导致苏腹背受敌。上任后的苏贞昌面临党内各路政治对手的严重掣肘，新一轮的苏、蔡竞争已经浮现，民进党内出现"两个太阳""两个中央"之争。蔡英文将目标锁定2016年"大选"，誓言要使她再次成为政治选项。左有"台独基本教义派"的敲打，右有蔡英文、谢长廷等争夺民进党的支持者，苏贞昌动辄得咎、芒刺在背，无法挥洒权力，施展抱负。导致苏在两岸政策、组织改造、体制提升等方面采取保守、消极、拖延策略，按兵不动，暂缓两岸政策调整，试图拖到2014年"七合一"选举之后再说。苏的消极保守、无所作为遭到各界诟病，有人批评苏贞昌"谨小慎微、避免得罪"，"只有评论，没有主张"，原地踏步，政策空转，坐困愁城，蹉跎岁月。①

三是蔡、谢另辟蹊径，维持政治能量。"大选"中铩羽而归的蔡英文躲过败选检讨后，迅速重整出发。一是培养团队。先后成立"小英教育基金会""小英之友会"，保存完整的政策与组织团队，由林全负责政策规划、洪耀福负责组织动员，并与民进党新北市主委罗致政、"立委"肖美琴、郑丽君等保持密切互动。二是抢夺话语权。不时点评时政，不断抛出政策议题，提出"在互动中了解中国"、深化"台湾共识"、扩大与社会面连结等论述。②三是深入民间、社会，举办各式讨论、座谈等，寻找政治能量，保持再起的态势，让苏贞昌备感压力。

谢长廷抢先登陆，声势不跌反涨。苏贞昌曾承诺由谢长廷负责成立"中国事务委员会"，但上任后不动如山，让谢捕捉到在两岸议题抢先出招的机会，以扩张其政治能量。10月4日至8日谢长廷以维新基金会董事长的个人身份、率领李应元、赵天麟等谢系子弟奔赴大陆，进行"开展、互相、分享之旅"。③谢

① 郭正亮：《"朝野"领导最弱，2013台湾堪忧》，引自 http//www.my-formosa.com/article. aspx?cid=5.15&id=36442,2013年1月2日。

② 《蔡英文选后首度面专访，谈民进党未来、中国、宇昌》，引自台湾《天下》杂志493期，2012年3月21日—4月3日。

③ 台湾《自由时报》2012年10月2日A2版。

长廷在大陆参访期间，举手投足充满政治味与政治想象，谈的多数是敏感的两岸政治议题。谢认为民进党如不调整，执政恐将成为传说。谢主张民进党两岸政策朝中间靠拢，由"台联党"经营深绿区块。谢长廷定调"登陆"而非出国，认为"政治不能超越人性"，坚持回福建东山祭祖。提出两岸双方要"面对差异、处理差异、超越差异"。谢主张"一国两市""宪法一中""宪法共识""宪法各表"，试图寻找两岸交集。对此，民进党内掌声与嘘声、祝福与叫骂倾巢而出，民进党内乱成一团，打乱苏贞昌两岸政策布局，逼迫苏提前成立"中国事务委员会"。谢长廷登陆累积了谢系政治筹码，在未来民进党内权力竞逐中动见观瞻、待价而沽，也对马英九的大陆政策产生压力，新任海基会董事长林中森提前赴大陆参访。谢大陆行开创了民进党人士与大陆交流的新模式，对未来民、共之间交流具有一定的启示意义。

四是两岸政策调整遭遇重挫。面对谢长廷登陆掀起的旋风与党内激烈争议，苏贞昌无意调整两岸政策，原因在有四：一是苏要防止谢长廷抢夺两岸政策主导权，影响其政策影响力。二是不愿得罪"台独基本教义派"，失去他们支持。三是苏首要任务在于应对 2014 年"七合一"选举，两岸议题不是选战重点，政策调整没有急迫性。四是苏贞昌缺乏两岸政策人才与思想准备，难以提出新的论述。苏不断延后成立"中国事务委员会"，最后拖到 11 月 21 日才成立。苏采取三项策略。一是坚持"中国事务委员会"名称，拒绝"两岸（或大陆）事务委员会"，即仍然坚持"一边一国"的"台独"立场。二是功能定位在于民进党内部两岸政策的沟通、整合平台，不具备对外交流的功能。三是苏自己兼任召集人，不设"主委"，排他性强。对此，蔡英文、谢长廷、游锡堃均婉拒参加。苏贞昌置党内外要求调整两岸政策的呼声于不顾，硬生生阻挡谢长廷出掌"中国事务委员会"，一味讨好深绿板块，充满权力算计。由此导致民进党政策空转、原地踏步，难以缩短迈向执政的"最后一里路"。苏贞昌最后可能遭遇党意、民意的唾弃，在与蔡英文的竞争中已露出败象，可能与 2016"大选"渐行渐远。

（四）小党力避边缘化

"单一选区两票制"的选举制度导致台湾政治朝两党制方向演变，但小党不甘心退出政治舞台，亲民党、"台联党"成功透过此次"二合一"选举跨过 5%的政党门槛，政党得票充分别为 9.57%、5.86%，各赢得 3 席"立委"席次，得以在"立法院"成立党团，并领享政党补助金，继续在台湾政治舞台上挣扎，暂时躲过泡沫化危机。而新党则空手而归，只能在台北、新北等地方议会中生存。

面对两党制走向，亲民党、"台联党"等坚持政党主体性，不愿再依附于其他大党。亲民党誓言"走自己的路"，不再附和国民党，而多倾向与民进党等构建"在野联盟"，在政策法案、政治抗争中更多地监督执政党。包括反对"油电双涨"、坚持美牛瘦肉精零检出、瘫痪"立法院"议事运作等。新党也尝试"不再是也不必是蓝军一分子"，"与其拥马、反马，不如策马中原"，主张"全面开放、全面结盟、全面出击"，与相同理念者结盟，争取政治发展空间。

而"台联党"丑闻不断，李登辉因黄昆辉挪用"李连教育基金会"经费炒股造成巨额亏损而反目成仇。该党在"立法院"内横冲直撞，进行"焦土抗争"，风头之健超过民进党"立委"，台湾政治到处是乌烟瘴气，不见清明。挺扁的"一边一国联机"跃跃欲试，试图以组党方式扩大影响，遭遇绿营各方压力后偃旗息鼓。但未来"一边一国联机"组党步伐不会停止，只会加快。其激进的政治对抗活动对民进党的影响远超过对国民党的影响，给台湾政治造成重大冲击。

二、政局特点

2012年"大选"之后，台湾政局出现新特点，值得人们关注。

（一）蓝绿冲突有所弱化，但蓝绿内部竞争趋于激烈

"大选"鏖战之后，台湾"朝野"双方均需要休养生息、疗伤止痛，双方关注的重点有所不同。马英九连任后忙于新一轮的人事布局，却因政策推动不力导致施政不顺，马苦无对策。民进党上半年焦点集中于败选检讨与党主席选举，下半年苏贞昌上任后忙于应对派系挑战、巩固权力地位，苏提议召开"国是会议"得不到党内配合，马英九则以政党领袖会议来应付。直到年底才筹备"火大"游行，但苏表面上对抗马英九，实际上要把蔡英文的声势比下去。宋楚瑜败选后遭遇妻子病故的沉重打击，心灰意冷之际退隐政坛。"台联党"内部丑闻不断，李登辉进入政治尾声，对马英九杀伤力锐减。因此，"朝野"冲突有所淡化，蓝、绿蓝绿双方瞄准下一场选举。

不同于"朝野"冲突淡化，蓝绿内部竞争却是十分激烈。马英九面临泛蓝内部不同势力的严重挑战，领导威信不断下挫，甚至有人要求马辞党主席。包括连战、吴伯雄、王金平等人对马英九的领导方式、决策模式、沟通协调、资

源分配等多有批评，吴伯雄批马决策"小圈圈"，连胜文以"丐帮论"讽刺，引起马身边人的强烈反击。国民党接班、卡位竞争提前上演，暗潮汹涌。吴敦义具有领先优势，勤跑地方基层搭建人脉，广结善缘。依靠与金溥聪的结盟关系，吴将其核心班底安插到党、政、"立院"及海基会等系统。而朱立伦力拼政绩，靠岳父经营政商网络及大陆关系，后势看涨。郝龙斌、胡志强、连胜文、江宜桦、卓伯源等人都试图抢占有利地位，寻找新的政治出路。亲民党、新党不再扮演泛蓝的一分子，坚持走自己的路，与国民党进行市场区隔，给国民党施加压力。

民进党内部各派间的争斗最为激烈精彩。苏、蔡"两个太阳"之间的竞争已经到了白热化的程度，互视对方为竞争对手，相敬如"冰"。谢长廷另搭两岸舞台声势上涨。吕秀莲、游锡堃不甘心退出舞台，时常发声显示其存在，对苏贞昌来说不啻是眼中钉。陈菊、赖清德等人正在规划下一个政治竞技场。民进党中壮辈、新生代苦于党内出头难而无比焦虑。此外，民进党与"台联党"的冲突、摩擦增多，"台联党"试图扮演激烈的角色争夺深绿票源，引发大绿与小绿之间的紧张冲突。

（二）"朝野"执政权争夺弱化，但政策主导权的争夺趋于激烈，"立法院"成为主战场

年初"大选"之后，"朝野"执政权争夺减弱，双方都在累积筹码准备下一次"大选"。"朝野"竞争的战场移至"立法院"内，双方围绕重大法案进行政策攻防，以提高各自对台湾政局、台湾未来走向的影响力。"朝野"双方围绕"美牛案"、复征"证所税"、"油电双涨"、删减军公教年终慰问金、2013 年度财政预算、两岸关系条例修改等重大议题等进行政策攻防，"朝野""立法院"激烈较量的结果是两败俱伤，而由台湾全民买单。

（三）两岸关系对台湾政局的影响有所上升

四年来两岸关系处于和平发展的重要时期，进入大交流、大合作、大发展的新阶段。如今已有 800 多万台湾同胞到过大陆，2012 年赴台陆客高达 200 万人次，超过日本成为台湾岛外最大客源。在台湾有 30 多万陆配、2 万名陆生、300 件、7 亿美元的陆资投资、上百家大陆媒体。两岸交流往来越来越频繁、深入，两岸关系越来越成为台湾民众生活、工作不可或缺的重要内涵，对他们产生越来越重要的影响。两岸关系对于台湾各式选举、特别是"总统""立委"选举的影响增大。台湾选民越来越多思考其投票行为对两岸关系的影响、对其自

身利益的影响。在 2012 年的"大选"中，两岸关系和平发展成为蓝绿双方决战的主轴，成为促成马英九成功连任的正面因素。两岸关系不可避免地成为台湾各界、特别是政界人士必须面对、认真思考的议题，两岸关系对台湾政局的影响大幅增加，影响到台湾的政治竞争，影响台湾的经济、社会、军事、"外交"等内、外政策。

结语

2012 年台湾政局是在蓝绿内部纷乱不堪的情况下展开，多数是相互倾轧、互射冷箭的离谱景象，难以展现大开大阖的现代民主情景。多数是当代政治的负面示范，难以呈现向上提升的正能量。

展望 2013 年的台湾政局，"朝野"进将围绕 2014 年"七合一"选举提前展开布局，国民党、民进党的内部竞争、接班卡位将更趋激烈。两岸政策将成为蓝绿双方竞争的主战场，也是马英九能否触底反弹、奠定历史地位的关键。预估马英九的施政环境有所改善，而民进党仍将陷于苏、蔡竞争难分难解的尴尬处境中，仍然找不缩短"最后一里路"的密码。台湾政局难以迈向良性、理性、民主的现代政治，相反仍会在恶质、庸俗、低劣的竞争中继续沉沦。（本文完成于 2013 年）

2012 年台湾选举的观察与启示

2012 年台湾"大选"是一场蓝、绿生死决战，是台湾两条路线、两种命运的博弈，是螺旋上升还是螺旋下沉、是"黄金十年"还是"沉沦十年"的分界线。2012 年台湾"大选"更牵动着两岸中国人民的心，这是两岸关系和平发展的转捩点，是普天同庆还是九州同悲、是繁荣稳定还是动荡不安的对照。但台湾民众作出了最为睿智、历史性的选择，马英九连任成功，预示台湾将由"拨乱反正"走向"脱胎换骨"，海峡两岸迎来新一轮的和平发展机遇期，启动黄金年代，迈向振兴中华、民族复兴的宏伟目标。

一、选举特点

此次选举选民 1809 万，比上届增加 76 万人，投票所 14806 个，共有 198136 名选务工作人员。结果投票率为 74.38%，低于上两届的 80%、76%，反映选情始终很冷。结果马英九获得选票 6891139 张、得票率 51.6%，蔡英文获选票 6093578 张、45.63%，宋楚瑜获选票 369588 张、2.77%。在 113 席"立委"中，国民党获 64 席、民进党 40 席、亲民党 3 席、"台联党"3 席，无党团结联盟 2 席及其他未经政党提名 1 席。

（1）首次"总统""立委"合并选举，对投票率、蓝绿动员、选民投票行为产生复杂影响。"总统"绑"立委"合并选举有利于拉高投票率，有利于泛蓝基层与地方派系动员，节省资源，发挥"小鸡拱母鸡"效应，避免"立委"选情低迷的涟漪效应。但 1 月 14 日定于除夕前一周投票，将影响异地投票者的投票意愿，包括旅居大陆的台商、台干及其家属、在读的首投族、生意人、白领上班族、军公教人员等，某种程度上影响投票率。

（2）"双英对决"演变为蓝、绿、橘"三国演义"，宋楚瑜参选成为选战重大变数。其民调支持率一度拉升到 17%，但随着选战开打，一路下滑到 5.6%，

295

早期有绿营支持者为分裂泛蓝而故意为宋灌票，但达到拱宋参选后便逃之夭夭，挺宋连署书多达 46 万份，结果获得 36 万票、没超过 3%，只剩赌烂票、死忠票，其中蒸发掉的 10 万票多数为绿营支持者。

（3）蓝绿基本盘接近，蓝稍大于绿。2009、2010 两次地方选举结果，泛蓝得票率 45.76%、546 万票，比 2008 年减少 220 万票；绿营得票率 48.20%，575 万票，比 2008 年谢长廷的得票数增加 30 万票，蓝已被绿反超 30 万票。当然地方选举与"大选"不同。但"南蓝北绿"的政治生态已经转变为南更绿、北浅蓝、中摇摆，中部面临进一步"绿化"趋势。国民党党机器生锈，党工没有热情；国民党长期依赖的地方派系已经松动，甚至倒戈绿营。

（4）选情始终胶着、拉锯。马英九、蔡英文的民调互有领先，交替上升。与历届蓝高开低走、绿低开高走不同，此次选举马英九的民调长期在低档徘徊，而蔡英文却一路声势高涨。历届泛蓝的民调都要领先对手二十个百分点以上，然后高开低走，一路下滑，甚至出现"死亡交叉"。而民进党候选人的民调则是低开高走，一路追赶，甚至反败为胜。但此次，民进党党内初选一开始就炒热了民进党选情，绿营支持者渴望夺回政权勇于表态，蔡英文的声势因此高开高走，处于相对高位，但后势不强，面临选票成长的瓶颈。马英九因为泛蓝支持者失望导致其民调难见起色。但选战正式打响后，马的民调居于领先状态，少则 3、4 个百分点，多则 10 个百分点，即使在 11 月、12 月选情最低迷时，也没有形成所谓的"死亡交叉"。

与历届不同的是，在不表态者中，泛蓝支持者较以往增多。原因在于不满马英九的政策、人事、资源没有照顾泛蓝支持者。[①] 而绿营支持者因为民进党 2—4 月党内初选而被高度动员、为营造胜选气氛而勇于表态。

（5）马、蔡历经检验，前者可信赖、可预期；后者模糊、矛盾、难以预测。马英九拥有综合及后发优势，其所代表的开放多元、和平稳定的路线得到肯定。蔡英文曾是台湾政治市场上新品质，但其保鲜期已过，其领导力、决断力、危机处理能力、选举爆发力等经不起严酷检验。她所刻意塑造的"亲和""亲民""清新"的媒体形象竟然快速"穿帮"、破功，被贴上不知"利益回避""空心菜""霉干菜"的标签，从"梦幻小英"蜕变为"蔡宇昌"。两岸论述不可行、不可信，引来各界忧心，难以赢得更多中间选民的支持，功败垂成。

---

① 王尚文、陈奕廷：《双英对决，民调大解读》，引自台湾《新新闻》杂志 2011 年 6 月 30 日至 7 月 6 日，总第 1269 期。

绿营学者陈明通称马英九有赢的实力，蔡英文有赢的可能，但要看"天命"。但 2010 年与马英九首次辩论时发生山崩，参与党内参选时发生日本地震，出线时遇到阿里山车祸，出访美国时班机延误，这一切的一切说明蔡的"天命"的征兆尚未出现。

（6）民调满天飞，基本不可信。民调成为蓝绿及其他政治势力影响选情的策略，成为选举操作的一环，造成"信者恒信、不信者恒不信"的效果。民进党中央党部民调中心某些人为讨好小英、博其欢心，故意把蔡的民调做好一点，有"欺君"之嫌。《自由时报》的民调是委外，但从不公布具体单位。绿营学者所主导的"未来事件交易所"长期标榜"专业""中立"却因挺蔡不当而露出马脚，备受质疑。

地下赌盘众说纷纭，却是选情的风向标。赌盘最早从马让蔡 50 万票，下调到只让 20 万、10 万，也有马、蔡打平的 PK 盘，高雄、台南还曾传有蔡让马10 万票的赌盘。"陈盈助"事件后，中南部的大组头金盆洗手，只由各地的小组头签赌，但资金有限。又因检、调单位盯得紧，地下赌盘不如以前猖獗。马最后赢蔡 80 万票，出乎各大组头意料之外。地下电台攻击性也大不如前，因长期卖假药，导致很多人洗肾，早已被"污名化"了。但仍有一定的杀伤力，最大的地下电台就是台中，由民进党人幕后操纵，整天谩骂滋事。

（7）蓝绿选民策略迥异。民进党将重点诉求"三中一首"即中低阶层、中小企业、中南部民众，争取首投族（77 万）以及所谓的"回头族"、转投族、不投族。据统计，台湾中低收户 31.6 万户、86.3 万人。中小企业 124 万家、就业人数 819 万，占总就业人口的 78%。蔡英文主打"阶级斗争""贫富差距"议题，辅之以族群、省籍牌。蔡英文第一支电视广告就是"我是蔡英文，我是台湾人"，声称"站在马后面的都是有钱人，站在我后面却是台湾人"，在选举语言的运用上可谓"一石多鸟"，既攻击马是外省人，又指其与有钱人、财团"马友友"等勾结，还突出蔡的非典型形象。[①]

国民党着重于"三台"（台北、台商及台中），即北台湾生活圈、台商以及台干、台属，以及 35—49 岁的台湾中年人口。[②]马英九还把争夺重点放在首投族、妇女票、宗教票等。结果马的策略比蔡成功。

（8）选情很冷，但蓝不冷绿不太热、北中部不冷南部不太热。投票率只

---

① 王健壮：《选举就像外科整形手术》，引自台湾《中国时报》2012 年 1 月 5 日 A18 版。

② 古明章：《国民党胜选靠"三台"力量》，引自澳门《九鼎》2011 年 7 月号，总第 45 期。

有 74.38%，低于前三届，选情始终很冷。但最后阶段泛蓝危机意识被激发，原先蓝冷绿热、北冷南热的情况有所改变，呈现蓝不冷绿不太热、北、中部不太冷而南部不太热的情形，泛蓝大本营的北北基、桃竹苗、中彰投平均投票率为 74.62%，而绿营大本营高屏云嘉南的平均投票率只有 72.94%，远低于 2004、2008 年。有人评估认为，投票率在七成至七成五之间，对国民党最有利，高于七成五或低于七成都不利国民党。[①]

此外，选举相对平和，没有发生血腥、暴力的突发事件，最大的悬念就是李登辉如何出招，结果就是登报广告、最后一夜站台，对马英九选情影响还在可控范围。

二、选战关键

（1）"九二共识"揭穿"台湾共识"谎言。此次选举决战点就是两岸议题，这是一场力挺"九二共识"还是听信"台湾共识"的选择，是对马英九两岸和平开放路线的信任投票。两岸议题是马英九强项，但操作不当容易失分如"公投和平协议"。两岸议题是蔡英文"罩门"，极力回避却始终无法摆脱。[②] 以前泛蓝习惯回避两岸议题，而民进党则擅长挑拨、激化族群冲突。此届蓝绿议题攻防转换，马英九正面主打"九二共识"，突出两岸政绩，强调开放松绑、和平稳定，正面迎战蔡英文的"台湾共识"，凸显蔡难以处理两岸问题，无法稳定台海局势，确保台湾民众福祉。马英九称失去健康才知健康重要，如果没有两岸关系和平发展，所有成果将毁于一旦，得而复失。而蔡英文极力躲闪、模糊两岸议题，高举阶级牌、贫富牌，突出社会矛盾、财富差距，大搞阶级动员。其动机在于把台湾的社会、贫富、南北问题与省籍、族群问题挂钩，归罪于马英九的两岸开放政策，攻击马当局"图利财团"，国共联手"掏空台湾""剥夺"台湾民众。为化解"九二共识"的压力，蔡英文还端出所谓"台湾共识"却不知所云，一度将"终极统一""一中各表"纳入选项。但蔡英文始终无法赢得中间选民、中产阶级、工商界的信任，特别是欧债危机使台湾经济前景暗淡，他们更加担心蔡上台破坏台海稳定，冲击两岸经贸关系，商机顿失，就业下挫，饭碗不保。那些参与、期待两岸关系发展的"两岸选民"用选票明确肯定"九二

① 苏嘉宏：《细数影响明年台湾选情的因素》，引自澳门《九鼎》2011 年 7 月号，总第 45 期。
② 张景为：《最后决战，就在两岸》，引自台湾《中国时报》2012 年 1 月 3 日 A12 版；李洛川：《"双英对决"比实力比两岸政策》，引自香港《镜报》2012 年 1 月号，总第 414 期。

共识"所奠定的两岸和平稳定，回绝蔡英文虚无缥缈的"台湾共识"。值得一提的是，南部本为绿营大本营，但此次蔡英文在南部所获不如预期，甚至有民进党骨干转而为马英九积极拉票动员，表明两岸和平发展、"九二共识"在 ECFA 早收清单、农渔产品采购政策的推动下，已在中南部落地生根，产生和平红利、选举红利。

（2）蓝营危机牌、弃保牌奏效，宋楚瑜遭遇边缘化。拱宋参选、分裂泛蓝、瓜分马英九选票是李登辉"弃马保台"的重要图谋，也是蔡英文最后阶段打出"大联合政府"以防止宋退选的重要谋略。宋出于延续亲民党香火、避免亲民党"泡沫化"的需要而参选。宋参选有三大悬念。一是得票能否过 5%、60 万票门槛，一旦超过就成为马英九连任的"生死门"。二是看弃保效应。最后阶段挺宋大将、花莲县长傅崑萁最后决定"理性挺马、感情尊宋"，打响了"弃宋挺马"的第一枪。连战呼吁泛蓝"集中投票"，"投宋等于投蔡"的耳语效应在泛蓝基层发酵。[①] 弃宋保马效应产生的选票约有 2.72%、30 万左右。事实上，即使宋不参选，投宋赌烂票、死忠票也很少会投票给马，对马的加分不多。三是看宋参选到底，能否激化投票率、甚至拉到绿的票。宋楚瑜参选一定程度上激发了泛蓝的危机感，结果是北、中部投票率高于南部 2 个百分点。有人认为，宋的选票中，有部分中南部本土票，如果宋不出来，就会投给蔡英文，换言之宋拉到了蔡的票。值得一提的是，伴随弃保效应发酵，中产阶级、知识分子较可能发生分裂投票，结果亲民党、"台联党"的政党票分别达到 5.49%、8.96%，获得 2 席及 3 席不分区，成立"立院党团"。

（3）"经济选民"掀起挺马高潮。近年台湾物价、房价居高不下，失业率高于 4%，但薪水十多年不涨，民众荷包缩水，企业放"无薪假"，裁员声不断，股市下跌至 7100 多点，民众生活"苦哈哈"。民进党强攻经济"无感复苏"，称老百姓不但没有得到好处，还产生相对"剥夺感"。蔡英文以"这四年来你过得好吗"争取选民支持。对此，马英九一方面强调拼经济成绩，成功应对金融危机，三年内台湾经济发展较快，2010 年经济成长率高达 10.88%，投资环境改善，国际竞争力提升，在瑞士洛桑管理学院（IMD）公布"2011 年世界竞争力"排名第六。增加了 37.5 万个工作机会，实施青年创业、购房优惠贷款、8 项社会福利政策照顾八大弱势团体等。另一方面马英九成功运用欧债危机，将企业、

---

① 《傅崑萁：理性挺马，感性尊宋》，引自台湾《联合晚报》2012 年 1 月 9 日 A3 版。

民众对于经济前景的担忧转化为工商企业界、学术界大规模公开挺马的积极动力。"经济选民"忧心忡忡，一旦换人做，台湾经济将陷入停滞、空转危机，进入经济寒冬。[①]选举结果表明，台湾民众开始摆脱早先统"独"、省籍的意识形态包袱，转而选择能够创造就业机会和提供稳定生活的执政团队，是台湾民众首次成熟、理性的"经济投票"行为。

（4）民意不求"变天"，无须换手。按照2002年诺贝尔经济学奖得主卡尼曼（Daniel Kahneman）的"前景理论"，如果满意或虽不满意但可接受现状，就可能继续支持寻求连任者而拒绝挑战者；如果不满现状，而预期挑战者能够改变现状、带来好的生活，就可能支持挑战者，而放弃连任者。台湾民意向来求新、求变、求好，但又怕变坏损及自身利益。台湾多数民众担心蔡英文上台葬送经济复苏的契机，使他们失去现有的一切，驶向不可知的未来。马英九不断呼吁房子造了一半，师傅不要换手。蔡英文"清新"形象穿帮破功，模糊不清，"十年政纲"沦为空心菜，两岸成为其"罩门"，一旦蔡上台，台湾就将陷入下行震荡的痛苦剧场。出于对蔡上台不可预测的担忧，多数民众选择支持马英九连任。

（5）国际社会普遍期待台海稳定。美日等国每逢台湾选举都试图在蓝、绿之间游动，谋求自身利益的最大化。最有利的态势就是蓝、绿差距极小，都需要争取美国的青睐，期待选后蓝、绿相互牵制，由美国摆平，"以绿制蓝""以台制陆"。于是，美国一方面公开声称对台湾选举保持中立、不介入，另一方面要挟国、民两党，图谋选后最大利益。[②]但蔡英文一直无法令美国放心、信任，即使9月蔡亲自赴美面试，仍难以消除美方疑虑。美国白宫安全顾问多尼伦透过英国《金融时报》公开质疑蔡稳定两岸关系的能力。[③]从亲绿的传统基金会到亲民进党学者任雪莉，甚至蔡英文当年伦敦政经学院的老师胡雅达（Michael Yahuda），都预警蔡上台两岸将陷入僵局，甚至掀起台海风暴。[④]美国商务部助理部长、能源部副部长及开发总署署长等三名高官陆续访台引起侧目，甚至参与台美二轨的美方卸任官员强调蔡不承认"九二共识"就无法维持建设性关系。最后美国AIT官员于12月21日直接召开记者会，宣布将台湾列入美国的"免

---

① 廖坤荣：《"经济投票"决定选局》，引自台湾《中国时报》2012年1月15日。

② 朗然：《台湾"大选"的美日因素》，参阅香港《镜报月刊》2011年11月号，总第412期。

③ 陈一新：《从包道格来台看美台关系》，引自台湾《苹果日报》2012年1月13日。

④ 《蔡英文恩师：若蔡赢，两岸恐陷僵局》，引自香港中国评论网 http://www.chinare-viewnews.com，2011年12月10日。

签证计划",无疑给马英九选情"加持"。①此前,蔡派亲信肖美琴等赴美游说,希望美国不要在选前公布,但美方不为所动,而且以公开记者会的方式高调宣布,不啻向台湾选民表达明确的挺马立场。选前最后二天,前美国在台协会台北办事处处长包道格在台湾公开表示,"九二共识"是两岸都接受的必要的妥协方式,符合多方利益,如果马连任,会让华盛顿松一口气。马英九胜选当晚,美国白宫即刻致贺。可见,此次选举中,美国从没有如此明确、公开的表达对于台海稳定的期待,不希望在朝鲜半岛政经局势丕变的情势下,再添加台湾换人所带来的风险。

最后,台湾民众用选票力挺两岸和平发展、合作双赢、共享成果,用选票支持安居乐业、风调雨顺、富足安康的生活,用选票摒弃不可预测、不可信任、可能带来动荡不稳、民不聊生、颗粒无收的民进党挑战者。

三、2012 年"大选"启示

台湾"大选"揭开了 2012 年大变局的帷幕,其结果预示两岸关系和平发展深入人心,成为不可违逆的历史潮流。选举昭示五点意义。

(1) 和平发展成为台湾的主流价值、主流民意,成为台湾民众最高的价值选择。和平发展符合各方利益,符合台湾同胞的利益,受到台湾各阶层、各区域民众的热烈欢迎与广泛支持。台湾历次民调显示,马英九的两岸开放政策及其两岸政绩获得民众高度肯定,满意度、支持率高达 60%、70% 以上,有关签署两岸和平协议的支持度也有 60% 以上。在满意度不高、大环境不利的情况下,马英九最后以 689 万票、过半得票率赢得选举,这是台湾民众对马英九及其所提出的两岸政策的信任投票,表明和平发展获得台湾"大选"的检验,期待马英九继续沿着两岸和平稳定、合作双赢的路线走下去,开创"黄金十年"。因此,经过近四年的实践,两岸关系和平发展成为台湾主流民意,两岸和解、两岸和谐、合作双赢成为台湾民众不变的选择。但和平不会从天而降,和平需要耕耘、需要累积、需要巩固,更需要智慧。

(2) "九二共识"成为两岸关系和平发展的定海神针。"九二共识"是客观存在的事实,是当年经两岸双方授权机构各自以口头方式表述海峡两岸均坚持一个中国原则的共识。如今,"九二共识"成为两岸和平发展的基础,获得台湾

---

① 郭崇伦:《"大选"结果将冲击两岸》,引自台湾《中国时报》2012 年 1 月 3 日。

民众的背书。坚持"九二共识"，两岸关系就顺利发展；动摇甚至否定，就会出现曲折甚至倒退。选举期间，台湾各界人士纷纷站出来力挺"九二共识"，特别是岛内企业家、科技业界改变选举中决不轻易选边、表态的立场，表示没有"九二共识"，就不能稳定两岸关系。包括长荣张荣发、鸿海郭台铭、鸿达电王雪红、台塑王文渊、台达电郑崇华、义联林义守、联电宣明智等。甚至连民进党"立委"候选人林佳龙的岳丈廖锦祥也站出来表态，如果没有"九二共识"，台湾经济将受影响，逼迫蔡英文只能攻击国民党与财团、大陆一起压迫台湾人民接受"九二共识"。经过此次选举，台湾民众用选票、用行动表明他们接受"九二共识"，愿意在此基础继续发展两岸关系，共享两岸成果。

（3）马英九开放松绑的两岸政策获得民众普遍支持。马英九执政推动两岸和平发展路线，带来前所未有的台海和平景象，惠及无数民众。"三通"直航使两岸成为"一日生活圈"，十六项协议建立两岸关系制度化的雏形，两岸经济合作框架协议（ECFA）促成两岸经贸合作的正常化、机制化，提升了两岸经济竞争力，陆客赴台旅游、陆生赴台求学，两岸大交流热络开展，无数民众从中受益，看到了两岸稳定带来的机会，提高了对于马英九连任的期盼。选举结果表明，有越来越多的民众希望两岸和平发展的态势得以延续，他们有高度意愿投身到两岸事业中去，创造并且分享到更多的和平红利、经济红利。

（4）民进党、蔡英文难以获得台湾民众信任。"台独"没有和平，否认"九二共识"就等于抽离两岸关系和平发展的基石，基础不保，楼层必倒。蔡英文出于选举需要，大谈"和而不同，和而求同""善用中国"，但"十年政纲"被讥为"空心菜"、"台湾共识"不知所云，蔡的论述有太多的逻辑矛盾，否定"九二共识"却又要延续 ECFA、概括接受两岸协议及其成果；时刻唱衰大陆、没有一句祝福，沉浸在对抗、冷战思维中，却要与大陆"和平发展"、寻求"和平稳定互动架构"；经贸上远离、摆脱大陆，却又想"善用中国""由世界走向中国"。人们越来越多认识到，蔡英文的两岸路线不但不可行，根本不可信，令台湾多数选民对她望而却步，担心一旦蔡上台，两岸随即陷于风暴，台湾的"国内生产总值"GDP 将因此损失 7000 多亿台币、约 6%，"和平红利"消失殆尽。因此多数民众选择可信赖、可预期且廉能的马英九继续执政。

（5）顾经济、顾生活成为台湾选民的优先选择。台湾民众看重两岸关系发展带来台湾经济的繁荣稳定，给他们的工作、生活带来的实质的好处。每年大陆对台湾的采购包括农渔产品高达 200 亿美元，2011 年陆客高达 170 万人次，产生 1197 亿新台币的旅游收入，ECFA 早收清单让台湾各种产品以更低或零关税的进入大陆市场，提升台湾产品的竞争力，也为台湾经济注入活水。中南部基层民进党支持者中从事秋刀鱼、石斑鱼、杧果、香蕉、兰花等行业的业者因为产品大量销往大陆，而使他们内心染上的泛蓝色彩。[①] 屏东石斑鱼大王、台南学甲区虱目鱼契作领头人尝到了"和平红利"，积极为马拉票，那些认为"卖鱼不卖身"的观点显然低估了台湾民众"吃果子、拜树头"纯朴的感恩情感。"和平红利"撬动了绿营的选票结构，蔡英文在南部选票成长的困境告诉我们，在欧债危机蔓延、台湾经济前景暗淡之机，台湾民众更愿意选择"里子"重于面子、顾经济、顾生活、顾肚子更重于顾所谓"主权"。民众就是为生活、为未来投票给"对自己好"的候选人。

"两岸猿声啼不住，轻舟越过万重山"。虽然两岸关系还面临很多挑战，但马英九连任，把两岸关系推进到共同发展、共同成就、共同分享的两岸盛世年代。两岸既有的成果得到巩固，将产生新的加乘效应，未臻完善的协议、政策将得到充分落实。两岸关系还将形成新增长点，发展的空间拓展，力度加强，动力增加。两岸之间将掀起新一轮的"台湾热""大陆热"以及"两岸热"，和平红利、经济红利将惠及更多民众。未来四年内两岸关系和平发展有机会实现全方位、高质量、历史性的进展，充实、完善两岸关系和平发展的框架，使之不可逆转，螺旋上升，是两岸中国人的共同责任。（本文最初发表于香港《中国评论》2012 年 2 月号，总第 170 期）

---

① 台湾《中央日报》网络版：《"两岸选民"攸关大选胜负》，转引自香港中国评论网 http://www.chinareviewnews.com，2012 年 1 月 10 日。

台湾"反服贸风波"引发的政治经济及社会问题思考

　　两岸服贸协议是两岸经济合作框架协议（ECFA）后续协商的重要内容，旨在提升两岸经济合作水平，发展台湾经济，改善民生。但在台湾岛内政局、两岸关系、国际变局等多种因素的作用下，两岸服贸协议引发岛内外各种"反马""反商""反中"政治势力的集结与反扑，"3·18占院事件"即"反服贸风波"给两岸关系和平发展造成重大隐患，投下不可测的变数。

　　本文旨在研究、寻找"反服贸风波"背后所潜藏的台湾政治经济社会深层次、结构性原因，找到务实可行的因应方案，确保两岸关系和平发展不中断、不逆转。

一、"反服贸风波"本质

　　2014年3月18日至4月10日，以"黑色岛国青年阵线"（简称"黑岛青"）林飞帆、陈为廷、魏扬、黄国昌等人为首的台湾多所大学学生，以"反黑箱服贸"为由，持续占领"立法院"24天，其间曾暴力攻进"行政院"，围攻警察局，发动数十万人上街游行，引起台湾政局动荡，冲击两岸关系。"占院事件"成功阻挡两岸服贸协议生效、设定两岸协议必须接受"立法院"监督审议程序，竭力把台湾政局导入"公投""修宪"的场域中。"3·18占院事件"不但阻挠两岸关系后续发展，延宕服贸生效、货贸谈判及两会互设办事处进程等，而且夺得岛内两岸关系的话语权、主导权，破坏两岸互信与良性互动气氛，扭曲台湾主流民意，其后续影响还在不断发酵中。两岸关系骤然降温，虽然张志军于6月25日至29日顺利访台，但两岸关系和平发展已然面临重大变数，不可测性有所上升。

（一）"台独"总动员，非"公民运动"

中国大陆的和平崛起特别是6年多两岸关系和平发展刺激岛内外"台独""民运""法轮功"势力的严重焦虑与深重危机，长期图谋联手对抗两岸关系和平发展。2013年4月曾任蔡英文幕僚的清大社会学教授姚人多一句"'台独''建国'已失去市场"的言论仿佛敲响了"台独"的丧钟，"台独无望论"的弥漫使新老"台独"产生强烈的焦虑与危机感，时刻期待集结岛内外"台独"残余势力进行最后的反扑。尽管处处打着"公民运动"的招牌，但不同于以往的台湾社会运动，这次"3·18反服贸风波"显然是一场蓄谋已久、有组织有计划、赤裸裸的"台独"政治总动员。它绝不是偶然发生的，而是经过长期精心密谋。事件的策划者、组织者与"台独"组织、民进党上层有着千丝万缕甚至是天然的基因联结。"黑岛青"的核心骨干林飞帆、陈为廷、魏扬、黄国昌等不但主张"台独"，而且公然打出"暴力台独"旗号。在老"台独"蔡丁贵眼中，林飞帆等人跃上政治舞台，标志着"新世代台独"的诞生。这群"新世代台独"具有鲜明的"台独法西斯"特征，"反服贸"场地内不时看到"支那人马英九""支那男女滚回支那""支那贱畜，外来种滚"的谩骂与叫喧。[①]台湾媒体评论"虽然参与学运的众多青年学生不能全然等同于'台独'分子，但就学运的主要政治倾向、主要领导人物和幕后势力的政治态度而言，确实是'台独'色彩鲜明"。[②]"占院事件"可谓是新一轮"台独"势力的总集结、总动员，对年轻世代开展一场危险而又震撼的"台独"浇灌。[③]不同于"1985年白色公民运动"将议题局限于非政治性的公共议题、民众权益，并且自始至终采取和平手法，"黑岛青"主导的"占院事件"不惜暴力攻击、流血冲突，完成突破"公民运动"所坚持的和平、守法的训条。"占院事件"中最耸人听闻的标语就是"当独裁成为事实，革命就是义务"，根本不遵守"公民运动"所信奉的理性表达、公益议题、合法抗议的法则。"占院"期间，他们公然主张召开"宪政会议"，要求"修宪"，旨在降低"公投门槛"。此后，这群骨干"出关播种"，继续进行"台独"的软土深挖，与香港"占中"势力勾结串联，进入香港传授所谓运动"经验"，在10月香港"占中"高潮时包围香港驻台机构。"黑岛青"还与恐怖势

---

①　台湾社会科学研究会：《不反服贸的反服贸运动——试论三一八学运的性质及其可能的启示》，引自台湾劳动人权协会：《劳动者！我们可以这样看"服贸"》，2014年4月16日。

②　《太阳花对两岸关系的正畸讯息》，台湾《旺报》社论，2014年4月14日C5版。

③　倪永杰：《反服贸学运是对台湾年轻世代的"台独"浇灌》，《海峡导报》2014年4月24日。

力勾结，他们在美国 FAPA "台独"组织的安排下，竟然远赴美国与 "东伊运"头目热比娅会面，彻底撕掉所谓 "公民运动"的外衣，将其 "台独"、暴力、恐怖的面目暴露在世人的面前，进一步显现其 "台独"、非公民运动的本质。

（二）"反中"运动

"3·18 占院事件"其实就是一场赤裸裸的反对两岸关系继续和平发展的 "反中""拒中"运动。

"占院事件"纠集了岛内外一切 "反中"势力集结成对抗两岸关系和平发展的联合阵线，进行空前绝后的大集结、大反扑，试图阻挡两岸关系前进的步伐。包括台湾 "法轮功"势力、"民运"势力、在台 "藏独"团体等均在 "占院"事件中扮演了极其恶劣的角色。"法轮功"头目之一的台大经济系主任郑秀玲炮制 "反服贸懒人包"恶毒攻击服贸协议，误导民众特别是年轻人。王丹组织了所谓 "华人民主书院"，在港台之间串联营造 "华人民主骚动现象"。"藏独"组织 "图博之友会"等也蠢蠢欲动，火中取栗。

随着 "占院事件"愈演愈烈，策划者、组织者提出各种阻挡两岸关系的策略。先是要求 "立法院""逐条审查"服贸协议，后又加码主张 "退回服贸、捍卫民主"。然后要求制定 "两岸协议监督条例"，并抛出 "两国论"定位的民间版本。最后要求召开 "公民宪政会议"，降低 "公投"门槛、修改 "宪法"。实际上就是在阻挡服贸协议后，试图以 "立法"形式、采取 "立院"监督两岸协议为手段，阻挡两岸关系既定的发展进程，使两岸协商无法开展、协议无法签署，即使签署也无法通过生效。而且有可能形成 "台独白色恐怖"。"占院事件"反映了台湾社会 "有着很大一股'恐中''反中'力量，一碰到两岸的议题，几乎没有理性沟通的空间。在这种情况下，大陆的善意对某些人来说却是 "包藏祸心的阴谋。"[1] 这场风波实际上 "含有'恐中'或'反中'情绪，已凸显出对'统'的排斥，以及迈向'独'的倾向。"[2] "反中"色彩如此强烈，让人们不禁要问，台湾加入 WTO 时为何没有爆发如此大规模的抗议运动？近来当台湾地区与新西兰签署《经济合作协定》（ANZTEC）、与新加坡签署 "经济伙伴协定"（ASTEP）时，当台湾地区与日本签署渔业协定时，为何这些政治势力不跳出反对、没有扣上 "黑箱作业"帽子？却偏偏反对 ECFA、反对服贸协议？为何与大陆签署一条对台湾经济发展、民生改善极其有利的服贸协议时，这些人就

---

① 庞建国：《大陆释善意，台湾要争气》，台湾《旺报》2014 年 4 月 14 日，C2 版。
② 邵宗海：《如何扭转认同趋势》，台湾《旺报》2014 年 4 月 17 日，C3 版。

跳出来激烈反对？民进党、"台独"支持者拥有强烈的"当家作主"意志，为何"黑岛青"向美国白宫请愿、购买美国《纽约时报》版面刊登反服贸的广告向美国人表白？也许"反服贸风波"聚集了岛内所有"反马""反代议制""反全球化"的势力，但运动策划者成功利用了这些力量，成就其"反中"、"拒中"、阻碍两岸关系发展的阴谋。

（三）"反马"运动

马英九执政绩效不彰，2008年竞选时提出"六三三"政见（经济增长率6%、人均GDP3万美元、失业率3%以下）最终跳票，民众荷包缩水，年轻人薪水只有"22K"，而房价居高不下，民众痛苦指数上升。2012年马英九连任后挥舞"改革"大旗，砍掉军公教"十八趴"、年终慰问金，"教改"引起蓝营、中产阶级的不满，"油电双涨"触犯了穷人、"证所税"损害了富人，改革得罪多数阶层，引起民怨沸腾。"占院运动"策划者以"反服贸"为导火索，引爆全民愤怒，掀起全民"反马"政治浊浪。除了民进党、各种社会团体，泛蓝内部的"反马"本土派势力、亲民党也发泄不满，试图削弱甚至彻底击垮马政权。

此外，"3·18占院事件"还具有反全球化、反代议制的特征，在某种程度上是可信的，但毕竟不是这场风波的主要特征。"反服贸风波"本质上就是"反中""反马"的"台独"政治总动员，而非"公民运动"，根本目标就是对抗和平发展的历史潮流，阻挡两岸关系前进的步伐，再次掀起"台独"逆流。

二、"反服贸风波"原因

"占院事件"瞬间爆发，产生巨大的政治能量，从一定程度上撬动了台湾的政治、经济、社会、文化结构，影响了两岸关系发展的节奏、发展内涵及发展模式。这场风波不是历史的偶然，而是历史的必然，具有复杂的、深层次、结构性的原因，可以从台湾内部、两岸关系、国际格局等层面剖析其政治、经济、社会、文化、民意等诸多因素。

（一）政治原因

1."反服贸风波"是在蓝绿权力斗争的大背景下发生

权力争夺是蓝绿竞争的本质特征，多年的蓝绿较量不断强化绿营基本盘，培养了一批新世代"台独"。为了2016年重返执政，民进党便拉拢、集结一切可以利用的力量展开反扑，牵制马英九。"黑色岛国青年阵线"等组织具有较强的组织动员、政治对抗的能力，迅速成为民进党最想利用的党外"伏兵"，成为攻击马英九政权的利器，一举改变了民进党一党力量无法有效牵制马英九、国民党的局面。而马英九对于"黑岛青"发动的"占院事件"应对失当，"先硬后软"，逐步丧失对于台湾政局的主导权、发球权。

2. "马王之争""苏蔡之争"导致"反服贸风波"愈演愈烈

前"国安会秘书长"苏起曾用"大人吵架，小孩闹事"比喻"3·18占院事件"。①2013年9月因为"关说案"引发马英九与王金平之间的激烈争斗，双方因为王的党籍案而在法院争讼，王利用学生闹事先是反对警察清场，后又拒绝"院际协调"令马难堪，才使得"占院骨干分子"利用马、王矛盾见缝插针。同样。民进党内苏贞昌与蔡英文此时也为了党主席竞争激战正酣，都想透过力挺学生"占院"捞分。"马王之争""苏蔡之争"促使这场风波歹戏拖棚上演24天之久。

3. 岛内两岸路线冲突的刺激

2005年特别是2008年以来，国民党、马英九的两岸和解开放路线获得台湾主流民意的强大支持，马英九也因为坚持"九二共识"而于2012年赢得连任。与此相反，民进党、"台联党"始终奉行"逢中必反""逢中必闹""一切为反对而反对"的对抗路线，反对两岸经贸开放，坚持"闭关锁岛"政策，阻挠两岸经济合作，反对台湾自经区与上海自贸区的合作嫁接。虽然蔡英文承认2012年败在两岸议题"最后一里路"，但党内"冻结台独党纲"提案先后被苏贞昌、蔡英文打入"冷宫"，予以搁置。民进党迄今无法破除两岸议题的罩门。民进党长期的"爱台""卖台"二元思维，及其对抗、闭关路线，导致部分台湾民众对于两岸关系产生错误认知，甚至走向对抗的歧路。"3·18占院事件"就是民进党这种"爱台""卖台"政治逻辑的具体推演，进一步烘烤对抗、"反中"的政治氛围，为民进党巩固"台独基本教义派"、拉拢"公民运动"势力创造良机。

4. 李扁"台独"灌输造成台湾民众认同错乱，催化"反中"土壤

李扁统治台湾20年，从"去中国化""台湾主体意识"教育到"两国论""一边一国论"，将台湾民众思想固化在两岸对敌、两岸"两国"的框框中，35岁以下的年轻人深受"台独"教科书摧残，从所谓"台湾认同领先指标"中丧失了对于祖国、甚至对于中华民族的认同，陷于"台湾认同"甚至"台独"

---

① 2014年4月23日苏起于上海台研所座谈记录。

的悲哀中。"占院事件"就是在这种"台湾优先""台湾主体性"的土壤上酿出的恶果。

（二）经济原因

"占院事件"发生具有深刻的经济原因，"占院事件"把台湾经济困境归罪于两岸关系、两岸经济交流合作。2009 年以来国际金融危机、欧债危机严重冲击台湾经济，长期低迷不振，2013 年经济增长率只有 2.11%，失业率达到 4.18%。台湾竞争优势流失，产业空洞化严重。由于中韩 FTA 签署在即，冲击到台湾 63% 出口产品，特别是纺织、石化、半导体等首当其冲。而两岸服贸、货贸协议受挫，台湾经济边缘化难免，台湾各界对于经济前景感到悲观。

2011 年"台湾劳工阵线联盟"提出了财团化、贫穷化、少子女化导致的"崩世代"警讯。[1] 台湾经济只是"无感复苏"，但就业下降、失业上升，民众收入在近 20 年内没有增加，生活得不改善，特别是所谓"三中一青"深受其苦，衍生所谓"分配正义""世代正义"问题。20—24 岁青年人失业率飙至 13.75%，失业期从 20 几周升到 30 几周，毕业即失业。不但工作难找，而且薪水低廉，七成以上薪水不到四万台币，20—24 岁月薪仅二万多，俗称"22K"。面对高物价、高房价，房价占所得比高达 15 倍，青年人买不起房、结不成婚。年轻人对于"世代正义"极其愤怒，上一代占尽资源、财富，却把问题丢给下一代，未来年金、保险、照顾老人等财政压力，都会落在这一代年轻人身上。[2] 台湾所得差距以"大岛指数"（最有钱的 20% 除以最低的 20%）衡量，20 世纪 80 年代高低所得差距为 4.60 倍，2000 年以后扩大为 6 倍，2012 年为 6.13 倍。[3] 而最有钱的 5% 和最贫穷的 5% 家庭的年所得差距在 2012 年达到接近百倍之多，台湾"均富"已成为历史。

针对所谓"分配正义""世代正义"问题，不少学者将之与两岸经贸往来作联结。前"国安会咨询委员"陈德升表示："两岸政经互赖的格局，漠视处于弱势社会面向的挑战，政治与经济面向都与社会呈现弱势互动。尤其是在所得分配集中化与不合理性、年轻世代生存日益艰困、丧失未来愿景；台资企业员工

---

① 曾燕卿、王柔雅：《崩世代大进击：透视学运背后的青贫危机》，引自台湾《财讯》杂志 2014 年 3 月 27 日。

② 曾燕卿、王柔雅：《崩世代大进击：透视学运背后的青贫危机》，引自台湾《财讯》杂志 2014 年 3 月 27 日。

③ 林建甫：《所得分配改善，财富分配恶化》，引自台湾《中国时报》2014 年 11 月 4 日 A16 版。

社保基金多未缴交，或是获利台商返台炒作房地产、豪宅衍生的社会负面现象，都显示社会对立和矛盾加剧，终导致政治与经济面的强冲击。"①民进党及其绿营学者将矛头对准两岸关系，指责两岸经贸合作只是"图利财团""图利高层"，而台商回流炒高台湾房价，形成民进党眼中的所谓"跨海峡资本所形成的政商联盟"。②"三中一青"产生看得到却吃不到的"相对剥夺感"，指责两岸经贸往来加剧了贫富两极化，埋怨两岸经济合作。③这些不负责任的言论甚嚣尘上，在台湾青年中很有市场，成为"黑岛青"组织发动学生"反服贸"的重要能量。

（三）社会原因

台湾近年社会运动此起彼伏成为此次"占院事件"的重要社会背景。20世纪80、90年代台湾的环保、反核、妇女、农民、工人、人权、残障、消费者权益保护等社会运动不断发生。马英九执政以来，台湾发生了一系列社会运动，如"反大埔拆迁""反媒体垄断""反文林苑拆迁案"等。2013年8月爆发了所谓"白色公民运动"，由台湾网友组成的"公民1985联盟"为抗议军人洪仲丘因不当处罚导致死亡事件而发动25万民众上街抗议，造成台湾内外震撼。这一连串形形色色的社会运动，纷纷打着"公民运动"的旗号，以"公民不服从""我们是百分之九十九"（We are the 99 percent）为号召，与美国的"占领华尔街"、香港"占中运动"相互激荡，对马英九政权构成重大挑战。民进党政客发现了台湾社会运动挑战马英九政权的巨大能量，蔡英文提出民进党要加强与社会运动的联结，要从"公民运动"中寻找对抗马政权的能量。在民进党的怂恿、鼓动下，"小英青年军"林飞帆、陈为廷等积极投身于社会运动，从组织动员、运动论述、到网络动员传播，长期准备占领"总统府""行政院""立法院"等政权机构，打击马英九，呼应民进党。

由此可知，"占院事件"利用了近年台湾社会运动不断高涨的声势，把本应关怀弱势、彰显正义的社会运动导向"反马""反中"的政治运动，成为民进党、"台独"势力的帮凶。

---

① 陈德升：《两岸经贸交流的社会反思与政治挑战》，引自中国社会科学院台湾研究所主办《首届两岸智库学术论坛》论文集，2014年6月27日。

② 陈俊宏：《在街头实践民主》，引自大卫·格雷伯著、汤淑君等译：《为什么上街头？》，台北：商周城邦文化事业股份有限公司，2014年7月版。

③ 何明修：《从占领华尔街到占领立法院》，引自大卫·格雷伯著、汤淑君等译：《为什么上街头？》，台北：商周城邦文化事业股份有限公司，2014年7月版。

（四）文化与民意

两岸全面、快速交流引发两岸文化、价值及民意的冲突。大陆文明程度有待提高，少部分陆客、陆生不文明行为举止引起台湾民众反感。部分台湾知识阶层、中间选民内心深藏强烈的"反共""反中"意识，崇尚普世价值、人道关怀，不理解、不习惯大陆的政治制度、社会制度及网络管理方式，香港"占中事件"发生后有人担心"今日香港、明日台湾"。

"反服贸运动"利用台湾民众对于大陆的矛盾、疑虑心态。随着大陆和平崛起，两岸综合实力差距进一步扩大，大陆 GDP 总量已是台湾 18 倍，广东、江苏、浙江、山东、河南五省 GDP 超过台湾，台湾民众内心滋生无比的失落、焦虑感。六年来两岸关系和平发展成为台湾主流民意，但与此同时，对于经济依赖大陆处于 30%—40% 高位、对于两岸关系和平发展进入深水区后可能的两岸政治谈判，台湾民众的担忧、焦虑升高，害怕丧失台湾"主体性"，未来失去自由选择的空间。对于大陆和平崛起，台湾民众滋生"既期待、又怕受伤害"，"不能没有你、有你我害怕"的复杂心态。台湾民众承认大陆对台湾很重要，但多数"对大陆没有兴趣"，超过 60% 对大陆"没有好感"，极其担心大陆影响力上升。85% 民众与大陆没有任何关联，不少人担心未来两岸经贸关系由合作走向竞争。高达五六成的民众担心大陆人抢了他们的饭碗、炒高台湾房价。[1] 种种担忧、疑虑心态导致部分民众对于两岸关系发展产生排拒态度，被"反服贸风波"的主事者所利用。

（五）国际背景

美日等国对于两岸关系发展持有复杂的态度。美国欢迎两岸关系发展，降低台海紧张情势，但对于两岸政治互动怀有戒心，特别是因应奥巴马政府实施"重返亚太"的战略再平衡政策的需要，美国担心两岸关系走得太快、走得太近甚至太亲，担心大陆对台湾的影响超过美国。美国"传统基金会"谭慎格声称 ECFA 及其后续的服贸协议，对台湾经济及区域整合不会有任何帮助，公开指责马当局"对中国采取比较扈从的战略，而不是主动积极配合美国重返亚洲的大战略。"[2] 美方希望台湾主动且积极的配合再平衡战略，扮演围堵中国大陆崛起的棋子。"占院事件"成为美国对两岸关系降温的最好刹车阀。日本向来反对两岸关系发展，特别是在中日冲突期间，日本企图穷尽一切手段离间两岸。在

---

① 《旺报》社论：《两岸关系 7 个社会心理矛盾》，引自台湾《旺报》2013 年 8 月 8 日。
② 倪永杰：《反服贸学运证实美国经营台湾 60 多年影响力》，《海峡导报》2014 年 4 月 24 日。

此次"占院事件"中，日本势力透过在台机构、企业给予各种人力、财力的资助，推波助澜，从中渔利。

三、"反服贸风波"的影响

"占院事件"对台湾政局、两岸关系构成深远、长期且重大影响，有些后遗症还在发酵中。

（一）影响台湾政局，陷于新一轮蓝绿斗争

"反服贸风波"不但没有消弭蓝绿竞争，相反激起蓝绿新一轮的激烈争斗。蔡英文出任党主席后依旧奉行"逢马必打""逢中必反""一切为反对而反对"的策略，蓝绿双方围绕"反核四"、高雄气爆、地沟油、食安风暴等相互斗争，继续陷台湾于蓝绿恶斗中不断沉沦。

"反服贸风波"加速了马英九权力跛脚，"马王之争"迄今无法落幕，马逐步丧失政局的主导权，在与民进党的竞争中渐处于下风。民进党也遭遇严重边缘化的危机，民进党的支持度没有上升，甚至低于国民党，政党竞争力下滑，人才出现断层危机，论述不足，没有提出任何因应台湾经济发展、民生改善、特别是两岸关系形势的政策、论述。

（二）冲击两岸关系。两岸关系进入盘整期、阵痛期，但和平发展态势难以改变

具有而言有四大负面影响：

（1）民进党联合社会运动，逐步夺取了岛内两岸议题的话语权，逼迫马英九紧缩大陆政策。2008 年以来，台湾的两岸关系话语权主要掌握在国民党、马英九手中，但这场"反服贸风波"导致马英九逐步丧失大陆政策的主导权，其所长期标榜的和平稳定的两岸路线受到挤压。只要民进党坚决反对，即使国民党拥有"立法院"多数，马英九的两岸政策就难以进一步开放、推动。服贸协议、自经区条例、"两岸关系条例"修改如此，张志军访台也是如此。如果蔡英文强烈反对张志军赴台访问，马英九恐怕不敢开放。

如今，马英九的大陆政策呈现紧缩迹象。虽然不断强调和平开放的路线，强调两岸"只能进不能退"，但"张显耀案"、限制高阶公务员赴大陆进修、欢迎达赖访台、"双十讲话"肯定香港"占中"、要求大陆实施"民主宪政"、"让一部分人先民主起来"等言论，显示马英九的大陆政策进一步突出两岸之间的制度之争、价值对抗，逐步侵蚀两岸政治互信。

（2）"反服贸风波"中断了民进党转型进程，其两岸政策仍陷于对抗零和思维。"占院事件"让民进党、蔡英文找到了联手社会势力、"公民运动"有效抵制马英九当局的砝码，他们越来越倾向于从社会运动中酝酿"反中""反马"的力量，赢得选票、夺取政权，而对于民进党转型、特别是调整两岸政策缺乏兴趣。蔡英文上任后，依然坚持"逢中必反"政策，阻挠服贸协议审议、反对两岸货贸协议协商、反对两岸自贸区对接合作，反对两岸政治对话、政治谈判，反对签署和平协议，一切反对到底。蔡英文曾先后扬言"台独已是台湾青年的天然养分""民进党选赢大陆就会向民进党靠拢"，搁置"冻结台独党纲"提案。蔡英文现阶段除了选举，根本无心于民进党转型，既无可用之才、也无理论储备搞政策与论述调整。

（3）"反服贸学运"阻挠两岸关系进一步发展。拖延两岸服贸协议生效时程。服贸协议迄今仍躺在"立法院"动弹不得，未来在审议中有可能遭遇修改条款、冻结、重签、甚至被废止的命运。"占院事件"直接催化了台湾"法治化"制约两岸协议的氛围，形成"寒蝉效应"。原本按照"两岸关系条例"规定，两岸协议无须送"立法院"审议只需备查即可，如今需要送到"立法院"监督、审议。"行政院"、民进党及"台独"组织抛出的种种"两岸协议监督条例"版本，改变了两岸协议的审查模式，设置两岸协议协商、签署、生效的高门槛，有可能导致两岸协议谈不成、签不成、无法生效的困境。不但如此，还将造成"寒蝉效应"，恐吓从事两岸谈判的人员有可能被追究"外患罪"遭判刑，形成"台独白色恐怖"。

（4）"反服贸风波"催生了台湾社会的疑虑与"反中气氛"。民进党、亲绿学者利用台湾民众内心的担忧、"恐中"情绪，恶意渲染大陆的威胁，夸大两岸竞争性，使台湾社会的疑虑、"反中"气氛有所上升。"台独"势力、"黑岛青"组织深入台湾社会、城市乡村进行"台独"教育与动员，刺激"恐中""仇中"情绪，集结"台独"能量，企图在2016年参与"立委"选举，并与民进党分进合击，协助民进党夺取政权。

但物极必反，"反服贸风波"刺激了两岸关系和平发展的主流民意，越来越多的声音支持服贸，激发和平发展强劲动力，汇聚和平发展的强大民意。民进党无法提升政党竞争力，伤害到政治支持度的提升，也影响到民进党选票的成长，成为其2016年挥之不去的阴影。（本文完成于2014年）

2014 "九合一"选举后台湾政局逆转与两岸关系嬗变

一、选举结果及其透露台湾深层次变化

"九合一"选举国民党全线溃败,遭遇毁灭性打击,输得"脱裤子"、只剩"总统府"。民进党获得"3·18反服贸势力"加持,意外捡了便宜、实现完胜。选举结果呈现三个特点。

一是台湾政治版图呈现颠覆逆转,从"蓝大于绿"演变为"绿大于蓝"。民进党一举攻下13席,拿到"六都"中"四都",管辖人口达到1444万,加上柯文哲台北市,人口占73%,地方财政预算达到5877亿,加上台北市接边三分之二,民进党与台北柯文哲结成战略同盟,可构成"地方包围中央(马当局)的态势。国民党丢失台北、台中,只剩新北市及东部、北部农业县市6席,气若游丝。就得票数而言县市长选举中国民党获得499万票、占40.7%,远远落后于民进的583万票、47.55%,如果加上台北市柯文哲、新竹市郑永金,绿营的得票数达到680万、占55.48%。蓝绿政治版图瞬间逆转为"绿大于蓝"。

不但如此,民进党在高雄、台南、新北、云林、嘉义县、宜兰等县市议会成为最大党,唯因操作失误,民进党只在高雄、宜兰实现"完全执政"。而国民党侥幸夺得台北、新北、桃园、台中、台南等议会议长职位。

二是蓝绿政治态势攻守异位,民进党已完成"地方包围中央"的战略布局,"绿猛攻、蓝龟缩"成为台湾政治新常态。"北蓝南绿"已演变为"北蓝变浅、南绿更深",民进党分别从县市议会、乡镇长、村里长各级政治版图中鲸吞瓦解蓝营地方基层,国民党的县市议员、乡镇长、村里长分别比上届减少33、41、424席,民进党分别增加33、20、118席。绿营政治版图不但从南台湾跨过浊水溪北进大安溪,翻转"中台湾",攻下台中与彰化,而且攻陷北台湾蓝营桃

园、新竹、基隆三要塞，和柯文哲互为屏障，构成"地方包围中央"的战略态势，国民党已陷入困境，奄奄一息。

三是"柯文哲现象"催化了年轻世代与网民、公民、乡民"三民"政治热情，成为国民党台北溃败、拖垮台中、桃园、新北选情的关键。此次"九合一"选举整体投票率为67.7%，高于"六都"的66.3%，新北市创下61.6%的新低。但年轻世代的投票热情高涨。"柯文哲现象"外溢到各地，形成一股席卷全台湾的气势，柯把国民党的重兵绑在台北，令台北市选情搞得像"大选"一样，各地国民党候选人的气势都被连胜文带衰。新世代选民、网络世界不一定支持民进党，但因为讨厌马当局、"权贵"、"买办"而让民进党捡了便宜。

"九合一"选举反映了六个深层次、结构性变化值得我们深入研究。

一是蓝绿政治版图发生结构性逆转，"蓝不再大于绿"。"蓝大于绿"已成为过去，泛蓝基本盘丧失原有优势，蓝、绿基本盘已是旗鼓相当、不相上下。国民党的家族政治、地方派系轰然瓦解。未来胜负的关键在于中间选民。游盈隆此前提出蓝、绿基本盘为36%Vs.30%，而蓝、绿之外的中间选民约有30%。其中2008年中间选民投票给马英九，2012年"大选"中马、蔡在中间选民部分平分秋色，分别为24.8%、24.7%。[①] 民众普遍认为2014年选举中中间选民绝大多数会投给绿营及无党籍候选人如柯文哲。有观点认为蓝绿政治版图仍是旗鼓相当，应该以蓝绿县市议员的得票率来评估双方的基本盘，亦即蓝为36.87%，绿为37.08，其余为无党籍22.65%。[②]

二是选民结构发生变化，年轻世代崛起并左右选举结果。外省第一代凋零，每年消失10万左右，他们原本是泛蓝的基本盘。年轻世代"80、90后"酝酿政治气氛，主导选举成败。20—40岁人群占台湾人口的40%，每年新增"首投族"20万，四年便增加100万。年轻世代的政治投票行为已从"勇于表态、懒得投票"转变为踊跃投票，不但自己投票，积极募款，而且动员父母、亲朋好友返乡投票。据台湾趋势民调显示，年轻族群投票率远高于过去平六成的投票率，20—29岁达到74%，30—39岁高达78.2%。[③] "80、90后"是李扁"本土化""去中国化"及"台独"教育所结出的政治新品种，"台湾认同"、"台湾主

---

① 游盈隆：《天人交战：2012台湾"总统"选民的抉择》，台北：台湾允晨文化实业有限公司，2012年6月版。

② 黄伟峰：《解读"九合一"选举结果的三项意涵》，《台海研究》2015年第1期。

③ 台湾智库委托民调：《九合一选举投票行为调查》，引自台湾趋势民调公司网站 www.polls.com.tw。

体性"、甚至"台独"意识浓厚，经"3·18反服贸事件"后"反马""反中""反商"的情绪高涨。这群"80、90后"中一部分是东南亚如越南新娘的后代，他们没有两岸关系概念，只有台湾地区与越南的概念。年轻世代踊跃投票且倾向绿营候选人可能是本次选举翻盘的重要因素。

三是选举议题转换，两岸议题对蓝营候选人并未形成加分效应。所谓阶级矛盾、贫富差距、世代剥夺、分配正义、居住正义等议题有取代传统的统"独"、省籍议题的趋势，成为影响选举结果的重要议题。

两岸议题并没有成为此次选举的显性议题，但属于隐性议题，对选举产生深度影响。两岸议题无法为国民党候选人加分，郭台铭出来喊话、国民党打"经济牌""危机牌""统独牌"如连战的"皇民说"、郝柏村"中华民国存亡说"等对泛蓝动员没有效果，反而刺激年轻选民、中间选民投绿。

民进党长期炒作"两岸政经利益集团""图利财团""腐败到台湾""今日香港，明日台湾"等议题，在此次选举中得以发酵，成为绿营候选人、柯文哲的竞选利器。民进党到处特别是在中南部释放"票投国民党，台湾变香港""国民党不倒，台湾不会好"的"耳语效应"，恐吓台湾选民，影响中间选民投票行为。周边各种矛盾交叉叠加，包括"乌克兰事件"、"苏格兰公投"、香港"占中"等强化了"今日香港、明日台湾"的"寒蝉效应"，也强化了岛内"反中""反商""反权贵"气氛，民进党对于两岸关系和平发展的攻击主导了岛内的民意气氛，引导选民把不满发泄到国民党候选人身上。

四是台湾民众疑虑增加，民意呈现矛盾。台湾部分民众对大陆机会、市场"既期待又怕受伤害"，想赚钱但又要保持台湾"主体性"、政治上的自主权。"台湾认同"上升、台湾"主体性"意识高涨，对于两岸关系快慢、质量、分配等众说纷纭，有关"世代剥夺"、"图利财团"、两岸竞争、经济依赖导致政治依赖、两岸民众之间好感度下降、负面评价上升等等说法甚嚣尘上。台湾民众"自尊心"受到伤害、自信心下降，各种矛盾影响到民众对于两岸关系的态度。

五是新媒体打败了旧选战。此次网络工具打败了传统的选战方式。网络聊天如facebook、"批踢踢"、LINE等帮助绿营及柯文哲，而国民党的候选人成为嘲笑、恶搞、霸凌的对象。据趋势民调显示，台湾选民获得选举资讯的来源，电视新闻64.1%、网络新闻10%、亲朋好友6.5%、报纸4.8%、社群网站2.5%、广播0.8%。其中电视新闻很多来自网络，说明网络对于台湾选举的影响越来大。①

六是"公民运动"与"白色力量"高涨。台湾社会运动近年有高涨趋势，以前关注人权、环境、弱势正义等公共议题，经过"柯文哲现象"的催化吸纳，"公民运动"转化为"白色力量"向政治与选举领域转换，搭上网络的翅膀，在台湾蓝绿分野中找到了非蓝非绿的灰色政治地带，影响了台湾政治演变的进程。

二、台湾政局的分水岭

"九合一"选举结果对台湾政局产生严重影响，影响未来十年台湾政局与两岸关系走势。

（1）"九合一"选举"骨牌效应"显现，2016年政党轮替几无悬念。地方选举对于大选具有骨牌效应还是钟摆效应，历史上韩国曾有"钟摆效应"，台湾只是"骨牌效应"。2010年韩国李明博的大国家党在地方选举中惨遭滑铁卢，但朴槿惠接任党魁后卧薪尝胆，奋起改革，最后于2012年赢得大选。但在台湾1997年、2005年地方选举后，都出现"骨牌效应"。"钟摆效应"一般发生在大选后选民在地方选举中对于败选者的补偿，蓝营所期待的"钟摆效应"恐怕难以显灵。尽管最近在议长选举中出现局部"钟摆效"，朱立伦主导"修宪"议题，暂时稳住阵脚，但"骨牌效应""西瓜效应"盖过了"钟摆效应"。主要在于两场选举间隔太近，国民党短期内无法恢复元气。国民党缺乏强有力的中兴人才，只能"蜀中无大将，廖化作先锋"。作为国民党强棒的朱立伦在市长选举中受伤严重，只能养精蓄锐，徐图再起，等待2020年的机会。而民进党气势如虹，恨不能明天选举立刻拿下政权。

（2）台湾政局陷入蓝绿焦土对抗状态。一方面民进党为乘胜追击，对国民党穷追猛打，决不给其喘息机会。先后抛出"内阁改组"、特赦陈水扁、"修宪"、清算国民党党产、"财划法"等议题围攻马当局与国民党。另一方面，国民党马英九、朱立伦决不会束手就擒，先后在"内阁制"、"修宪"、两岸等议题上由防御转入进攻，并利用柯文哲、"公民势力"、美国与民进党的嫌隙，破解民进党的攻势。

（3）马英九陷于"跛脚"，提前终结政治生命。马当局已沦为看守状态，马英九虽然仍拥有"国防""外交"及大陆政策权力，但外有民进党、"黑岛青"

_____
① 台湾智库委托民调：《九合一选举投票行为调查》，引自台湾趋势民调公司网站 www.polls.com.tw。

组织恶狠狠地"死嗑"，内有国民党"反马"势力、本土派、新任党主席的"逼宫"分权，马懦弱的政治性格决定其无法奋力一搏，既无力捍卫执政成果，其政绩有可能遭到推翻；又无法推行政策，只能眼看着服贸、"自经区条例"、两岸互设机构等法案躺在"立院"动弹不得。马还有可能面临各种反马势力的政治清算与追杀。

（4）朱立伦有望成为泛蓝共主，但2016年仍是未定之数。国民党在失去地方大半江山后，高层仍是貌合神离，相互掣肘，形成马英九、朱立伦、王金平"三驾马车"。王金平自称"蓝皮台骨"试图摆脱党籍案阴影，频频出访拉拢青年但被人看破手脚旨在保住王的前途。吴敦义有颗"驿动的心"无奈形象不佳民调低落斯人独憔悴，朱营造万民拥戴气势力促泛蓝团结，但冲击2016年有待创造竞争优势。国民党地方派系、传统家族政治退出政治舞台，僵化老旧的"党国体制"缺乏改革动力，人才凋零又缺乏核心价值与新颖论述，朱立伦脱困、挑战成功尚需时日。

（5）民进党重返执政还有"最后一里路"。蔡英文面临四大难关：一是整合绿营与"公民势力"。包括如何打拉赖清德、如何号令党内"天王"、协调派系及地方诸侯；如何避免与柯文哲出现"瑜亮情结"；如何与"黑岛青""公民组合""社会民主党"等势力分进合击。二是拿出政绩。确保地方执政不出腐败，端出政策牛肉，发展经济、改善民生。解决台湾社会矛盾，克服贫富差距扩大、分配不公、世代冲突等矛盾。蔡曾被讥为"空心菜"，她有无高招，很快见分晓。三是面对两岸。蔡英文仍受到基本教义派、"公民组合"等激进"台独"势力的掣肘，令蔡无法从容调整，失去中间选民信任。四是获取美国信任。美国始终怀疑蔡英文上台后将踩台海红线。美国担心有二，一是担心国民党垮掉，打破蓝绿相互制衡的格局。二是担心蔡英文、民进党上台后傲慢无比，美国无法控制蔡。美方智库学者、在台协会前任官员陆续放话，划定一个中国政策底线，要求蔡英文说清楚两岸政策，面对并接受"九二共识"，稳定台海情势。这对蔡几乎是不可能的任务。如果蔡无法赢得美国信任，美国一定会基于自身的利益威胁勒索民进党，纵然无法改变选举结果，但一定会让蔡英文付出代价。除了在东海、南海议题上积极配合美国外，蔡英文还得思索如何过美国这一难关。

（6）"柯文哲现象"短期内还会持续，但是否持久、可否复制有待观察。柯收割了台湾"公民运动"的成果，受益于选民对于长期蓝绿争斗、传统政客表演政治的厌恶，成为网络"造神"、媒体炒作的对象。尽管柯打贪拔官得罪人、口无遮拦惹尘埃，但柯上任一百天满意度高居榜首，总体施政满意度达 8 成 3，公布"关说"名单、拆违建获 8 成以上支持度，"直言风格"满意度最低，但仍超过 5 成。传统政治人物如蔡英文、朱立伦、赖清德等均被甩到九霄云外。这是台湾民众在经历李登辉、陈水扁、马英九之后形成的"闷政治"政治情境中期待新政治强人的心理投射。柯自我期许超越蓝绿解开当前台湾与两岸困境，能否成功关键一在于柯有无高招，二是台湾民众、媒体是否喜新厌旧以至于苛责、抛弃柯。按照李、扁、马三人的政治崛起模式，"柯文哲现象"恐将持续下去，在柯登上政治高位陷入政治绝境之前，柯对台湾民众的魅惑力轻易不会削弱。陈为廷试图复制"柯文哲模式"沦为笑柄，其余第三势力能否循柯 P 模式跃上政治舞台有待观察。

三、两岸关系的新常态

60 年来两岸关系的常态就是政治敌对、外事摩擦、国际上内耗、军事对峙，社会、民间交流有限。前六年两岸关系进入和平发展阶段，处于历史上最好时期，应该说属于两岸关系历史上的非常态，"九合一选举"可能将前六年的非常态拉回到常态，或者说两岸关系呈现新常态。

一是基于大陆主导两岸关系的实力进一步增强，未来两岸关系和平发展的总态势不会改变，也难以改变。但两岸关系的内涵将面临调整，调整的方向、深度取决于 2016 年选举结果。两岸关系即将迎来两岸关系史上周期性振荡的低谷期，进入深度调整，呈现盘整甚至空转状态，等待 2016 年"大选"的结果。

二是两岸结构性矛盾并没有得到解决。两岸政治互信、政治互动、政治合作有所成果，两岸事务主管机关建立常态化的沟通机制，但并没有解决两岸固有的政治分歧，两岸尚未结束敌对状态，两岸政治、法律、外事、军事、意识形态等领域内的矛盾冲突时有发生。两岸民众、民意之间的误解、伤害还很深重。此前两岸关系那种快节奏、全方位、深层次发展形态转变为低速、有限、浅层、表面的互动，两岸互信受到影响，两岸经贸、文化、社会的互动依然进行，但交流合作的气氛、深度、成果必然受到影响。两岸民众拥护、支持两岸关系发展的意愿、积极性、创造性受到伤害，两岸关系发展基础、发展动力遭到削弱。两岸关系能够守住现有的成果已经不错，不排除倒退逆转的可能。

三是未来两岸协议很难签署，已签署的协议不一定生效，生效的不一定得到有效落实。国台办与陆委会常态化沟通机制能否发挥作用、能否得到健全完善有待观察。两岸关系发展模式、发展内涵、成果分配面临调整，更加突出区域、行业、阶层的平衡发展。

四是蓝绿掀起新一轮两岸政策争论，柯文哲的两岸观引导岛内两岸氛围。岛内两岸政策争论的焦点在于民进党是否接受"九二共识"，国民党的两岸和平路线是否惠及台湾民众，和平发利分配如何体现公平正义、照顾弱势，等等。柯文哲提出"一五新观点"是对柯本人"墨绿"政治立场的破除，也是对蓝绿某种程度的超越。柯承诺"尊重两岸过去已经签署的协议和互动的历史"，接受"既有的政治基础"，秉持"四个互相"原则与"两岸一家亲"的精神，让两岸人民去追求更美好的共同未来。柯有意愿超越蓝绿，打破僵局，为沪台双城论坛的举办创造了良好的政治氛围，由此引导柯文哲所代表的"白色力量"避免全面靠向绿营，对蔡英文造成重大压力，扩大了国民党和平发展政策的论述空间。基于选票考量，蔡不敢就两岸政策进行实质调整，争取中间选民面临重大难题。

由于两岸实力悬殊、大陆综合实力与国际影响不断提升，大陆掌握了两岸关系的主导权，台湾无论哪个党上台，都得面对两岸关系的现实，无法违逆和平发展的主流民意。未来两岸关系和平发展的态势难以改变，但发展的频率、节奏、内涵有可能调整。除了重视两岸关系的数量，更要重视质量。除了搞好发展之外，更要重视分配。除了增进两岸政党交流、高层互动外，更要推进两岸社会互动、民间互信。可能需要付出更大的努力。（本文发表于《台湾研究》2015 年第 1 期，总第 131 期）

台湾陷于美日战略陷阱后果严重

国际因素向来是影响台湾问题的重要因素，2008 年以来，国际社会多数欢迎、肯定并分享两岸关系的"和平红利"。但随着国际格局、地缘政治的变化，特别是美国重返亚太、实施战略再平衡、日本右倾化加剧，中美、中日之间战略竞争趋于激烈，台湾的战略地位发生微妙变化，美日开始打"台湾牌"，试图遏制大陆崛起，延缓两岸关系进程。我们仿佛听到"新冷战"的脚步临近了。

一、美台关系大幅提升

（一）美国"战略再平衡"中的"台湾元素"

中美台三角关系中，三方关系都好时可实现三赢。相比较而言，对大陆、台湾最有利；但美国认为这种状态美国的利益未必最大化。

对美国来说，在美国掌控下的两岸关系某种程度的缓和或某种程度的紧张，美国作两岸调解人，两面勒索。在台湾内部形成蓝绿势均力敌，美国来仲裁。这种状况最符合美国的利益，获取利益最大化。

历史上有二种状况不符合美国的利益：一种是两岸紧张动荡如李登辉执政后期、陈水扁时期，美国担心两岸关系失控；另一种是两岸关系走得太近、太快，美国无法掌握两岸关系的进展，两岸绕过华盛顿，直接沟通，虽然台北、北京都透过管道及时向美国通报，但美国心中不踏实。马英九当政几年，美方这种感觉越来越强烈。

尽管美国仍然坚持一个中国政策、中美三个联合公报与台湾关系法，称赞并欢迎两岸和平发展，两岸关系稳定是美国的根本利益。但是有条件、有限度的。内容方面，两岸之间只谈经济、不谈政治，甚至谈文化协议也不能，更不能谈和平协议、两岸军事安全互信机制。过程中两岸协商谈判甚至双方往来沟通都要对美国透明、公开，美方要掌握两岸关系的实际进展。人员方面退役将领的交流也被美国反对。美国担心两岸互设办事处后，两岸人员直接往来北京中南海与台北"总统府"，美方掌控不了两岸真正进展。所以美国要求维持台海现状，反对两岸任何一方片面或两岸共同改变现状。

如果两岸关系发展是在美国许可的范围之内，美国也分享利益，没有触犯美国利益，美国是乐观其成的。现在美国真正担心两岸走得太近、太快，担心无法掌控两岸关系进展，担心两岸绕过台湾直接沟通，最根本的关键是担心大陆对台湾的影响有朝一日超过美国。所以在当前中美战略角逐上升、美国实施战略再平衡的大背景下，美国要进行战略预防与反制。美国这几年对于两岸关系口头祝福与心中的疑虑甚至不快并存，到了现在终于发作了。

我们现在看到美国采取五大措施进行预防。

1. 提升台湾战略地位，积极拉拢

之前美国学界曾有"弃台论"（华盛顿大学格拉泽 Charles Glaser、米尔斯海默等）、台湾"芬兰化"的观点，现在开始沉寂下来。拉住台湾、提升台湾战略地位的声音成为美国的主流，也成为美方的政策。2011 年，美国务卿希拉里称台湾是美国"一个重要的安全和经济伙伴"。2013 年 1 月新任国务卿克里表示，"台美安全关系"是美国在亚太战略地位中的基石。2015 年 5 月克里在回复众议院外交委员会主席罗艾斯书面质询，首次提出"台湾是美国亚太政策包括亚洲再平衡的重要元素"，台湾地区是美国重要的安全与经贸伙伴、也是全球供应链的重要部分、活跃的民主和美国第 10 大贸易伙伴。国务院亚太副助卿董云裳强调台湾不但是美国、也是整个区域的重要伙伴。她甚至提出美国台海政策需要"再概念化"，其核心就是打"台湾牌"。

奥巴马第一任期内都是高度肯定两岸关系进展，很少提到台湾，但在第二任期开始，特别是南海议题不断炒作后，美国开始赤裸裸地打"台湾牌"。

2. 加强军事战略安全合作，形成隐形、准军事同盟

美台军售步伐加快，过去 7 年，美国对台湾的军售超过 183 亿美元，是 1979 年以来历史最多。30 架先进的 AH-64 阿帕奇攻击直升机抵达台南。11 月 26 日，有消息透露奥巴马政府即将宣布 325 亿台币、约 10 亿美元的军购案，[①]可能还有后续，总数将达到 20 亿美元。台湾军方希望美方提供柴电潜艇、短场起降战机及先进的电子战装备。台向美要求购买常规潜艇，有可能采取美、日、

① 陶文钊：《奥巴马政府的对台湾政策》，国台办海研中心主办第十二届两岸关系研讨会论文集，2015 年 8 月 5 日长春。

台合作造潜艇的模式。

台美军事关系升级，美台之间有十几次安全对话、高层互访、联合培训、观摩军演等。国务院负责美中政治与军事会谈，美"在台协会"负责政治与军事工作小组，美国防部负责 10 个对话，包括美台战略对话（蒙特雷会谈）、国防检讨会会谈机制。美台间还有陆战年会、陆美会议、海美会议等军种间的高层交流平台。二轨方面有美台国防工业会议，美台智库对话更多了。2012 年 10 月时任台湾"国防部副部长"杨念祖进入美国防部并与副部长卡特会谈。美台将加强军事情报合作，甚至将台湾地区纳入美日韩情报合作体系。

2015 年夏季以来，美国高调加大与台湾军事交流关系，台美军事关系升温。2015 年 5 月，邀请台军"参谋总长"严德发上将与"海军司令"李喜明上将赴夏威夷出席太平洋司令部新任司令哈里斯的就职仪式；邀请台湾海军陆战队代表参加美国海军陆战队首届太平洋司令部两栖作战研讨会；6 月台湾陆军第 601 航空特战旅与美国陆军第 25 战斗航空旅缔结"姊妹旅"关系；2014 年 11 月，台湾总政战局政战总队心战大队与美国太平洋司令部签署"合作协议书"，双方将建立战略沟通平台"及推动互访、辅训及联合演训计划。派遣一个机步排前往夏威夷，首度与美军第 25 步兵师第 2 旅实地见习美军"斯特赖克"轮式步兵战车的训练与战术部署。

此外，2015 年 5 月 15 日美国共和党籍众议员马克·沃尔克在众议院提出邀请台湾参与"环太平洋"军演的修正案纳入预算案。5 月 18 日，美国联邦参议院军事委员会通过《2016 年度国防授权法案》中"台湾的非对称战力及双边训练活动"的第四项内容："美国应鼓励台湾参与美国的空对空作战演习，包括'红旗'演习"，邀请台湾参与"环太军演"等。

2015 年 4 月 1 日，美国海军 2 架 F18 大黄蜂战斗机宣称因机械故障紧急降落台南机场，显示台美之间军机紧急降落预案、机制早已谈妥。未来中国与美日发生军事冲突时，台湾的佳山基地有可能成为美军的军事基地。

3. 东海、南海议题"联台制陆"，结成美日台战略同盟

美方为促成台湾与美日菲结盟，2014 年 8 月克里对台日渔业协定给予肯定，最近又在幕后促成台菲于 11 月 5 日签署台菲渔业执法协议。11 月 22 日奥巴马在马来西亚把台湾地区列为对抗"伊斯兰国"（IS）的反恐盟友。台湾大学石之瑜形容这是美国对台湾又一次"性骚扰"。

美方不断施压台湾，不能偏向大陆，更不能站在大陆这边。美国前白宫官

员杰佛里·贝德、李侃如、学者葛莱仪等建议台方澄清U形线，造成两岸之间矛盾，以此破解大陆九段线的法理依据。两岸不能联合保钓，南海的太平岛不能为大陆所控制，相反太平岛只能成为美军的紧急降落、停靠的基地、港湾。美军有可能在太平岛部署军事雷达，侦测大陆军事目标。

4. 督促台湾作好加入 TPP 的准备

2014 年 6 月，希拉里接受台湾媒体《商业周刊》专访，告诫台湾不要过度依赖中国大陆，经济依赖将导致政治依赖，直到丧失政治的"自主性"。美方开始积极密切美台经济关系，建议台湾降低对大陆经贸依赖。美国公开欢迎台湾参与 TPP 第二轮谈判，TPP 被称为经济航空母舰。台美已恢复双边投资协议谈判 BIA，启动台美贸易暨投资架构协定（TIFA）程序，要求台方开放美猪进口。

5. 提升美台实质"外交"关系

2015 年元旦发生台驻美机构升旗事件，美方向台驻美机构发放车牌。美国议会发表声明，支持台湾加入国际刑警组织等。

当然美国提升台湾在亚太战略中的地位，有一个前提就是不能干扰中美关系的大局。中美之间有太多的共同利益，需要处理的议题太多，台湾问题在中美关系中的重要性有所下降，台湾问题、朝核问题、中日东海争端、中菲岛屿争端等，都是中美需要严加管控的分歧，中美双方都不容许台湾问题干扰、破坏了中美关系的大局，如果这样，对美国来说代价太大。

（二）因应 2016 年台湾选举、民进党上台

面对民进党全面执政、国民党可能的惨败，美国台海政策陷入三方面的困境。

一是美国担心民进党上台两岸关系陷入动荡，担心民进党无法与大陆达成一个妥协性的谅解或低层次的共识，维持两岸稳定，从而损害美方的利益。美国因此要做两岸之间的调解人，向双方施压。现在把更多的压力转移到大陆身上。

二是担心蔡英文不能很好地配合美国战略意图。要么像陈水扁那样对大陆太硬，冲过了边线，踩了台海红线，坏了中美关系的大局；要么对大陆太软，发挥不了制衡大陆的棋子作用。

三是担心台湾岛内蓝绿两大阵营失去平衡，民进党为所欲为。美国希望拉抬一下国民党、朱立伦，防止国民党崩盘，以免蔡英文不听使唤，岛内失去制衡民进党的力量。民进党一党独大不符合美国的战略利益。

2014年九合一选举结束后，美方对于2016年台湾选举结果已是心知肚明，采取预防措施，美方的台海政策、对民进党、对大陆的政策进行微调，两面施压，防止台海失控。上半年美方施压蔡英文，要求蔡说清楚维持两岸现状、稳定两岸的政策，实际上要求蔡向美"交底交心"。下半年美方更多开始施压大陆，不要把蔡逼得太紧了，两岸弄僵责任在大陆。

2015年5月底、6月初，蔡英文访美"面试"，旨在说服美国她是可以信任的，不会成为"麻烦制造者"。不但如此，蔡英文还投其乐好，向美方显示她更符合美方的利益。蔡英文访美获得高规格接待，从美国智库、国会（参议院军事委员会主席麦肯会面）到国务院、白宫，见到了副国务卿布林肯、副助理卿国务拉塞尔、白宫东亚事务资深主任麦艾文，甚至传说与奥巴马的国安顾问苏珊·赖斯见了面。还在国务院门口接受采访。深度讨论台美之间各种议题，包括"九二共识"、维持两岸现状、台美关系、TPP、TIFA、南海、军事安全等议题。对于维持两岸现状，蔡对美承诺：在"中华民国现行宪政体制下"，依循普遍民意，两岸之间应珍惜并维护20多年来协商和交流互动所累积的成果，持续推动两岸关系的和平稳定发展。对于"九二共识"，蔡释放"求同存异"的信息。

美方对蔡英文、民进党的考虑三点，一是台湾需要政党轮替，国民党长期执政或民进党长期在野不符合美国蓝绿制衡的战略设计。二是民进党上台不能做麻烦制造者，把美国卷入两岸冲突中。三是民进党服从美国的战略安排，在战略平衡中追随美国的步伐，做美国的小跟班，不要掉队。现在美国就在台湾寻找重返亚太政策的代理人，美国在蔡英文身上下足了功夫。

尽管美方对于蔡英文能否维持现状、领导台湾怀有疑虑，现在仍然半信半疑。但形势比人强，美国即使反对蔡英文上台，恐怕难以改变2016选举的结果。蔡英文声势高涨，国民党找不到一个像样的候选人，美国非常现实，面对极有可能上台执政的蔡英文，不会让蔡难堪，只能给她认真接待，弄清楚蔡的内心。何况美国出于自身战略利益需要，特别是出于推动战略再平衡，需要在台湾蓝绿之间搞再平衡，不希望蓝绿任何一方长期执政，担心国民党继续执政，两岸关系走得更近更快。因此民进党执政符合美国再平衡的需要。

大陆希望美方施压民进党、蔡英文，要求蔡接受"九二共识"，说清楚如何维持现状。结果美国对蔡英文"高高举起，轻轻放下"，蔡英文过了美国这一关。

美方把压力转到大陆方面。一是建议大陆与民进党进行对话、沟通，二是要求大陆保持开放的态度，在"九二共识"等问题上保持灵活、弹性、创意，与民进党找出维持其底线的新论述。三是要大陆对民进党保持耐心，给对方时间，至少要等到 2016 年"520"之后，甚至等到 2017 年，看民进党如何调整。四是如果大陆采取惩罚性措施对付民进党，美国会有所反应。美方更多地听信民进党的说辞，强调台湾民意、民进党转型所面临的选票、"基本教义派"的压力等，把责任更多地转嫁到大陆方面来。

（三）对于"习马会"，美国明赞暗防

美国持谨慎的欢迎态度，公开支持，暗中警告，有所反制。"习马会"证明两岸中国人有智慧、有能力解决好中国人自己的事情。可能在南海议题上产生"联台制美"的效果。台湾事先五天告知美方"习马会"的安排。11 月 4 日，美国国务院、白宫发言人迅速作出反应。一是谨慎欢迎；二是双方要在尊重、尊严的基础上展开建设性对话，速度与广度应让双方民众都能接受；三是要看结果。

白宫发言人欢迎两岸为降低紧张和改善关系所采取的行动，但要看会谈的实际结果。美国务院发言人称欢迎两岸改善关系的举措，美国鼓励北京与台北在尊严与尊重的基础上展开建设性对话。美国在台海的和平稳定有深远的利益，稳定、正面积极的两岸关系给美国及区域带来极大好处。两岸议题应以和平方式解决，速度与广度应让双方民众都能接受。字里行间透露了美国的疑虑。

7 日，美国务院发言人发表声明，美国欢迎两岸双方领导人间的会晤，肯定两岸关系的历史性改善，两岸的和平与稳定，符合美国的长远利益，美国鼓励两岸在尊严与尊重的基础上，在建立关系、降低紧张及促进稳定方面，取得进一步进展。

美国谨慎欢迎"习马会"的态度，出于二种考虑。一是在民进党选情高涨时进行蓝绿再平衡，扶一下国民党。美方在 11 月煞费苦心安排朱立伦访美，避免美方对朱、蔡英文两人的安排厚此薄彼，是进行蓝绿再平衡的明证。[①] 二是此时此刻，美国愿意"成人之美"。美国对马英九比较信任。马 5 天前就告知美方。美方相信在马英九任期最后阶段、在两岸当前准备应对民进党可能执政的情况下，美方判断两岸领导人会面不会有石破天惊的成果，可能只是两岸关系

---

① 晏明强：《美方注意小细节，朱蔡规格一般高》，台湾《新新闻》杂志 2015 年 11 月 19—25 日，总第 1498 期。

中的一段插曲，不如就让马英九了却一桩心愿吧。

原白宫国安会资深主任麦艾文称对"习马会"感到惊喜，这是东北亚区域一个重要发展，这是一个历史性机遇。包道格认为"习马会"是冷战后国际秩序冲突管理的典范。"九二共识"与"一中各表"，是弹性与自我增强实力的根源，绝非投降或单方面让步。容安澜 (Alan Romberg)7 日认为习马握手奠定了"建设性和诚恳"的基调，双方都强调要以"九二共识"为基础推动两岸关系和平发展。纽约大学教授孔杰荣今天指出，"习马会"影响了美国与海峡两岸的关系，而大陆意图排除美国在台湾局赛之外，美方将把它推回去。

欧洲联盟对外事务部表示，"习马会"是令人鼓舞的一步，也期待两岸关系持续和平发展，促进两岸人民福祉。法国学者研究当代中国的巴黎天主教学院教授蓝可（Emmanuel Lincot）表示，习马会对台湾和马英九个人来说都是一场胜利，但对大陆来说，意图影响台湾的"大选"，却招致反效果。

二、日台关系实质进展

（1）日本对台策略"联台制华"、离间两岸，防止两岸联手"保钓"。谋求自身利益。

（2）对于"习马会"美国国务院是欢迎习马会，但日本政府只是说"会关注此事"，安倍特别关注台湾今后是否更接近中国大陆，担心大陆对台湾的影响进一步上升。日本深层次的忧虑是两岸若快速靠拢，将让中国大陆的海洋行动如虎添翼，对日本安全、管辖钓鱼岛带来麻烦。日本学者多数认为台湾吃大亏，因为台湾再一次被套在一个中国的框架内，台湾唯一得利的只有马英九。

（3）日本对台湾地区的影响之大超乎想象。美国对台湾政治、军事影响大，日本对台湾的经济、民间、社会、文化心理影响大。双方民众的好感度超过对美国的好感度。每年双方来往的观光客超过 250 万人次。日本福岛核危机后，加大对台湾南部的投资。台湾企业的核心技术来自日本。日本是台湾地区第二大贸易伙伴，台湾是日本第四大贸易伙伴。马英九要求与日本发展台日特别伙伴关系。2010 年 5 月"台湾亚东关系协会"与日本交流协会就地球温暖化、灾害与国际性犯罪对应措施等事项，签署了合作与交流备忘录。2011 年签订"台日投资协议"，为双方签署 FTA"暖身"，2013 年签署台日渔业协定。

（4）日本支持民进党、暗中支持"太阳花学运""反课纲微调"运动，日本在台湾的"日本人会"、在台湾的商会组织幕后提供经费。蔡英文访日，全程由安倍弟弟、岸信夫陪同，到安倍家乡山口县参访，那里是日本军事工业重镇。蔡英文在东急宾馆与安倍见了面。

（5）民进党上台，台日关系一定会进一步发展，有可能出现质变。日本国会可能通过"与台湾关系法"，售台武器，在最有利时机通过。日本将与台湾地区展开军事、情报、安全合作。双方有可能签署防灾救灾合作协议。

三、趋势与两岸政策选择

（一）趋势

（1）未来国际因素将进一步影响两岸关系发展，负面大于正面。国际社会对两岸关系进一步发展走向统一心存疑虑，多数不希望两岸最终统一。

（2）由于实力下降，美国越来越依靠盟友分担责任，美日同盟在围堵中国大陆的同时，一定会公开频繁地打"台湾牌"，以发挥更好遏制大陆的功能。

（3）日本一定倾全力扶植民进党政权，对抗大陆。美国除了扶植民进党政权一定程度牵制大陆外，还可能防止民进党坏了中美关系稳定的大局。

（4）美日与台湾发展全面关系，包括非正式关系、军事安全合作，形成准军事同盟、民主价值同盟、密切与台湾民间、经贸、文化关系。美国也将于2016年底举行大选，奥巴马任期即将结束，最有可能对台军售。

（二）台湾的选择

长期以来，亚太国际秩序中存在所谓"亚洲悖论"（Asian Dilemma），就是亚太国家经济上依靠中国，但安全上依赖美国。马英九实行"亲美、友日、和陆"的战略，左右逢源，表面上中立、不选边政策，但实际也是"经济依靠大陆、安全寄往美国"。吕秀莲日前提出"和平中立"主张，台湾在中美之间，采取永久中立、不结盟，两岸关系与对美关系等距、平衡。预估民进党上台，极可能调整"不选边"政策，一面倒靠向美日，这对台湾来说将是"灾难"，也会损害两岸关系。台湾的策略上策是发展两岸关系，中策保持中立，下策是一边倒偏向美日，最后被美日抛弃。

（三）大陆的选择

（1）坚持一个中国政策，捍卫国际上一个中国格局。对于台湾民众的国际参与、参与区域经济整合、参与国际NGO组织等，在不违背"一中"原则、不造成"两个中国""一中一台"的前提下，作出合情合理的安排。

（2）做美国、日本、欧盟等国际社会工作。实现中美"共管台海"，做好利益置换与政策储备。做好国际社会友好势力、智库等工作。

（3）稳定并发展两岸关系。建立稳定架构，避免民进党政权一面倒、全面靠向美日。维持低政治性的沟通机制、风险防范与紧急协调机制，避免东海、台海、南海三海联动。避免国民党崩盘，在岛内保持牵制民进党的力量。发展两岸关系重在增量提质、发展与分配并重、培植共同经济利益同时，形塑共同价值，增进两岸同胞心灵契合。

（4）发展壮大自己，做好应对最复杂局面的准备。（本文完成于 2015 年）

美国特朗普政府台海政策及对两岸关系影响

特朗普当选美国总统，给美国政治及国际政治带来难以预估的影响，也带给中美关系、美台关系巨大的"不确定性"、不稳定性及风险性。特朗普首份《国家安全战略报告》及其倡导的"印太"战略，视中国为头号威胁，给中国扣上"国际秩序修正主义者""战略竞争者"及"经济侵略者"的大帽子，战略竞争成为中美关系的主导面、主轴。特朗普上任一年来，中美关系历经波折，跌宕起伏，挑战、风险与日俱增。而美台关系则高开低走，充满悬念，美国政府的台海政策由挑战"一中"政策逐渐回归美方传统立场，但"台湾牌"成为特朗普政府最为露骨、卑劣的操作工具。与历届美国政府相比，特朗普的台海政策的内涵、策略等发生了重大变化，成为影响中美关系的重大变量。

一、特朗普政府台海政策基本内涵

特朗普政府的台海政策完全服从于美国的国家利益，也服务于特朗普的执政需要，当然现阶段特朗普的台海政策也不能逾越中美关系的总体框架。特朗普政府台海政策的最高目标就是确保美国霸权、确保美国对中国的绝对优势包括核优势、全面遏止中国崛起。最低目标尽可能延缓中国崛起的进程、阻挡中国统一进程。基本策略除了怂恿日本、印度等国对抗中国外，最廉价的策略就是操作"台湾牌"，发挥台湾最大的"棋子"功能，甚至不惜台海发生重大军事冲突，彻底消耗中国的海空军实力，但避免美国直接卷入。因此，与奥巴马政府隐蔽、消极的政策特征相比，特朗普政府的台海政策表现得更为积极、露骨、危险，更加频繁、持久、着力地运作"台湾牌"，谋求台湾牵制中国大陆最大的支点、杠杆作用，以便在应对朝核、经贸等棘手议题时发挥特殊功效，达到平衡中国大陆崛起的目的，特朗普政府台海政策的危险性大幅上升。

特朗普从当选到上任一年多，台海政策制造多起重大事件，掀起中美关系多次危机，挑衅一个中国原则，加快对台军售步伐，发出一系列错误信号，进一步向台湾当局倾斜，损害中美关系大局，产生极其恶劣的影响。经过严正交涉与斗争，特朗普政府回归美方传统"一中"政策。一年来，美台关系在2016年12月特朗普与蔡通话时达到危险的高点，之后高开低走，到2月9日中美元首通话，特朗普的台海政策回归美方传统的"一中"政策，台湾问题在中美关系中的紧迫性有所下降。一年来，美方的台海政策逐渐由模糊走向清晰、由不确定性走向相对确定性，旨在全面加强美台关系，发挥台湾的杠杆作用。从深化军事情报合作、提升政治关系、尝试海洋合作、强化经贸配合等领域入手，使美台关系有了新内涵与实质性的提升，但特朗普冷落美台之间传统价值互动，使民进党当局徒叹奈何。

（一）从挑战到回归"一中"政策，但不接受"九二共识"

特朗普作为政治素人当选美国总统，其重交易的商人特性预示将给中美关系、台湾问题带来难以预估的不确定性与重大麻烦。2016年12月2日，特朗普在其右翼亲信、前白宫幕僚长普利巴斯（Reince Priebus）等人怂恿策动下，与蔡英文进行了长达12分钟的通话，内容涵盖美台政治、经济、安全合作、台湾国际空间等多个议题。这是1979年美台"断交"以来首位美国总统当选人与台湾当局领导人的直接通话，是极其严重的政治事件。其后特朗普又在"推特"（Twitter）上连续发文，公然称蔡英文为"台湾总统"，说什么"美国卖给台湾几十亿美元武器，我接受台湾祝贺有何不可？"宣称任何议题都可以交易，包括"一中"政策。12月11日在接受福克斯（Fox News）电视台采访时，更是语出惊人地声称："除非我们和中国就包括贸易在内的事情达成协议，不然我不知道我们为何必须被一个中国政策束缚？"特朗普的无知敢言、口无遮拦引起轩然大波，迫使奥巴马总统连续澄清，时任白宫发言人普莱斯称："美国对两岸议题长久政策不变，美国维持信守基于中美三个联合公报、《与台湾关系法》的'一中'政策。和平稳定的两岸关系符合美国根本利益。"美国智库、美国战略界主流人士如前美国在台协会理事主席卜睿哲、白宫前亚洲事务高级主任杰弗里·贝德（Jeffrey Bader）、麦艾文（Evan Medeiros）等公开抨击特朗普言行，称其涉台言论不道德。中国政府迅速启动危机管控，展开严正交涉。外交部长王毅称通话是"台湾方面搞的小动作"，国台办发言人称此举无法改变全世界接受"一中"政策的大格局。国务委员杨洁篪与内定出任特朗普国家安全事务助理迈克尔·弗林（Michael Flynn）会面，中国驻美大使崔天凯春节期间邀请特朗普的女儿到中国驻美大使馆联谊。此后特朗普本人及核心幕僚对"一中"政策、台湾问题的敏感性有了全面、深入的了解与认识。2017年2月10日，特朗普与习近平主席通话时，明确承诺信奉一个中国政策，回到了美国传统政策的主航道上。3月18日美国国务卿蒂勒森（Rex Tillerson）访问北京时强调"美方愿同中方一道，按照特朗普总统与习近平主席达成的共识，坚持一个中国的政策。"从此，中美关系实现转圜。4月6、7日在美国海湖庄园举行了中美首脑峰会。双方谈到了台湾问题，但没有就此进行深入讨论。5月，特朗普提名的美国驻中国大使布兰斯塔德（Terry Branstad）在参议院外交委员会听证会上，表示他将致力于传达美国仍支持基于美中三公报和《与台湾关系法》的"我们的'一中'政策"。

特朗普从挑战到回归美方传统的"一中"政策，既反映了特朗普对于"一中"政策、台湾问题的无知，也某种程度上显露特朗普把"一中"政策当作交易筹码，逼迫中国大陆在朝核问题、经贸议题对美国让步。

特朗普政府所谓的美方的"一中"政策就是从美国自身的战略利益出发，基本内涵就是区别于中方的一个中国原则，而是基于中美三个联合公报及《与台湾关系法》，但更多地强调后者，提升美台关系，为台湾提供安全保障与安全需要，支持台湾参与国际组织。与"一中"原则、"一中"政策相关，美方如今不接受、不承认"九二共识"，直接为蔡英文否认、不接受"九二共识"帮腔、背书，拆毁两岸共同的政治基础，使两岸僵局持续下去，甚至怂恿两岸对抗。前美国在台协会理事主席薄瑞光（Raymond Burghardt）、美国战略暨国际问题研究中心(CSIS)高级研究员葛莱仪(Bonnie Glaser)等人纷纷否认"九二共识"，称无论是"九二谅解""九二共识"或其他说法，这跟美方没有关系，美方不应发表意见，甚至扬言如果大陆采用减少陆客、陆生的方法"惩罚"台湾，美国不会袖手旁观。与此同时，美方公开强调台海和平稳定符合美方利益，美方支持两岸无条件展开对话，消除分歧。2017年5月白宫国安会亚洲事务资深主任博明（Matt Pottinger）宣称："我们的'一中'政策是已延续几十年的政策，美国遵守《与台湾关系法》，继续支持台湾，不乐见任何未获两岸人民支持的事发生"。明眼人一看便知道美国实际上就是全面偏袒民进党当局，并把两岸僵局的责任推给大陆方面。

（二）把台湾纳入"印太"战略体系

在回归美国传统"一中"政策的同时，特朗普政府工具化操作"台湾牌"，突出台湾地缘战略与国际格局中的价值与作用，赋予其在"印太战略"中的重要位置，成为特朗普试图打造的美、日、印、澳"菱形钻石联盟"的重要支撑。特朗普政府此举将给中美关系带来严重后果。

2017年12月19日，特朗普公布了上任以来首份《国家安全战略报告》。给中国扣上了三顶大帽子："修正主义国家""战略竞争者""经济侵略者"。把中国与俄罗斯并列为挑战自由国际秩序和美国国家利益的"修正主义大国"（revisionist powers），明确界定中国为美国利益的挑战者、竞争对手，中国绝不是美国的盟友、"利益攸关者"、伙伴，而是对手，甚至是敌人。报告首次明确美国有五大威胁，把中国列为头号威胁，其后才是俄罗斯、伊朗、朝鲜及核扩散，调整了威胁美国对象的秩序。在此战略背景下，与奥巴马政府不同的是，这份报告三次提到台湾，罕见地提到《与台湾关系法》，把台湾提高到前所未有的地位。其中涉台内容被置于"印太"区域战略一节的"军事与安全"条目下，给予台湾在"印太战略"中无限的想象空间，凸显台湾在地缘战略和安全防卫上的新含义：美方"将依照一个中国政策，保持与台湾的强劲联系，其中包括依据《与台湾关系法》满足台湾合法的防务需求，帮助它吓阻外部对它的胁迫"。

"印太"战略名义上取代奥巴马"亚太再平衡"战略，成为特朗普政府对付中国崛起的核心战略，但同样是以遏止中国崛起为根本目的。此战略只是拾人牙慧、炒冷饭，早在2006年日本安倍首次执政时就提出这一构想，希望借由印度洋与太平洋地区的所谓"民主国家"建构"自由与繁荣之弧"。2012年安倍第二次执政时提出"亚洲民主安全之钻"（Asia's Democratic Security Diamond）的构想，仍是以美、日、澳、印的四点菱形连结为其核心区域。

特朗普这份报告为我们研究特朗普的台海政策提供了最新的素材，该报告透露的战略含义有三点。一是按照美方所定义的"一中"政策，突破中美三个联合公报的种种框架限制，按照《与台湾关系法》强化与台湾各种联系。二是把台湾纳入特朗普最新制定的"印太"战略中，成为美国联合日本、印度、澳大利亚之外又一重要战略支撑，从而拉紧了美日等国围堵中国的第一岛链中台湾这枚棋子，弥补了台湾这个最薄弱的环节。三是在此战略框架下，台湾的角色耐人寻味，可塑性强，主要决定于美国的战略需要与战术设计。民进党当局及"台独"势力为寻求美国的安全保护，必定全力配合，但民进党也极其担心美国"出卖"台湾。蔡英文积极呼应特朗普的"印太"战略，她向AIT理事主席莫健强调"台湾是印度—太平洋区域的自由民主国家，自然是自由开放的印度—太平洋战略中的相关者，相信台湾可以对这个区域作出更多贡献。台湾不只愿意保卫自由、开放的共同成果，更愿意守护以法规为基础的国际秩序。"而莫健公开回应蔡英文："台美关系未来的发展，是因为台湾愿意把自己嵌入印太策略与伙伴关系的架构。亚洲对美国非常重要，台湾更是美国在亚洲地位演化很重要一部分。在安全领域，我们比以往做得更多，更多互访，更多与军方的沟通联系。"

但是，"印太"战略前景不明，特朗普政府尚未形成完整详尽的策略，日本、印度、澳大利亚等各怀鬼胎，围堵中国的企图不可能得逞。且台湾实力不济，"棋子"的功能实在有限。

（三）强化美台军事情报安全合作

在"一中"政策的制约下，特朗普政府有意将美台军事情报安全合作作为提升美台关系的首要突破口，而蔡英文当局则意图透过美台军事合作打造升级版的美台策略伙伴关系，全力配合特朗普政府的战略需求、满足其利益勒索。特朗普政府延续并扩大既有军事情报合作内容，加快美台军工产业合作步伐，频频对台军建设"下指导棋"，要求蔡英文当局增加军费预算，增强自主防御能力。美国防部代理助理部长海大卫（David Helvey）、AIT 理事主席莫健等官员无端指责台湾军费预算没有跟上环境变化的步伐，不能将台湾安全寄托在大陆的忍耐宽容上，"现在就要增加国防预算"，建议台湾加快构建"不对称战力"。继在"全球台湾中心"提出台军强化军力建设的四点举措后，海大卫在"美台国防工业会议"上建议台军"构建可靠的、有韧性的、符合成本效益的有效威慑力"，提醒台军在传统战斗力和不对称战斗力之间、在自制和外购武器之间保持平衡。美方还为台军应对募兵制的风险出谋策划。海大卫提醒台湾要处理好志愿役与义务役之间的关系，建设有能力和有效的部队。兰德公司发布美国防部的委托研究报告，对台后备役部队转型提出指导意见，美官员甚至建议蔡当局恢复征兵制。

美台军事安全关系主要体现在四个方面：美国对台军售、美国在台军事部署、美台情报合作以及军事交流四个方面。

1. 美国对台军售

对台军售可分为两部分。一是常规军售，即所售武器不具有进攻性和先进性。依据《八一七公报》的规定，"经过一定时期后"，任何武器都不得出售给台湾。对于常规军售，中方也要表达严正立场，坚决反对。二是出售进攻性、先进性武器，比如 20 世纪 90 年代的 F-16 战斗机，对大陆带来严重的军事安全威胁，甚至实质性削弱大陆军事优势，是我必须强烈反对，必须拿出强有力的反制措施。然而，随着军事技术的发展和作战理念的创新，许多武器系统已经无法很清晰地区分其防御性或进攻性，或者某一武器系统实际上同时具备防御和进攻的功效。例如，"萨德"导弹防御系统，单从名称来看，它确实是单纯防御性的武器系统；但若从实际功效来看，它有可能严重削弱对手的战略威慑能力，又是不折不扣的进攻性武器系统。

现阶段，台湾当局最希望从美方得到军事武器有四类：一是柴电动力潜艇；二是更多的"阿帕奇"（AH-64E Apache）攻击直升机；三是采购先进的武器零配件；四是 F-35 战斗机。台军方已对 F-16 C/D 战斗机失去兴趣，希望采购比F-16 C/D 更先进的 F-35，蔡英文已公开表达采购意愿。但由于此种机型价格昂贵，平均每架成本约为 1.8 亿美元，约合新台币 55 亿，而 2017 年台当局的军事预算仅为 103 亿美元。而且，连许多原本参加 F-35 开发的国家都因高昂的价格想打退堂鼓，台湾现在又鼓吹"国防自主、舰机自造"，想独自研发潜艇、各类战机、导弹防御系统等，其军事预算早已捉襟见肘。因此，就算美国愿意出售 F-35，台湾当局也没有购买能力。而且，再过一段时间，很可能已是无人机的天下，传统人工驾驶的战机很可能退出历史舞台。

据不完全统计，在 1979—2017 年，美国历届政府对台军售高达 715 亿美元，仅在 1990—1999 年间，美国政府向台湾出售武器高达 153 亿美元，为美国提供 30 多万个就业机会（参见附表：《中美建交后的历届美国政府对台军售统计表》）。2017 年 6 月，特朗普政府宣布价值 14.2 亿美元的对台军售案，包括AGM–88 高速反辐射导弹、AGM–154 联合距外攻击械弹、长程预警雷达性能提升附件以及零配件、SM–2 标准 2 型导弹零附件、MK41 型舰用导弹垂直发射系统以及潜艇用 MK–48 型重型鱼雷与 MK46 型鱼雷性能提升的附件等共八大件，遭到我国政府的强烈抗议。这次军售还是奥巴马政府时期确定的项目，到处兜售军火的特朗普政府今后一定会推销更多的军火生意给台湾。值得关注的是 2017 年 10 月白宫提名薛瑞福（Randay Schriver）出任国防部负责亚太事务的助理部长、原白宫贸易暨制造政策办公室副主任葛雷（Alexander Gray）出任国防部亚太助理副部长，成为处理美台军事安全议题的关键角色，前者亲台色彩鲜明，称美台军舰互靠，符合美国一个中国政策的定义。他更声称，美台军舰互靠，有助美国对台湾的支持和"威慑中国（大陆）"的政治目标。后者熟悉台海军事问题且主张"以实力求和平",俩人都支持强化台湾军事力量,将对国防部长马蒂斯产生影响,极有可能推动特朗普政府明显向台湾倾斜,特别是扩大军售、深化军事合作,使中美关系可能面临更大冲击。而且特朗普政府基于"印太"战略需要,未来有可能向台湾出售更多高性能的进攻性武器,彻底消耗中国大陆的海空军力量。民进党当局全力争取更多军购,蔡英文在 2017 年 11 月过境夏威夷与美国在台协会主席莫健(James Moriarty)私下会晤时承诺:台湾未来每年军费预算支出与前一年相比会有 2% 的成长,若有额外军购案再增长 1% 的增长。此外若有更重大军购案,则动用特别预算支应。2017 年台湾全年军费预算为 3217 亿新台币,蔡英文当局已准备至 2025 年军费预算增长 642 亿新台币,达到 3817 亿的规模。除了 F-35 和自制潜艇的技术外,台还拟向美购买 M777 榴弹炮与 M109A6 自走炮等新型火炮。2017 年 11 月,在"国防检讨会"中又对美提出包括舰载无人机、空投水雷等在内的十多项军购项目。

2. 美国在台湾军事部署

目前主要是各类情报收集系统和"爱国者 3"反导系统。"爱国者"(MIN-104F、PAC-3)反导系统在台湾北部有 3 个阵地,分别设于南港、万里与新店;中部设在台中市坪林营区;南部在高雄市考潭营区。美国军方对出售给台湾的美制武器都有严格的监管制度,只能针对解放军,不能针对美国及其盟友。部署在新竹的"铺路爪"(AN/FPS-115 PAVE PAWS)长程预警雷达由美军退役人员掌控、操作,全天候侦搜大陆军事目标与军事动向,台湾军方不得参与,也拿不到全部数据。

"美军驻台"、"萨德入台"、向美军"开放太平岛"等传闻不断。随着台北内湖"美国在台协会台北办事处"(AIT)新大楼的启用,美国海军陆战队是否进驻 AIT 成为关注焦点。前 AIT 处长杨苏棣(Stephen Young)在 2017 年 2 月 16 日透露,美国将会以驻外使馆配套规格派遣陆战队驻守,这与过去美方强调 AIT 仅是民间机构的说法不同,陆战队进驻 AIT 对美台关系而言具有强烈的象征意义,未来可能朝美国武官进驻方向推动。美国在韩国部署"萨德"反导系统后,台湾岛内舆论曾热议美国在台部署"萨德"导弹防御系统。美国参议军事委员会主席麦凯恩(John McCain)、"传统基金会"的叶望辉(Stephen Yeates)长期为对台军售造势,要求台湾军费达到 GDP 的 3% 以上,积极鼓吹台湾应投资陆基反导系统和潜艇。蔡英文在 2017 年 4 月 27 日接受路透社专访中提出要将台湾的防卫需要整合到美国的西太平洋战略中,但台湾现任"国防部长"冯世宽公开表示不赞成美军在台湾部署"萨德"系统,台湾该做的只是防卫自身的安全,不要涉入大国的战争或帮助其他国家作战,才能在稳定中发展。未来如果美国在台湾部署"萨德"反导系统,将意味着中美关系走向最后的摊牌、决裂,陷两岸关系最为危险的境地。

3. 美台军事情报合作共享

长期以来,美台军事情报合作共享已经达到令人触目惊心的地步。经过 21 世纪前十年小布什政府时期的国防转型(defense transformation),美国与其主要盟友之间的军事情报合作已经发生质的变化,在人员与武器装备的"指挥、控制、通信、计算机、情报及监视与侦察"(即 C4ISR)方面实现了互联互通。美台军事情报合作、交换及军事互动已实现质的提升。台军主要武器系统中购自美国的部分都与美军实现了全自动、信息化联接。这就意味着,台军方收集到的任何情报都可以通过 C4ISR 系统与美军实现即时共享。此类军事联动极其隐蔽,我方对此难以察觉,也不易及时做出适当的反应。

美台之间多年来形成多个秘密情报交换机制,设立情报交换管道,着重就中国大陆的政治、军事、外交、金融、科技等进行人力与技术、战略与战术的情报交换、研判,窃取、掌握中国大陆高层秘密。美国还允许台湾地区参与到美、日、韩之间的情报交换活动中。未来,台湾将更加频繁、隐蔽、深入的参与由美国牵头、针对中国大陆的国际情报搜集、交换活动中,对我国家主权、安全及发展利益造成重大危害。

4. 美台军事交流合作

美台军事交流合作已形成机制化局面,主要有四个观察指标。

一是签署加强美台军事关系相关法案。特朗普已于 2017 年 12 月 12 日签署《2018 财年国防授权法》,该法案第 1259 号附带条款名为"强化美台防务关系",其中有 7 项对白宫不具强制力的"国会意见"(sense of congress),要求国防部长在 2018 年 9 月 1 日前递交与下列事项相关的评估报告:考虑美台军舰互停对方港口的可行性;邀请台军方参与"红旗"军演等;美国对台军售正常化、定期移转让台湾维持足够自卫能力所需的防御装备与服务;执行美台资深军官与资深官员互相交流的计划,增进双方军事关系。根据要求,法案生效后 180 天内,美国国防部与国务院须每半年定期向相关委员会报告台湾面临的安全挑战,美台之间的军事合作状态,以及台湾要求转移防御军备或服务的情况;无论是否签署批准对台军售,行政部门都要向国会报告。

2017 年 8 月 16 日，在美国参议院军事委员会通过让美军舰停靠台湾的提案后，美国国务院发言人诺尔特在回复台湾媒体时表示，美方立场在于两岸和平稳定合乎美国长远利益，美国鼓励北京和台湾进行寻求两岸民众都可接受，和平解决分歧的建设性对话。而 AIT 理事主席莫健称"美国军舰停靠台湾港口非常困难，甚至是危险的"。特朗普在签署授权法案后发表声明，指出行政部门看待这些条款，要能与总统作为三军统帅、拥有宪法赋予的专属职权一致，而总统作为国家在外交事务上的唯一代表，将决定对哪些"外国主权国家"的相关条款予以执行承认。虽然该条款对美国总统和行政部门不具有强制性，但实际上给了特朗普很大的发挥空间。如果他不想在台湾问题上挑衅中方，他完全可以推辞说这个法案对他没有强制力。如果他想利用台湾问题制造事端，那他就可以说国会已经给他授权执行美台军舰互停条款。因此，这个法案将成为特朗普政府牵制我方的又一个潜在筹码。特朗普政府是否使用、何时使用、如何使用这个筹码，将取决于中美在诸多战略议题上博弈的具体情况。

二是强化美台军事合作训练。在 2017 年美国首次邀请台湾参与 2018 年美海军"反潜猎杀操演"和观摩美军"黑镖"反无人机演习，特朗普签署的《2018 年国防授权法案》的附属条款中要求美国防部邀请台湾军方参与"红旗"军演。美台持续多年 20 多年的 F-16 战机飞行员培训项目在调整训练基地后继续进行。此外，2017 年 1 月，台军与美、日建立"军机敌我识别系统"，台舆论声称象征美日台进入军事同盟体系。

三是强化美台机制化的军事对话交流机制。2017 年 8 月以后，美台先后举行"蒙特利会谈""美台国防工业会议""美台国防检讨会谈"（DRT），并于 12 月举行"美台高级阶军官指导委员会"（GOSG）等。

四是加快美台军工产业合作步伐。每年一度在美国召开的"美台防务工业会议"，它既是双方就军售问题进行沟通的平台，也是进行战略对话的平台，双方出席该会议的官员级别也是观察双方军事关系变化的一个重要指标。2017 年的"美台防务工业会议"于 10 月 17 日在新泽西州举行，加快了美台防务产业合作步伐。美方出席的最高级别官员是美国国防部负责亚太安全事务的代理助理部长大卫·赫尔维，台方出席的最高级别官员则是"国防部副部长"张冠群，形成"部长级"交流的机制。会上，由 40 多家台企组成的"台湾国防产业发展协会"与美台商会签订了合作备忘录，规划未来该会议由每年一次改为二次，由双方共同举办，并制定了包括举办研讨会和企业互访在内的详细合作计划，明确了美台防务合作的目标就是协助双方企业进入彼此防务产业供应链。台军方代表提出了开展美台防务产业合作的具体做法,包括要求美为台自制战机和潜艇提供关键零组件、在尊重知识产权和平等的基础上与美共同开发技术等。美台商会会长韩伯儒还有意将"美台国防工业会议"打造成未来美台高层军事往来的新平台。

（四）提升美台政治关系

美台政治关系涉及两个层面:一是美方对美台关系的政治定位,二是美台官方交往的层级。在政治定位方面,截至目前包括特朗普在内的历届美国政府至少在表面上仍依据中美三个联合公报及《与台湾关系法》(Taiwan Travel Act)把美台交往定位为"非官方性质"。但从实际运作情况来看,自1979年以来美台关系一直是按照官方标准至少是准官方标准运作的。双方互设的"办事处"或"代表处",实际功能就是"大使馆"或"领事馆",也相互给予"外交豁免权"。这种状态自1979年中美建交以来就持续存在,我方、美方和台当局都心知肚明,但均未点破。

在美台官方的交往层级方面,主要包括:台当局主要领导人(正副"总统"、正副"行政院长""立法院长""部会首长"等)假借"过境""校庆""学术会议""受邀"等名义在美活动期间与美方官员互动的情况;美国白宫、内阁、国会、司法等部门重要官员的访台情况。此前,台当局主要领导人在美活动或停留的地点以西海岸城市为主。在台美关系不畅的情况下,台当局领导人曾被美方刻意安排在阿拉斯加或夏威夷等偏远地区停留。2014年4月,白宫内阁主要成员、环保署署长麦卡锡曾访问台湾,成为自2000年以来访问台湾的美方最高级别官员。

美国国会在提升美台政治关系方面扮演打头阵的角色。美国众议院于2016年5月以口头表决方式通过《第88号共同决议案》,重申《与台湾关系法》和"六项保证"(Six Assurances)是"美台关系的基石"。这是美国国会首次将对台"六项保证"诉诸文字并列入议案,也是提升美台政治关系的重大举措。目前此议案对特朗普政府尚不具有约束力,但特朗普政府未来仍有可能利用此议案对中方构成牵制。

美国众议院2018年1月9日通过两项涉台法案,包括鼓励美台所有层级的官员互访的《台湾旅行法》(HR535)与协助台湾取得世界卫生组织观察员身份的HR3320法案。《台湾旅行法》主要内容有二:一是全面解除双方官员互访的层级限制；二是双方驻对方的"办事处""代表处"等机构可以在对方管辖区域内进行任何公开的正式活动。此法案严重违背中美三个联合公报及一个中国政策，将严重冲击中美关系。与《国防授权法案》中的涉台条款不同，《台湾旅行法》是一个完整的法案，前者只是国会对行政部门的建议，但后者一旦再经参议院通过、由总统签署成为法律，就会对行政部门具有某种程度的约束力。根据当前美国国会、舆论的亲台反中氛围，参议院较多可能通过此案，特朗普是否签署此案成为法律成为焦点。不排除特朗普政府在中美关系因其他问题而陷入困境时利用此法案对中方进行报复的可能性。为台湾当局从事游说的"台湾人公共事务协会"（FAPA）宣称下一步就是游说参议院尽快通过相同法案，以便让总统签署生效。

（五）尝试美台海洋合作

奥巴马政府时期，美国通过强化其东亚同盟体系，鼓动菲律宾和越南等盟国和伙伴国在南海议题上制造事端，加剧南海局势紧张，使我方在东海和南海的维权行为面临更大阻力和挑战。这一时期美国的台海政策在于"维稳防合"。"维稳"有两层含义：一是维护台海大局的稳定，不致出现类似历史上"台海危机"的动荡局面，把美国"拖下水"，使美国不得不做出艰难决策；二是维护美国东亚同盟体系的稳定，确保台日、台菲关系稳定，不致分散美国及其同盟体系的精力。"防合"也有两层含义：一是防止两岸在和平发展的道路上越走越远，甚至出现政治谈判和商签和平协议的事态发展，使美国失去在两岸关系中的影响力；二是防止两岸在东海、南海等海洋议题上出现战略合作，给日本、菲律宾等美国盟国造成战略压力。

特朗普上台后，在海洋问题上实际上对我方施加了更大的压力。美国国防部长马蒂斯于2017年4月向白宫递交了一份关于美军在南海开展所谓"航行自由"行动的年度计划并得到批准。根据该计划，美军在南海进行"航行自由"行动的申请将更快得到批准，使美军在南海的类似行动不再是"一次性事件"，而成为美军"航行自由"行动项目"例行的、有规律的"组成部分并实现常态化。这不仅将使本已降温的南海局势复杂化，还将对中美关系造成新的严重干扰。此外，美国海军有可能借用台军在太平岛上的既有设施，进行情报侦搜、后勤补给、设备维护、人员休整等活动。在特殊情况下，美军甚至可能把太平岛作为军力部署与投放基地。

在东海议题上，特朗普上台后美方军政高层多次公开表态将"协防"钓鱼岛，其矛头所指当然是中国大陆，我方也多次表达反对态度。我们也注意到，台当局作为钓鱼岛问题上重要的利益攸关方之一，对美方军政高层的上述表态却一直沉默，显示出美、日与台三方在东海和钓鱼岛问题上实际存在战略默契。在岛屿和领海主权议题上，美国有可能继续向台当局施压，使之与我方的主张拉开距离，甚至削弱我方依据历史、地质等条件提出的权利主张。而民进党当局完全有可能配合美方的要求，做出损害民族利益的不良举措。

（六）扩大台湾对美经济依赖

特朗普政府的对台经贸政策就是服务于"美国优先"计划，核心是要求台湾加大对美国投资，减少贸易逆差，扩大对美采购。从 2016 年的数据来看，美国是台湾的第二大贸易伙伴，台湾是美国的第十大贸易伙伴。2016 年美台贸易总额为 621.6 亿美元，占台湾地区对外贸易总额 5114.5 亿美元的 12.15%，但仅占美国对外贸易总额的 1.68%。而 2016 年中美贸易总额高达 5786 亿美元，中美互为最大贸易伙伴。中美贸易总额占中国对外贸易总额 3.685 万亿美元的 15.7%，占美国对外贸易总额 3.706 万亿美元的 15.6%，是美台贸易额的 9 倍左右。也就是说，美国在中国大陆的市场利益要远大于其在台湾的市场利益，美台经贸关系不足以构成美国对华政策的主要工具，而更多的是一种心理作用，即一个平稳发展的美台经贸关系既有助于台当局推动贸易伙伴多元化与均衡化的战略目标，也有助于维护美台整体关系的稳定。至于能在多大程度上帮助实现这个目标，却并不取决于台当局的一厢情愿。

同任何贸易伙伴一样，美台之间也存在市场开放与保护的矛盾问题。在奥巴马时代，美台经贸关系有两个焦点议题：一是美台"贸易暨投资框架协定"（TIFA）的马拉松谈判，迄今仍停滞不前；二是台湾加入由美国主导的"跨太平洋伙伴关系协定"（TPP）问题，后者由于特朗普政府的退出而无疾而终。在TIFA 议题上，美台双方攻防的一个焦点就是可能含有瘦肉精的美国猪肉产品和可能含有疯牛病毒的美国牛肉产品是否可以进入台湾市场。目前台当局已开放除牛内藏以外的所有美国牛肉进口，但对美国猪肉产品尚未开放。这个议题既涉及台湾民众的食品安全，也涉及台湾养殖业的根本利益。但从美台关系的角度来看，又涉及台湾对美市场开放和 TIFA 的签订。美方为了向台当局施加压力，甚至有可能与对台军售、台当局领导人"过境"美国时的待遇等议题进行技术性挂钩。

众所周知，在对外经贸议题上，特朗普是一个狭隘的、标榜"美国优先"

的民族利己主义者和大国沙文主义者。在美台经贸关系上，特朗普政府可能会更多地考虑如何扩大对台出口，减少对台贸易逆差；如何吸引更多的来自台湾的直接投资，增加美国本土的就业机会。台湾富商郭台铭 2017 年以来在美国的巨额投资，既有成本效益的考量，也可能有政治考量，即：如果郭台铭未来有意参选台湾地区领导人，可以借此机会讨好特朗普，获得其政治支持。因此，美台经贸议题在台湾方面已经是一个高度政治化的议题，但对中美关系的影响既不直接、也不明显。

二、特朗普政府台海政策的主要特点

（一）台海政策完全服务于美国的国家战略与国家利益，特朗普的台海政策从属于对华政策

美国处理中美关系、台湾问题，完全是从美国自身的战略利益与战略需要出发，不论是合作的一手、还是竞争的一手，特朗普政府的国家安全战略首先确保美国霸权、维护对中国的绝对优势，全方位遏止中国崛起。因此，特朗普政府台海政策更多地需要台湾扮演遏止中国大陆崛起的角色，全方位配合美国的"国家安全"战略、"印太"战略，增加美国对华战略优势，维护美国在西太平洋的战略利益。所以特朗普政府打"台湾牌"既合乎历史逻辑，也符合美国的战略需要。但特朗普政府的台海政策仍从属于对华战略，成为对华战略整体的一部分，受到中美三个联合公报的制约，难以逾越"一中"政策的框架。只是特朗普出于商人重交易的性格，不管是出于对华强硬的需要，还是基于施压中国大陆、对华谈判的需要，往往更需要、更擅于使用"台湾牌"。中美建交后的历届美国政府或明或暗打"台湾牌"，但小布什政府因为反恐需要、奥巴马政府因为乐见两岸关系发展，对华政策的主轴是合作、接触、融入，而非遏止、围堵，使用"台湾牌"时相对克制、隐蔽，有所顾忌。但如今特朗普政府已将中国贴上"国际秩序的修正主义者""战略竞争者"及"经济侵略者"，中国被当作是美国的头号"威胁"，意味着特朗普时代中美之间的战略竞争将成为中美关系的主导面，中美战略竞争成为常态，前白宫首席策略长史蒂夫·班农（Steve Bannon）曾宣称未来 10 年，中美在南海必有一战。台湾问题作为美国对华牵制的战略筹码，必然会被美国决策层充分利用。美国需要台湾扮演遏止中国崛起的关键棋子角色，所以特朗普政府将更加露骨、大胆、频繁地使用"台湾牌"，挑战大陆底线。未来美国台海政策有可能打破美方传统对台政策的框架与底线，

进一步向台湾倾斜，甚至撼动中美三个联合公报的底线与一中框架格局。但由于中国大陆的强势崛起，台湾日趋沉沦，进一步扩大了两岸实力差距，2017 年中国大陆 GDP 已是台湾的 24 倍，军费预算是台湾的 15 倍，台湾对抗大陆的力量越来越弱。美国认为台湾力量太弱不可靠，不但担心台湾丧失防御信心，而且担心台湾缺乏遏止中国崛起的棋子功能，反而成为第一岛链最为脆弱的一环，拖累美国。未来美国一定千方百计补强台湾这个薄弱环节，预计特朗普政府的台海政策的危险性将超越中美关系史上任何时期。

（二）把台湾当作交易的工具

特朗普政府台海政策在行为模式上，表现出明显的交易型特征。特朗普尚未上台，就视台湾为对华交易的筹码，把台湾问题印上了工具化的烙印。特朗普自称是善于谈判的"交易型大师"，著有《交易的艺术》一书。在其商业生涯中，擅长诡道，时常以不光彩的手腕逼迫对手就范、达成协议，为达目的，不择手段，没有交易底线。在台湾问题上，他的交易也没有底线，既可拿一个中国政策施压中方对朝鲜强硬，也有人提议他可以签署中美第四公报抛弃台湾。在竞选中他就宣称他手中握有对付中国的牌。当选总统后，特朗普在对华政策上显现出明显的"议题联系"做法。与蔡英文通话后，2016 年 2 月 11 日在接受福克斯电视新闻采访时，其公开嚷嚷："我充分了解'一个中国'政策，但是除非我们能在贸易等问题上与中国达成一个交易，否则我不知道我们为什么要接受'一个中国'的限制。"这番议论直接将中美经济关系与"一中"政策挂钩，在海湖庄园会面前夕又将中美经济关系与朝核问题挂钩。特朗普试图拿台湾问题、一个中国政策作交易，与美国战略界日益上升的对台湾"亏欠论""补偿论"有关。而特朗普本人时常拉高姿态以便开价，向我施加强大压力进行敲诈、勒索，但对中国没有作出实质让步，可谓得寸进尺。特朗普的交易策略，用多了就让人看破手脚，贻笑大方。对于民进党当局及"台独"势力来说，美国是他们谋求"独立"的最好保护伞，甘当美国遏止中国崛起的"棋子"、工具，全方位配合美日的围堵策略，因为台湾成为美国遏止中国崛起的最为庸俗、廉价的工具，但台湾"棋子"的功能早已大幅下降。

（三）台海政策不在特朗普政府施政优先位置，但逐渐重视台湾问题

特朗普政府施政排序有三个特点：一是美国国内议题重于全球议题；二是经济议题大于军事议题；三是实用主义优先于意识形态；这源于特朗普的决策思维是"先美国后世界""由美国到世界"。特朗普政府上台之初并没有重视台

湾议题，台海政策也不是特朗普政府施政的优先事项，中美之间最棘手议题在于朝核问题、经贸议题、南海议题、反恐、中东伊朗问题等，美方不愿意与中国政府在台湾问题上纠缠下去。基于中美关系远远大于或重要于台湾问题，两岸维持现状、保持和平稳定符合美国利益，因此不会置台湾问题于优先位置。但随着"印太战略"的推动，在美国国会参、众两院推动涉台法案的背景下，特朗普政府开始提升台湾问题的地位，拉高在台湾问题上的姿态，频频用"台湾牌"平衡中国大陆发展。

（四）缺乏专业幕僚，常受亲台右翼左右

特朗普政府台海政策在决策程序上出现重大疏失。一是缺乏熟悉台湾问题的专业幕僚。特朗普政府中，大量职位空缺。截至 2017 年 7 月，在 564 个需要参议院批准的重要任命中，只有 200 多个已经提名，实际上任仅 46 人。7 个最重要的部会中，只有 3 个已有副部长。在国务院与国防部 15 个次卿中，只有一位就职。而且，特朗普政府官员中大批人员辞职、解职。包括国家安全事务助理迈克尔·弗林（Michael Flynn）、白宫办公厅主任普利巴斯、白宫首席策略长史蒂夫·班农（Steve Bannon）等核心幕僚先后离职，甚至国务卿蒂勒森都传出辞职传闻，造成许多政府部门空转。国务院、国防部等重要部门缺乏亚太事务专业人才，国防部助理国防部长薛瑞福、国务院亚太事务次卿董云裳一直到 2017 年底才上任。二是被亲台右翼幕僚所左右。特朗普打着民粹主义、孤立主义、单边主义的招牌上台，他的身边围绕一批亲台右翼幕僚。包括普利巴斯、彼得·纳瓦罗（Peter Navarro）、叶望辉、薛瑞福等人，都同情台湾，主张对大陆强硬。其中普利巴斯在 2011—2017 年期间担任共和党全国委员会前主席，曾两次访问台湾并受到马英九、蔡英文的接见。2016 年大选期间，他推动共和党将"六项保证"写入党纲。叶望辉曾任美国前副总统切尼的顾问，长期获得台湾方面的金钱资助。这批幕僚利用特朗普对于台湾问题、"一中"政策的主观、片面、肤浅以及重视不够，扩大了在台海政策的自由操作空间、扩大了行政部门的自由裁量权，进一步向台湾倾斜，踩我台海红线。

（五）美国行政与国会、参众两院密切配合

特朗普台海政策在运作策略上行政与国会、舆论密切配合，国会打头阵、扮前锋，行政部门不但不踩刹车，反而加踩油门，相互飙车，陷中美关系、台海局势于危险境地。特朗普政府迎合、利用美国国内反中民粹主义声浪，无意管控甚至纵容美国参、众议员的亲台言行，配合美国国会的友台法案。美国国会一直是亲台势力的大本营，目前美国国会"台湾连线"（Taiwan Caucus）参议院共 20 位，众议院 137 位。其中，参议院的两位共同主席的任期分别到 2018 年才改选。2016 年大选中，参议院成员的数字有细小变化，众议院成员大约减少了 11 位。整体而言"台湾连线"的结构没有太大变化，骨干分子大多继续留在两院，亲台力量基本得到保留。在行政部门诸多岗位空缺的情况下，美国国会亲台分子的鼓噪尤为突出，误导舆论与政策，钻特朗普政府的政策空子。特朗普政府对于国会的涉台提案并未阻挡，多数照单全收，视对华战略决定实施《国防授权法》《台湾旅行法》等法案的相关策略对华施压，甚至有可能实施超出国会预期的项目。

美国参议院、众议院在涉台法案上出现相互配合、竞争的迹象，形成一股反对中国大陆，同情并补偿台湾的声浪。第 115 届国会开张以来，在特朗普——蔡英文通话的刺激下，亲台议员提出了一系列挺台法案。1 月 13 日，蔡英文过境旧金山期间，联邦众议员史帝夫·夏波特（Steve Chabot）、布莱德·薛曼、泰德·波伊及外交委员会主席艾德·罗艾斯等人在 2016 年提案的基础上，提出"台湾旅行法"草案。随后，联邦参议员谢罗德·布朗、劳勃·梅南德兹、柯瑞·贾德纳、盖瑞·皮特斯、吉姆·殷荷菲及马可·鲁比欧也于 5 月 4 日跟提同名法案。10 月 12 日，众议院外交委员会通过了这一法案，将进入全院表决程序，最后于 2018 年 1 月获得众议院的通过，参议院的亲台势力也将全力推动此案，送给总统签署推动。在美台军事合作方面，《2018 年国防授权法案》先后在众、参两院通过，对行政部门机构压力，也成为特朗普政府的筹码。在获得特朗普签署后有可能出现美军停靠台湾、行政部门支持台湾加入国际组织等严峻局面。

（六）重视美台军事与经济利益，忽视普世价值

特朗普奉行"美国优先""让美国再次伟大"，忽略美国传统的价值观外交，普世价值服从于美国利益。在推进亚太政策过程中，特朗普把美国利益置于价值观与规则之上。为振兴贸易和促使制造业回流，美国抛弃曾经倡议、主导的自由主义，扬言不惜发动"汇率战""关税战"，讹诈中国及其日本等重要盟友。特朗普政府大幅增加军事预算至 7000 多亿美元，但大幅消减外交、对外援助的经费，引起国务院等部门的强烈不满。在安全方面，特朗普的基本逻辑是美国实力不支，要求盟友为美国减负，分摊更多安全义务，采购更多美国武器装备，为美国军工产业发展做出贡献。美国的台海政策忽略传统美台民主人权议题，

首先确保美国自身的利益，更加重视美台之间军事安全及经贸利益，加重对台湾的剥削。要求台湾增加军费投入，达到台湾 GDP 的 3% 以上，采购更多美国的武器装备。要求台湾必须减少对美贸易逆差，增加对美投资，保护美国知识产权，降低农产品关税，进口美国猪肉，等等。

三、特朗普政府台海政策对两岸关系影响

（一）美国因素成为影响两岸关系最为复杂的外部变量

台湾问题长期受国际因素、国际格局的影响，国际与亚太地缘政治格局从根本上影响了台湾问题的解决。新中国成立以来的 68 年里，台湾问题始终没有得到解决，美国政府的阻挠、反对是最为重要的外部原因。美国历届政府视台湾为"不沉的航空母舰"，利用台湾问题牵制中国的发展壮大，反对至少不乐见中国统一。中美建交后，因为"联中反苏""反恐"等需要，美国政府一度支持两岸和平对话、乐见两岸关系和平稳定发展，即使打"台湾牌"，相对克制、隐蔽，售台武器性能多数仍是防御性为主，对于陈水扁时期"法理台独"采取"中美共管台海"策略，反对台海局势恶化。但当特朗普政府把中国当作头号"威胁"、给中国扣上"国际秩序的修正主义者""战略竞争者""经济侵略者"的大帽子后，特朗普政府已走上全力扶植民进党当局遏止中国崛起之路，特朗普政府台海政策成为影响两岸关系发展最为复杂的外部因素。特朗普独特的个人风格及其幕僚团队、国会亲台势力及美国内反华气氛，将使特朗普台海政策向台湾民进党当局激烈倾斜，给两岸关系带来重大变量。因此，美国因素已成为两岸关系最为复杂的外部因素，将从根本上影响两岸关系演变方向、速度、内容等，多数不利于两岸关系发展、不利于中国统一进程。

基于确保美国霸权、全面遏止中国崛起的战略需要，特朗普政府的台海政策将不再支持两岸关系发展，转而采取扶植民进党政权、怂恿民进党当局及"台独"势力挑衅大陆、乐见两岸陷于僵局、甚至出现倒退。政策多变，不断挑战"一中"原则，松动中美一个中国框架，对国际社会的"一中"格局造成不利影响。特朗普政府不断提升美台关系，加大对台军售，暗中鼓励"台独"势力，不断从政治、经济、军事等各领域突破美台之间非官方、民间性质，给中美关系带来麻烦。美国还会影响到盟友对两岸关系的态度、立场，特别是鼓励、怂恿日本、韩国、印度、澳大利亚等国与台湾地区发展关系，挑战中国大陆，离间两岸关系。因此，特朗普政府的台海政策不会是推动两岸关系发展的积极

因素、有利动力，一定会是消极负面、不利发展的恶性因素。美国不会为两岸关系发展提供动力，定会成为重大阻力、必须克服的障碍。

（二）升高台海风险，台湾海峡成为热点地区

美国政府将充当台湾"保护伞"，特朗普的台海政策将持续为民进党当局、"台独"势力撑腰打气。对于民进党当局动用行政、立法手段打击国民党、统派的"法西斯"手法不置一词，对于岛内的"反中民粹"不闻不问。甚至对于蔡英文当局的"柔性台独""文化台独""公投""制宪""法理台独"等不加管束，向"台独"势力发出一系列错误信号，误导台湾民意，暗中纵容、鼓励怂恿民进党当局阻挠、破坏两岸关系发展。

特朗普政府不顾中国政府反对，鼓励蔡英文当局"以武拒统"，顽固坚持错误的对台军售，要求台湾提高军费预算，售台武器数量、质量将不断突破"前朝"，甚至有可能售台攻击性、高精尖武器，以达到消耗、摧毁中国大陆海空军力量的目的，甚至不惜以葬送台湾达到摧毁中国大陆至少遏止中国崛起的企图。台湾地区将成为火药桶。美方甚至为蔡英文当局建言献策，建议台湾军方发展"不对称"战力，给予大陆毁灭性打击。美国智库、媒体不断有人预测台海将爆发战争，甚至预言大陆将采取"武统"，掀起新一轮的"中国威胁论"。日前有美国媒体预测 2018 年世界上有五个地方最可能引爆第三次世界大战"，朝鲜半岛列在首位，台湾地区被列入第二位，其他为乌克兰、北约南方侧翼以及波斯湾地区。台海地区爆发军事冲突，将使两岸和平发展成为泡影，影响中国大陆的"两个一百年目标"。

（三）阻碍两岸关系打破僵局，不排除恶化的可能性

"九二共识"是两岸关系和平发展的重要基础，但美国政府、智库一些标志性人物公然否认"九二共识"的存在，实际上就是阻拦蔡英文、民进党当局承认、接受"九二共识"，毁损两岸共同政治基础，公开为蔡英文两岸政策背书，切断两岸两会、国台办与陆委会等两岸官方常态化沟通机制，旨在阻挠两岸关系的发展。但美方声称鼓励两岸不设前提条件的对话沟通，如果大陆中止与民进党交流，采取减少陆客、陆生等措施，美方视此为对民进党"胁迫性政策"，甚至是"单方制裁"，美国不会袖手旁观，一定会出手相挺台湾加入世卫大会、国际刑警组织等国际组织。美方对于蔡英文实施的"亲美日、远大陆"及"新南向政策"不断叫好鼓励，甚至端出《国家安全战略报告》与"印太"战略加以奉承。两岸僵局甚至倒退、两岸对抗甚至局部冲突符合特朗普政府现阶段利

益，特别是当美国无法让中国让步的时候，两岸的紧张、动荡有利于美国累积对中国大陆的筹码。因此，在特朗普台海政的作祟下，两岸关系走出僵局、摆脱困境难度很大。两岸长期僵局将不利于两岸经济社会的融合发展，也不利于两岸民众情感交流，增加我"反独促统"的难度。（王伟男同志参与本文写作，完成于 2017 年 12 月）

附表：中美建交后的历届美国政府对台军售统计表

次数	时期	项目	数量	美元	政府
1	1979.7	F-5E 战斗机	48 架	2.4 亿	卡特政府
2	1979.11	小牛导弹	500 枚	2500 万	
3	1980.1	BGM-71 拖式导弹等		2.8 亿	
4	1980.7	M110A2 自行榴弹炮	75 辆	370 万	
5	1982.4	飞机零件		64 万	里根政府
6	1982.6	飞机、164 装甲运兵车、72 迫击炮车、31 指控车		9700 万	
7	1982.8	F-5F 战斗机	30 架	6.2 亿	
8	1982.11	战车，零附件等		9700 万	
9	1983.2	F-104 战斗机	66 架		
10	1984.6	C-130 运输机	12 架	3.25 亿	
11	1985.2	F-5、F-100、T-33、T-28 雷达及零件		8600 万	
12	1985.6	MIM-72／M-48 枞树导弹	262 枚	9400 万	
13	1986.8	S-2T 反潜机升级承包案、2 部 AN／TPQ-37 反炮兵雷达、佩里级巡防舰		2.6 亿	
14	1989	标准导弹	88 枚	4400 万	老布什政府
15	1990.8	F-5、F-104 零件、C-130 运输机		1.08 亿	
16	1991.9	M60A3 主力战车	110 辆	1.19 亿	
17	1992	C-130 运输机	8 架	2.2 亿	
18	1992.7	诺克斯级巡防舰（租借）	3 艘	2.3 亿	
19	1992.8	标准一型导弹	207 枚	1.26 亿	
20	1992.9	F-16A\B 型战机	150 架	60 亿	

续表

次数	时期	项目	数量	美元	政府
21	1993.1	爱国者导弹 3 套发射组、200 枚导弹及相关装备		100 亿	克林顿政府
22	1993.3	E-2T 空中预警机	4 架	9 亿	
23	1993.6	飞机零件、雷达和导航设备		1.56 亿	
24	1993.11	MK46mod 反潜鱼雷及相关组件	150 枚	5400 万	
25	1994.2	诺克斯级巡防舰（租借）	3 艘	2.3 亿	
26	1994.9	永阳级远洋扫雷舰	4 艘		
27	1994.10	新港级战车登陆舰（租借）	2 艘	260 万	
28	1995.5	M60A3 主力战车	160 辆	2.23 亿	
29	1996.8	复仇者防空导弹系统及相关配件	1299 枚	4.2 亿	
30	1996.9	MK46mod 反潜鱼雷	110 枚	6900 万	
31	1997.3	AGM-84 鱼叉反舰导弹、AH-1W 超级眼镜蛇攻击直升和 10 架 S-70C 反潜直升机		2.32 亿	
32	1997.5	刺针 DMS 防空导弹 550 套发射器 700 多枚飞弹		5800 万	
33	1997.5	诺克斯级巡防舰	2 艘		
34	1998	S-70C-6 运输直升机	4 架	7000 万	
35	1998.3	OH-58 武装侦察直升机、AH-1W 超级眼镜蛇攻击直升机		4.52 亿	
36	1998.8	AGM-84 鱼叉反舰导弹、反潜直升机载 MK46 型反潜鱼雷刺针防空导弹及配件		3.5 亿	
37	1998.10	F-16 飞行训练及辅助设备、导航者神射手导航及瞄准吊舱		4.4 亿	

续表

次数	时期	项目	数量	美元	政府
38	1999.4	早期雷达预警防御系统		8亿	克林顿政府
39	1999.5	地狱火二型空对地反坦克导弹、AN/VRC-92E 无线电、SINCARS 型无线电系统、情报电子战系统、高机动性多用途车和相关零附件		8700万	
40	1999.7	E-2T 空中预警机、F-16A/B 型战机、运输机零件		5.5亿	
41	1999.9	1艘安克拉治级船坞登陆舰			
42	2000.3	改良型鹰式导弹与相关零附件、对空雷达及管制系统升级工程（安宇计划）		2.02亿	
43	2000.6	F-16 战斗机载导航及瞄准吊舱、AN/ALQ-184（V）7 电战夹舱		3.56亿	
44	2000.9	AIM-120C 型中程空对空导弹、鱼叉反舰导弹、155毫米自走炮和陆军保密通讯设备		13.08亿	
45	2001.4	售台4艘纪德舰驱逐舰、8艘柴电动力潜艇、12架 P-3C 型猎户座反潜巡逻机、爱国者3型防空导弹		180亿	小布什政府
46	2001.10	40套标枪反坦克导弹系统及导弹360枚		5100万	
47	2002.9	182枚响尾蛇空对空导弹、440枚地狱火二型空对地反装甲导弹、		5.2亿	
48	2003.11	AIM0120C-5 空对空导弹	200枚		
49	2004.4	铺路爪长程预警雷达及相关设备	2套	17.76亿	
50	2007.3	AIM0120C-5 空对空飞弹、AGM-65G2 小牛导弹	453枚	4.21亿	
51	2007.9	P-3C 巡逻机、标准2型导弹增购	12架	22.3亿	
52	2007.11	爱国者 PAC-2＋升级套件		9.39亿	
53	2008.10	4套爱国者导弹发射组、330枚爱国者 PAC-3 型导弹、E-2T 预警机升级、AH-64E 阿帕奇契直升机30架、UGM-84L 鱼叉第二代导弹32枚等		64.45亿	

续表

次数	时期	项目	数量	美元	政府
54	2010.1	2套爱国者导弹PAC-3发射组、UH-60黑鹰直升机60架、鹗级猎雷舰2艘、鱼叉遥测训练导弹12枚		63.94亿	奥巴马政府
55	2011.9	F-16A/B型战机升级、F-16V型及武器配备	146套	58.52亿	奥巴马政府
56	2015.12	佩里级巡防舰、方阵快炮、先进战术资料连接系统、猎雷舰战系（商售）、AAV-7两栖突击车、人携刺针导弹250枚、拖式2B型导弹769枚、标枪导弹及迅安系统后续支援等项目	2艘佩里级巡防舰、36辆AAV-7	18.31亿	奥巴马政府
57	2017.6	HARM反辐射导弹、联合距外武器（JSOW）空对地导弹、MK48鱼雷、标准二型（SM-2）导弹及相关零件、MK54轻型鱼雷转换套件、4艘纪德级驱逐舰电战系统、SRP侦搜雷达后续维持、MK41垂直发射系统（商售）、其他项目的维修、人员训练等		14.2亿	特朗普政府
合计		715.8394亿			

后　记

从事台湾研究、对台工作 30 个春秋，撰写了百万字的研究论文、时政评论、交流札记。利用调养身心的时间加以梳理汇整，我把研究台湾的《求索：两岸和平发展路径》、《沉沦：民进党执政研究》与《叩击：台海时政评论》三本著作交到读者手中，了却长期心愿。

九州出版社是专门从事台湾问题书籍的专业出版机构，在两岸享有极高的声誉。出版社领导高度重视我书稿的出版，给予专业指导，派出业务骨干担任责编。我的同事张笑天、肖杨等亦为本系列著作出重要贡献。在此向他们表示诚挚的谢意。

我要感谢恩师茅家琦、崔之清教授传授给我的学术养分、做人做事要义，感谢崔老师及师母对我和妻子的无比关怀。师恩如山，终生难报。

我要铭谢父母的养育之恩，父亲耿直、执着、善良的秉性影响了我一生，他以我从事的统一工作为荣。母亲含辛茹苦养大 6 个子女，和我的感情最亲。愿安度晚年的她健康长寿，无忧无虑。

我要感恩我的至爱。我们是高中同学，她是学霸，大学念管理专业，精通财会，具有注册会计师职称。当年是她督促我从南京调到上海，开展台湾研究旅程。没有她的鼓励支持，就不会有我今天台湾研究的成果。本书的出版，是对她最好的告慰。祈愿执子之手，与子偕老，再拥春风。

倪永杰于上海

2020 年 3 月 6 日